PETER DEMPF

Das Haus der Fugger

Weitere Titel des Autors

Der Teufelsvogel des Salomon Idler
Mir ist so federleicht ums Herz
Der Traum von Eldorado
Die Botschaft der Novizin
Die Sterndeuterin
Das Amulett der Fuggerin
Fürstin der Bettler
Herrin der Schmuggler
Die Brunnenmeisterin
Die Tochter des Klosterschmieds
Das Gold der Fugger
Die Geliebte des Kaisers

Über den Autor

Peter Dempf, geboren 1959 in Augsburg, studierte Germanistik und Geschichte und unterrichtet heute an einem Gymnasium. Der mit mehreren Literaturpreisen ausgezeichnete Autor schreibt neben Romanen und Sachbüchern auch Theaterstücke, Drehbücher, Rundfunkbeiträge und Erzählungen. Bekannt wurde er aber vor allem durch seine historischen Romane. Peter Dempf lebt und arbeitet in Augsburg, wo auch viele seiner Romane spielen.

Peter Dempf

Das Haus der Fugger

Historischer Roman

lübbe

Dieser Titel ist auch als E-Book erschienen.

MIX
Papier aus verantwortungsvollen Quellen
FSC® C014496

Originalausgabe

Dieses Werk wurde vermittelt durch die AVA international GmbH
Autoren und Verlagsagentur, München
www.ava-international.de

Textredaktion: Dr. Ulrike Brandt-Schwarze, Bonn
Einband-/Umschlagmotive: © clu/istockphoto;
© shutterstock: Meder Lorant | brichuas | Lukasz Szwaj
Umschlaggestaltung: Birgit Gitschier, Augsburg
Satz: two-up, Düsseldorf
Gesetzt aus der Caslon
Druck und Verarbeitung: GGP Media GmbH, Pößneck
Printed in Germany

ISBN 978-3-404-18312-8

3 5 4

Sie finden uns im Internet unter luebbe.de
Bitte beachten Sie auch: lesejury.de

Inhalt

Die Figuren der Handlung

Die *Kursivsetzungen* verweisen auf historische Personen.

Jakob Fugger (1459–1525), Kaufmann und Bankier
Sibylla Fugger (um 1480–1546), seine Frau
Anton Fugger (1493–1560), sein Neffe und zusammen mit dessen Bruder *Raymund* (1489–1535) sein Nachfolger
Matthäus Schwarz (1497–um 1574), Hauptbuchhalter des Fugger'schen Handelshauses
Thomas Krebs, Baumeister Jakob Fuggers für die Fuggerei

Joss Neher, Zimmerer
Eva, seine Frau
Els, ihre Tochter
Barthlen, ihr Sohn
Jonathan Wolf, Bäckergeselle, Els' Liebster
Aennlin, junge Krankenwärterin im Holzhaus

Michl Jordan, Zunftoberer der Zimmerer
Raymund Otto, Zweiter Vorsitzender der Zunft
Melchior Gross, junger Zimmermann

Urban Rieger (1489–1541), Domprediger, Theologe und Reformator
Pater Finn, Dekan bei St. Servatius
Adolph Occo (1476–1503), Arzt und Humanist
Marx Köllin, Scharwächter
Marie, seine Frau

Meister Hans, Scharfrichter, Freimann
Babette Hutter, blinde Hebamme

Achacius, ihr Mann
Franz Gelder, Schmied
Hänsel Fricks, Sackpfeifenspieler
Vroni, seine Frau
Mertin, »Doctor Lubricus«, Theriakhändler

Aaron, der Jude vom Judenberg
Esther, seine Frau

TEIL I

DAS GRAB AN DER MAUER

Im Namen der heiligen unteilbaren Dreifaltigkeit, auch der Gebärerin des Allmächtigsten und Heiligsten, Jungfrau Maria, und aller Heiligen. Ich, Jakob Fugger, Bürger zu Augsburg bekenne mit diesem Brief und Siegel und verkünde [es] jedermann, der ihn ansieht, liest oder hört, nachdem einst meine Brüder Ulrich und Georg Fugger und ich, Gott zum Lob und aus Dankbarkeit für das Glück und den Erfolg, das er uns bislang in unserem Handel mit weltlichen Gütern erwiesen hat (…). Ich und meine Vettern haben uns vorgenommen, Gott zu Lob und Ehren, auch armen Tagelöhnern und Handwerkern zu Hilfe, etliche Häuser hier in Augsburg Kappenzipfel genannt zu bauen und am genannten Ort zu vollenden. Alles wird von meinem und meiner Brüder Söhne Eigentum (…) Gott dem Allmächtigen und seinen Heiligen zu Lob im Namen St. Ulrichs laut unseres Gesellschaftsbriefs vorgestreckt und bezahlt, außerdem von den 15 000 Gulden, die ich in meiner Gesellschaftsrechnung von Freitag,

St. Valentins Tag (14. Feb.) 1511 vorgesehen habe und jetzt in meiner Verschreibung und Erklärung am 6. Tag des Monats August des gegenwärtigen 1521 Jahres auslobe, da ich mit sicherem Verstand, gutem Gewissen und Bewusstsein die nachher aufgeführte Ordnung und Stiftung vorgenommen und gemacht habe, und setze das jetzt wissentlich in Kraft mit diesem Siegel, dass (…) die genannten Armeleuthäuser in meinem Leben durch mich und nach meinem Tod durch meine Vettern und ihre Nachkommen ewig gebaut werden.[1]

1. Kapitel

AUGSBURG, AUGUST 1523

Die Welt im Fieber zu erleben musste höllisch sein. Eva las im Gesicht ihres Mannes nicht nur Qualen und Erschöpfung, sondern eine in Wellen wiederkehrende Furcht, die auch sie selbst in Angst versetzte. Wenn sie ihm einen kühlenden Lappen auf die Stirn presste, riss er die Augen auf und starrte panisch hinauf an die Decke, als blicke von dort der Leibhaftige aus dem Dunkel auf ihn herab. Sie vergewisserte sich jedes Mal, dass niemand auf den Dachbalken saß, und allein bei dem Gedanken daran lief ihr ein Schauder über den Rücken.

Joss' rechter Arm war auf die doppelte Dicke angeschwollen und so rot, als wäre er eingefärbt. Sie wagte nicht, ihn zu berühren, weil ihr Mann dann vor Schmerzen schrie und sich so heftig hin und her warf, dass sie seiner nicht mehr Herr wurde. Sie dankte Gott für das spärliche Licht in ihrer Wohnstube, das so manche Ungeheuerlichkeit im Dämmer verbarg. So blieben ihr die schlimmsten Veränderungen an Joss' Körper erspart.

Wieder stöhnte ihr Mann laut auf und verdrehte die Augen, als wolle er in sein Innerstes schauen. Sie griff nach dem Lappen, den sie in einer Schale bereithielt, und drückte ihm das kühlende Nass gegen die Stirn. Das Pochen an der Tür drang nur schwach an ihr Ohr.

»Endlich«, murmelte sie und blickte über die Schulter.

Der Bader stand auf der Schwelle, von hinten hell beleuchtet wie ein Engel mit dunklen, unheilvollen Konturen. Die tief stehende Abendsonne machte selbst aus dem blassen dürren Mann eine Erscheinung. Seine Hände waren groß wie Schüsseln und wirkten gegenüber seiner ganzen Gestalt so unförmig, als wären sie falsch angenäht worden.

»Ich dachte schon, Ihr kommt nicht mehr, Jörg.« Ihre Stimme sollte vorwurfsvoll klingen und hörte sich doch nur erschöpft an.

»Hat die Salbe geholfen?«, fragte er, trat über die Schwelle und schloss leise die Tür hinter sich. Dann ging er zu dem Kranken hinüber, kniete sich neben Joss nieder und betrachtete dessen Arm.

Eva hatte ihrem Mann schon am Tag zuvor kein Hemd mehr überziehen können, weil der Arm nicht mehr in den Ärmel gepasst hatte.

»Die Entzündung hat die Schulter erreicht. Vorgestern hätte ich den Arm noch abnehmen können. Heute ist es zu spät«, murmelte der Bader.

In seiner Stimme lag kein Bedauern, sie klang kühl und sachlich. Er machte Eva keinen Vorwurf, er stellte nur Tatsachen fest.

Ein Ausdruck des Entsetzens huschte über das verschwitzte Gesicht des Kranken, als hätte er verstanden, was Jörg gesagt und damit gemeint hatte. Joss riss die Augen auf und blickte erst dem Bader, dann Eva ins Gesicht. Sein Ausdruck verzerrte sich zu einer Grimasse der Panik, die in einem heftigen Zucken und einem Krampf gipfelte, der den gesamten Körper befiel. Er bäumte sich auf wie ein bockendes Pferd. Eva warf sich mit ihrem ganzen Gewicht auf ihren Mann, der aus der Bettstatt zu fallen drohte. Joss schrie vor Schmerzen. Der Bader hielt die zappelnden Beine gepackt, weil er sonst um sich getreten hätte.

Erst als Joss sich etwas beruhigt hatte, tunkte Eva erneut ihren Lappen in das Wasser und wischte ihm mit sanften Bewegungen über das rote Gesicht. Der Kranke verfiel wieder in eine Art willenloses Dämmern.

»Ich kann das Fieber nicht senken«, flüsterte Jörg, dem jetzt selbst der Schweiß auf der Stirn stand, betreten. »Ich fürchte, er wird den morgigen Tag nicht überleben.«

Plötzlich stand Els in der Tür, zitternd und mit rot geweinten Augen. Sie hielt den jüngeren Bruder an der Hand. Barthlen klammerte sich an ihren Fingern fest.

»Mutter, was ist mit Vater?«, fragte Els, und in ihrem Blick lag schon mit ihren vierzehn Jahren das Wissen darum, dass sie ihr nicht die Wahrheit sagen würde. Sie hatte offenbar mitgehört.

»Was ist mit Vater?«, plapperte Barthlen der Schwester nach.

Eva fühlte, wie ihr die Tränen in die Augen stiegen. Es ging nicht nur um Joss und sie, sondern auch um ihre beiden Kinder, die sich jetzt auf sie zubewegten und an sie drängten. Els umklammerte sie, als spüre sie, wie die knochige Hand des Todes an die Pforte des Lebens klopfte.

Warum nur hatte Joss vor vier Tagen den Balken zurechtschlagen müssen? Es hatte nicht geeilt. Der Jude hätte auch warten können. Joss war nicht recht wohl gewesen. Die Axt wollte ihm nicht gehorchen. Und dann war ein Splitter abgesprungen und hatte sich in seinen Unterarm gebohrt. Eine harmlose Verletzung, die kaum der Rede wert gewesen wäre, wenn sie sich nicht am selben Tag entzündet hätte. Zuerst hatte Joss noch abgewunken, aber mitten in der Nacht hatte er sie geweckt und gefragt, ob von dem Theriak des Quacksalbers noch etwas übrig sei, weil die Wunde so poche. Da war es bereits zu spät gewesen. Keine Stunde später hatten die ersten Krämpfe eingesetzt.

»Ihr könnt nichts mehr für ihn tun?«, fragte Eva, ohne den Bader anzusehen. Sie drückte die beiden Kinder an sich.

Er schüttelte den Kopf und presste die Lippen aufeinander. »Ihm können nur noch der Herr und Gebete helfen.« Damit erhob er sich und streckte die Hand aus. »Vier Kreuzer.«

Zuerst musste Eva schlucken, weil er so unverfroren seine Pranke aufhielt, aber dann nickte sie. Man nahm von den Lebenden – die Toten gaben nichts mehr. Sie kramte mit der freien Hand in ihrer Kittelschürze und holte die vereinbarten vier Kreuzer hervor. Das letzte Geld, das Joss verdient hatte. Judengeld. Einen Kreuzer hatte er im Bierausschank ausgegeben. Die restlichen vier hatte er bei ihr abgeliefert.

»Warum bekommt er Geld, wenn Vater noch immer krank ist?«, fragte Els.

So ganz unrecht hatte sie damit nicht. Doch weder Eva noch der Bader wollten darauf eine Antwort geben. Sie ließ die Münzen in seine ausgestreckte Hand fallen.

»Behüte ihn Gott!«, sagte er und nickte ihr zu. »Und Euch auch. Ich schaue morgen wieder vorbei.«

Eva blickte ihm nach, als trüge er alle Hoffnung mit sich und aus ihrem Leben hinaus. Zurück blieb diese düstere Höhle, die sich mit dem Geruch des Todes zu füllen begann.

»Eva!«, flüsterte es hinter ihr.

Sie drehte sich um. »Joss?«

»Ich werde sterben, nicht wahr?«

Sie wusste nicht, was sie erwidern sollte. Wenn sie jetzt »ja« sagte, dann würde er aufgeben. Aber sie wollte nicht, dass er aufgab. Sie wollte, dass er kämpfte, dass sich sein Körper auflehnte, sein Geist gegen diese Entzündung wehrte.

Er suchte mit der Linken nach ihrer Hand und drückte sie ganz sanft. »Warst mir eine gute Frau, Eva. Danke!«, hauchte er mit geschlossenen Augen.

»Du darfst nicht … nicht …«, schluchzte Els. »Geh nicht …«

Eva konnte nicht entscheiden, ob Els mitbekam, was sie sagte, oder ob es nur eine Reaktion in ihrem Halbschlaf war, in dem sie einerseits träumte und andererseits ihre Gespräche belauschte.

Sie fuhr sich mit der Hand übers Gesicht, um nicht einfach loszuheulen. Wenn sie sah, wie stark Joss war angesichts der Schwelle, die er bald zu überschreiten hatte, dann durfte sie sich nicht gehen lassen. Am liebsten hätte sie ihm die Schweißtropfen auf dem Gesicht weggeküsst, aber sie fürchtete, ihn am Arm zu berühren und ihm dadurch Schmerzen zu bereiten.

»Wunder … gibt es … in dieser … dieser Welt … keine!«, hauchte Joss.

Allein dieser Satz ließ die Kraft aus seinem Körper sickern wie Wasser durch ein Sieb.

Aber damit hatte er sie bei ihrer Ehre gepackt. An Wunder zu glauben hieß, an nichts zu glauben. Bevor sie an nichts glaubte, musste sie alles versuchen, was in ihrer irdischen Macht stand. Das war herzlich wenig als Gattin eines Zimmerers und Seemanns. Aber hatte sie alles versucht? Für sich und ihre Kinder?

Sie drückte Joss' Hand, bis dieser vor Schmerzen das Gesicht verzog. Sie hatte es mit dem Mittel des Quacksalbers versucht, sie hatte gebetet, und dann hatte sie den Bader Jörg gefragt. Mehr war ihr nicht möglich gewesen. Für einen richtigen Arzt hatte sie das Geld nicht – und zugleich Zweifel daran, ob er tatsächlich hätte helfen können. Doktor Spring im Pfaffenviertel oben hinter dem Dom würde allenfalls in seine Bücher schauen und ihr vorschlagen, beim Apotheker ein Kräutermittel zu besorgen, das mehr kostete, als sie im Jahr verdienten. Nein, Doktor Spring konnte ihr auch nicht helfen.

Sie sah auf Joss hinunter, der wieder matt und ohne Bewusstsein auf der Bettstatt lag und schwer atmete. Alles Blut war aus seinem Gesicht gewichen, und er sah so blass aus wie einer der Toten, die der Scharfrichter vom Galgen nahm. Unwillkürlich drückte sie ihre Kinder fest an sich, bis Barthlen vor Schmerz zu wimmern begann und sie wieder nachließ.

Kurz musste Eva schlucken. Hatte sie wirklich alles versucht? Nein. Es gab noch eine Möglichkeit, eine einzige. Ihr Blick huschte hinüber in den Herrgottswinkel und zum Kreuz mit dem hölzernen Gott, dessen ausgebreitete Arme die Welt zu umfangen schienen. Es war eine Möglichkeit, die einem Pakt mit dem Teufel glich. Nur wer verzweifelt war, wagte, auch nur daran zu denken. Und sie war verzweifelt.

Aber wenn es zu spät wäre, wenn Joss in der Zeit, in der sie ihre Seele verkaufte, die Seite wechselte und ihr zusähe, wie sie den Weg des Glaubens und der Liebe verließ?

»Joss. Ich muss weg«, flüsterte sie, damit Barthlen sie nicht hören konnte. »Bitte, bitte, stirb mir nicht. Ich bin gleich wieder da. Vielleicht … vielleicht weiß er ja noch einen Rat.« Sie wagte nicht, den Namen auszusprechen. Schon um die Schuld, die sich in ihr aufbäumte wie eine Welle, nicht übermächtig werden zu lassen.

Doch zuerst musste sie die Kinder ins Bett bringen. Sie hoffte, dass der Kleine trotz der Helligkeit einschlafen konnte. Sie trug Barthlen zu seiner Bettstatt, obwohl er ihr mit seinen neun Jahren bereits zu schwer war. Els stolperte ihr hinterher. Sie legte sich neben ihren Bruder und schlang ihren Arm um ihn. Barthlen schloss sofort die Augen.

Eva flüsterte Els ins Ohr, dass sie wiederkäme, bald wiederkäme, küsste beide Kinder auf ihre blonden Schöpfe und deckte sie zu.

»Du musst dich um Barthlen kümmern, Els. Er muss im Bett bleiben, solange ich weg bin.«

Dann raffte sie ihren Rock, schlüpfte in die Holzschuhe und eilte aus dem Haus. Viel Zeit blieb ihr nicht, das wusste sie. Also würde sie auch nicht zögern, das zu tun, was nötig war.

Sie rannte, so schnell es ihre Holzpantoffeln zuließen. Das Klappern, das von den Wänden der Gassen widerhallte, drängte sie vorwärts und schien ihr noch immer nicht rasch genug. Sie trieb sich selbst an wie einen Gaul, der zu müde war, und hätte sie eine Peitsche in der Hand gehabt, sie hätte nicht gezögert, sie sich über den Rücken pfeifen zu lassen.

Die Ziegel des Klinkertors leuchteten im letzten Licht rot zwischen den Gassen hervor wie eine Landmarke.

Dann bog sie nach Süden zum Kloster Heilig-Kreuz ab. Völlig außer Atem und mit weichen Knien langte sie vor dem Kirchhof unter dem steil in den Himmel ragenden Turm an. Sie blickte nach oben. Für einen kurzen Augenblick verschwamm ihr die Welt und löste sich in Flecken auf, bis sie sich wieder gefangen hatte und Luft bekam. Es gruselte sie vor dem Kirchhof, dessen Kreuze sie im schwindenden Licht durch das Gitter sehen konnte.

Langsamen Schritts suchte sie den Eingang und fand ihn unverschlossen, was sie verwunderte. Dahinter führte ein Pfad an der Kirchenmauer entlang zu einem Haus. Die Tür stand einen Spalt offen und zeugte wohl davon, dass der Bewohner anwesend war. Bevor sie eintrat, sandte sie ein kurzes Stoßgebet gen Himmel und spähte umher. Wenn sie diese Schwelle übertrat, gab sie sich in die Hand des Gottseibeiuns. Unwiderruflich. Endgültig … Sofern sie jemand beobachtete.

Noch einmal sah sie sich um, aber die Fenster der umliegenden

Häuser waren geschlossen, die Mönche lagen schon in den Betten, die Bürger der Stadt waren nicht mehr unterwegs. Kurz entschlossen schlüpfte sie durch die Tür in einen kleinen Vorraum. Links führte eine Treppe nach oben.

Noch konnte sie umkehren, ihren Besuch dadurch rechtfertigen, dass sie nur eine Kleinigkeit für Frauenangelegenheiten kaufen wollte. Einen Trank für die Monatsblutung, eine Salbe gegen das Reißen, ein Amulett aus Haaren gegen den bösen Blick und Verwünschungen. Man würde ihr glauben, sie einige Tage schneiden und dann vergessen, weil alle ihn besuchten und solche Dinge von ihm kauften.

Sie atmete kurz durch, presste die Lippen aufeinander und stieg langsam die Treppe hinauf. Die hölzernen Stufen knarrten unter ihrem Gewicht und kündigten sie an, doch niemand rührte sich.

Sie hörte nur ein unbestimmtes Stöhnen – und dann sah sie, dass oben über der letzten Treppenstufe ein Paar Beine hervorragten, die in roten Stiefeln steckten. Der Mann, zu dem sie gehörten, keuchte und roch, als wäre eben der Herr der Unterwelt durch das Haus gegangen.

2. Kapitel

AUGSBURG, AUGUST 1523

Am liebsten hätte sie kehrtgemacht und wäre die Treppe wieder hinabgestolpert. Aber der Gedanke an Joss hielt sie zurück. Eva erklomm die letzten Stufen, stieg über die Beine und betrachtete den Mann. Letzte Strahlen einer tief stehenden Sonne fielen durch ein Seitenfenster im Westen ins Zimmer und erhellten den Raum notdürftig.

Was sie sah, war weniger beängstigend, als sie erwartet hatte. Er war wohl betrunken gestolpert und der Länge nach hingeschlagen.

Dabei war der Krug über die Dielenbohlen gerollt und hatte den Schnaps darüber verteilt. Außerdem hatte sich der Mann erbrochen.

Eva konnte es sich jedoch nicht leisten, zimperlich zu sein, wenn sie Joss retten wollte. Also stieß sie den Betrunkenen mit dem Fuß an.

»Meister Hans, wacht auf! Es ist wichtig. Ich brauche Eure Hilfe.«

Der Angesprochene stöhnte wieder, doch als sie ihre Tritte verstärkte, schien er hochzudämmern. Er tastete mit einer Hand nach dem Krug, den Eva mit einem zusätzlichen Tritt in die Ecke beförderte. Langsam versuchte er, sich aufzustützen. Er griff sich an die Seite, als habe er Schmerzen, verzog das Gesicht und drehte sich auf den Rücken. So blieb er liegen, bis Eva ihn mit einem weiteren Fußtritt wieder in die Welt der Lebenden holte. Er öffnete ein Auge und blickte mit rot unterlaufenem Augenweiß zu ihr hoch.

»Wer … seid Ihr?«, keuchte er.

»Eva, des Zimmerers Frau – und wenn Ihr mir nicht helfen könnt, dann bald seine Witwe.«

Meister Hans lachte. »Ich … helfe nur den Lebenden hinüber ins Reich der Toten.«

Er sagte das in einem Ton, der sie schaudern ließ. Sie musste schlucken.

»Joss, ich meine, mein Mann, fiebert. Er hat eine Entzündung im Arm. Helft mir. Bitte.«

Wieder sackte Meister Hans in sich zusammen, dann griff er sich an die Seite, verzog das Gesicht und riss die Augen auf. »*Ich* brauche Hilfe, nicht Ihr.«

»Ich werde alles tun, was Ihr verlangt«, flüsterte Eva und glaubte selbst kaum, was sie sagte.

Der Mann, der da unter ihr in seinem Dreck lag, lachte verhalten. »Vor zwanzig Jahren hätte ich Euer Angebot sofort angenommen, Mädchen. Aber ich bin zu betrunken und zu alt … ahhh!« Er stöhnte laut auf. Seine Hände fuhren an die Seite. Offenbar hatte er stärkere Schmerzen, als er zugeben wollte.

»Helft meinem Mann, egal, um welchen Preis«, flehte Eva und schluckte. Sie machte sich damit zum Freiwild, bot sich an wie eine Dirne auf der Straße.

»Der Scharfrichter macht nichts umsonst, aber ich brauche Euren Körper nicht, Kind«, keuchte Meister Hans, als er sich aufrichtete. Er wischte sich das Gesicht ab und verschmierte sich dabei nur mehr.

Eva sah sich um, entdeckte in der Ecke einen Trog mit Wasser, griff ihn sich und schleppte ihn herbei. Sie benetzte den Saum ihres Rockes und begann, den Mann zu säubern. Sie erwartete, dass er die Gelegenheit nutzen und ihr unter den Rock greifen würde, doch nichts dergleichen geschah.

Bei jeder Berührung mit dem Wasser und dessen Kälte schien Meister Hans nüchterner zu werden. Sein Blick wurde klarer, obwohl seine Augen noch immer feuerrot glänzten. »Was fehlt Eurem Joss?«, fragte er endlich.

Eva erhob sich und schaute auf den Scharfrichter der Stadt Augsburg hinunter.

»Er hat einen entzündeten Arm und ringt mit dem Tod.«

»Und da kommt Ihr zu mir? Dem Roten Freimann?«

»Bei allen anderen war ich bereits. Niemand konnte helfen.«

»Was, wenn es auch mir nicht gelingt, Euren Mann zu retten?«

Eva schluckte. Mit dem Gedanken trug sie sich seit Tagen. Sie würde entweder einen anderen heiraten müssen oder mit den Kindern auf der Straße landen.

»Wenn man mich mit Euch sieht, seid Ihr wie eine Aussätzige in der Stadt. Das ist Euch bewusst?«

Eva nickte nur. Ein Wort brachte sie nicht heraus.

»Ich will es versuchen«, keuchte der Scharfrichter, griff sich wieder in die Seite und krümmte sich.

»Was müsst Ihr mitnehmen?«, fragte Eva. »Viel Zeit bleibt uns nicht mehr.«

Meister Hans zog sich am Geländer hoch und versuchte zu stehen, was ihm leidlich gelang. »Mir auch nicht«, sagte er. »Die Ledertasche dort hinten«, befahl er und deutete in die Ecke, aus der sie den Eimer geholt hatte. Dort stand auf einem Schemel eine Tasche, die so groß war, dass Eva bequem selbst hineingepasst hätte. Sie konnte sie kaum anheben.

Meister Hans schulterte sie mit einem Schwung, als wäre sie aus Stoff und leer.

»Ich gehe voraus«, sagte Eva und wollte schon die Treppe hinuntereilen, als er sie an der Hand festhielt. Eva zuckte zusammen. Sie musste also doch noch bezahlen. Sie würde es über sich ergehen lassen. Für ihren Mann. Für seine Rettung.

»Ich sagte eben, der Scharfrichter macht nichts umsonst. Erinnert Ihr Euch?«

Eva nickte schwach und schloss die Augen. Sie überlegte, wie viele Vaterunser sie wohl beten musste, bis er fertig war.

»Ich stehe an der Schwelle des Todes, Frau. Mein Weib ist längst verstorben, mein Sohn lebt in Nördlingen. Wenn ich sterbe, werden sie meinen wertlosen Körper auf den Schindanger werfen, zu den faulenden Innereien der Gäule und Rinder. Versprecht mir, dass Ihr mich in der Nähe des Friedhofs beerdigt und mir ein sauberes Grab verschafft. Versprecht es. Dann will ich Euren Mann zu retten versuchen.«

Eva war starr vor Schreck. Was er von ihr verlangte, war mehr als nur ein kurzer Beischlaf, über das Geländer des Aufgangs gebeugt. Was er verlangte, war das Ende ihrer Zukunft, falls irgendjemand dahinterkäme.

Er sah ihr Entsetzen, und dann sagte er etwas, das sie zutiefst beschämte. »Ihr seid auch nicht anders als alle anderen. Ihr fordert Hilfe ein, wollt aber keine Hilfe geben. Christin seid Ihr durch und durch!«

Er schob sie beiseite und ging an ihr vorbei die Treppe hinunter. Von der eben noch erkennbaren Unsicherheit des Schritts war nichts mehr zu sehen. Eva zögerte, ihm zu folgen.

»Ihr müsst mir schon zeigen, wo es hingeht. Riechen kann ich es nicht«, rief Meister Hans von unten hoch.

Eva traten die Tränen in die Augen. Er wollte Joss helfen, obwohl sie ihm noch nichts zugesagt hatte. Sie wäre beinahe die Treppe hinabgestolpert, als sie durch ihren Tränenschleier hindurch die erste Stufe suchte. Kurz musste sie innehalten, dann klapperten ihre Holzschuhe hinter dem Scharfrichter her.

Er wartete unten auf sie. Seine Miene war versteinert.

Eva sah ihn an. »Ich verspreche es«, flüsterte sie.

»Was?«

Eva schluckte ihren Stolz hinunter. »Ich verspreche, dass Ihr ein würdiges Begräbnis bekommt, wenn Ihr meinen Mann rettet.«

Meister Hans sah sie an, als wäre sie ihm anverlobt worden. Der eiskalte Blick verschwand von einem Augenblick auf den anderen. Doch sogleich verzog er zweifelnd den Mund. Die Offenheit in seinen Augen machte wieder der Härte Platz, die sie eben schon gesehen hatte.

»Verflucht sollt Ihr und Eure Familie sein bis in die dritte Generation und an Eurem Leben scheitern, wenn Ihr Euer Versprechen brecht!«, stieß er hervor und machte eine Handbewegung, die Eva wie ein magisches Zeichen erschien.

Unwillkürlich zuckte sie zusammen. Natürlich hatte sie insgeheim darüber nachgedacht, ob sie womöglich um diese Aufgabe herumkommen würde. Schließlich konnte ihr ein Toter nichts mehr anhaben. Und niemand wusste von ihrem Eid.

»Ich … ich schwöre es … ich werde Euch … begraben. Ihr bekommt … ein christliches Begräbnis.«

Meister Hans musterte sie stumm, und ein spöttisches Lächeln kräuselte seine Lippen. »Gut, dann kommt. Wir haben keine Zeit zu verlieren«, sagte er nur.

Mit einer Kopfbewegung schickte er sie nach draußen. Sie schlüpfte aus der Tür und eilte über den Kirchhof auf die Straße. Mittlerweile hatte sich der Tag verabschiedet und war einer aufkeimenden Dunkelheit gewichen. Sie lief den Weg entlang, den sie gekommen war. Hinter sich hörte sie immer wieder das Stöhnen des Scharfrichters, der ihr in einem gewissen Abstand folgte, und hatte das Gefühl, der Gottseibeiuns wäre ihr auf den Fersen. Sie liefen in die Nacht hinein – und Eva hoffte, niemandem zu begegnen.

Drei Tage hatte Meister Hans neben Joss verbracht, hatte ihn gewaschen, ihm einen Trank nach dem anderen verabreicht, hatte die Wunde aufgeschnitten und gesäubert, den Arm mit einer Paste aus Blättern und Fett eingerieben, ihm bittere Blätter zu kauen gegeben, und schließlich war die Entzündung zurückgegangen. Die Krämpfe hatten nachgelassen, der Atem des Kranken war nicht mehr stoßweise gegangen, sondern hatte sich beruhigt und war flacher und gleichmäßiger geworden. Am Ende des dritten Tages war ihr Mann in einen tiefen Schlaf gefallen. Eva hatte sich eine kurze Pause gegönnt und war zu den Kindern in die Bettstatt gekrochen.

Als sie wachgerüttelt wurde, fuhr sie auf und erschrak zuerst bis ins Mark. Es war stockfinster. Offenbar war es mitten in der Nacht. In der Finsternis ragte eine Gestalt vor ihr auf, die die Dunkelheit noch regelrecht in sich aufzusaugen schien.

»Was?«, flüsterte Eva.

»Erschreckt nicht. Ich bin es!«, hörte sie die schwarze Silhouette sagen. »Euer Mann hat es überstanden. Ich gehe.«

Langsam gelang es Eva, ihre Furcht hinunterzuwürgen.

»Ihr wisst, was Ihr mir schuldig seid?«, fragte der Scharfrichter in einem Tonfall, der keinen Zweifel daran ließ, was geschehen würde, falls sie es verneinte.

»Ich habe Euch mein Wort gegeben, Meister Hans, und ich werde es halten.«

Wortlos drehte er sich um. Obwohl sie nur seinen Schatten wahrnehmen konnte, wusste sie, dass er sich an die Seite fasste und ein Stöhnen unterdrückte. Er keuchte kurz, dann humpelte er zur Tür, drückte diese auf und trat auf die Straße hinaus. »Ich verlasse mich auf Euch!«, sagte er noch, bevor die Tür hinter ihm zufiel.

Eva kehrte zurück ins Bett, drückte ihre Kinder an sich und

starrte an die Decke. Sie horchte nach draußen, ob sie den Nachtwächter hören konnte, damit sie wusste, wie spät es war. Aber der ließ sich nicht vernehmen.

Noch immer schlug ihr Herz wie rasend. Doch als sie die gleichmäßigen Atemzüge ihres Mannes hörte, beruhigte sie sich langsam wieder.

Der Scharfrichter hatte ihren Mann gerettet. Sie wollte nicht wissen, wie ihm das gelungen war. Die Tage über hatte sie versucht, die Kinder, soweit es ging, von ihm fernzuhalten, aber die beiden hatten sich mit Meister Hans angefreundet – und das Ungeheuer hatte sich als ein im Grunde liebenswerter Mann entpuppt, der offenbar schwer krank war.

Während der Zeit in ihrem Haus hatte er keinen Schluck Schnaps getrunken. Aber je weniger Alkohol er zu sich nahm, desto stärker schienen seine Schmerzen zu werden, und die Pausen, in denen er mit sich selbst zu tun hatte, waren immer länger geworden.

Eva dämmerte nicht lange im Halbschlaf vor sich hin, immer wieder geweckt von den Bewegungen der beiden Kinder und dem gelegentlichen Stöhnen ihres Mannes, das jedoch keine Qualen mehr bedeutete, sondern mit der unbequemen Lage auf der Küchenpritsche zu tun hatte. Auf diese hatte der Scharfrichter ihn gelegt, damit er besser an den entzündeten Arm herankam.

Als das erste Licht sich durch die Spalten der Holzläden stahl, stand sie auf, völlig gerädert von dieser Nacht und den Nächten zuvor. Sie ging zu Joss hinüber und legte ihm die Hand auf die Stirn. Sie war kühl. Das Fieber war gegangen.

In diesem Augenblick klopfte es an der Tür. Eva zuckte zusammen, da sie niemanden erwartete.

»Seid Ihr das?«, fragte Eva, der das Herz bis in den Hals schlug. Warum war Meister Hans zurückgekommen? Um diese Zeit, wo jeder ihn sehen konnte, wenn er ihr Haus betrat?

»Ich bin es, der Bader Jörg. Ich wollte mich um Euren Mann …«

Der Morgenspeichel schmeckte bitter. Eva trat an die Tür und öffnete sie einen Spalt weit, vertrat dem Bader aber den Weg. Mit einem spöttischen Zug auf den Lippen sah er ihr suchend über die Schulter.

»Joss hat es überstanden«, sagte sie. »Es ist ein Wunder.«

»Dann hat meine Salbe …«, setzte der Bader erfreut an.

»Nein!«, unterbrach Eva ihn. »Ich habe jemanden … die Hebamme, die Babette, geholt … sie hat ihm geholfen.«

»Oh«, erwiderte der Bader. »Die blinde Hutter Babette also. Na dann. Ich dachte schon …«

»Was dachtet Ihr?«, fragte Eva vorsichtig.

»Ich dachte, sie wäre weggezogen, an den Kappenzipfel. Von da habt Ihr sie wohl hergeholt.«

Verunsichert wandte Eva den Kopf ab und nickte. Der Bader hob ungläubig die Augenbrauen und schlug eine weitere Kerbe in ihr Selbstbewusstsein. »Vor zwei Tagen war ich schon mal hier. Die Tür war verschlossen, aber ich habe gemeint … einen Mann … reden zu hören … womöglich …«

Eva erschrak, doch die Tür zu verrammeln war wohl ihre beste Idee gewesen.

»Joss hat im Fieber fantasiert. Das werdet Ihr gehört haben. Und die Tür mussten wir verriegeln, weil er zweimal aufgestanden ist und hinauswollte. Es war besser so.«

»Das war es vermutlich«, bemerkte Jörg und versuchte wieder, in den Raum zu spähen.

»Ich danke Euch für Eure Bemühungen, aber ich hätte ohnehin kein Geld mehr gehabt, um Euch zu bezahlen. Gehabt Euch wohl«, sagte Eva und hoffte, der Bader, der unschlüssig vor der Tür stand, würde sich endlich verabschieden. Seine dunkle Silhouette machte ihr Angst. Langsam wandte er sich um und ging davon.

Als sie die Tür schloss, atmete sie tief durch. Das war knapp gewesen. Wenige Glockenschläge früher und er wäre mit Meister Hans zusammengestoßen.

Warum hatte sie auch von der Hutter Babette reden müssen? Und wohin war diese mit ihrem Mann gezogen? An den Kappenzipfel, hatte der Bader Jörg gesagt. Natürlich, in die neue Fuggersiedlung. Niemand hatte ihr davon erzählt. Allerdings war sie in den letzten beiden Wochen auch kaum am Brunnen gewesen, wo solche Nachrichten ausgetauscht wurden.

Eva hockte sich vor den Herd, weil ihr die Knie weich wurden, und stocherte in der Asche, um noch etwas Glut zu finden. Sie entzündete das Feuer, um eine kleine Mahlzeit zuzubereiten und danach die verschwitzten Laken und Wäschestücke auszukochen. Sie hantierte mit der Pfanne, röstete etwas Grieben an, kochte in einem Topf Hirse auf. Rasch breitete sich ein köstlicher Duft im Raum aus, der die Kinder weckte. Das erwachende Leben vertrieb ihre Gedanken an Meister Hans und den Bader Jörg.

Barthlen kroch als Erster aus dem Bett, tapste vor die Tür und erleichterte sich auf der Gasse vor dem Haus. Els folgte ihm kurz darauf, ging allerdings hinter das Haus, wie es sich für ein Mädchen gehörte.

»Vater ist wach«, rief er aufgeregt, als sie zurückkam. Die Kinder stürmten auf Joss zu, der versuchte, sie einerseits in die Arme zu schließen, andererseits abzuwehren.

»Els, Barthlen, weg von eurem Vater. Ihr tut ihm weh!«, herrschte Eva die beiden an. Dann trat sie zu Joss an die Küchenpritsche und setzte sich auf den Rand. Sie suchte seine gesunde Hand.

»Wie geht es dir?«, fragte sie und konnte nicht verhindern, dass ihr Tränen in die Augen traten.

Sie hatte alles richtig gemacht. Alles.

Joss' Stimme klang matt. »Wie lange …?«, fragte er leise.

»Beinahe eine Woche«, antwortete Eva. Sie konnte ihren Mann durch den Tränenschleier hindurch nicht richtig erkennen.

»Was?«, flüsterte er ungläubig. »Das erklärt den Hunger!«

Eva musste lachen, und in das Lachen mischte sich ein Schluchzen, das sie nicht unterdrücken konnte.

»Mutter«, fragte Els, die sich an sie drückte und unbeholfen versuchte, sie in den Arm zu nehmen. »Bist du traurig, dass Vater wieder gesund ist?«

»Nein. Das sind Tränen der Freude.«

»Aber wenn man sich freut, weint man doch nicht«, erklärte Barthlen, der sich an seine Schwester drückte.

Eva gab keine Antwort. Sie stand auf, weil die Grieben in der Pfanne bereits etwas streng rochen. Außerdem musste der Brei umgerührt werden, damit er nicht anbrannte. Sie beugte sich über Topf und Pfanne und wischte sich über die Augen.

Sie hatte alles richtig gemacht.

Eva drehte sich zu den Kindern um und befahl ihnen noch einmal, ihren Vater in Ruhe zu lassen. Er brauche noch Schonung. Und sie bräuchten wohl etwas Warmes zum Frühstücken.

Barthlen und Els gehorchten. Sie holten sich ihre Holzlöffel und setzten sich an den Tisch. Eva gab die etwas dunkel geratenen Grieben in den Brei, rührte ihn um und nahm aus dem Bord an der Wand einen hölzernen Teller, auf den sie etwas von dem Brei gab. Den Topf stellte sie auf den Tisch. Die Kinder fielen darüber her, als hätten sie seit Wochen nicht Warmes mehr zu essen bekommen.

Sie setzte sich mit dem Teller neben Joss und fing an, ihren Mann zu füttern, weil sie ahnte, dass er nicht kräftig genug war, um den Löffel selbst zu halten.

In ihrem Kopf tanzten Freude und Sorge miteinander einen Schäfflertanz und schlangen ihrer beider Lebensbänder umeinander.

Sie hatte alles richtig gemacht – dennoch wusste sie, dass sie für dieses Glück würde bezahlen müssen. In dieser Welt gab es nichts umsonst.

3. Kapitel

AUGSBURG, SEPTEMBER 1523

Marx starrte hinaus in den Tag vor der Mauer. Er konnte sich gar nicht mehr daran erinnern, warum er diesen Anblick irgendwann einmal für den schönsten der Welt gehalten hatte. Oder zumindest für den zweitschönsten, wenn er den seiner Frau einmal dazurechnete. Damals. Aber sein Weib hatte die Schönheit mindestens ebenso rasch verloren wie der Blick von der Mauer seinen Reiz, und beides war einer Gleichgültigkeit und Langeweile gewichen, die sich nur mit Bier ertragen ließ.

Marx horchte unter seinem Metallhelm auf das Schlagen der Uhr. Zwölf. Es schlug zwölf. Wo um alles in der Welt blieb Marie?

Er spähte nach links und rechts den Wehrgang entlang, aber weder ließ sich ihr Schritt auf den hölzernen Bohlen hören noch ihr Rock sehen. Sie sollte ihm Bier und Essen bringen, pünktlich mit dem Glockenschlag, seit fünfzehn Jahren. Und seit fünfzehn Jahren verspätete sie sich. Immer.

Marx seufzte. Wenn sie nicht andere Qualitäten gehabt hätte, über die er in den Minuten, die er auf sie warten musste, vergnügt nachdenken konnte, wäre er verärgert gewesen. So fügte er sich in die Dinge, dachte an ihre warmen Schenkel und wünschte sich Bier und Brotzeit herbei.

Eine Bewegung forderte seine Aufmerksamkeit. Unten vor dem Graben huschte etwas geduckt durch das Gras. Es hätte längst wieder gemäht werden müssen, damit sich dort kein Gesindel herumtreiben konnte. Die derzeitige Höhe war unverantwortlich. Allerdings konnte er sich auch geirrt haben. Der Wind, der durch die hohen Gräser strich, gaukelte Bewegungen vor, die nicht existierten. Dennoch war er sich fast sicher, dass sich jemand in dem bereits herbstlich dürren Bewuchs verbarg.

Und jetzt verfluchte er die Unpünktlichkeit seiner Frau doch.

Wäre sie zeitig hier gewesen, dann hätte er die Bewegung übersehen und wäre nicht gezwungen gewesen, sich genauer damit zu beschäftigen. So aber trat er näher an die Scharte heran und spähte hinaus, blieb jedoch weit genug zurück, um zu verhindern, dass man ihn von unten sehen konnte.

Im Grunde war es eine langweilige Aufgabe auf den Mauern. Die Zeiten, in denen Raubritter wie der gefürchtete Kunz von Villenbach oder Onsorg von Wellenburg das Umland unsicher gemacht und die Stadt bedroht hatten, waren längst vorbei. Sie mussten nicht mehr nach den Fahnen des Raubgesindels Ausschau halten und die Glocke schlagen lassen, was nicht hieß, dass er deswegen weniger Hunger hatte. Sein Magen knurrte vernehmlich. Das Weibsstück würde etwas zu hören bekommen, wenn es endlich erschien. Ihm hing der Magen in der Kniekehle, und sie schwatzte vermutlich mit Else, ihrer Nachbarin, über Schwangerschaften, Geburten und andere völlig belanglose Dinge und ließ ihn hier oben im Dienst der Stadt verhungern. Er würde ihr zeigen müssen, was es hieß, den Stadtwächter Marx warten zu lassen.

Er stieß den Schaft seines Spießes in die Bohlen, dass es krachte.

Dennoch ließ er das Gras vor dem Graben nicht aus den Augen. Tatsächlich bewegte sich wieder etwas und huschte durch die Binsen, jetzt rechts von ihm. Er war sich diesmal sicher, dass es kein Wind war, denn der bewegte die Grasspitzen gleichmäßig, während die Gestalt unter ihm die Gräser wie Wasser um ein Boot nach links und rechts teilte.

Wieder läutete die Glocke und zeigte die halbe Stunde an. Er getraute sich nicht, eine neue Runde zu beginnen, denn wenn er sich von der Stelle wegbewegte, würde seine Frau sicherlich auftauchen, ihn nicht sehen und das Bier und sein Essen wieder mitnehmen. Wenn er etwas mehr hasste als Unpünktlichkeit, dann war es abgestandenes Bier.

Außerdem durfte er diese merkwürdigen Wellen im hohen Gras nicht aus dem Blick lassen. Jetzt bewegten sich die Halme links von ihm, und er musste das Holzauge in der Scharte etwas drehen. Kurz überlegte er, wie hoch das Kraut dort unten stand, und kam auf gut drei Fuß. Ihm würde es bis zum Bauchnabel reichen.

Seine Aufgabe war es, die Stadt vor Unheil zu bewahren, das durfte er keinem noch so starken Hunger unterordnen. Wenn jetzt seine Frau käme, dann würde er den Blick nicht von der Graslandschaft zu seinen Füßen wenden und sie mit hartem Herzen zurückschicken. Vielleicht würde er ihr sogar nachrufen, dass das alles nicht hätte sein müssen, wäre sie pünktlich gewesen.

Er streckte den Kopf etwas weiter aus der Scharte, um genauer sehen zu können. Irgendjemand war dort unten und hielt ihn zum Narren, er konnte es fühlen. Plötzlich schlug etwas gegen das Holzauge. Splitter stoben durch das Loch und trafen seine Nase und das rechte Augenlid. Marx zuckte zurück und schlug mit dem Helm gegen die steinerne Umfassung.

»Verflucht!«, schimpfte er. »Ich bin beschossen worden.«

Rasch drehte er das Holzauge blind und lief eine Scharte weiter. Ihm war, als würde er einen Jubelschrei vernehmen.

Sofort spähte er durch die Klappe in der Scharte. Sie war breiter, und man konnte größere Musketen oder kleine Feldschlangen hindurchschieben. Kaum hatte er die Fallklappe gehoben und seinen Kopf in Position gebracht, hörte er auch schon ein Klingeln und spürte einen Schlag. Sein Helm war getroffen worden.

Er wurde tatsächlich angegriffen. Die Stadt wurde angegriffen. Was kam als Nächstes? Pfeile, Kanonenkugeln? Feuerbrände? Marx wandte sich hinunter zur Straße, wo die Wachstube lag.

»Wir werden angegriffen«, brüllte er. »Alle Mann auf den Wehrgang!«

Er sah, wie sich in der Wachstube etwas rührte. Dann geschah eine ganze Zeit lang nichts. Schließlich trat Bernd aus der Stube, kratzte sich am Hintern, gähnte und schaute zu ihm hoch. Der ältere Hauptmann der Wache hatte offenbar geschlafen.

»Was faselst du da? Wer greift uns an?«

»Weiß ich noch nicht. Aber wenn ich den Kopf durch die Schießscharten stecke, werde ich beschossen!«

Zuerst war es still unter ihm, und Marx hoffte, dass sich die Mannschaft unten endlich in Bewegung setzen würde.

Aber dann kam die nächste Frage.

»Womit wird denn geschossen? Ich höre es nicht knallen.«

Marx wusste es selbst nicht, aber wenn er jetzt sagte, er habe keine Ahnung, dann würde sich der alte Bernd wieder in die windschiefe Kate zurückziehen und seinen Mittagsschlaf fortsetzen.

»Bolzen!«, log er, weil das Geräusch, das an seinem Helm geklingelt hatte, diesen Schluss durchaus zuließ.

»Na dann. Sag ihnen, sie sollen die Tore schließen. Mehr ist nicht nötig. Bolzen. Lächerlich. Weck mich, wenn's ernst wird.«

Marx fluchte. Nichts hatte er in der Hand, nichts, was diesen sturmerprobten Haudegen hätte aus der Ruhe bringen können. Und er selbst wusste nur zu gut, dass ihn ein größerer Fehlalarm unweigerlich von der Mauer verbannen konnte. Er verspürte keine Lust, irgendwann die Latrinenlöcher der Stadt zu leeren. Allerdings hätte er fragen sollen, was den Alten geweckt hatte, dass er so schnell auf den Beinen gewesen war. Aber so ging es ihm immer. Man nahm ihn nicht ernst. Er hieb vor Wut den Schaft seiner Pike in die Holzdielen.

Und jetzt tauchte auch noch seine Frau auf. Sie war den Zugang vom Schwibbogentor hochgeklettert und kam mit Bier und Essen auf ihn zu.

Marx verdrehte die Augen. Er konnte nicht glauben, dass sie gerade jetzt erschien.

»Ich hab keine Zeit!«, herrschte er sie an.

Verblüfft hielt Marie inne und sah sich um. »Aber … du tust doch nichts. Warum solltest du keine Zeit zum Essen haben?«

Marx verdrehte die Augen. »Die Stadt wird angegriffen! Weg von der Schießscharte!«

Doch es war zu spät. Marie trat an das Holzauge heran, drehte es so, dass sie hindurchblicken konnte, und spähte nach draußen. Man hörte etwas undeutlich gegen die Mauer schlagen – und dann herunterfallen und im Graben verschwinden.

»Siehst du?«, rief er, als Marie erschrocken zurückfuhr und sich beinahe die Haube vom Kopf riss, weil sie an der Überdachung der Scharte hängen blieb.

»Verfluchtes Pack!«, schimpfte sie.

Jetzt war ihr Mann neugierig geworden. »Hast du gesehen, wer es war?«, fragte er und trat hastig näher. Mit einer Hand langte er zum Brot und stopfte sich eine mit Butter bestrichene Scheibe in den Mund.

»Natürlich«, sagte sie und setzte gleich hinzu. »Iss langsam. Sonst bekommst du nur wieder Magendrücken. Kau gründlich!«

Er hasste diese Bemutterung. »Raus mit der Sprache, oder muss ich dich erst einer peinlichen Befragung unterziehen?«

Marie gluckste, dann begann sie zu lachen. »Für dich ist das hier alles wirklich ernst«, sagte sie und versuchte, den Korb so abzustellen, dass der Krug darin nicht umfiel.

»Das ist kein Spaß, weil der Krieg niemals ein Spaß ist!«, bellte er sie an. »Und jetzt verschwinde von hier oben.«

Er war nahe an sie herangetreten und packte sie an der Schulter. Er drehte sie um und gab ihr einen Stoß in Richtung Treppe. Kaum stolperte Marie von ihm weg, hörte er ein dumpfes Pochen, als hätte jemand wieder gegen die Holzverschalung der Schießscharte geklopft.

Tatsächlich war wohl das Innere des Auges getroffen worden. Ein Stein kullerte daraus hervor und ihm direkt vor die Füße. Er drehte sich noch ein paarmal um seine Achse. Marx starrte verblüfft auf den Kiesel. Ein simpler Lechkiesel, wie es sie zu Abertausenden im Flussbett gab.

Wer um alles in der Welt beschoss eine Stadt mit Kieseln?

Ein ungeheurer Verdacht stieg in ihm auf.

4. Kapitel

AUGSBURG, SEPTEMBER 1523

Das Gerücht verbreitete sich wie ein Lauffeuer, sprang von Ohr zu Ohr, durchquerte die Gassen, zwängte sich durch Türspalten, schlüpfte in offene Fensterlöcher und war vermutlich bereits durch die ganze Stadt gehüpft, bevor der Körper des Scharfrichters den Boden berührt hatte: Meister Hans habe sich den Schädel gespalten und liege tot vor dem Kirchhof bei Heilig-Kreuz. Keine zehn Schritt entfernt von seinem Heim. Betrunken sei er gewesen, sagte die Fama, sei gestolpert und habe sich an einem der Prellsteine des Kirchhofs den Schädel eingeschlagen.

Eva betrat die Werkstatt ihres Mannes, der sich gut erholt hatte. Der Arm war gesundet, die Kraft zurückgekommen, wenn auch noch nicht so wie vor seinem Unfall. Joss arbeitete wieder mit dem Zimmererbeil. Vorsichtig, langsam, aber er arbeitete.

Als sie die Tür öffnete, drehte er sich nach ihr um, und Barthlen kam auf sie zu. Er hatte am anderen Ende des Balkens gesessen und Joss beobachtet. Er erzählte ihr in einem ununterbrochenen Wörterstrom, was sein Vater da tat, wie er schlug, wie er das Beil hielt, wie vorsichtig er werkte, wie das Beil klang, wenn es in das Holz schnitt, bis sich alles in einem unverständlichen Geplapper überschlug und dabei noch wirrer wirkte. Was sie allerdings aus dem Wasserfall an Worten heraushörte, war, wie überglücklich und stolz er darauf war, Joss beim Arbeiten zusehen zu dürfen.

»Was ist los?«, fragte Joss stirnrunzelnd.

Eva wunderte sich immer wieder darüber, wie genau ihr Mann sie beobachtete. Kein Gefühl konnte sie vor ihm und seinen suchenden Augen verbergen.

»Der Scharfrichter ist tot«, antwortete sie.

Joss ließ das Beil sinken. Dann hob er es entschlossen noch einmal hoch, und mit einer knappen Bewegung fuhr es in den Stamm.

»Was geht es uns an?«, fragte er leise. »Der Abdecker wird sich darum kümmern. Das weißt du.«

Eva nickte. Sie nahm Barthlen und schob ihn aus der Werkstatt hinaus. »Such Els. Sag ihr, ich brauche sie.«

Dann trat sie einen Schritt vor und senkte den Blick. Ihre Hände spielten mit dem Band, das sie sich um die Taille geschlungen hatte.

»Da ist doch noch was«, sagte Joss.

Er ging auf sie zu und nahm sie in den Arm. Er drückte sie – und an diesem Druck konnte sie bemerken, wie lange er noch brauchen würde, um den Arm wieder so bewegen zu können wie zuvor. Aber selbst das war nicht sicher.

Sie nickte, ohne ihn anzusehen.

»Was könnten wir mit dem Scharfrichter zu tun haben?«, fragte er vorsichtig und schob sie etwas von sich weg, ohne sie loszulassen. Er musterte ihr Gesicht genau.

»Ich ... wir ... du ...«, stotterte sie.

Joss lachte. »Es hat dir die Sprache verschlagen, Eva? Du wirst doch keinen Apfel vom Baum der ...«

Sie schlug nach ihm, so plötzlich und heftig, dass er zurückwich. Sie traf seinen kranken Arm, und Joss verzog vor Schmerz kurz das Gesicht.

»Willst du mich bestrafen?«, fragte er und hielt sich den Arm gegen den Körper gedrückt.

Sie brach in ein hemmungsloses Schluchzen aus, drehte sich von ihm weg, verbarg das Gesicht in den Händen und ließ sich von ihm wieder in die Arme nehmen.

»Jetzt sag schon«, flüsterte er ihr ins Ohr.

Eva schüttelte den Kopf, konnte sich nicht beruhigen, aber ihr Gewissen brodelte, bis die Wahrheit an die Oberfläche schäumte und aus ihr herausbrach.

»Der Scharfrichter hat dir das Leben gerettet, Joss, nicht der Bader. Der hatte keine Ahnung, wie er dir helfen sollte. Er hatte dich aufgegeben. Aber Meister Hans wusste Hilfe. Er hat drei Tage an deinem Krankenlager gesessen und dich mit einer Salbe und ...«

»Meister Hans?«, keuchte ihr Mann.

»… und mit Kräutern eingerieben, den Eiter mit einem Schnitt abgelassen, dir immer wieder den Arm verbunden und ihn so gerettet.«

»Das ist schwere Kost, Frau. Hoffentlich hat ihn niemand gesehen.« Sein Griff, mit dem er sie von hinten umfasst hielt, lockerte sich.

Plötzlich zuckten sie beide zusammen.

»Was ist mit Meister Hans?«, fragte eine hohe Stimme.

Els war durch die Tür getreten.

Eva und Joss sahen sich kurz an.

»Nichts, Kind«, entgegnete Eva. »Geh mit Barthlen in die Küche. Setz den Brei auf. Gib etwas Milch dazu.« Eva lächelte tapfer. »Und erzähl um Himmels willen nicht herum, dass der Scharfrichter bei uns war. Sonst bringst du deinen Vater noch in den Turm. Los jetzt.« Sie scheuchte das Mädchen aus dem Raum.

»Er hat uns verflucht …«, sagte sie leise, als das Mädchen verschwunden war.

»Er hat was?«, entfuhr es dem Zimmerer. »Wie kommt er dazu, uns zu verfluchen? Ich werde mit der Stadtverwaltung …«

»Lass mich ausreden. Ich musste ihm etwas versprechen – und für dieses Versprechen hat er dich gesund gepflegt.«

»Das wird ja immer schöner!«

Mittlerweile hatte Joss sie losgelassen und lief in der Werkstatt auf und ab. Mit der gesunden flachen Hand hieb er auf Holzblöcke, Werkzeugstiele und Balken ein.

»Was hast du ihm versprochen?« Joss' Ton verschärfte sich. Seine Augen sprühten Funken. »Dass du heimlich zu ihm gehst? Dass du deine Kinder an ihn vergibst? Dass du …«

Plötzlich drehte sich Eva um. Ihr Ausdruck hatte sich völlig gewandelt. Der Wutausbruch ihres Mannes hatte sie aufgebracht. Schließlich hatte sie ihm das Leben gerettet, indem sie den Scharfrichter aufgesucht und um Hilfe gebeten hatte.

»Ich habe mich nicht getraut, dir das zu sagen. Aber jetzt muss ich das wohl. Ich musste Meister Hans versprechen, ihn zu begraben, wenn er stirbt. Und du wirst mir dabei helfen, denn es war dein Leben, das er gerettet hat. Da ist es nur recht und billig, ihm ein Grab auszuheben und ihn anständig zu beerdigen.«

»Aber … aber er war der Scharfrichter!«

»Und es war dein Leben, Mann!«

»Er war ein Unehrlicher!«, versuchte Joss, sich zu verteidigen. »Niemand wird ihn auch nur anrühren. Nur der Abdecker …«

»Auch du wirst mich nicht mehr anrühren, wenn du dich dieser Pflicht entziehst, Joss Neher!«, fuhr Eva ihn an. »Ich habe meine Ehre aufs Spiel gesetzt, um dich zu retten. Jetzt ist es an der Zeit zurückzuzahlen.«

»Und wenn nicht?«

Sie spürte seinen Widerwillen, seinen Widerstand.

»Dann wird uns der Fluch in die Gosse werfen.« Sie bekreuzigte sich, und Joss tat es ihr nach.

Dennoch schien er nicht überzeugt. »Aberglaube«, stieß er hervor. »Er ist tot und schreckt niemanden mehr.«

Eva sagte nichts, sondern stand nur da und sah ihn an.

»Er hat … wirklich … mich … und dich verflucht?«

Eva musterte ihren Mann, den ihr der Scharfrichter zurückgegeben hatte. Alle Verlegenheit war von ihr gewichen. »Ohne ihn wärst du jetzt tot, und ich würde die Zunft anbetteln, mir einen Gesellen ins Haus und ins Bett zu schicken, damit ich nicht meinen Körper verkaufen muss, um zu überleben.«

Joss schluckte bei dieser Vorstellung sichtbar, aber er lenkte nicht ein. »Er geht uns nichts an. Er hätte mir nicht helfen müssen. Vermutlich wäre ich auch ohne ihn genesen. Er hat nur meine Kraft gesehen und es so aussehen lassen, als würde er …«

Eva spuckte auf den Boden. »Du bist ein Feigling, Joss Neher. Meister Hans hat nicht gezögert – und er hätte nicht den Finger krumm machen müssen für dich. Noch nicht mal eine Bezahlung hat er genommen.«

Joss keuchte und stützte sich mit beiden Armen auf seinen

Oberschenkeln ab, als hätte sich ein Huckauf auf ihn gesetzt und drücke ihn nieder. Und plötzlich griff er sich an den Arm. Eva sah, wie sich sein Gesicht vor Schmerz verzerrte.

»Was ist?«

Als er sich aufrichtete, war er so bleich, als hätte er einen Toten gesehen.

»Der Arm hat gefeuert. Kurz nur«, flüsterte er. »Als ich daran gedacht habe, ins Wirtshaus zu gehen und Meister Hans Meister Hans sein zu lassen.« Er schluckte wieder lautstark. »Er hat mir gegen den Arm geschlagen, damit ich nicht vergesse, wer ihn versorgt hat.«

Eva legte den Kopf schief. Wer war jetzt abergläubisch?

»Du weißt, was das bedeuten kann?«, fragte Joss und fasste sie am Arm.

Eva war erleichtert, weil sie spürte, dass sie gewonnen hatte. Joss' Widerstand schwand. Er fügte sich.

»Er wollte dich daran erinnern, dass er noch immer offen daliegt. Eines Christenmenschen unwürdig – denn selbst der Scharfrichter war ein Christ.«

Joss presste die Lippen aufeinander, schließlich nickte er. »Dann sollten wir uns beeilen. Der Abdecker wird …«

»… er wird erst morgen kommen. Es ist so abgemacht. Man lässt ihn über Nacht liegen. Dem Erbarmen preisgegeben. Erst wenn der Leichnam am Morgen nicht verschwunden ist …«

Joss räusperte sich. »Wo willst du ihn begraben?«

Eva setzte sich auf den Balken, den Joss gerade bearbeitet hatte.

»Oben, bei St. Salvator, an der Armenmauer. Da fällt es nicht auf, wenn wir ein zusätzliches Grab ausheben. Der Friedhof wird von mehreren Pfarreien benutzt.« Sie strich ihren Rock glatt. »Lass uns anfangen, dann sind wir fertig, bis es dunkel wird.«

»Er darf nicht in geweihte Erde«, widersprach Joss erneut, auch wenn seine Gegenrede bereits kraftlos wirkte und mehr ein Rückzugsgefecht war als ein offener Angriff. »Du machst ihn sonst zum Wiedergänger.«

Eva sah ihren Mann an. Er hatte plötzlich Schweißperlen auf der Stirn, als würde das Fieber zurückkommen. Aber es war nicht das Fieber. Es war die Furcht.

»Im Süden liegt Buschwerk. Er wusste, dass er uns das nicht zumuten kann. Er wollte nur nicht auf den Schindanger, sondern außerhalb des Friedhofs in der Nähe geweihter Erde bestattet werden.«

»Und die Kinder? Was machen wir mit den Kindern?«

»Ich schicke sie zur Nachbarin. Sie wird ein Auge auf sie haben.«

»Was wirst du ihr als Grund nennen?«

»Ich werde ihr sagen, dass es Zeit wird für Nachwuchs – und wir nicht gestört sein wollen.«

Joss schüttelte den Kopf. »Das wird sie nicht glauben«, sagte er matt.

Offenbar hatte er seinen letzten Widerspruch verbraucht. Er ging hinter ihr her, blieb aber vor der Werkstattwand stehen und griff nach der Hacke, die dort hing. Auch eine Schaufel nahm er, und legte beides in die Handkarre. Zuletzt bedeckte er alles mit drei Säcken, um später die Leiche darunter verbergen zu können.

5. Kapitel

AUGSBURG, SEPTEMBER 1523

Marx hatte sich auf den Sims der Schießscharte gesetzt und starrte hinunter in die Stadt. Man hatte ihn genarrt. Er hatte sich von Jugendlichen an der Nase herumführen lassen. Eine Handvoll Halbwüchsiger hatte sich einen Spaß erlaubt. Sie hatten sich seiner Ängste bedient und ihn zum Gespött der Scharwache gemacht. Die Männer hatten gewiehert, und seine Frau war vor Scham nach Hause gegangen, ohne ihn zu beschimpfen. Das war in fünfzehn Jahren noch nicht vorgekommen. Sogar das schale Bier, das er in der

Hand hielt, schien ihn zu verlachen. Es schmeckte, als würde er an vom Regen durchnässten Fußlappen lutschen.

Was hatte er der Welt getan, dass sie ihn auf diese Art behandelte?

Am liebsten hätte er seinen Ekel an der Welt hinausgebrüllt, aber er durfte sich nicht noch mehr zuschulden kommen lassen, sonst würden sie ihn noch aus der Scharwache entfernen. Außerdem hätte er längst nach Hause gehen sollen. Seine Wache war vorbei, die Nachtwache der anderen Scharwächter hatte längst begonnen. Lange hatte er sich nicht überwinden können, bis die Dämmerung sich langsam über die Stadt gelegt hatte. Jetzt erhob er sich schwerfällig und wankte zum Abgang. Er war betrunken, aber nicht betrunken genug, um nach Hause zu gehen und seine Frau ertragen zu wollen. Doch Marie wartete mit dem Nachtmahl und einer Predigt auf ihn, und was er gerade nicht gebrauchen konnte, war ihr Zorn, weil er sich verspätete. Er würde noch einkehren und ein oder zwei Humpen trinken.

Marx hangelte sich an dem Geländer entlang, als ein Geräusch ihn zusammenfahren und innehalten ließ. Es war das Flüstern von Stimmen zusammen mit dem Mahlen einer eisenbereiften Karre, die unter ihm vorbeigeschoben wurde. Sie schien eine regelrechte Melodie zu quietschen – und wenn er besser gelaunt gewesen wäre, dann hätte er diese mitgepfiffen.

Marx zog sich in den Schatten der Wehrmauer zurück. Wer war hier nachts mit einer Handkarre unterwegs? Die Bleicher, die vor dem Bleichertörlein ihre Stoffbahnen ausgerollt hatten, waren längst wieder hinter den Mauern. Das Bad in der Nähe des Nebentors hatte geschlossen. Die Handwerker hatten ihre Hämmer und Schäleisen beiseitegelegt und waren zu ihren Frauen unter die Decke geschlüpft.

Er versuchte, vom Wehrgang hinunter in die Gasse zu spähen, ohne selbst gesehen zu werden, um festzustellen, wer sich hier zu so später Stunde noch herumtrieb. Aber es war zu dunkel, als dass er jemanden zweifelsfrei hätte erkennen können. Nur das Quietschen war deutlich zu vernehmen.

Die Karre bog zum Friedhof hin ab und hielt auf dessen Rückseite zu. Abrupt endete das Quietschgeräusch.

Marx beschloss, seinen Platz nicht zu verlassen und von der Warte aus zu beobachten, was passieren würde. Sollte Marie zu Hause warten! Jetzt war er wieder fast nüchtern. Wer wollte sich um diese Zeit auf einem Friedhof tummeln? Nur Spiritisten und Geisterbeschwörer suchten nächtens diese Orte auf – und vor denen hatte man sich in Acht zu nehmen und sie um der Totenruhe willen vor allem der Obrigkeit zu melden. Auch hatten Leichenräuber in den letzten Jahren auf verschiedenen Friedhöfen mehrere Gräber heimgesucht. Er sollte also ein Auge auf das Treiben dort unten haben. Gleichzeitig wollte er aber nicht schon wieder die Scharwache aufrütteln. Diesmal würde er allein handeln, diese Verbrecher allein stellen. Marie würde stolz auf ihn sein.

Die Gruppe verwendete keine Laterne. Marx konnte nur seinem Gehör vertrauen. Und das sagte ihm, dass hinter der Friedhofsmauer Werkzeug abgeladen und anschließend gegraben wurde. Ihm kamen Zweifel, und zugleich war er erleichtert, dass er nicht sofort Alarm geschlagen hatte. Waren das wirklich Leichenräuber?

Was um alles in der Welt wollten sie dann hinter der Mauer? Wenn sie für ihre dunklen Messen eine Leiche oder für die Leichenschauen der Ärzte Körper ausgraben wollten, machten sie sich an der falschen Stelle zu schaffen.

Er musste näher heran, um herauszufinden, was hier genau geschah. In letzter Zeit gab es alle möglichen Umtriebe in der Stadt, die den Magistrat beunruhigten. Für ein Anschleichen war er allerdings schon zu betrunken. Dennoch war es einen Versuch wert, schon um sein Ansehen wiederherzustellen.

Er beschloss, hinunterzugehen und nachzusehen.

Mittlerweile hatte die Nacht ihr schwarzes Tuch gänzlich über die Stadt gebreitet, und nur die Spreu der Sterne hatte sich über den Himmel verteilt. Man sah die Hand nicht mehr vor Augen. Marx wusste nicht, wie die Unbekannten hinter der Friedhofsmauer ohne Laterne zurechtkamen.

Er tastete sich langsam vorwärts, verfehlte den Handlauf aber immer wieder. Die Dunkelheit war sein Feind, und er fluchte, weil er auch noch dagegen ankämpfen musste. Unter großen Mühen gelangte er bis zur Treppe. Dort suchte er mit einem Fuß nach der ersten Stufe und wagte sich dann weiter vor. Ein Triumphgefühl überkam ihn. Er gehörte noch nicht zum alten Eisen! Ihm würde das Verdienst zufallen, diese Verbrecher gestellt zu haben. Es würde an ihm sein, die Scharwache wegen ihrer Schlafmützigkeit auszulachen.

Doch die Treppe war steil. Er trat auf die zweite Stufe, wurde sicherer und stieg schneller hinunter, verfehlte die übernächste Stufe, griff ins Leere – und dann rauschte er mit einem Schrei abwärts. Er nahm noch wahr, wie er mehrmals auf Holz aufschlug, dann lag er unten.

Er konnte sich nicht entscheiden, was ihm wehtat, denn der Schmerz war überall. Er wusste nur, dass er mit seinem Schrei vermutlich die Ausgräber vertrieben und die Möglichkeit, sich vor seinen Kollegen der Scharwache wieder in ein besseres Licht zu rücken, vertan hatte. Er war ein Versager, zu nichts nütze, zu nichts zu gebrauchen. In dieser Gewissheit dämmerte er in eine andere Welt hinüber.

Als er wieder zu sich kam, war es noch immer dunkel. Der Mond war entweder noch nicht aufgegangen oder schon wieder hinter dem Horizont versunken.

Er lag kopfüber da, die Beine auf den Treppenstufen des Wehrabgangs. Marx horchte in sich hinein, spürte den Schmerzen nach, die sich jetzt auf zwei Punkte konzentrierten: den rechten Arm und das linke Bein. Das Bein war gebrochen, so viel spürte er. Und den Arm konnte er nicht bewegen.

Er blieb liegen, weil er sich nicht rühren konnte. Erst gegen Morgen würde die Scharwache abgelöst, und zumindest Mattheis würde kommen und ihn finden. So lange musste er ausharren.

Marx seufzte, weil ihn dieser Tag genarrt hatte wie kein anderer zuvor. Statt seine Schmach auszuradieren, hatte er sich nur umso tiefer hineingeritten. Jeder würde wissen, dass dieser Unfall seiner

Sauferei geschuldet war. Sie würden sich das Maul zerreißen und ihn über Monate auslachen.

Ein sich ständig wiederholendes Quietschen riss ihn aus seinem Selbstmitleid.

»Die Karre«, flüsterte er vor sich hin.

Das rhythmische Quietschen näherte sich so langsam von der Stadtseite her, als würde etwas Schweres bewegt. Dann verstummte es plötzlich, und Marx vernahm die Stimme einer Frau, auf die ein Mann antwortete.

»Ist das nicht Marx Köllin? Ist er tot?«

»Jedenfalls bewegt er sich nicht«, entgegnete der Mann.

Marx hatte das Gefühl, als kenne er die Stimmen.

»Was sollen wir machen?«, fragte die Frau.

»Beeilen wir uns, den Scharfrichter ins Grab zu bekommen. Meister Hans ist ein riesiger Kerl. Die Scharwache wird Marx schon finden. Bis dahin sollten wir fertig sein. Sonst hören sie uns noch, werden neugierig und finden womöglich das Grab. Wir lassen ihn liegen. Sollen sich seine Kameraden um den toten Trunkenbold kümmern.«

Marx glaubte nicht, was er da hörte. Die beide redeten von dem Scharfrichter. Und von einem Grab, in das sie ihn legen wollten. Hatten sie den Mann etwa beseitigt? Aber wer brachte einen Scharfrichter um? Wer berührte einen, der unberührbar war?

Beinahe hätte er sich dadurch verraten, dass er laut gestöhnt hätte. Aber ihm war bewusst, was das bedeutet hätte: Die beiden Unbekannten hätten dafür gesorgt, dass er nichts von ihrem nächtlichen Abenteuer ausgeplaudert hätte.

Was um alles in der Welt geschah hier? Marx konnte sich einfach keinen Reim darauf machen. Die Stimmen und das Quietschen entfernten sich. Obwohl sein Arm zu pochen begann, war er froh darüber, dass sie nicht genauer nachgeschaut hatten, ob er noch lebte.

Den Scharfrichter habe der Teufel geholt, erzählten die Bediensteten bei den Mönchen im Kloster Heilig Kreuz mit zittrigen Stimmen hinter vorgehaltener Hand. Sie hätten mitten in der Nacht das höllische Krachen und Kreischen des Teufels vernommen. Sie hätten sich nicht auf den Kirchhof gewagt, um zu prüfen, was davor geschah. Als sie am Morgen bei Tageslicht den Zugang zur Wohnung Meister Hans' besichtigt hätten, wäre der Tote bereits zur Hölle gefahren gewesen. Sie hätten die Spuren des Feuers gesehen, hätten noch den Schwefelgeruch wahrgenommen, der im Flur gehangen habe, und sich erst gegen Mittag nach oben getraut, um zu sehen, ob der Scharfrichter nicht doch in seinem Bett läge. Aber er sei verschwunden gewesen. Kein Haar hätten sie mehr von ihm entdeckt, nur noch einen Schatten aus Blut, dort, wo er sich draußen an dem Prellstein den Schädel aufgeschlagen habe. Einen Schatten mit zwei Hörnern, das könnten sie beschwören, einen Schatten, der sich im Laufe des Tages und mit höherem Sonnenstand in nichts aufgelöst habe.

Wenn es nicht so ernst gewesen wäre, hätte Eva gelacht, als ihr die Bäuerin vom Obstmarkt am nächsten Tag die Geschichte erzählte, während sie mit Els und Barthlen an der Hand vor ihr stand. Was für ein abergläubisches Volk sie waren, die Städter.

Joss schlief noch, als sie sich in aller Herrgottsfrühe vom Strohsack hinuntergequält hatte. Sie hatte die Kinder geweckt und eingepackt und war zum Markt gegangen. Joss hatte in der Nacht Schwerstarbeit geleistet, hatte in Kauf genommen, dass sich sein Arm wieder entzündete. Eva erstand drei Lageräpfel und lauschte der Geschichte der Bäuerin, die durch das Klinkertor in die Stadt gekommen war und die ganze Aufregung der Torwache hautnah miterlebt hatte. Eva sah Els an und schüttelte unmerklich den Kopf.

»Meister Hans ist nett«, plapperte Els dennoch los.

Die Bäuerin erschrak sichtlich, und Eva musste sie beschwichtigen.

»Wir waren bei der letzten Hinrichtung. Ein grausiges Schauspiel. Das geht ihr nicht mehr aus dem Kopf.«

»Mutter!«, widersprach Els, aber da hatte Eva die Tochter bereits weitergezogen. »Ich hab doch recht!«

»Sie hat doch recht«, plapperte Barthlen nach, was die Schwester ihm vorgab.

Eva spürte, wie sie zu schwitzen begann. Sie suchte sich eine Ecke, in der das Haus etwas vorstand und sie die Kinder in die Brandlücke schieben konnte. Dann kniete sie sich vor sie hin.

»Ihr dürft das nicht mehr sagen«, bat sie verzweifelt. »Wenn das in die falschen Ohren gelangt, dann habt ihr beiden keine Mutter und keinen Vater mehr. Bitte!«, flehte sie noch. »Bitte!« Tränen standen in ihren Augen.

»Musst du jetzt weinen?«, fragte Barthlen.

»Nein«, log sie und wischte sich verstohlen mit dem Ärmel übers Gesicht. »Aber ihr dürft das nicht mehr sagen. Ihr habt niemals einen Meister Hans gesehen. Versprecht ihr mir das?«

Els starrte sie an.

»Ich versprech es«, stieß sie hervor.

»Ich versprech es. Ich versprech es!«, krähte Barthlen, doch Eva bezweifelte, dass er verstand, worum es ging.

Sie musste mehrmals schlucken, bis sie sich wieder gefangen hatte. Dann wandte sie sich zu St. Salvator hinauf, um nachzusehen, ob man den toten Scharwächter schon gefunden und abgeholt hatte. Sie konnte es immer noch nicht fassen, dass er sich das Genick gebrochen hatte, während sie gegraben hatten.

Mit den Kindern an der Hand lief sie hinauf zum Lueginsland und zur Kapelle des Friedhofs. Els und Barthlen schöpften keinen Verdacht, da sie hin und wieder das Grab der Großeltern besuchten, die dort oben lagen. Sie wunderten sich nur, als Eva bis zum Abgang des Tores ging, statt sofort in den Friedhof einzubiegen.

Der Wächter lag nicht mehr mit gebrochenem Genick am Fuß der Treppe. Sie würde sich erkundigen, was mit ihm geschehen war.

Ohne größere Eile schlenderten sie zurück in Richtung Kreuztor und dann die alte Ummauerung der Domstadt entlang. Sie hüpften um die Wette, scherzten, lachten und spielten Vor-und-zurück-

und-seitwärts-marsch, ohne auf die Menschen auf der Straße zu achten. Sie wären beinahe in die beiden Männer hineingelaufen, die vor ihrem Haus herumlungerten.

Sie erkannte den Zunftoberen sofort.

Sie fasste ihr Apfelnetz fester und versuchte durchzuatmen. Die Männer konnten nichts wissen. Sie hatten keine Ahnung, was sie und ihr Mann in der Nacht getan hatten. Es musste also einen anderen, einen weniger beängstigenden Grund geben, warum sie sich vor ihrem Haus aufhielten.

Als sie näher herankam, wurde der Zunftobere auf sie aufmerksam. Er war ein kleiner Mann, der mindestens ebenso breit wie hoch war. Er stellte sich immer auf die Zehenspitzen, um größer zu wirken, gab dadurch aber eine umso lächerlichere Figur ab. Sein mit weißen Fäden durchsetzter Bart stand beinahe waagerecht ab. Nur seine Stimme war gewaltig. Ihr allein hatte er die Führung der Zunft zu verdanken, dieser Stimme und seiner herzlosen Art, die Dinge am Laufen zu halten.

»Meister Jordan, was verschafft mir und meinem Mann diese Ehre?«

Eva wusste, er würde sie mit irgendwelchen belanglosen Floskeln abspeisen, weil er nur mit Zunftmitgliedern sprach, nicht aber mit deren Frauen. Dabei wusste jeder in der Stadt, wer bei ihm zu Hause die Hosen anhatte – und es ging sogar das Gerücht, dass seine Frau ihn schlug, wenn er zu spät oder gar betrunken aus den Sitzungen der Zunft kam. Weil er ahnte, dass die anderen davon wussten, machte es ihn umso gefährlicher.

Sie öffnete die Tür und schickte ihre beiden Kinder mit einem Klaps hinein.

»Ich habe mit Eurem Mann zu reden.«

»Ich werde ihn holen, Meister Jordan. Darf ich fragen, was …«

Sie musste ihn auf den Arm nehmen, sie konnte nicht anders.

»Macht rasch, Weib. Wir haben es eilig. Er wird doch nicht auf der faulen Haut liegen, so wie die letzten Wochen?«, herrschte er sie an.

Eva öffnete schon den Mund zu einer scharfen Erwiderung, aber sie schluckte sie hinunter. Dennoch entfuhr ihr eine schnippische Antwort.

»Ich werde ihn fragen, damit er es Euch sagen kann.«

Doch der Zunftobere der Zimmerer nahm sie nicht mehr wahr, während sein Begleiter ihr schmunzelnd zunickte.

Eva trat in ihr Haus und rief laut nach Joss, obwohl sie wusste, dass er noch schlief.

»Joss«, brüllte sie so laut, dass der Zunftobere vor der Tür sie hören konnte. »Der Zunftobere glaubt, du würdest nichts tun und noch schlafen. Er will dich sprechen.«

Damit ließ sie die Tür hinter sich zufallen.

Rasch ging sie in den ersten Stock hinauf, aber Joss stand schon auf der Schwelle und stopfte sich das Hemd in die Hose. Els stand neben ihm und hatte Tränen in den Augen. Barthlen klammerte sich an das Bein des Vaters.

»Der Zunftobere?«, fragte Joss und gähnte. »Was will er?«

Eva legte den Kopf schief und verzog die Mundwinkel, dann zuckte sie mit den Schultern.

»Glaubst du etwa, er redet mit mir?«

Noch immer verdreckt von der nächtlichen Arbeit, polterte Joss die Treppe hinab und rief Eva über die Schulter zu: »Hat er sich nicht getraut, mit dir zu reden, weil du ihm Prü…«

Er unterbrach sich, als er die Tür öffnete und Meister Jordan direkt vor sich stehen sah.

Eva, die den Halbsatz gehört hatte, wünschte, Joss wäre nicht so herausfordernd gewesen. Sie sah den Zunftmeister vor ihrem inneren Auge, wie er hochrot und wutschnaubend vor Joss stand. Gewiss hatte er alles mit angehört und wusste, dass das auch für seinen Begleiter galt.

»Ihr wünscht?«, fragte Joss in freundlichem Ton, und Eva konnte das gewinnende Lächeln vor sich sehen, das ihr Mann aufsetzte.

»Der Bader sagte, Ihr hättet im Sterben gelegen«, begann Meister Jordan, und Eva wurde sofort hellhörig.

Sie stieg einige Stufen tiefer und setzte sich auf die Treppe, um das Gespräch besser verfolgen zu können. Es hatte eine höchst gefährliche Wendung genommen. Joss verstand sich nicht aufs Reden. Er würde sich übertölpeln lassen, da war sie sich sicher. Sie hätte an seiner statt sprechen müssen. Er konnte Holz bearbeiten, sie kannte die Finten und Schliche der Sprache.

»Wie Ihr seht, bin ich dem Tod von der Schippe gesprungen.«

Der Zunftobere schwieg eine ganze Zeit lang. Eva ahnte jedoch, wie er ihren Ehemann von Kopf bis Fuß maß.

»Wer hat Euch gesund gemacht, Joss Neher?«, bohrte der Zunftobere nach, und es klang regelrecht unschuldig.

In Eva läuteten die Sturmglocken.

»Eva, meine Frau – und meine Widerstandskraft«, stotterte Joss, sichtlich überrumpelt. »Also die Natur. Wer sonst?«

Der Zunftobere ließ wieder eine kleine Weile verstreichen, bevor er nachsetzte. Und was er sagte, riss Eva auf die Beine.

»Man munkelt, Ihr hättet den Teufel an Euer Krankenbett gebeten. Nur er hätte Euch helfen können. Er – oder sein Stellvertreter auf Erden, der Scharfrichter.«

Es hielt Eva nicht mehr auf der Treppe. Sie rannte nach unten, und bevor der verblüffte Joss auch nur eine Silbe aus sich herausquetschen konnte, war Eva zur Stelle.

»Das nehmt Ihr zurück, und zwar augenblicklich, Meister Jordan. Und wehe Euch, wenn Ihr es noch einmal erwähnt, dann … dann …«

Erwartungsvoll sah der Zunftobere sie an.

»Was dann?«, triezte er sie. »Was dann?«

»Dann werde ich Dinge über Euch …«

»Eva!«, pfiff Joss seine Frau zurück. »Nichts wirst du tun!«

Der Zunftobere grinste sie an.

»Das übernehme ich höchstpersönlich bei seiner Frau«, fuhr Joss fort. »Sie wird nicht erfreut sein.«

Das überhebliche Grinsen verschwand aus dem Gesicht des Zunft- und Beschaumeisters und wich einer hässlichen Fratze. »Ich weiß, dass ich recht habe, Meister Joss. Der Scharfrichter war bei Euch. Er ist gesehen worden.«

»Ihr lügt«, zischte Joss und schlug ihm die Tür vor der Nase zu. Dann brüllte er durch die geschlossene Tür hindurch: »Untersteht Euch, auch nur ein Wort davon zu verbreiten!«

Die Zunftoberen zogen ab. Joss und Eva sahen sich an. Das Entsetzen stand ihnen ins Gesicht geschrieben.

Auf der obersten Treppenstufe weinten Els und Barthlen vor sich hin.

6. Kapitel

AUGSBURG, SEPTEMBER 1523

Das Bein war gesplittert. Er war an einem der Treppenabsätze abgerutscht und durch das nächste Brett gebrochen, bevor er abgestürzt war. Er würde nie wieder laufen können, so viel stand fest. Der Bader hatte ihm sogar gesagt, er müsse das Bein abnehmen, um einen Wundbrand zu verhindern. Der offene Bruch würde sich entzünden. So sicher wie das Amen in der Kirche. Einrichten könne er das Bein ohnehin nicht. Marx habe sich wohl beim Fallen gedreht und damit den Knochen in ein Dutzend Teile zersplittert. Wenn der Knochen glatt gebrochen wäre, hätte er womöglich etwas für ihn tun können, hatte der Bader gesagt. So könne er nur beten – und ihm dasselbe empfehlen. Es wäre das Beste, er schicke ihm gleich den Pfarrer.

Seine Frau hatte vor Verzweiflung geschrien. Es war kaum auszuhalten, zusammen mit den Schmerzen, die sich in seinen Schädel bohrten, als würde jemand eine Eisenstange hindurchstecken.

Selbst wenn er das Bein nicht verlor, würde er zum Krüppel werden – und damit war seine Zukunft als Scharwächter beendet. Die Stadtoberen würden den Teufel tun, ihn weiter zu beschäftigen.

Er verfluchte das Quietschen der Karre, das ihn zur Treppe gelockt hatte. Er überlegte, wer die Personen gewesen sein könnten, die er dort gehört hatte – denn er war sich mittlerweile einigermaßen sicher: Sie hatten den Scharfrichter beerdigt. Das jedenfalls passte zu den Gerüchten, die allenthalben umgingen und die ihm seine Frau zwischen ihren Jammer- und Schreianfällen erzählte.

Nicht, dass er etwas gegen eine christliche Bestattung dieses Menschen einzuwenden gehabt hätte. Besser so, als vom Teufel geholt zu werden. Dennoch hatte ihn diese Nacht das Bein gekostet. Und egal, wer die Leute gewesen waren, die Meister Hans begraben hatten – sie würden dafür bezahlen.

Die Schmerzen nahmen Marx nicht nur den Atem, sondern auch die Kraft zu denken. Dabei hätte er diese bitter nötig gehabt. Er kannte das Quietschen. Er kannte die Stimmen, konnte sie aber nicht zuordnen. Der Mann und die Frau mussten häufiger am Lueginsland vorbeigekommen sein. Vielleicht hatten sie ein Grab auf dem Friedhof um St. Salvator. Er konnte sich nur nicht an sie erinnern. Diese Unsicherheit schlug ebenso auf sein Gemüt wie die Schmerzen, die ihn mit ihren glühenden Zangen peinigten.

Je länger er dalag, desto verschwommener wurde der Tag. Ihm fehlten Stunden. Immer wenn er aufwachte, hatte er das Gefühl, die Zeit hätte einen Sprung gemacht: Es wurde dunkel, dann wieder hell, dann dunkel. Das Bein brannte. Durst quälte ihn. Er schwitzte.

Einmal hatte er die Vision, der Bader Jörg beuge sich über ihn und lache ihn mit seinem lückenhaften Gebiss aus.

»Nicht den Jörg«, wollte er schreien. »Nicht den Bader!« Aus seinem Mund drang nur ein unverständliches Nuscheln.

Dann bohrte der Hunger in seinen Eingeweiden. Er glühte. Schließlich glaubte er, vor Schmerzen sterben zu müssen. Er brannte innerlich und schrie, bis ihm die Stimme versagte. Schließlich versuchte er es nicht einmal mehr, weil er wusste, dass sich kein Laut bilden würde. Endlich wurde er ruhiger. Die Zeit verlangsamte sich wieder, und um ihn herum klarten sich die Tage auf.

Irgendwann erwachte er. Es war hell draußen. Er schlug die Bettdecke zurück, schwang die Beine über den Rand des Bettkastens und erstarrte. Sein linkes Bein endete kurz unterhalb des Knies. Er starrte die leere Stelle an. Man hatte ihm einen Lumpen umgebunden, der beinahe schwarz war vor krustigem Blut. Aber die Wade und der Fuß fehlten, obwohl er beides noch spürte. Er musste mit der Hand in die Leere greifen, damit er glaubte, was er sah, aber nicht glauben wollte.

Mit dem Begreifen kam der Schmerz zurück. Der Stumpf wummerte.

»Marie!«, versuchte er zu rufen. Doch seine Stimme war ein einziges trockenes Krächzen. »Marie!«

Er spürte, wie ihm die Welt erneut entglitt und er nach hinten fiel. Er schlug sich den Kopf am Bettkasten, aber das spielte keine Rolle mehr. Nichts würde mehr so sein, wie es war. Nichts.

Mit dieser Gewissheit dämmerte er weg.

In einem anderen Leben und zu einer anderen Zeit weckte ihn das Geräusch einer quietschenden Karre und jagte ihn vor sich her. Ein Mann hatte deren Holme gepackt und schob die hölzerne Wanne mit gesenktem Kopf, während er selbst auf einem Bein hüpfend zu fliehen versuchte. Doch die Karre kam näher, bis sie ihn in der einen Kniekehle erwischte. Er verlor das Gleichgewicht und fiel rückwärts in den Holztrog. Er schaute auf, weil der Kerl, der ihn schob, direkt auf ihn heruntersah, aber bevor er ihn deutlich erkennen konnte, verschwamm das Bild und machte einem Baldachin Platz, den er kannte. Er spannte sich als Wanzenfang über seinem eigenen Bett.

»Es ist wie verhext!«, brummte Joss, als er durch die Tür trat.

Eva sah ihn erwartungsvoll an, aber er schüttelte den Kopf.

»Wieder kein Auftrag?«, fragte sie leise.

»Sie sind seit drei Wochen entweder schon vergeben oder werden aufgeschoben, weil kein Geld vorhanden ist. Als hätte man in diesem Herbst die Arbeit aus der Stadt hinausgetragen.«

Els saß am Tisch und hatte Augen so groß wie Teller.

»Ich hab Hunger«, flüsterte sie, und Barthlen, der neben ihr stand und sich an ihrem Arm festhielt, nickte heftig.

Eva zerriss es beinahe das Herz. »Der Zunftobere?«, fragte sie leise.

Joss zuckte nur mutlos mit den Schultern. »Möglich. Jedenfalls will mir keiner mehr Arbeit geben. Sie sehen mich nicht mal mehr an, als wäre ich durchsichtig.«

»Meister Jordan«, zischte Eva und ballte die Fäuste. »Er steckt dahinter und kein anderer.«

Sie nahm die Haube vom Haken und band sie sich um. Dann versuchte sie, sich an Joss vorbeizudrängen, aber er hielt sie einfach fest. Er blickte ihr in die Augen und schüttelte den Kopf, während sie sich loszureißen versuchte.

»Lass mich gehen!«, schrie sie ihn an.

Barthlen wimmerte.

»Du machst alles nur noch schlimmer«, sagte Joss. Aber er ließ sie los.

Eva schob ihn einfach beiseite und ging aus der Tür. Als sie auf die Straße trat, hatte sie sich schon wieder etwas beruhigt. Sie brauchte jetzt Bewegung. Ob sie sich den Zunftoberen zur Brust nehmen würde, wollte sie erst entscheiden, wenn sie zu einem Entschluss gekommen war. Sie musste nachdenken.

Was war ihr entgangen? Wer hatte geplaudert? Seit Tagen zerbrach sie sich über diese Fragen den Kopf. Sie war jeden Augenblick der letzten Tage durchgegangen – und hatte nur den Unfall des Scharwächters ausmachen können. Er war nicht tot gewesen, sondern nur schwer verletzt, wie sie zufällig erfahren hatte. Man hatte ihm das halbe Bein abnehmen müssen. Ob er das überlebt hatte, wusste sie nicht.

Sie stapfte hinauf zum Lueginsland. Irgendwo an der Stadtmauer wohnte der Mann, den alle nur Marx nannten. Er war ein

Schluckspecht vor dem Herrn, was ihm vermutlich auch zum Verhängnis geworden war.

Auf halbem Weg hielt sie inne. Sollte sie sich tatsächlich nach ihm erkundigen? Sie hatte keinen Anlass dafür. Außer einem gelegentlichen Morgengruß vom Mauerumgang herab hatten sie nie ein Wort miteinander gewechselt.

Eva wollte wieder umdrehen, als sie dem Geistlichen begegnete, der in St. Servatius Dienst tat. Der schlanke, groß gewachsene Dekan war ein gut aussehender Mann, auch wenn dem schmalen Vogelgesicht etwas Zwanghaftes eigen war. Sein dunkles Haar war sorgfältig geschnitten und üblicherweise gekämmt. Jetzt stand es ihm wirr um den Kopf, als hätte jemand darin gewühlt.

Eva musste sich auf die Lippen beißen, um nicht laut loszulachen. Sie wusste genau, wer ihm in den Schopf gegriffen hatte.

Pater Finn sah kurz auf und grüßte sie laut und freundlich, weil er sie offenbar nicht erkannt hatte. Als ihm bewusst wurde, wem er da begegnet war, erschrak er sichtlich.

»Was ist, Pater Finn?«, fragte sie. »Kein Schwätzchen? Habt Ihr es eilig?«

Der Pater wollte sich an ihr vorbeidrücken, aber dann schien er sich zu besinnen. »Wie konntet Ihr nur diesen gottlosen Weg gehen?«, zischte er.

Eva sah ihn zuerst verblüfft an, dann begriff sie. »Was habt Ihr gesagt?«, fragte sie äußerlich ruhig zurück.

»Ihr wisst genau …«, wollte der Pater fortfahren, doch Eva unterbrach ihn mit einer herrischen Geste.

»Nichts weiß ich – und *genau* gleich gar nichts. Raus mit der Sprache, Pater. Ihr seid ein Mann Gottes. Sagt die Wahrheit … oder fahrt zur Hölle!«

Pater Finn bekreuzigte sich zweimal, bevor er stockend weitersprach. Mit einer Hand hielt er das Kreuz fest, bemerkte Eva, als wäre sie eine Verkörperung des Incubus.

»Ihr werdet beschuldigt, den Scharfrichter begraben zu haben. Ein Frevel gegen Gott.«

Eva musste schlucken. »Wer behauptet solchen Unsinn?«, fragte sie mit zittriger Stimme. Sie bemerkte, dass der Pater plötzlich kleinlaut wurde. »Der Zunftobere der Zimmerer? Meister Jordan? Aber von ihm habt Ihr das nicht.«

Mit einem Mal wurde der Pater blass, und ein verlegenes Lächeln huschte über sein Gesicht. Die schmale Gestalt wuchs noch weiter in die Höhe, und er riss die Augen auf. Auf dem verhärmten Gesicht breitete sich ein Schatten aus.

»Weiß er auch, dass Ihr seine Frau besucht? Und ihr dabei nicht nur die Beichte abnehmt, sondern auch Euren Samen hinterlasst? Weiß er, dass eines seiner acht Kinder nicht von ihm ist, sondern vom Dekan von St. Servatius?«

Die Farbe im Gesicht von Pater Finn wechselte von Weiß zu Rot und wieder zu Weiß.

»Wagt es, solche Behauptungen aufzustellen und das Märchen zu verbreiten!«, schrie er. »Woher wollt Ihr …«

»Ich weiß es von der Jordanin selbst, Pater. Es sind keineswegs Märchen, sondern ist die reine Wahrheit. Wenn Ihr nicht aufhört, Anschuldigungen nachzuplappern, die aller Grundlage entbehren, nur weil Eure Bettgespielin diese Dinge während Eurer Besuche ausplaudert, wird alle Welt davon erfahren – und Ihr werdet vermutlich am Sankt-Gallus-Tag mit Schimpf und Schande aus der Stadt verwiesen.«

Der Pater war weiß wie die Wand. »Untersteht Euch!«

Eva musste lachen. »Bemüht Euch wenigstens, Eure Haare zu glätten, wenn Ihr schon direkt vom Lotterbett in die Kirche geht«, fuhr sie ihn an.

Pater Finns Unterlippe zuckte, doch fand er rasch wieder zu der Überheblichkeit zurück, die von dem Bewusstsein gespeist wurde, dass der Geistlichkeit Privilegien zustanden, die von niemandem auch nur angezweifelt werden durften. Eine davon war die Tatsache, dass er die Menschen seiner Gemeinde mit einem Fingerschnippen aus eben dieser entfernen und sie so vernichten konnte.

»Es gibt Zeugen für Eure unchristliche Tat«, sagte er mit einem falschen Lächeln und entblößte dabei seine schiefen Zähne. Mit gespreizten Fingern fuhr er sich durch die Haare und glättete den Schopf.

Für einen Moment glaubte Eva, ihr würde der Boden unter den Füßen weggezogen. Von ihrer Spottlust ihm gegenüber war buchstäblich nichts mehr übrig. Sie bemühte sich, ihre Bestürzung zu verbergen.

»Was für Zeugen?«

7. Kapitel

AUGSBURG, OKTOBER 1523

Der Stein kam von schräg hinten und traf sie an der Wange. Es war ein kurzer Schlag gegen ihre Zähne, gefolgt von einem stechenden Schmerz. Als sie an die Backe fasste, fühlte sie etwas Feuchtes – Blut. Der nächste Stein traf sie in den Rücken. Blitzschnell drehte sie sich um, sah aber den folgenden nicht rechtzeitig. Er schlug gegen ihre Stirn.

Erst als sie ihn auf den Boden fallen sah, begriff sie, dass es Kiesel waren, die nach ihr geworfen wurden. Auch der letzte war blutig, als er durch den Staub von ihr wegrollte.

Die Steinewerfer blieben verborgen. Sie konnte nur noch einen wehenden Rock erkennen, der in einer schmalen Gasse verschwand.

Das Blut sickerte ihr über die Braue und machte sie kurzzeitig auf einem Auge blind.

»Feiges Pack!«, schrie sie in die Gasse hinein, in der Rock und Frau verschwunden waren. Zur Antwort klatschte eine Flüssigkeit neben ihr auf die Straße. Jemand hatte seinen Nachttopf über ihr ausgeleert, sie aber Gott sei Dank nicht erwischt. Dennoch bespritzten Urin und Dreck ihr Kleid und die Schürze. Vermutlich hatte es das Weibsstück nicht gewagt, aus dem Fenster zu sehen, sondern nur auf Verdacht den Topf ausgeleert.

Evas Lippen zitterten. Was geschah hier? Warum wurden sie geschnitten und bedroht? Sie hatte doch nur das getan, was die Nächstenliebe gebot: einem Menschen in Bedrängnis beizustehen. Oder galt dieses Gebot nicht mehr, wenn der Aberglaube zu mächtig wurde, mächtiger als der Glaube selbst?

Sie rannte die Strecke bis zu ihrem Haus. Sie riss die Tür auf, warf sie hinter sich zu und lehnte sich dagegen. Sie musste den Kopf zurücklegen, um genügend Luft zu bekommen.

Erst als sie sich beruhigt hatte, hörte sie das Schluchzen aus der Stube rechter Hand. Sie wischte sich mit der Hand über das Gesicht, um das Blut aus den Augen zu bekommen. Dann trat sie ein.

Ein dreifacher Entsetzensschrei begrüßte sie.

»Mutter!«, riefen Els und Barthlen gleichzeitig.

Joss warf den Stuhl um, als er aufsprang und auf sie zukam. »Ich hole Wasser und ein frisches Tuch. Du siehst aus, als wärst du auf der Tenne in die Schlegel geraten.«

Jetzt erst wurde Eva bewusst, wie sehr ihre Beine zitterten. Sie hob den umgestoßenen Stuhl auf und sackte darauf nieder.

»Es war furchtbar!«, flüsterte sie.

Als sie aufsah, blickte sie in das vor Schrecken beinahe weiße Gesicht ihrer Tochter, deren Augenränder wie rot entzündet wirkten. Els hatte heftig geweint.

Joss kam zurück, bevor sie Els fragen konnte, was geschehen war.

»Sie bewerfen uns alle mit Steinen«, sagte er. »Sie haben Els am Hals und Barthlen an der Hand getroffen, als er auf der Gasse saß und spielte.«

Eva war sprachlos. Sie musste erst verstehen, was Joss da sagte. Dann holte sie Luft.

»Pfarrer Finn redet von einem Zeugen, Joss. Wer kann uns gesehen haben? Wer?«

Betreten sah Joss zu Boden, und Els fing plötzlich so laut an zu heulen, dass Eva glaubte, sie würde die Stadt zusammenrufen wollen.

»Es ... es ... mei... mei...ne Schuld!«, brachte sie stockend hervor.

Erstaunt sah Eva ihre Tochter an.

»Deine Schuld? Aber warum denn?«

»Ich hab euch belauscht ... Ich ... ich hab es gewusst«, stotterte sie.

»Wem hast du es erzählt? Sag. Wem?«, fuhr sie Els an und schob ihren Mann beiseite, der sich vor das Kind stellen wollte. »Wem?«

Das Mädchen sah sie mit großen dunklen Augen an und schüttelte den Kopf. »Hab ich schon gesagt. Niemandem. Niemandem!«

Eva riss ihre Tochter an sich und drückte sie, dass sie selbst befürchtete, ihr die Luft abzuschnüren.

»Woran sollst du dann schuld sein, Dummchen?«, fragte sie sanft.

Sie blickte Joss direkt in die Augen. Der formte lautlos mit dem Mund die Frage, die sie schon lange beschäftigte: »Wer?«

Plötzlich fiel es ihr wie Schuppen von den Augen.

Der Bader hatte nach seinem Besuch bei Joss versprochen wiederzukommen, war aber erst drei Tage später aufgetaucht, nachdem Meister Hans kurz vor dem Morgengrauen ihr Haus verlassen hatte. Er hatte nicht in ihre Wohnstube blicken können, aber vielleicht den Scharfrichter gesehen, als dieser das Haus verließ. Außerdem hatte er etwas erzählt, was ihr erst jetzt wieder einfiel: Er habe einen Mann sprechen hören. Offenbar hatte er die Stimme des Henkers gehört und erkannt, obwohl die Tür abgeschlossen war – und daraus seine Schlüsse gezogen. Da der Bader immer wieder mit dem Roten Freimann zu tun hatte und deshalb seine Stimme kannte, hatte er vermutlich sofort Bescheid gewusst.

»Der Bader«, sagte sie laut. »Der Bader hat uns verraten.«

Sie strich Els über das Haar, das so weich und seidig war, dass es ihr beinahe wehtat.

»Es gibt da noch etwas.« Joss hatte sich an den Tisch gesetzt und versuchte, ihre blutenden Stellen zu säubern.

»Was?«, hakte sie sofort nach.

»Meister Jordan war hier. Er hat verkündet, dass mich die Zunft aus ihren Reihen ausgeschlossen hat.«

Er sagte das so ruhig, dass Eva sich nicht sofort der ganzen Tragweite bewusst wurde.

»Sie haben dich …«

»Ja, Eva … ausgeschlossen«, vollendete Joss ihren Satz. Er sah sie an und verzog keine Miene.

»Das heißt, du bekommst in dieser Stadt … keinen …«

»… keinen Auftrag mehr.«

Eva schlug die Hände vor das Gesicht. Mit Steinen beworfen zu werden war das eine, keine Arbeit mehr zu bekommen, das Ende. Wer keine Arbeit bekam, verdiente kein Geld mehr, wer kein Geld verdiente, konnte die Abgaben nicht zahlen und verlor die Wohnung. Wer keine Wohnung hatte, konnte sich nichts zu essen kaufen, wer nichts zu essen hatte, musste betteln gehen. Es war eine Teufelsspirale nach unten, die sich gerade zu drehen begonnen hatte.

»Was können wir tun?«, stieß sie hervor und spürte, wie Übelkeit in ihr aufstieg.

»Ich habe noch den Auftrag des Juden Aaron. Ich mache mich dran. Er schuldet mir etwas, und das muss er eben jetzt begleichen.«

Eva traute der Zuversicht nicht, die Joss ausstrahlte. Man konnte den Jahreszeiten trauen, den Zugvögeln, vielleicht auch den Wasserläufen über das Jahr hinweg. Aber den Menschen? Nicht einen Fußbreit traute sie ihnen über den Weg. »Es wohnen keine Juden mehr in der Stadt.«

Joss seufzte. »Unsinn. Sie halten Häuser und Geschäfte. Allein die Druckerei des Chaim ben David Schwarz bestellt regelmäßig bei der Zunft Zimmererarbeiten.«

Barthlen war von seinem Stuhl gestiegen und zupfte an ihrem Rock. Er hatte Tränen in den Augen.

»Müssen wir jetzt verhungern?«, fragte er leise.

»Sicher nicht«, tröstete Els den jüngeren Bruder. Ihre Stimme klang brüchig, aber gefasst.

»Els hat recht. Müssen wir nicht.« Eva brachte einen so überzeugenden Ton in ihre Stimme, dass sie für einen Moment selbst glaubte, was sie da sagte. »Wir finden eine Lösung, und wenn ich selbst Hand anlegen muss.«

Sie hatte die ihnen bevorstehende Zukunft bereits bei anderen mitverfolgt. Nachbarn waren verarmt und mussten das Haus verlassen, und kurze Zeit später sah sie den Mann vor St. Moritz knien und um milde Gaben betteln. Ihre engste Freundin, Elsbeth, nach der sie ihre Tochter benannt hatte, war am Grind erkrankt, irgendwann in eines der Siechenhäuser gekommen und schließlich aus der Stadt gewiesen worden.

Eva überlegte, mit wem sie sprechen sollte. Pater Finn musste sie auf ihre Seite ziehen, zum Obermeister der Zunft musste sie gehen, oder besser zu dessen Frau. Die Jordanin würde sicher eher mit ihr sprechen als ihr Mann.

Sie wärmte den Brei vom Morgen auf, gab etwas Milch und Grieben dazu und stellte den Kindern und Joss das Mittagessen auf den Tisch. Alle nahmen sie ihre Holzlöffel vom Haken am Tischbein. Nur Joss stand gleich wieder auf. Er war noch von der Arbeit aus der Werkstatt mit Spänen bedeckt.

»Ich habe den Balken fertig und bringe ihn noch zum Juden«, sagte er so bestimmt, dass sie keine Widerworte geben konnte. »Ich esse später.«

Er wuchtete den Balken auf die Karre, die er aus der Ecke geholt hatte, und band ihn fest. Dann befestigte er einen Schulterriemen an den Handgriffen, zwängte sich unter das Joch und bat Eva, ihm das Tor aufzuhalten.

»Ich bin in einer Stunde zurück. Versprochen.«

Das rhythmische Quietschen der Karre klang in ihren Ohren nach und begleitete sie auf dem Weg in die Küche.

Marx bohrte in seinem Ohr. Ein Geräusch wie ein rhythmisches Pfeifen hatte sich dort eingenistet. Hatte ihn der Teufel doch endlich gefunden und blies ihm seine Melodie ins Ohr? Seine Frau hatte ihm solches prophezeit. Der Ton ließ nicht nach und schien sogar näher zu kommen. Je deutlicher er wurde, je klarer sich der Rhythmus abzeichnete, desto heftiger begann Marx zu atmen. Er kannte diese schrille Melodie, dieses sich ständig wiederholende Geräusch. Er hatte es schon einmal gehört. Dieses Quietschen versetzte ihn zurück an den Abend seines Unglücks. Plötzlich wusste er, was ihn so aufwühlte. Es war dieselbe Karre, die er hörte.

Er rappelte sich auf, suchte nach seinem hölzernen Bein, der Krücke. Zwar würde ihn der Schmerz sicherlich fast umbringen, aber er musste ein Gesicht sehen, ein Gesicht zu diesem Geräusch.

»Weib!«, rief er in die Stube hinein, aber sie hörte ihn nicht, wie sie ihn meist nicht hörte. Sie war wieder aushäusig, tratschte mit diesen oder jenen Weibsleuten, ohne sich um ihn zu kümmern. Er brauchte Zuwendung, aber es kümmerte sie keinen Deut.

Je näher das Pfeifen kam, desto deutlicher wurde es, und schließlich hatte er es geschafft. Wenn es ihm jetzt gelang, ans Fenster zu kommen, ohne sich mit dem Stumpf anzuschlagen, dann würde er ein Gesicht zu diesem Quietschen sehen.

Er humpelte zum Fenster, warf ungeduldig die Krücke beiseite, weil sie ihn beim Öffnen störte und steckte den Kopf durch die Luke.

Unten, keine zwanzig Schritte von ihm entfernt, stapfte ein Mann die Gasse entlang. Er hatte einen Balken auf eine Karre geladen und hielt die Griffe in der Hand. Über seinen Nacken lief ein Jochband. Der Balken war bearbeitet.

Marx konnte sich zusammenreimen, was hier vor sich ging. Der Mann, vermutlich ein Zimmerer, hatte einen kleinen Auftrag angenommen, durfte aber nicht durch die Domstadt und schon gar nicht durch die Oberstadt fahren. Er musste den unteren Weg nehmen, der ihn am Mauerberg entlangführte und dann in die Handwerkerstadt hinein. Er hätte den Balken der Zunft vorzeigen, ihn beschauen lassen müssen, was bei kleineren Arbeiten jedoch entfiel.

Das Quietschen der Karre war jetzt so deutlich wie an jenem unseligen Abend, dass Marx beinahe vergessen hätte, was er hatte tun wollen.

»Gott zum Gruße«, rief er dem Mann zu, der aus seinen Gedanken hochschreckte und ihm sein Gesicht zuwandte. Er musste sich bereits leicht umwenden, damit er den Rufer sehen konnte.

»Gott zum Gruße, Marx«, rief der Mann zurück – und Marx wusste, wen er vor sich hatte. Sofort konnte er die Stimme dem Quietschen und dem Abend zuordnen.

Er also war es gewesen. Joss, der Zimmerer, aus der nördlichen Vorstadt hinter dem Frauentor. Joss Neher und vermutlich seine Frau, die Eva. Sie beide waren an seinem Unglück schuld. Ihretwegen war er die Treppe hinuntergestürzt.

»Unterwegs mit einem Balken?«, rief Marx. »Für die Kirche?«

Joss, der sich schon wieder umgedreht hatte, schüttelte den Kopf und murmelte etwas, was Marx nicht verstand. Doch bevor er ihm eine weitere Frage hinterherrufen konnte, war der Zimmerer bereits um die Ecke gebogen.

Er hatte den Schuldigen gefunden! Beinahe hätte Marx gejubelt. Er hatte ihn und würde ihn büßen lassen.

»Weib!«, schrie er in die dunkle Stube hinein. »Marie! Schau, dass du herkommst, verflucht. Ich muss zur Zimmermannszunft. Und zwar sofort.«

Er konnte sich nicht vom Fenster wegbewegen, weil er die Krücke beiseitegeworfen hatte. Sie lag etwas abseits und war für ihn unerreichbar.

»Weib! Marie!«, schrie er.

Der Stumpf begann schmerzhaft zu pochen. Wenn sie jetzt nicht bald auftauchte, würde er sie Mores lehren. Sie konnte ihn doch nicht einfach allein lassen!

Er schluckte. Sein gesundes Bein begann zu zittern. Er musste sich mit den Händen am Fensterrahmen festhalten, sonst wäre er nach vorn gestürzt. Was hatte ihn nur geritten, die Krücke wegzuwerfen?

Plötzlich wurde ihm übel, ein Schwindel erfasste ihn. Das gesunde Bein gab nach, und er stürzte, seitlich gegen das Fachwerk gedrückt, zu Boden. Ein Höllenschmerz durchfuhr ihn, als er mit dem Stumpf aufschlug.

Sein Schrei durchschnitt den Tag wie ein Messer und holte tatsächlich Hilfe herbei. Marie? Er hörte eine Person die Treppe heraufpoltern. Jemand stand in der Tür und warf einen dunklen Schatten ins Zimmer. Marx versuchte zu sehen, wer da stand, zu verstehen, wer ihn da anstarrte. Der Tod? War es der Tod, den er zu erwarten hatte?

Als sich sein Blick wieder klärte, riss er verwundert die Augen auf. Marie war das nicht. Marx sah einen Mann auf der Türschwelle stehen, erkannte den Zimmerer. Den Zimmerer? Hatte er jetzt Visionen?

Unwillkürlich versuchte er, sich hochzurappeln, wollte zur Krücke greifen, diese fassen, aber nicht, um zu laufen, sondern um zuzuschlagen. Er wollte sie diesem unseligen Kerl über den Schädel schlagen, ihn damit prügeln, ihn in Stücke zerhacken. Doch aus seinem Mund drang nur ein knurrendes Stöhnen. Joss, der Zimmerer, kam auf ihn zu, fasste ihn unter den Achseln und schleppte ihn hinüber auf seine Bettstatt. Marx kam nicht dazu, ihn in die Schulter zu beißen. Mit den Zähnen hätte er ihm ein Stück Fleisch aus dem Leib reißen sollen wie ein wildes Tier seiner Beute. Doch es gelang ihm nicht, weil der Schmerz ihm den Mund aufriss und offenhielt, als hätte er eine Sperre im Maul.

Bevor er sich noch besinnen konnte, war der Mann wieder verschwunden und Marie stand vor ihm.

Hatte er wirklich etwas gesagt? Er hatte es nicht verstehen können, vielleicht auch nicht hören wollen. Als er wieder so weit denken konnte, dass er seine Umgebung ungetrübt wahrnahm, war aus dem Mann seine Frau Marie geworden, die die Treppe hochkam, als wäre der Teufel hinter ihr her. Dabei wäre er selbst gern der Teufel gewesen und hinter diesem Kerl hergesprungen, wenn er es nur gekonnt hätte.

Doch das Abenteuer in Marx' Kopf hatte ihn erschöpft. Irgendwann spürte er, wie ihm ein feuchtes Tuch über die Augen gelegt wurde.

8. Kapitel

AUGSBURG, OKTOBER 1523

Joss zitterte noch immer. Er spannte sich wieder in sein Joch, nachdem er den Mann auf das Bett gelegt und das Haus verlassen hatte. Er war sich nicht sicher, ob der Scharwächter vor Schmerzen geschrien hatte oder weil er ihn erkannt hatte.

Letzteres war eigentlich unmöglich, da er in jener Nacht ja bewusstlos gewesen war.

Joss schob seinen schweren Balken bis hinunter in die Handwerkerstadt, vorbei am Mauerberg und an der »Weiberschul« hin zum Judenberg. Er wusste bald nicht mehr, was ihn mehr belastete, das Gewicht des Holzes oder der Blick des Scharwächters, der noch in seinem Kopf spukte, der roh behauene Balken oder das abgetrennte Bein des Mannes.

Er ließ die Karre unten am Judenberg stehen und lief die wenigen Schritte hinauf zum Haus des Juden Aaron. Joss hatte noch nicht die Hand von der Tür genommen, als das Tor bereits geöffnet wurde.

»Ah«, sagte der kleine Mann mit dem zauseligen Bart. »Der Balken. Ihr seid ja schnell. No, das freut mich.«

»Ich hoffe, Ihr könnt ebenso schnell zahlen, Aaron.«

Der Mann in seinem grauen, fast bodenlangen Kittel musterte ihn von unten. »No, dann ist es wahr, was man sagt?«

»Was sagt man denn? Dass ich mit Juden Geschäfte mache, die in der Stadt nur vorübergehend geduldet sind?«

»Ein jeder macht Geschäfte mit uns Juden«, erwiderte der Mann, der über die Anspielung einfach hinwegging. »Ohne uns gäb's kein Geschäft, weil keine Ware da wär. Und wenn es Ware gäb, gäb's kein Geld, sie zu bezahlen. No, es braucht uns, und wir brauchen euch. Auch wenn's mir lieber wär, wenn ich nit vor dem Sabbat die Stadt verlassen müsst und mir das Haus wirklich gehörte und nicht nur überlassen wär.«

Er deutete Joss an, er solle den Balken liegen lassen, wo er war.

»No? Stimmen die Abmessungen?«, fragte er ihn, nahm ihn beim Arm und führte ihn zur Karre. Er musterte den Balken, befühlte ihn, beroch ihn, fuhr mit dem Finger über die harzige Oberfläche und schleckte den Finger ab. »Gute Qualität, Zimmerer. Sauber geschlagen. Die Maße. Sie stimmen? Ja?«

Wieder blickte ihn Aaron von unten her forschend an.

»Messt selbst nach.«

Der Jude schüttelte den Kopf. Er packte Joss erneut beim Ärmel und zog ihn zum Haus und hinein in den Vorhof. Dabei schaute er nach links und rechts, als wolle er prüfen, ob er von irgendjemandem beobachtet wurde. Sorgfältig schloss er das Tor hinter ihnen.

»Ich vertrau Euch, Joss Neher«, sagte er und winkte ab. »Aber Ihr müsst mir noch einen Gefallen tun. Es ist nit mein Balken.« Er schmunzelte und sah sich um. »Nit mein Balken, nit mein Haus – nur mein Leben.«

Joss verschluckte sich beinahe. Ein Zittern seines linken Arms setzte ein, das gut von der Überanstrengung der Verletzung herrühren, gleichwohl aber bloße Angst sein konnte. Er musste den Arm mit der anderen Hand festhalten.

»Nicht Euer Balken? Wie darf ich …«

»No, seid ohne Sorge. Ihr bekommt Euer Geld.«

Joss konnte nur nicken, für eine Antwort fehlte ihm die Kraft.

Wieder sah der Jude ihn von unten her an. Diesmal trat er näher heran. Für Joss' Geschmack zu nahe. Er wich erschrocken zurück.

»Ihr habt mir noch nit geantwortet, Neher«, sagte er leise.

»Und Ihr mir noch nicht gesagt, wohin der Balken soll.«

Aaron lachte trocken. »Ihr seid ein Schlagfertiger. Pfiffiger, als ich's vermutet hätt.« Er fuhr sich über die Lippen. »Ihr wart Zimmermann auf einem Schiff?«

Joss, der seinen Arm wieder loslassen konnte, weil das Zittern nachgelassen hatte, bejahte. Worauf wollte der Jude hinaus?

»Wo seid Ihr gewesen?«, hakte Aaron nach und verschränkte die Arme hinter dem Rücken.

Jetzt erst sah Joss, dass die Augen Aarons ein helles Grün besaßen wie eine Frühlingswiese, durchsetzt mit goldenen Punkten, die an Löwenzahn erinnerten. Die schmale Nase und der fast immer lächelnde Mund nahmen für ihn ein, wenn nicht dieser zauselige Bart gewesen wäre. Offenbar wuchs sich nur jedes dritte Haar tatsächlich aus, sodass immer das Gefühl aufkam, dem Bart fehle etwas.

»No?«, drängte Aaron. »Es ist kein Geheimnis? Oder etwa doch?«

»Nein.« Joss hatte seine Stimme wiedergefunden. »Ich bin mit Balthasar Sprenger in Calicut gewesen. Vor über zehn Jahren. Gewürze und Edelsteine. Drei Jahre lang war ich unterwegs.«

Der Jude Aaron brummte die ganze Zeit vor sich hin.

»Kein eigenes Geschäft gemacht? Handel getrieben? Ein bisschen Pfeffer gekauft? Ein paar Hände voll Nelkengewürz oder Muskatnüsse in den Beutel gesteckt, in den Seesack gestopft?«

So etwas hatte Joss noch nie jemand gefragt. Er wurde eher misstrauisch beäugt, wenn er nach mehreren Bieren erzählte, wie ihn der Sprenger im Auftrag Bartholomäus Welsers als Zimmermann angeheuert hatte, wie er nach Lissabon gereist und von dort aus nach Calicut weitergefahren war, an Afrika vorbei, die Küste hinunter nach Süden und auf der anderen Seite wieder hinauf. Wie sie in den größten Regen gekommen waren, den er je erlebt hatte, und wie er Menschen begegnet war, die von der Sonne derart verbrannt waren, dass sie wie Kohle glänzten.

»Warum fragt Ihr das?«

»Der Jude weiß so einiges, und weil Ihr bald einen Rückhalt nötig haben werdet, wenn ich die Gerüchte richtig deute.«

Joss schluckte.

»Welche Gerüchte? Wer verbreitet sie?«

Wieder sah Aaron ihn aufmerksam an, und in sein freundliches Lächeln mischte sich so etwas wie Mitleid.

»Ist das eine Art, bei einer Frage mit einer Gegenfrage zu kommen, Zimmermann? Das ist keine zuträgliche Art. No, habt Ihr Vermögen?«

Joss schüttelte den Kopf und erzählte in knappen Worten, dass er zwar Nelken und Muskatnüsse eingetauscht hatte, dass aber alles bei einem Sturm über Bord gegangen sei, da sie ihre eigenen Waren nur an Deck hatten verstauen dürfen. Die sichere Lagerung unter Deck war den Kaufleuten vorbehalten. Und so war ihm sein eigenes kleines Vermögen am Kap der Guten Hoffnung durch die Spundlöcher gespült worden.

»Ich hab meine Frau und meine Kinder. Sie sind mir wertvoll genug.«

Aaron hörte aufmerksam zu, nickte und rieb sich unentwegt die Nase. »Seid Ihr in Augsburg geboren? Ein Bürger der Stadt?«, hakte er plötzlich nach und verwirrte Joss damit erneut.

»Was wollt Ihr?«, fragte er misstrauisch.

»Keine zuträgliche Art. Seid Ihr nun Augsburger oder nit?«

»Herrgott, ja. Hier geboren und in die Zimmererzunft aufgenommen. Nur zur Walz und mit dem Welser auf Reisen. Im Friedhof bei St. Salvator liegen meine Eltern und Großeltern begraben.«

»Dacht's mir, dacht's mir, Joss Neher. Allein der Sturkopf hätt es schon gezeigt.« Der Jude kramte in seinem Mantel und holte einige Münzen hervor, die er dem verblüfften Joss in die Hand drückte.

»Der Balken muss in die Jakobervorstadt hinunter, zu den Häusern am Kappenzipfel. Dort baut der Jakob Fugger eine kleine Stadt in der Stadt. Habt Ihr davon gehört?«

Joss wusste nicht recht, was Aaron mit seinen wilden Gedankensprüngen bezweckte. Aber das sollte ihm im Augenblick egal sein. Er besah sich die drei Münzen in seiner Hand. Es war nicht viel, aber es würde sie die Woche über Wasser halten.

»Die Stiftung? Vom Sträffingertor? Davon habe ich gehört.«

»Ihr Christen seid ein merkwürdiges Völkchen. Im Leben Säcke voller Sünden, wendet ihr euch dem Jenseits zu und sorgt vor, dass nach eurem Ableben im Diesseits für eure Errettung gebetet wird. Hättet ihr euch im Leben mehr um euer Seelenheil bemüht, bräucht's all diese Anstrengungen aus Furcht nit.« Aaron beobachtete Joss und versuchte wohl, im Gesichtsausdruck seine Gedanken zu lesen. Joss war derselben Meinung. Auch er bezweifelte, ob die Versäumnisse der Gegenwart durch eine Buße im Jenseits aufgehoben werden konnten. »Ich hab dem Fugger Balken zugesagt«, fuhr Aaron fort. »Vier Stück. Der hier …« Er deutete zum Tor und meinte damit den von Joss behauenen Balken, der dahinter auf der Gasse stand. »Der ist der erste. Ihr habt jetzt also noch den Auftrag für drei weitere.«

Dabei sah er Joss auf eine Weise an, dass diesem unwohl wurde, obwohl er sich andererseits über den Auftrag freute.

Wieder trat der Jude dicht an ihn heran. Ein merkwürdiger Gewürzgeruch stieg Joss in die Nase und reizte ihn zum Niesen.

»Bringt den Balken zur Baustelle, zu Thomas Krebs, dem Baumeister Jakob Fuggers. Sagt, Ihr seid vom Juden Aaron geschickt. Der Baumeister weiß Bescheid. Die Balken sind ein Teil meiner Mietschuld. Lasst Euch nit abwimmeln.« Wieder griff er in seinen Kaftan und holte Münzen hervor. »Streckt Eure Hand aus.« Er zählte ihm das Geld für weitere drei Balken in die Hand. »Mehr kann ich nit für Euch tun. Ich muss selber sein ein bisschen vorsichtig. Wenn es sich herumspricht, dass der Jud Aaron mit dem Mann Geschäfte macht, der den Scharfrichter beerdigt hat, dann kann ich meine Sachen packen und ganz nach Kriegshaber oder gar nach Ichenhausen ziehen. No, und jetzt verschwindet.«

Er öffnete das Tor und schob Joss hinaus, der völlig verblüfft über diese Wendung war. Er fühlte nur die Münzen in seiner Hand und freute sich über die drei zusätzlichen Aufträge. Er zwang sich wieder unter das Joch der Karre und dachte nicht weiter über die Worte des Juden nach.

Bislang war er der Meinung gewesen, das Haus am alten Judenberg gehöre Aaron. Jetzt hatte er erfahren, dass diesem das Haus nur überlassen war, weil er einen Handelsplatz benötigte. Krebs war der Eigner.

Joss lief zur Kirche des Bettelordens hinunter, durch das Sträffingertor, das im Volksmund Barfüßertor genannt wurde, unter dem Hexenritt hindurch und über den Graben. Sein Arm schmerzte, aber es kümmerte ihn nicht. Irgendwo dahinter, bei der Kirche der Jakobspilger musste diese neue Stadt liegen. Gehört hatte er davon, gesehen hatte er sie bislang noch nicht. Aber nun würde er den Balken dorthin bringen.

9. Kapitel

AUGSBURG, OKTOBER 1523

Eva hielt beide Kinder an der Hand, Barthlen links und Els rechts. Eilig liefen sie durch die Gassen in Richtung Dom und durch die Domstadt hindurch und hinunter zum Zunfthaus der Zimmerer, das am Obstmarkt lag, beinahe direkt vor dem Domtor zur Bürgerstadt.

Hastig bog sie in die Gasse ein. Vor dem Haus lungerten drei Gesellen auf der Walz in schwarzer Kluft mit gedrehten Wanderstöcken, den Stenzeln, herum und warteten darauf, Meistern zugewiesen zu werden. Sie hatten ihre Schlapphüte in den Nacken geschoben, und der breite Schlag der Hosen verdeckte die Lederschuhe. Die Ehrbarkeit steckte am Revers ihrer Jacken, gehalten von den Nadeln, die sie ihren Schächten, ihren Handwerksvereinigungen, zuwiesen.

Kaum hatte Eva das Haus erreicht, traten zwei Meister aus der geschnitzten Tür und wurden mit fröhlichen Zurufen begrüßt. Niemand beachtete sie und die Kinder, die einfach stehen geblieben waren.

»Wir haben Arbeit«, tönte es von der Tür. Der Zunftobere, der als Letzter aus der Tür trat, begleitete einen vierten Wandergesellen und klopfte ihm auf die Schulter. »In der Jakobervorstadt, bei den Häusern des Jakob Fugger. Dort könnt Ihr Euch nützlich machen und etwas dazuverdienen. Eine Woche, dann müsst Ihr weiter. Vielleicht könnt Ihr auch länger bleiben. Je nach Arbeit. Aber nicht länger als drei Wochen.«

»Gern, Meister Jordan«, bestätigte der älteste der Wandergesellen für alle und streckte ihm die Hand hin. »Schlagt ein.«

Eva glaubte ihren Ohren nicht zu trauen. Die walzenden Gesellen bekamen Arbeit und ihr Mann nicht? Sie kochte innerlich.

»Meister Konrad und Meister Jochum werden Euch zum Kappenzipfel hinunterführen, nicht wahr?«

Er wandte sich an die Angesprochenen, die mit sauertöpfischer Miene nickten. Vermutlich hatten sie anderes vor und waren von der Aufgabe überrascht worden. Die jungen Burschen auf der Walz freuten sich über das großzügige Angebot auf Arbeit.

Plötzlich fiel Meister Jordans Blick auf Eva, die mit ihren Kindern dastand und dem Treiben zusah. Sie blitzte ihn an und fühlte, wie ihr aus Wut das Blut in den Kopf stieg.

»Kein Wort würde ich dem Kerl glauben«, rief sie laut über die Männer hinweg in die ausgelassene Stimmung hinein. »Der lügt, sobald er's Maul aufmacht!«

Zuerst schien es so, als würden die Männer die Bemerkung überhören wollen, aber dann kam der Wandergeselle, der offenbar für die anderen verhandelt hatte, auf Eva zu.

»Was habt Ihr da gesagt, Weib?«

Die Gespräche verstummten. Eine peinliche Stille breitete sich aus.

»Hört nicht auf sie. Sie redet Unsinn«, versuchte Meister Jordan einzugreifen und wollte wieder im Zunfthaus verschwinden. Doch er hatte nicht mit Eva gerechnet.

»Er haut Euch übers Ohr, wie er meinen Mann übers Ohr gehauen hat. Ein Untreuer ist er, ein Ehebrecher, ein …«

»Haltet Euren Mund, Weib!«, donnerte der Zunftobere.

»Von Euch Memme lasse ich mir den Mund nicht verbieten. Vor dem Zunfthaus den Schaffer spielen und sich zu Hause von der Frau grün und blau schlagen lassen. Ein sauberer Zunftoberer seid Ihr.«

Hatten die Gesellen sich bis dahin nur gewundert und zu Eva umgedreht, fingen sie jetzt an zu grinsen.

Meister Jordan lief hochrot an und begann dann zu schreien, sie habe den Mund zu halten, sich zu schleichen und ihm nicht wieder unter die Augen zu kommen. Er tobte wie ein Verrückter – und hätten ihn die kräftigen jungen Burschen nicht festgehalten, wäre er sicher auf Eva losgestürmt und hätte sie verprügelt.

»Lasst mich los!«, brüllte er.

»Gegen die Frau eines Zunftmitglieds seid Ihr wohl groß! Und vor der eigenen zieht Ihr den Schwanz ein«, keifte Eva zurück. »Die Gesellen beschäftigt Ihr für eine Handvoll Münzen, und einem Meister Eurer Zunft gaukelt Ihr vor, es gäbe keine Arbeit.« Sie wusste, auf welch dünnem Eis sie sich bewegte.

Meister Jordan schüttelte unwillig die Arme ab, die ihn festhielten. Hatte er vor Evas Auftritt noch die Miene des gütigen älteren Meisters vor sich hergetragen, der jungen Gesellen auf der Walz Arbeit und Unterkunft verschaffte, verwandelte er sich nun zum zornerfüllten Wüterich, der eine Beleidigung nicht auf sich sitzen lassen konnte, zum Rächer, der aus Hass und Hinterhältigkeit handelte. Als sie sein Gesicht sah, ahnte Eva, dass sie zu weit gegangen war, aber nun war es zu spät.

»Ihr wisst, warum Joss Neher keinen Auftrag mehr bekommt«, knurrte der Zunftobere.

Eva wurde blass. Bislang war es nur ein Gerücht gewesen, das gestreut worden war. Gerüchte kamen auf, lebten eine Zeit, und wenn sie nicht gefüttert wurden, verhungerten sie und wurden von Tag zu Tag schwächer, bis sie wieder dorthin zurückkehrten, woher sie gekommen waren – ins Nichts. Wenn Meister Jordan aber dieses Gerücht befeuerte, dann war es um sie und Joss geschehen.

»Wagt es nicht, das Geschwätz der Stadt zu wiederholen! Ich ziehe Euch vor den Stadtvogt – und dann solltet Ihr um Eure Schwurhand fürchten.«

Die jungen Burschen, die sich nervös am Kopf zu kratzen begannen, schauten von einem zum anderen. Es war ihnen anzusehen, dass sie am liebsten davongelaufen wären und ihre Arbeit begonnen hätten. Aber Meister Jordan ließ sie nicht gehen.

Barthlen hatte sich an Evas Schürze geklammert und begann zu schluchzen. Els hatte sich hinter ihrer Mutter versteckt. Eva entgingen die Blicke nicht, die zwischen den jungen Burschen und ihrer Tochter hin und her flogen. Die Gesellen kannten den Wert einer Meistertochter als möglichen Einstieg in die Zunft einer Stadt. Els war vierzehn und würde in ein bis zwei Jahren bereits mannbar sein.

Meister Jordan wollte ansetzen, etwas zu sagen, doch Evas ausgestreckter Finger, der direkt auf sein Gesicht zeigte, ließ ihn innehalten.

»Verflucht sei dies Mundwerk, wenn es die Unwahrheit spricht. Die Zähne sollen Euch ausfallen und die Zunge vertrocknen, Meister Jordan, wenn Ihr Euch auf ein Gerücht beruft, das durch nichts bewiesen ist.«

Der Zunftobere wich einen Schritt zurück. »Hexe!«, zischte er. »Ihr seid eine verfluchte Hexe!«

Eva langte mit dem Arm nach hinten und drückte Els an sich, die am ganzen Körper zitterte. Sie spürte es durch ihr Kleid hindurch.

Noch bevor sie auf die Anschuldigung antworten konnte, wurde die Gruppe von einem klopfenden Geräusch abgelenkt. Aus dem Tor der Domstadtmauer am Schwalbeneck kam ein Mann mit einer Krücke herangehumpelt. Er schrie laut, und alle drehten sich nach ihm um.

Eva erkannte den Mann sofort. Marx sah verhärmt aus, seine Augen lagen tief in den Höhlen. Seine Nase war spitz, und die Kleidung flatterte an ihm wie ein Fahnenwimpel. Sein Bart war ungepflegt und die Art von Haarkranz, die entsteht, wenn man aus beruflichen Gründen stets einen Helm trug, ließ ihn um Jahre älter wirken. Die Druckstelle setzte sich auf der Stirn als rauer Hautstreifen fort, dessen Hornhaut in kleinen Fetzen hing. Auch auf den Händen konnte Eva deutliche Spuren von Waffenbenutzung entdecken: längliche helle Narben, die quer über die Handrücken liefen.

»Meister Jordan!«, keuchte Marx. Der Schweiß lief ihm über das Gesicht. Auf der Brust und unter den Achseln hatten sich dunkle Flecken gebildet. Der Stumpf, den er nach hinten gekippt hielt, war mit einem blutigen Lappen umwickelt, als hätte man ihm erst vor Kurzem das Bein abgeschnitten.

»Was wollt Ihr?«, fragte der Zunftobere höchst ungehalten.

»Ich ... ich muss Euch etwas sagen! Dringend.«

Meister Jordan verdrehte die Augen. »Alle wollen mir etwas sagen, und bei allen ist es dringend. Einer nach dem anderen. Also geduldet Euch!«

»Ich ... ich habe nicht ... die Kraft ... nicht die Zeit ... es geht ...«

Marx musste Luft holen. Offenbar plagte ihn noch das Fieber. Hals und Wangen waren feuerrot, während das restliche Gesicht weiß war wie eine gekalkte Wand. Er schwitzte.

Eva ließ ihren Arm sinken und wandte sich zum Gehen, obwohl sich Barthlen an sie klammerte. Dabei hätte sie dem Zunftoberen das Versprechen abschwatzen wollen, Joss eine Arbeit an einer der Stellen zuzuteilen, an denen die Stadt baute und Zimmerleute gebraucht wurden. Das hätte ihnen über die Tage ein Auskommen gesichert.

»Bleibt stehen!«, rief Marx, doch es klang dünn und kraftlos.

Überrascht schaute der Zunftobere zwischen dem Mann und Eva hin und her, und sein Blick bekam etwas Lauerndes.

»Ich dachte, Ihr wolltet mit mir sprechen und nicht mit einem ... einem Weib!«

Der Einbeinige war völlig außer Atem. Erschöpft stützte er sich auf seine Krücke. Er nickte in einem fort. Dann, zwischen zwei pfeifenden Atemzügen, deutete er auf Eva.

»Ich … ich hab sie gesehen. Sie hat … hat …«

Unter Eva begann der Boden zu wanken.

»Jetzt heraus mit der Sprache, Mann«, knurrte Meister Jordan ungeduldig. »Ich habe noch anderes zu tun, als mit Euch zu plaudern.«

Langsam humpelte der Scharwächter näher, ohne Eva dabei aus den Augen zu lassen. Kurz überlegte sie, ob sie ihm mit dem Fuß die Krücke unter der Achsel wegschlagen und sich dann auf die Beinwunde stellen sollte, aber sie musste Barthlen beruhigen, der immer lauter schluchzte und sich tiefer in ihren Rock vergrub. Sie hätte sich ohnehin nicht bewegen können.

Also ergab sie sich in ihr Schicksal. Meister Jordan würde triumphieren.

»Ich heiße Marx Köllin, Herr«, sagte der Mann. »Und Ihr seid Meister Jordan, wenn ich mich nicht irre.«

»Ja, doch«, herrschte ihn der Zunftobere an, aber es schmeichelte ihm sichtlich, dass er auch von Berufsfremden erkannt wurde.

Marx ließ die Zunge über die Lippen gleiten, dann zeigte er auf Eva.

»Sie hat …«

Schon von der Straße aus, die auf St. Jakob zuging, hörte Joss den Lärm der Zimmerer und Maurer, die hinter der Häuserzeile der zur Gasse stehenden Gebäude arbeiteten. Er musste noch vor zum Jakobsplatz und zum Saumarkt, dann würde er vor den Häusern stehen, die der Fugger hier hatte errichten lassen.

Natürlich hatte er davon gehört, dass der Kaufmann ein Grundstück nach dem anderen erworben haben sollte. Zuerst die Liegenschaften der Welser-Witwe Anna Straußin, dann das Anwesen des Zoller Hans, eines Metzgers, mit drei Gebäuden und Gärten, bis die Anwohner darauf aufmerksam geworden waren und ihm keine Herdstatt mehr verkauft hatten. Da Jakob Fugger selbst in diesem Gebiet Besitz hatte, war es zwar ärgerlich für ihn gewesen, hatte aber seinen Plan nicht behindert, hier kleine Häuser zu bauen.

Joss schob seine Last durch das offene Tor vom Jakobsplatz aus und lief dem Lärm nach. Hauen und Schreien der Zimmerer waren ihm vertraut.

Er bog rechts in eine der Gassen ein und musste sie ganz durchqueren, bis er die Baustelle erreichte. Sie lag am Kopfende der Gasse nach Norden. Mehrere Zimmermannsgesellen, die durch ihren Hut und die schwarze Kluft ihrer Walz kenntlich waren, turnten auf dem Dachstuhl eines der Häuser herum.

»Gott zum Gruß!«, rief er in den Himmel hinauf und erhielt sofort Antwort.

»Wes Begehr?«

»Wo find ich den Krebs Thomas, den Baumeister?«, rief Joss nach oben.

Zwischen den Sparren tauchte ein Kopf auf, und von der Hinterseite stieg eine Gestalt über den First hinweg. Beide deuteten wortlos ans Ende der Straße.

»Was bringst da für'n Balken?«, kam es von oben.

Joss sah den Gesellen an, der leicht sein Sohn hätte sein können. Er kam nicht aus der Stadt, sondern seinem Dialekt nach zu urteilen aus dem Norden, aus Nürnberg oder Bamberg.

Joss lachte, weil der junge Bursche redete, als würde er die Worte zuvor kauen. »Einen Firstbalken. Für die Häuser hier gehauen und bestellt.«

»Der ist für uns«, sagte der Junge und machte sich auf den Weg nach unten. »Auf den warten wir schon den ganzen Vormittag.«

»Ich muss ihn anmelden«, sagte Joss und machte sich auf den Weg, die Gasse entlang.

»Wart, ich komm mit!«, bot der Geselle an.

Am Ende der Straße stand ein in gutes Tuch gewandeter Mittdreißiger mit vollem dunklen Bart. Sein Haupthaar zeigte dagegen allerdings schon lichte Stellen über der Stirn und am Hinterkopf. Er hielt einen Plan in der Hand und unterhielt sich mit einem weiteren Mann, dessen goldene Kappe im Licht der Sonne glänzte.

Joss schob seine Karre bis zu den Männern heran, die ihn nicht eines Blickes würdigten. Der junge Geselle schloss auf. Er schien keine Skrupel zu haben, das Gespräch der beiden zu unterbrechen.

»Entschuldigt, Meister. Der Firstbalken ist gekommen. Sollen wir ihn einpassen?«

Der Mann mit der angehenden Glatze drehte sich halb um, als wolle er nur sehen, wer ihn da störe, aber der Kappenträger gab ihm ein kleines Zeichen mit der Hand, und der Baumeister wandte sich dem Gesellen ganz zu. Joss hätte erwartet, dass er jetzt ein Donnerwetter erleben würde, das dem jungen Spund klarmachte, Ältere nicht bei einem wichtigen Gespräch zu unterbrechen. Doch Meister Krebs blickte dem Gesellen in die Augen.

»Hast du das Maß genommen? Ist es der richtige Balken?«

Der Geselle hob den Kopf, ganz von seiner Kunst und seinem Können überzeugt.

»Das seh ich, Meister. Es ist unser Balken.«

Krebs hob nur eine Augenbraue.

»Ich kenne das aus unserem Geschäft«, sagte der Mann mit der Kappe. »Als Kaufmann muss ich schätzen können, wie lange, wie breit, wie tief ein Warenballen ist, wie viele Tuche er enthält. Ein gutes Auge ist die halbe Miete. Lasst es ihn beweisen, Meister Krebs.«

Die beiden Männer verständigten sich mit einem Blick, und der war nicht mürrisch oder ungehalten, sondern verständnisvoll und offen.

»Hol das Maß, Bursche«, befahl der Baumeister.

Der Geselle spritzte davon.

»Wie kommt Ihr dazu, meine Firstbalken zu liefern?«, fragte jetzt die goldene Kappe.

Von der Ansprache überrascht, fand Joss nicht sofort die richtigen Worte, vor allem, weil ihm klar wurde, wer da vor ihm stand – Jakob Fugger persönlich.

»Der Jude Aaron schickt mich. Er sagte mir, er habe vier Balken gestiftet. Dies ist der erste, Herr.«

Fugger nickte beifällig. »Er sagte so etwas. Man kann sich auf ihn verlassen. Wann kommen die drei anderen?«

»Jeden Tag einer, Herr«, antwortete Joss.

»Ich denke, das genügt. Für das Brech- und das Holzhaus werden wir sie erst in den nächsten Tagen brauchen.«

»Ein Holzhaus?«, entfuhr es Joss unwillkürlich. »Für die ... die Behandlung der Franzosenkrankheit? Mit Guajakholz?«

Fugger, der sich bereits wieder abgewandt hatte und mit dem Baumeister Krebs sprechen wollte, drehte sich in der Hüfte. Seine grauen Augen musterten den Zimmerer.

»Entschuldigt«, sagte Joss und senkte den Blick.

Er wusste sehr wohl, dass man die hohen Herren nicht mit Fragen belästigte. Jedenfalls nicht als Handwerker, außer man hatte einen guten Grund. Und einen Jakob Fugger gleich gar nicht.

Es rauschte, als der Geselle zurückkam und beinahe ausrutschte, weil er auf dem Kies der Gasse so stark bremste.

»Hier, das Firstmaß«, sagte er und zeigte den Maßstab.

In den Stock waren Kerben für Länge, Breite und Höhe der Balken eingeschnitten. Der Junge setzte den Maßstab an. Alle drei Maße lagen exakt auf den Kerben. »Hab ich's Euch nicht gesagt?«, fragte er und warf sich in die Brust. »Das sieht man doch.«

»Du hast ein gutes Auge, Bursche. Ich überlasse dir die Oberaufsicht über die beiden Brech- und Holzhäuser hier. Der Mann hier wird Euch bei ...«

»Halt, Herr!«, donnerte es von oben herab.

Im Rücken der Gruppe wurde ebenfalls gebaut. Die Häuser waren zwar bereits fertig, aber es mussten wohl erste Ausbesserungsarbeiten durchgeführt werden.

Aus einem der Fenster im Obergeschoss lehnte ein Mann, den Joss nur zu gut kannte. Es war der zweite Mann in der Zunftregierung, der Zimmerer Raymund Otto.

»Ja, wisst Ihr denn nicht, wer Euch hier beliefert?«

»Nein, weiß ich nicht.« Thomas Krebs drehte sich zu Joss um und musterte ihn. »Klärt mich auf«, forderte er Joss auf.

»Joss Neher, Zimmerer und Seefahrer, Herr«, stellte er sich vor und sah den Baumeister ebenso selbstbewusst an wie Jakob Fugger.

Wie dieser letzte Zusatz »Seefahrer« bei den allermeisten wirkte, hatte Joss oft genug erlebt. Die Menschen hielten inne, staunten und fragten nach. Nicht jeden Tag begegnete einem mitten in einer Stadt weitab vom Meer ein Seefahrer.

Nicht so Jakob Fugger. Der hob nur leicht eine Augenbraue und nickte, als habe sich eine Vermutung bestätigt.

»Schiffszimmermann?«, fragte er.

»Ja, Herr.«

»Wie weit?«

Jakob Fugger fragte mit einer Geschwindigkeit, die keine Zeit zum Nachdenken ließ.

»Einmal nach Calicut in Indien, Herr«, erwiderte Joss. »Hin und zurück drei Jahre. Einmal nach Coro und zurück.«

»In wessen Diensten?«

»Denen der Welser – und im Dienst der Fugger, wenn sie Anteile an den Schiffen gehalten haben.«

»Keine Zähne verloren?«

Joss öffnete seinen Mund. Alle Zähne saßen noch dort, wo sie hingehörten.

»Wie das?«

»Wir hatten getrocknete Zitronen mitgenommen. Zufällig, Herr. Keiner von uns hat einen Zahn verloren. Ein Genuese hatte uns dazu geraten.«

Beifällig nickte der Fugger. »Zitronen also.«

»Lasst Euch nicht einlullen, Herr. Ihr könnt ihn nicht beschäftigen.«

Jetzt drehte sich der Kaufmann doch zu Raymund Otto um, der sich noch immer aus dem Fenster lehnte.

»Woher wollt Ihr wissen, was ich kann oder nicht kann?«

Seine Stimme enthielt eine unterschwellige Drohung, die man

nur dann wahrnahm, wenn man ein Gespür für Tonlagen und Stimmungen mitbrachte. Für Otto galt das nicht. Dafür war er zu geradeheraus und direkt.

Jetzt nahm er Joss ins Visier, hob die Hand, streckte den Finger aus und rief: »Es heißt, er hätte den Scharfrichter begraben.«

Eine kurze Stille trat ein, die so laut war, dass sich Joss am liebsten die Ohren zugehalten hätte.

10. Kapitel

AUGSBURG, OKTOBER 1523

Joss starrte in den Krug. Er konnte nicht feststellen, ob sich noch Bier darin befand oder ob er schon leer war. Wieder leer war. Er griff in die Wamstasche, holte eine Münze heraus und knallte sie auf den Tisch.

»Bier«, rief er, aber es klang selbst in seinen Ohren wie »Bäa«.

Eigentlich hatte er genug. Aber eines, nur ein einziges wollte er noch trinken, musste er trinken.

Der Fugger hatte sich interessiert gezeigt. Er hätte ihn auf der Baustelle seiner neuen Siedlung eingestellt. Das wären ein oder zwei Jahre Arbeit gewesen. Aber der Otto Raymund hatte dazwischenschreien müssen.

Wenn Joss in die dunkle Höhlung seines Kruges starrte, sah er darin den Zweifel in den Augen Jakob Fuggers und den Ekel im Gesicht des Baumeisters Krebs. Sie waren regelrecht vor ihm zurückgesprungen. Nur der Geselle war stehen geblieben und hatte ihn neugierig betrachtet, bevor auch er zurückgewichen war. Als hätte Joss den Aussatz.

Er setzte den Krug an und trank. Das Bier schwappte ihm aus den Mundwinkeln und lief über den Hals und das Wams. Offenbar war der Krug noch fast voll gewesen. Wie viele Krüge hatte er schon geleert? Vier, fünf – oder noch mehr? Er konnte sich beim besten Willen nicht daran erinnern, wollte es auch nicht. Er wusste nicht einmal mehr, ob es Tag oder Nacht war.

»Bier!«, rief er, noch bevor er den Krug abgesetzt hatte, nahm die Kupfermünze wieder in die Hand, was mühsam genug war, und knallte sie erneut auf den Tisch. Sie kullerte über den Rand und verschwand in dem Durcheinander von Sägespänen und Kieseln, die den Boden bedeckten. Joss fluchte, ging auf die Knie und begann zu suchen. Als er das Geldstück entdeckte und danach griff, stellte sich ein Schuh auf die Münze und auf seine Finger. Ein Frauenschuh.

Er versuchte, ihn wegzuschieben, doch es gelang ihm nicht. Er fluchte wieder lautstark.

»Joss Neher!«, drang eine schrille Stimme an sein Ohr. »Was fällt dir ein, unser Geld zu versaufen?«

Die ganze Schänke wieherte vor Lachen. Manche Männer, die die Szene beobachteten, schlugen vor Vergnügen mit der flachen Hand auf den Tisch, andere pfiffen der Frau nach, die sich hier hereingewagt hatte, um ihren Mann zu suchen.

Joss blickte hoch, und irgendwie kam ihm das Gesicht bekannt vor, das da von oben auf ihn herabsah. Aber selbst dann durfte sie nicht auf seiner Münze stehen. Es war seine Münze, sein Bier, sein Rausch. Er hatte ihn sich verdient, verdient für die Demütigung, die er hatte hinnehmen müssen. Otto Raymund hatte ihn bei Jakob Fugger angeschwärzt, hatte das Gerücht weitergegeben, das allenthalben durch die Gassen schwirrte. Die Gedanken daran musste man doch ertränken!

»Steh auf, Mann«, herrschte ihn die Stimme wieder an. »Steh auf, und nimm das Geld mit.«

Das Bier stieß Joss sauer auf. Ein kleiner Schwall füllte seinen Mund, und er musste ihn erst wieder hinunterschlucken, bevor er antworten konnte.

»Wie … wie … redest du … du … du …«

Weiter kam er nicht. Er wusste nicht mehr, was er hatte sagen wollen. Er wusste nur, dass das Weib noch immer auf seinen Fingern stand.

»Geh runter!«, befahl er und wollte ihr mit der freien Hand gegen das Schienbein schlagen, doch er verlor das Gleichgewicht und kippte seitwärts.

»Hoch!«, befahl ihm seine Frau. »Auf! Wir gehen jetzt.«

Jemand kramte in seinem Wams, und soweit er sich erinnerte, steckte in der linken Tasche noch ein bisschen Geld. Aber er wusste nicht, wie er sich wehren sollte. Seine rechte Hand war noch unter dem Schuh und die linke unter seinem Körper eingeklemmt.

»Wenigstens noch ein paar Münzen!«, seufzte Eva.

»Du hast mir gar nichts … nichts zu … zu …«, stotterte Joss.

»Herrgott, jetzt helft mir doch, ihn aufzustellen!«, fuhr sie wütend die umsitzenden Männer an. Keiner der Kerle machte Anstalten, sich zu erheben. Joss freute sich darüber und begann zu kichern.

Aber er hatte nicht mit seiner Frau gerechnet. Sie ließ seine eingeklemmten Finger frei. Joss hob die Hand, um sie auszuschütteln und den Schmerz etwas zu lindern, aber da hatte sie bereits die Münze, die darunterlag, aufgehoben. Sie trat gegen seine Schulter, sodass er wie ein Käfer auf den Rücken rollte. Mit raschen und sicheren Griffen durchwühlte sie sein Wams und holte die restlichen Münzen heraus, bevor er sie daran hindern konnte. Er sah noch einen Rock zwischen den Männerbeinen zum Ausgang hin verschwinden, dann schloss er die Augen. Die Schänke grölte vor Lachen. Die Männer rissen Witze über ihn und seine resolute Frau, aber er verstand nur die Hälfte und war sich nicht sicher, ob sie über ihn lachten oder über sie. Vorsichtshalber lachte er mit.

Joss versuchte, die Augen offen zu halten, aber es gelang ihm nicht. Immer wieder fielen sie ihm zu, und wenn er sie wieder öffnete, schien sich die Welt ein Stück weitergedreht zu haben. Irgendwann entschloss er sich, nicht auf dem Boden weiterzuschlafen, sondern die Bierschänke zu verlassen und nach Hause zu gehen.

Er versuchte vergeblich, sich an Stuhl und Bank hochzuziehen. Die Arme waren zu schwach und die Knie zu weich. Also begann er, sich auf allen vieren voran zu bewegen. Er erreichte die Tür, stieß sie auf und versuchte, sich am Türstock aufzurichten. Langsam kam er hoch – und stolperte aus der Schänke auf die Straße.

Es war dunkel. Sterne flimmerten über der Stadt wie ein ganzer Schwarm Glühwürmchen. Die Luft war frisch und biss ihn in die Lungen. Sie presste ihm den Magen zusammen, und er erbrach sich an die Hauswand. Dreimal würgte er alles an Flüssigkeit aus sich heraus, was er hineingeschüttet hatte. Er konnte kaum atmen. Als er schwer keuchend an der Mauer lehnte, fragte er sich, wo seine Karre geblieben war. Für ein schnelles Bier hatte er sie an die Seite gestellt, aber da stand sie nicht mehr und auch sonst nirgends. Mehrmals drehte er sich um sich selbst. Keine Karre.

Er brauchte eine ganze Weile, bis er begriff, dass man sie ihm womöglich gestohlen hatte. Noch ein Verlust an diesem Tag.

Irgendwann erwachte er wieder, weil er so stark fror, dass er am ganzen Körper zitterte. Er musste geschlafen haben, weil er mit dem Kopf an einer Hauswand lehnte.

Er fluchte und rappelte sich auf. Mit den Armen schlug er gegen seinen Körper, um sich zu wärmen, und machte sich stolpernd auf den Heimweg. Nur der Umstand, dass selbst er nicht verstehen konnte, was er da vor sich hin brabbelte, verhinderte, dass der Nachtwächter ihn mitnahm und der Gotteslästerung beschuldigte.

Es dämmerte bereits, und im Osten keimte ein fahler Streifen Licht am Himmel, der das störende Flirren der Sterne wegwischte.

Allmählich wurde er nüchterner. Das Laufen gelang ihm wieder, und sein Kopf schmerzte zwar, wurde aber klarer, ebenso der Blick. Wie er nach Hause gefunden hatte, wusste er nicht recht. Zu seiner Freude sah er schon von Weitem den Karren vor dem Haus stehen. Er würde den nächsten Balken nicht eigenhändig schleppen müssen.

Aus den Spalten des Fensterladens schimmerte es hell. Eva war offenbar auf und hatte eine Kerze entzündet. Es gab ihm einen kleinen Stich, als er gewahr wurde, dass sie auf ihn gewartet hatte. Während er seinen Verstand betäubte, hatte sie ausgeharrt, um ihn zu empfangen. Wärme durchströmte ihn. Doch dann stutzte er. Ein Lumpen hing aus der Ladefläche der Karre. Außerdem war sie voll beladen.

Während er immer schneller darauf zustolperte, erkannte er, dass Els und Barthlen auf der Holzpritsche lagen. Und plötzlich streckte Eva den Kopf unter der Ladefläche hervor.

Ihre Augen waren eingefallen und dunkel umrandet, als hätte sie tagelang nur geweint.

»Was … warum?«, stotterte er. »Warum seid ihr nicht in unserem Haus?«

Eva schnaubte. Im Dämmerlicht konnte er ihr von Spott und Hohn verzerrtes Gesicht erkennen.

»Unser Haus?«, zischte sie. »Wie kommst du darauf, dass dies unser Haus ist? Es ist das Haus der Zunft und steht damit unter der Verwaltung des Zunftoberen. Wir hatten nur das Wohnrecht. *Hatten*, verstehst du?«

Joss stand da wie erstarrt. »Was? Was meinst du damit?«

»Du solltest nicht deinen letzten Verstand versaufen, dann würdest du es verstehen. Dieser Hundsfott von Zunftobermeister hat uns aus dem Haus geworfen.«

Joss starrte auf das Licht, das durch die Spalten der Laden sickerte. Nicht Eva erwartete ihn dort, sondern die Männer des Zunftmeisters.

Er stemmte die Hände in die Hüften. Wut schäumte in ihm hoch, Wut und der letzte Schluck Bier. Er erbrach sich erneut, diesmal direkt auf die Gasse, und gleichzeitig stieg ein Durst in ihm auf, der ihn trieb.

»Das Werkzeug gehört mir«, verkündete er trotzig, drehte sich um und machte sich wieder auf den Weg in die Schänke. Das Bräu am Wertachbrucker Tor würde schon ausschenken, und der Wirt würde ihn anschreiben lassen.

Eva rief verzweifelt hinter ihm her. Ohne Erfolg.

Sie fühlte sich wie gerädert. Die Nacht unter der Karre war die schlimmste in ihrem ganzen Leben gewesen. Keine Geburt hatte sie mehr mitgenommen. Ihr tat die Hüfte weh, sie spürte ihre Finger nicht mehr vor Kälte, und ihre Zähne klapperten unaufhörlich. Barthlen wimmerte vor sich hin. Vermutlich fror auch er entsetzlich. Nur Els sagte nichts – deshalb stand Eva auf. Sie berührte das Mädchen, um sicherzugehen, ob ihre Tochter noch lebte. Sie atmete flach und ruhig. Offensichtlich ging es ihr gut. Die Berührung der Mutter weckte sie nicht, und Eva ließ sie weiterschlafen.

Allmählich belebte sich die Gasse. Die Handwerker öffneten ihre Tore, Hämmern und Schleifen erfüllte die Luft. Meister riefen nach ihren Gesellen und Lehrlingen, die Männer gingen zu den Tonnen, in denen der Urin für die Bleicher gesammelt wurde, die Frauen hockten sich in die Toreinfahrten. Die ersten Fuhrwerke rollten von außerhalb der Stadt auf die Märkte. Eva schob die Karre näher ans Haus und überlegte verzweifelt, was sie weiter unternehmen sollte. Joss war wieder verschwunden, die Männer des Zunftmeisters saßen noch immer im Haus. Barthlen wimmerte vor Kälte und Hunger.

Offenbar hatte Joss den Balken abgeliefert, sonst wäre die Karre nicht leer gewesen. Dafür hatte er einen Teil des Geldes vertrunken. Gegen etwas Vergnügen war ja nichts einzuwenden. Ein paar Münzen konnte sie ihm gönnen, aber alles zu vertrinken war zu viel. Deshalb hatte sie ihn gesucht und Gott sei Dank gefunden, bevor das letzte Geld durch seine Kehle geronnen war. Sie hatte sich über die Summe gewundert. Offensichtlich hatte er einen Vorschuss für weitere Balken erhalten. Wenn er aber seine Werkstatt nicht nutzen konnte, dann war dieser Vorschuss nichts wert. Er würde ihn zurückzahlen müssen.

»Hunger!«, flüsterte Barthlen und presste sich die Hände gegen den Magen. Auch Els rührte sich. Unvermittelt begann sie zu zittern und zu weinen.

Die Kinder nahmen Eva die Entscheidung ab, was sie tun sollte.

»Wir gehen auf den Brotmarkt und holen uns warmes Brot!«, sagte sie fröhlicher, als ihr zumute war.

Els sah sie misstrauisch an.

Sie ist so blass, dachte Eva. Ihr fehlt der Schlaf, und ihr fehlt ein stärkendes Essen.

»Wer hilft mir ziehen?«, fragte sie.

Els richtete sich auf, strich ihre Schürze glatt, hockte sich kurz hinter die Karre und nahm mit Eva zusammen den Schulterriemen. Mit ihren vierzehn Jahren war sie schmächtig und flachbrüstig. Barthlen durfte auf der Karre sitzen bleiben. Was ihn sonst gefreut hatte, schien ihn diesmal eher zu belasten. Er beharrte darauf, nebenherlaufen zu dürfen, doch Eva ließ es nicht zu. Er hätte nicht Schritt halten und unter die Räder eines der vielen Fuhrwerke geraten können, die sich durch die engen Gassen schoben.

Kaum hatten sie sich ins Joch gespannt, traf sie Els' Frage.

»Wo ist Vater?«

Eva sah verlegen zu Boden und wollte schon so tun, als hätte sie es nicht gehört, entschloss sich dann aber, die Wahrheit zu sagen.

»Er betrinkt sich«, sagte sie und fühlte einen doppelten Verrat. Schließlich hatte sie ihren Mann in diese Situation gebracht. Andererseits hatte sie ihm damit das Leben gerettet, und er dankte es ihr nicht. Er ließ sie im Stich. »Wir suchen ihn nachher und holen ihn. Aber erst mal brauchen wir etwas zu essen.«

Offenbar genügte ihrer Tochter die Erklärung, denn sie nickte und lief los.

Auf dem Weg zum Brotmarkt überlegte sich Eva, wo Joss eingekehrt sein konnte. Sicherlich lag er unter irgendeiner Holzbank und schlief seinen Rausch aus. Sie fand allein diesen Gedanken ekelhaft, dachte an die verschmutzen Beinkleider und das besudelte Hemd und überlegte sich, wo in der Stadt man seine Wäsche frei waschen konnte. Das Zuhause war ihnen ja versperrt.

Stumm trotteten sie vorwärts, und nicht lange darauf langten Eva und die Kinder vor St. Moritz an. Dort hatte sich bereits ein ganzes Heer von Bettlern und Taugenichtsen versammelt und wartete auf die Brosamen, die für sie abfallen würden, wenn der Markt geschlossen wurde. Sie hielten einen respektvollen Abstand zu den

Brotkarren der Bäcker. Die Gesellen, die sich vor die Auslagen stellten, riefen ihre Waren aus.

Eva glättete fahrig ihre Schürze. Vermutlich konnte jedermann erkennen, dass sie die letzte Nacht auf der Erde statt in einem Bett geschlafen hatte.

»Brot!«, jammerte Barthlen. »Bitte.«

Kurz entschlossen hob Eva ihn von der Ladefläche und stellte ihn auf den Boden.

»Du bleibst hier und passt auf die Karre auf!«, befahl sie Els.

Diese nickte verständig. Barthlens Finger suchten Evas und schlossen sich um ihren Daumen. Es zerriss ihr beinahe das Herz, als sie wahrnahm, wie zart ihr Junge noch war. Er hätte eine warme Stube und Geborgenheit genießen, nicht den Gefahren der Gosse ausgesetzt sein sollen.

Der Duft frisch gebackenen Brotes schwebte über dem Platz zwischen Kirche, Siegelhaus und der Schranne, dem Kornspeicher. Jetzt zog sich auch ihr Magen zusammen, und es fühlte sich an, als hätte sie ein ganzes Jahr nichts mehr gegessen.

Die Bäckerkarren waren so ausgerichtet, dass sie sich an der Kirche entlang bis zum Siegel- und Tanzhaus hinzogen. Eva zählte zwölf Karren, beladen mit hellen Teigwaren, dunklem Brot, mit Semmeln, Hefekränzen und den rötlichen Brezen. Schon beim Hinschauen lief ihr das Wasser im Mund zusammen. Barthlen zog sie hinter sich her. Der Junge wollte sich nicht alle Auslagen ansehen – er wollte etwas essen und blieb einfach vor einem der ersten Wagen stehen.

»Mutter!«, flehte er. »Schau! Essen. Brot.«

Eva beschloss, bei dem hochgewachsenen Bäckergesellen zu kaufen. Er kam erfreut auf sie zu.

»Was darf es sein, Herrin?«, fragte er förmlich und ließ seinen Blick an ihr auf und ab gleiten, als müsse er prüfen, ob sie überhaupt infrage kam, ein Angebot zu erhalten.

»Eine Breze!«, krähte Barthlen, und Eva musste lächeln.

»Drei Brezen und einen Laib. Am besten den etwas dunkleren hier. Dürft Ihr den eine Kupfermünze billiger abgeben?«

Sie lächelte den Gesellen zwar zuckersüß an, doch sie ahnte bereits den heraufziehenden Ärger.

»Die Preise sind, wie Ihr wisst, festgelegt. Wir dürfen sie nicht willkürlich ansetzen.« Der Geselle hielt kurz inne, dann beugte er sich etwas vor und musterte sie genauer. Eva lief es eiskalt den Rücken hinab.

»Wenn nicht bei Euch, dann kauf ich eben bei einem anderen«, sagte sie so selbstbewusst wie möglich.

»Kenn ich Euch nicht?«, fragte der Geselle in einem Ton, der Eva deutlich machte, dass er wusste, wen er vor sich hatte.

Augsburg war ein Dorf. Natürlich kannte man sich. Joss war ein umgänglicher Mensch, der schnell mit jedem ins Gespräch kam. Er kannte Gott und die Welt – und Gott und die Welt kannte ihn. Das galt auch für seine Frau.

Eva war die Frau des Zimmerers Joss Neher.

Der junge Mann richtete sich auf und sah sich um, ob die anderen Gesellen und Meister Eva auch entdeckt hatten. Aber niemand schien sich darum zu kümmern, mit wem er redete. Die Käufer nahmen die Aufmerksamkeit der anderen Bäcker in Anspruch. Beinahe an jedem Karren stand jemand. Geld und Brot, der Bodensatz allen Lebens in dieser Stadt, wechselten den Besitzer.

Barthlen zupfte an ihrem Rock. »Hunger«, rief er verzagt.

»Ich weiß, Bub«, beschwichtigte Eva ihn. Sie ließ den Gesellen nicht aus den Augen, der jetzt um die Aufmerksamkeit seines Nachbarn buhlte.

»He, Melchior. Du glaubst nicht, was ich da für einen Fisch …«

»Bekomme ich jetzt ein Brot oder nicht?«, fuhr Eva dazwischen.

Verwirrt sah der Geselle sie an, dann grinste er. Er verschränkte die Arme vor der Brust und stellte sich in Positur. »Natürlich nicht!«, rief er so laut, dass die Ersten ihre Blicke hoben, um zu sehen, was an diesem Karren los war.

»Ich habe Geld«, sagte Eva und streckte ihm eine Münze hin.

»Geld ja, aber nicht die Ehre, hier etwas zu kaufen. Ihr und Euer Mann, Ihr habt doch den Scharfrichter …«

Weiter kam er nicht. Eva ließ Barthlens Hand los, ging auf den Gesellen zu und stieß ihn mit all ihrer Kraft gegen die Brust. Er strauchelte und fiel rücklings auf den Karren, der zur Seite kippte. Die Brote und Semmeln, Kränze und Brezen rutschten zu Boden und in den Dreck des Platzes. Der Geselle fluchte, hieß Eva eine Furie und noch Schlimmeres und schrie sie an, aber sie ließ ihn einfach stehen. Unbeirrt ging sie weiter, übersah den nächsten Bäckerkarren und dessen Gesellen und stellte sich vor den übernächsten.

Der erste Bäckergeselle hatte sich rasch wieder berappelt. Er sammelte das Backgut auf, wischte seine helle Kleidung ab und stürmte auf Eva zu. Er packte sie an der Schulter und wirbelte sie herum. Tränen der Wut und des Schmerzes liefen ihm über die Wangen.

»Was fällt Euch ein? Das bezahlt Ihr mir!«, fuhr er sie an. Mit dem Ärmel musste er sich den Rotz aus dem Gesicht wischen. »Ihr habt alles verdorben.«

»Den Teufel werde ich tun«, fuhr Eva ihn an. »Von dir Flegel lasse ich mich nicht beleidigen. Wenn hier jemand etwas gründlich verdorben hat, dann du!«

Sie hielt dem wütenden Blick stand, mit dem der Geselle sie fixierte, weil er keine Worte für das fand, was ihn aufwühlte. Je länger ihr gegenseitiges Starren dauerte, desto mehr nahm sein Gesicht eine purpurrote Farbe an.

»Das Weib hier hat den Scharfrichter beerdigt. Sie ist unrein wie ihr Mann. Gebt ihr nichts. Verkauft ihr nichts!«, kreischte er in die Runde.

Mit triumphierender Miene wandte er sich wieder zu Eva um. Doch mit ihrer Erwiderung hatte er offenbar nicht gerechnet.

»Du treibst Kinder in den Hunger. Was bist du nur für ein Mensch?«, schrie sie. Sie wollte weitersprechen, aber sie kam nicht mehr dazu. Jemand stieß sie unerwartet in die Seite. Sie stolperte und fiel auf die Knie. Die Umstehenden sammelten sich um sie. Schmähungen trafen sie.

»Teufelsweib«, brüllte jemand.

»Werft sie aus der Stadt!«

»Schlagt sie!«

»Teufelshure.«

Immer wilder, immer unverschämter wurden die Namen, die man ihr gab. Man forderte sie auf zu verschwinden, sich in Luft aufzulösen, am besten mit dem Besen durch die Luft zu fliegen und über die Dächer hinweg die Stadt zu verlassen. Da sie den Aufforderungen nicht nachkam, sondern nur die Hände über dem Kopf hielt und ihn zu schützen versuchte, prasselten Hiebe auf sie ein. Schließlich folgten Gemüse und Eier. Sie klatschten in ihr Gesicht. Sie zog den Kopf ein, ließ alles an sich abprallen.

Plötzlich wurde ihr bewusst, dass sie Barthlen losgelassen hatte, dass das Kind nicht mehr an ihrer Seite stand. Sie fuhr auf, wehrte sich. Wie wild schlug sie um sich, traf Arme und Köpfe.

»Barthlen!«, schrie sie und versuchte, durch den Schleier zu sehen, den das an ihrem Gesicht herablaufende Eiweiß verursachte. »Barthlen!«

Irgendwo musste er sein. Sie lauschte in dem Lärm, der jetzt losbrach, weil sie sich nicht aufgab, sich unterordnete, sich beschimpfen und bewerfen ließ, nach dem Stimmchen ihres Sohnes, doch sie hörte ihn nicht aus dem Lärm der wütenden Menge heraus. Dafür schlug der erste Stein gegen ihre Schulter, scharf und schmerzhaft.

»Hört auf!«, brüllte sie, aber die Menge hatte sich um sie geschart, hatte den Raum kleiner gemacht, sodass Beutel und Hände auf sie einschlagen konnten. Die Männer und Frauen fanden ein Vergnügen darin, ihre Wut an ihr auszulassen, bis Eva kraftlos zu Boden stürzte und liegen blieb.

Irgendwann hörten die Schläge auf. Einer trat noch mit dem Fuß nach und traf ihr Becken, dann zerstreuten sich die Menschen und gingen wieder ihrer Wege. Sie beachteten das Stück Dreck auf dem Platz nicht mehr.

Eva wusste nicht, ob sie irgendwann wieder in der Lage wäre aufzustehen. Sie wusste nicht, ob der Schmerz vorübergehen oder sie bald in ein anderes Leben hinübergeleiten würde.

Sie blieb einfach liegen. Niemand kümmerte sich mehr um sie, und es wäre ihr ganz recht gewesen, wenn ihr Leben so hätte ausklingen können. Sie hatte keinen Fehler gemacht. Sie hatte sich nichts vorzuwerfen. Dass sie das Leben ihres Mannes gerettet hatte, indem sie versprach, den Scharfrichter zu begraben, war es allemal wert gewesen. Sie bereute nichts. Nur um ihre Kinder tat es ihr leid, die jetzt als Halbwaisen würden aufwachsen müssen.

Eine dünne Stimme und eine warme Hand in ihrem Nacken holten sie zurück in die Gegenwart, die erfüllt war von Schmerzen – und diesem einzigen warmen Gefühl, das ihr ins Herz wuchs und dort etwas Lebenswillen keimen ließ.

Ihre Arme bewegte sie als Erstes. Sprechen konnte sie nicht mehr, da ihr jemand auf den Mund geschlagen hatte. Ihre Lippen waren aufgeplatzt und geschwollen.

»Els?«, brachte sie tonlos hervor, doch das Mädchen schien sie zu verstehen.

»Ich bin es, Mutter.«

»Barthlen?«, flüsterte sie, und allein diese beiden Silben kosteten sie mehr, als sie an Kraft aufbringen konnte.

»Wir müssen hier weg!«, sagte Els. »Versuch, auf den Karren zu kommen, ich fahre dich dann.«

Eva nickte. Sie wusste sehr wohl, dass die Wut der Menge sich nicht einschätzen ließ, dass sie unvermittelt wieder ausbrechen konnte, dass die Menge anderen Gesetzen gehorchte als der Einzelne.

Ihre Augen sahen langsam klarer. Els hatte die Karre zu ihr hergeschoben. Eva zog sich unter Aufbietung ihrer letzten Kräfte daran hoch, kippte vornüber auf die Ladefläche. Kurz bevor sie fiel, sah sie Barthlen an einem der hohen Räder stehen. Er hielt ein Stück Semmel in der Hand und kaute darauf herum.

Eva schloss die Augen. Es ging dem Jungen gut, ein Gedanke, der sie beruhigte.

Die Schläge der Karre spürte sie am ganzen Körper wie Hiebe mit einem Stock. Els musste sich ungeheuer anstrengen, um die

Karre zu ziehen. Wenn sich in Eva nicht die Gedärme derart gewalttätig zusammengezogen hätten, wäre sie versucht gewesen, ihr zu helfen. Aber so lag sie einfach nur da, völlig erschöpft und mit pochenden Wunden an Körper und Seele.

»Schieb!«, hörte sie Els schreien. Anscheinend trieb sie ihren Bruder an mitzuhelfen.

Sie versuchten, vor der aufgebrachten Menge zu fliehen, die sich wieder zu Gebrüll und Verwünschungen hochschaukelte und hinter ihnen her war. Steine flogen und trafen sie ebenso wie Verwünschungen. Doch Eva konnte sich nicht wehren, sich nicht einmal bewegen.

Barthlen schrie auf und fing an zu weinen, aber er blieb bei der Karre. Els' unterdrücktes Schluchzen drang an Evas Ohren. Die Kinder – sie litten und wollten sich und ihre Mutter in Sicherheit bringen.

Sie wusste nicht, wohin Els die Karre steuerte, aber plötzlich rutschte sie auf der Ladefläche nach vorn. Der Wagen wurde schneller. Els kreischte, Barthlen stieß einen Schrei aus, und dann krachte die Karre gegen eine Hauswand, bäumte sich auf, brach seitwärts aus und lud sie auf dem mit Lechkieseln gepflasterten Weg ab. Eva schlug zuerst mit der Schulter auf, dann mit dem Kopf, und schließlich verlor sie das Bewusstsein.

11. Kapitel

AUGSBURG, OKTOBER 1523

Die Werkzeuge gehören mir!

Der Satz hämmerte wie ein Pochwerk in seinem Kopf, stetig und regelmäßig. Das musste er sich nicht gefallen lassen. Winkelmaß, Richtscheit, Senkblei, Stechzirkel und Messlatte gehörten nicht der Zunft und schon gar nicht einem der Zunftoberen. Sie waren seit seiner Gesellenzeit in seinem Besitz. Er würde sie sich holen. Ebenso wie Beitel, Klöpfel und Raspeln. Nichts aus seiner Werkstatt sollte der Zunft übergeben werden, kein einziges Stück. Aber um Axt, Handsäge, Dechsel und Queraxt zu tragen, waren die bloßen Hände zu wenig. Er brauchte dazu seine Karre. Und die stand noch vor dem Haus. Die Kinder hatten darin geschlafen. So weit erinnerte er sich.

Joss hatte zwei Bier in sich hineingeschüttet, vielleicht auch drei, als ihm wieder der Gedanke an seine Werkzeuge gekommen war. Seither brütete er stumpf vor sich hin.

Die anderen Gäste hatten zwar gemurrt, als er durch die Tür trat, hatten es aber zugelassen, dass er sich in die hinterste Ecke gesetzt und seine Biere bestellt hatte. Es hatte ihn nicht mehr gestört. Unschuldig zu sein und diese Unschuld in einer Stadt zu beweisen, die vor Aberglauben nur so strotzte, waren zwei verschiedene Paar Stiefel. Letzteres würde ihm nicht gelingen, also fand er sich damit ab. Womit er sich nicht abfinden konnte, war die Art und Weise, wie er aus seinem Haus vertrieben worden war – und die Tatsache, dass er seine Werkzeuge nicht bekommen hatte.

Er fühlte, wie ihm bei diesem Gedanken, der unablässig in seinem Kopf kreiste, der Atem schneller ging, wie ihm die Wut die Kehle zuschnürte. Irgendwann sprang er auf, warf dabei den Stuhl um und rannte zur Tür.

Sollten sie sein Heim für sich beanspruchen – die Werkzeuge bekamen sie nicht. Er würde sie sich holen. Und zwar jetzt.

In der Tür stieß Joss mit einem Mann zusammen. Er murmelte eine Entschuldigung und wollte an ihm vorbei, als dieser ihn am Arm packte und anhielt.

»Joss? Joss Neher?«

Es dauerte, bis sich Joss auf den morgendlichen Besucher der Schänke konzentrieren konnte. Aber das Licht war zu schlecht, als dass er sich ein Bild vom Gesicht des Mannes machen konnte.

»Wer seid Ihr?«, stotterte er und musste rülpsen. Ein Schwall säuerlich vergorenes Bier kam mit hoch und wurde wieder verschluckt. »Was wollt Ihr?«

»Erkennt Ihr mich nicht?«, fragte der andere.

»Nein«, erwiderte Joss wahrheitsgemäß. »Ich … ich hab … keine … keine Zeit.«

Der Mann lachte leise, was Joss ärgerte.

»Warum … warum … lacht Ihr mich aus?«, stotterte er.

»Ich lache Euch nicht aus, aber ich sehe und rieche, dass Ihr gut geladen …« Der andere stockte. »Vielleicht sollten wir uns morgen unterhalten.« Wieder lachte er. »Oder besser noch übermorgen, wenn Ihr wieder nüchtern seid.«

»Ich … ich bi… bin nüchtern.«

Joss stampfte mit dem Fuß auf und verlor um ein Haar das Gleichgewicht. Er sackte nach vorn. Sein Gesicht näherte sich dem des Mannes. Tatsächlich kam er ihm bekannt vor – aber er konnte sich beim besten Willen nicht daran erinnern, wo er ihn schon einmal gesehen hatte.

Er nickte.

»Morgen. Ja. Morgen sprechen wir darüber.«

Er drängte an dem Mann vorbei, der ihm kopfschüttelnd Platz machte.

Joss stolperte ins Freie und musste sich an einem der Balken des Hauses gegenüber festhalten. Ein schwacher Mond, der im Spiel der Wolken flackerte wie eine sturmgepeitschte Laterne, beleuchtete die Gasse. Joss blinzelte verwirrt. Was hatte er noch gleich tun wollen? Auf dem Weg vom Biertisch bis auf die Straße war ihm entfallen, warum er aufgestanden und hinausgelaufen war.

Er presste eine Hand an die Schläfe. Das Blut pochte in seinen Ohren. Es rauschte wie Wasser, das über ein Mühlrad lief – und dann war der Gedanke wieder da: seine Werkzeuge.

Er musste zu seinem Haus. Er musste, wenn es nötig war, die Tür eintreten und sich das Handwerkszeug holen, das ihm gehörte. Niemand konnte ihm das verwehren. Niemand.

Entschlossen stapfte er voran, die Hände im Wams vergraben und zu Fäusten geballt. Sollten sie ihm nur kommen, sollten sie ihn nur aufhalten wollen. Er würde ihnen zeigen, wozu ein Zimmerer fähig war. Mehrmals musste er innehalten, weil er so sehr schwankte, dass er sich nicht mehr sicher war, wohin er sich wenden musste. Auch glaubte er, an der einen oder anderen Gassenecke schon einmal vorbeigekommen zu sein. Aber er näherte sich dem Haus. Er musste nur etwas langsamer gehen.

Gegessen hatte er nichts, seit er mit dem Balken aufgebrochen war. Ihm knurrte der Magen, und ein knurrender Magen schwächte den stärksten Mann.

Joss ließ sich auf der Schwelle eines der Häuser mit Steinfundament nieder und lehnte sich gegen den Prellstein, um etwas auszuruhen. Weit war es jetzt nicht mehr. Er kannte die Gegend. Vorn rechts um die Ecke und die zweite oder dritte Gasse nach links, dann war er da. Dann würde er sich sein Eigentum holen. Aber zuvor musste er noch einmal Luft schnappen und Kraft tanken. Er fühlte sich ausgelaugt und erschöpft. Der Weg war anstrengend gewesen, anstrengend und lang.

Es würde ihm genügen, sich kurz zu erholen …

Ein Lichtstrahl beendete seine Ruhe. Der trübe Schein eines Talglichts leuchtete ihm ins Gesicht. Der ranzige Geruch der Kerze ließ ihn kurz würgen.

»Auf, mein Freund, und nach Hause«, befahl ihm der Mann und stieß ihn mit seinem Stab in die Seite.

»He!«, rief Joss und schlug den Stab beiseite.

»Wenn du dich nicht schleichst, hol ich die Scharwache!«, fauchte ihn der Nachtwächter an.

Es war – bis auf die Laterne – stockdunkel. Nicht einmal Sterne waren am Himmel zu sehen und schon gar kein Mond mehr. Er hatte den Tag offenbar verschlafen. Aber er fühlte sich besser.

»Was willst du von mir?«, maulte Joss.

Wieder leuchtete ihm das Talglicht ins Gesicht. Joss hielt die Hand davor. Die Helligkeit schmerzte in den Augen.

»Weil ich dich hier noch nie gesehen habe, Kerl, treib ich dich nur nach Hause. Bist wohl keiner der Säufer. Hast nur ein wenig über den Durst getrunken. Kann passieren, wenn's irgendwo drückt.

Aber lass dir sagen, dass Schnaps und Bier schneller zu Freunden werden, als einem lieb ist – und diese Freundschaften sind höllisch. Sie reißen dich ins Unglück, und zwar so langsam, dass du gar nicht merkst, wie du fällst.« Der Mann stieß mit dem Stab auf den Boden. Der Klang hallte von den Wänden wider. »Und jetzt auf und nach Hause. Die Frau wartet mit dem Nudelholz hinter der Tür. Das tut zwar weh, macht aber glücklicher als die Schmerzen vom harten Prellstein.«

Mühsam zog sich Joss hoch und lief in die entgegengesetzte Richtung weiter als die, welche der Nachtwächter einschlug. Er spürte die Blicke des Mannes in seinem Rücken, aber es war ihm unmöglich, irgendetwas zu erkennen. Er tappte buchstäblich im Dunkeln – und irgendwann verlor er die Orientierung. Er wusste nicht mehr, wo er war. Überall um ihn her war eine Schwärze, die ihm Angst machte.

Hatte er womöglich die Schwelle zur Hölle überschritten?

Auf dem besten Weg dazu war er ja.

Jemand schlug ihr auf die Wangen, sodass sie aufschreckte.

»Was ist denn?«, murmelte Eva.

Ihre Sinne erwachten tatsächlich. Sie spürte Leinen unter den Händen, roch Kräuterduft, fühlte Hände auf ihren Beinen. Erschrocken hob sie die Augenlider und sah in die Augen eines Mannes.

Ein Kreischen drang aus ihrem Mund, und erst im zweiten Atemzug wusste sie, dass es ihre Stimme gewesen war.

»Was …?«, keuchte sie.

»No, bleibt ruhig. Meine Frau versorgt Eure Wunden. Ihr seid … ziemlich übel zugerichtet.«

Der Mann beugte sich über sie. Seine Augen wirkten ruhig und gelassen. Sein Blick war freundlich.

»Mei…eine … Kind…d…der?«, stolperten die Wörter aus ihrem Mund und überschlugen sich dabei beinahe.

»Sie sind hier sicher. Glaubt mir. Es geht ihnen gut. Sie sitzen am Tisch und essen etwas.«

Sie versuchte, an sich herabzuschielen, weil sie spürte, dass sie nackt war. Aber sie sah nur ein Leinentuch. Zu ihren Füßen saß noch eine Person mit dunklen lockigen Haaren. Eine Frau. Sie summte bei der Arbeit eine Melodie vor sich hin.

»Ich lasse Euch jetzt allein. Esther wird sich um Euch kümmern.«

Esther? Esther? Eva überlegte, woher sie den Namen kannte, es wollte ihr aber nicht einfallen.

Sie ließ den Blick kurz über Decken und Wände gleiten. Der Raum war kahl bis auf die Holzpritsche, auf der sie lag. Er war reinweiß gekalkt und bot ihr keinerlei Anhaltspunkt festzustellen, wo sie sich befand.

Das Quietschen einer Türangel in ihrem Rücken sagte ihr, dass der Mann den Raum verlassen hatte.

Sie schloss wieder die Augen und überließ sich ganz der Behandlung. Jemand wusch ihre Oberschenkel, die Hüften, trug Salbe auf brennende Stellen ihres Brustkorbs auf, drehte sie zur Seite und auf den Rücken. Die Hände und die Salbe linderten langsam die Schmerzen.

»Warum tut Ihr das?«, fragte Eva irgendwann, als sie wieder hochdämmerte. »Wer seid Ihr?«

Die Frau, die bislang kein Wort gesagt, sondern nur vor sich hingesummt hatte, verstummte.

»Keine Frau sollte derart misshandelt werden«, sagte sie dann. »Wenn sich die Männer die Köpfe einschlagen, dann meinetwegen. Wozu brauchen wir sie schon? Aber sie sollten ihre Frauen in Ruhe lassen.«

Wie recht Esther hat, dachte Eva. »Ihr heißt Esther. Das ist …«

»… ich bin die Frau des Juden Aaron«, kam ihr Esther zuvor.

Kurz zuckte Eva überrascht zurück, als die kalte Hand der Jüdin sie am Hals berührte.

»Stört es Euch, von einer Jüdin behandelt zu werden?«

»Nein«, sagte Eva. »Im Gegenteil. Oder seid auch Ihr abergläubisch?«

»Nun«, antwortete ihre Pflegerin. »Natürlich sind wir Juden abergläubisch, wie alle Menschen. Aber wir wissen, dass uns Jehova vor dem größten Unsinn bewahrt. Da kann man schon manchmal den Verstand beiseitelegen.«

Eva musste lachen, obwohl sie es augenblicklich bereute. Offenbar hatte ihr der Tritt eines der Käufer vor den Bäckerkarren eine Rippe gebrochen oder zumindest geprellt.

»Darf ich Euch einen Witz erzählen?«, fragte Esther. Sie war fertig und deckte das Tuch wieder über Eva.

»Einen Witz?«

»Ja, er zeigt ein wenig, wie wir mit Glauben und Aberglauben umgehen.«

Eva schloss die Augen. Sie behandelt mich, eine Geschundene, und denkt an einen Witz. Dann dachte sie selbst an Els und Barthlen und nickte.

»Ein Jude geht zum Fleischer. Er schaut umher, zeigt schließlich auf einen Schweineschinken und sagt: ›Ich hätte gerne von dem Karpfen da.‹ Der Fleischer ist verwirrt, weil er weiß, dass Juden kein Schweinefleisch essen dürfen. ›Aber das ist vom Schwein‹, warnt er den Mann. Darauf antwortet der Jude: ›Ich habe nicht gefragt, wie der Fisch heißt, ich wollte nur ein Stück davon haben.‹«

Eva lachte mit schmerzverzogenem Gesicht. »Ihr … Ihr habt mich … von … von der Straße geholt, weil ich … ich zwar aussehe wie ein … Schinken, ihr aber … einen … einen Fisch in mir seht?«

Esther wiegte den Kopf. »Mein Mann kennt Euren Mann. Er hatte ihm Geld gegeben.«

»Ihr meint, geliehen«, sagte Eva und stöhnte innerlich auf. Auch das noch. Schulden, die sie niemals mehr begleichen konnten, wenn Joss aus der Zunft ausgeschlossen blieb.

»Nein. Er hat es ihm gegeben, weil er für ihn einen Balken geschlagen hat. Für die neue Siedlung des Jakob Fugger. Und er hat wohl weitere bestellt.«

Es dauerte eine Weile, bis Eva begriff, was die Jüdin da gesagt hatte. Sie hatte sich schon gewundert, woher das Geld stammte, das sie im Wams ihres Mannes gefunden hatte. Und jetzt verstand sie auch, warum Joss so betrunken gewesen war. Er hatte erheblich mehr Geld in Bier umgesetzt, als sie geglaubt hatte.

»Wir haben unser Zuhause verloren, weil wir …«

»Ihr braucht nicht weiterzureden. Ich weiß, warum die Meute hinter Euch her war. Ihr seid auf der Karre den Judenberg hinuntergerast und gegen unsere Mauer gestoßen. Wir haben die Kinder hereingeholt, und Aaron bringt gerade die Karre zu Eurem Haus zurück.«

»Warum?«, fragte Eva erstaunt und ein wenig verärgert. Wenn sie Pech hatten, dann verloren sie jetzt auch noch ihre Karre. Auf Joss zählte sie nicht. Der lag mit ziemlicher Sicherheit in irgendeinem Ausschank in dreckigen Holzspänen auf dem Boden und schlief seinen Rausch aus.

»Damit es nicht heißt, wir hätten sie gestohlen.« Sie sah Eva so durchdringend an, dass diese wegsehen musste. »Ihr wisst ja, wie Gerüchte entstehen und welche Folgen sie haben.«

Eva nickte nur. Dann versuchte sie aufzustehen.

»Ihr solltet noch ein Weilchen liegen bleiben«, mahnte Esther.

Doch Eva drückte sich hoch, auch wenn der Schmerz in ihrer Brust sie beinahe umbrachte.

»Ich muss zu meinen Kindern. Außerdem …« Sie machte eine Pause, in der sie heftig und flach atmete. »Außerdem hättet Ihr die Karre besser hierbehalten. Wir haben unser Haus verloren. Es gehört der Zunft. Wir wissen im Augenblick nicht, wo wir wohnen sollen.«

Vor Schmerzen verzog sie den Mund und musste im Sitzen innehalten, sonst wäre ihr schwarz vor Augen geworden. »Ihr sagtet richtig: Ich weiß, was Gerüchte bewirken. Nur dass es sich nicht um ein Gerücht handelt. Mein Mann und ich, wir haben den Scharfrichter begraben.«

Esther half Eva auf die Beine. Sie stützte sie, als sie nach dem

Hemd griff, das über dem Stuhl lag, auf dem zuvor Aaron gesessen hatte.

Unter Mühen und Qualen zog sie es über. Es starrte vor Dreck.

»Sollte ich es nicht besser erst waschen?«

»Ihr wisst ebenso wie ich, in welche Gefahr Ihr Euch bringt, Esther. Wenn die Leute herausfinden, dass Ihr uns beherbergt, treten sie Euch das Tor ein. Wir müssen zurück auf die Straße.«

Die Frauen sahen sich wieder in die Augen. Sie wussten beide, wie recht Eva hatte.

»Ihr solltet Euch bei dem Fugger melden«, sagte Esther.

Eva schwankte und hatte den letzten Satz nur undeutlich vernommen. »Was sollte ich tun, außer unseren Karren zu retten?«

»Jakob der Reiche hat eine Siedlung bauen lassen. Für unverschuldet in Armut geratene Augsburger. Ihr solltet vorstellig werden.«

Eva wollte lachen, aber die Schmerzen in der Brust waren im Stehen noch viel unerträglicher als im Liegen.

»Habt Ihr sonst noch einen Ratschlag für uns? Jakob Fugger soll ein Einsehen haben und uns beherbergen? Da fielen eher Weihnachten und Ostern auf einen Tag.«

Ihre Bemerkung sollte abfällig klingen, aber sie fiel eher kläglich aus. Ihre Stimme war wie ein Flüstern, weil sie sich nicht getraute, tief einzuatmen.

»Versucht es, Eva Neher. Ihr seid eine Mutter von zwei Kindern. Und wenn ich es recht verstehe, habt Ihr nur Eurer Christenpflicht genügt. Das sagt man doch so? Warum also sollte der Fugger Euch diese Bitte abschlagen?«

Eva hob den Kopf und sah die Jüdin an. Die blickte freundlich und offen zurück.

»Habt Dank, Esther. Meine Mitbürger hätten mich fast umgebracht. Ihr habt mir geholfen. Ihr seid mehr Christin als jeder Christ in dieser Stadt.«

Ein Lächeln spielte um Esthers Mund. »Übertreibt Ihr nicht etwas?«

12. Kapitel

AUGSBURG, OKTOBER 1523

Der Tag feierte längst seinen kürzesten Schatten. Selbst in diesen engen Spalt fiel ein Strahl Licht. Eine dunkle Brühe lief Joss in den Bart und weckte ihn. Er lag in der Feuerlücke zwischen zwei Fachwerkhäusern. Es roch durchdringend nach Urin und Fäkalien. Joss schob sich heraus und blickte hoch. Über ihm tropfte es noch aus dem Abtritt.

Er setzte sich auf den mit Lechkieseln bedeckten Boden der Gasse und sah an sich herunter. Seine Hände, der Bart und die Kleidung waren über und über besudelt. Er stank und brachte diesen Geruch auch nicht mehr aus der Nase. Am liebsten wäre er sofort in einen der Kanäle gesprungen, die vom Lech abgezweigt wurden und in der Unterstadt die Siedlung durchzogen. Aber hier, nördlich vom Pfaffenwinkel, gab es keine Wasserläufe, noch nicht einmal Rinnsale von öffentlichen Brunnen und schon gar keinen nassen Stadtgraben mit Pferdeschwemme, an der er sich hätte säubern können.

Ihm blieb nichts anderes übrig, als sich in sein Schicksal zu fügen.

Zuerst grübelte er darüber nach, was er hier tat und warum er in diese Lücke gefallen war. Wenn er die Augen öffnete und sich im grellen Licht des Tages umsah, erkannte er, dass er nicht weit von seinem Haus gelegen hatte. Wie lange mochte er hier gelegen haben? Vier oder fünf Stunden? Vermutlich sechs. Der Nachtwächter hatte ihn bei anbrechendem Tageslicht hochgescheucht – jetzt war es Mittag.

Sein Kopf fühlte sich an, als wäre er geschwollen, und der Lärm, der von den Webstühlen aus dem Haus gegenüber kam, peinigte sein Gehör, dessen Empfindlichkeit enorm zugenommen hatte.

Joss hielt sich seinen Schädel, und dann hörte er das Hacken eines Beils. Mit gleichmäßigen Hieben bearbeitete jemand einen

Stamm, ein Brett oder etwas Ähnliches. Er vernahm das regelmäßige Schlagen der Dechsel. Es zeigte seinem geübten Ohr an, dass der Mann eine Oberfläche glättete. Das Geräusch tat ihm in den Ohren weh, aber es machte ihm bewusst, was er vorhatte.

Seine Werkzeuge wollte er zurückholen. Jedes einzelne.

Joss rieb sich seinen Bart und erhob sich steif und ungelenk. Die ersten Schritte waren unsicher, als müsse er das Laufen erst wieder einüben. Er ging vorsichtig wie auf rohen Eiern und kam zuerst kaum vorwärts. Doch mit jedem Schritt trat er kräftiger auf und fühlte sich stärker.

Dennoch musste er noch einmal die Richtung ändern, weil er in die falsche losgelaufen war. Drei Glockenschläge des Doms drangen an seine Ohren, dann fielen die kleineren Glocken ein. Es war das Angelusläuten. Es war also Mittag, wie er es vermutet hatte. Er hatte den halben Tag mit seinem Rausch verschlafen. Er fluchte leise vor sich hin und schwor sich, nie wieder auch nur einen Tropfen anzurühren.

Als er in die Gasse zu seinem Haus einbog, wusste er, dass ihm die Hände gebunden sein würden. Die Karre fehlte. Entweder hatten die Zimmerer, die das Haus belagerten, diese an sich genommen, oder seine Frau hatte sie mit den Kindern weggezogen. Jedenfalls war sie nicht mehr da – und ohne Karre konnte er seine Werkzeuge nicht einladen und fortschaffen. Aber eine zweite Gelegenheit würde sich ihm nicht mehr bieten, davon war er überzeugt.

Er musste sich gegen einen der Prellsteine vor seinem Häuschen lehnen, weil ihm die Beine zu versagen drohten. Was hatte diese Welt nur gegen ihn? Hatte er nicht jahraus, jahrein seine Christenpflicht erfüllt und war regelmäßig zur Messe und zur Beichte gegangen? Und jetzt stellte ihm diese Welt ein Bein, nur weil er geholfen hatte, einen Mann zu begraben, dem er sein Leben verdankte. War das gerecht? War das im Sinne der Heiligen Schrift und der Lehre des Herrn?

Noch während er darüber nachgrübelte, wer ihn mehr bestraft hatte – seine Frau, weil sie den Pakt mit dem Henker eingegangen war, oder die Kirche, weil sie Gebote vertrat, die den eigenen Glauben verrieten –, bohrte sich ihm ein unerträgliches Quietschen ins Ohr. Die Achse eines Holzrades hätte gefettet gehört. Ihm war dieses unerhörte Quietschen Anlass genug, seine Wut an anderen Dingen auszulassen. Er schlug mit der Faust gegen die Wand eines Fachwerkhauses, bis seine Hand schmerzte und der Putz abbröckelte. Dann drehte er sich um und wollte dem Kerl mit seinem quietschenden Gefährt deutlich die Meinung sagen.

Er hatte bereits zu einem Schlag ausgeholt, als er plötzlich innehielt, weil er dreierlei erkannte: einmal den Juden Aaron, verschwitzt und mit hochrotem Kopf, zum anderen seine eigene Karre mit den Schulterriemen und zuletzt das vertraute Quietschen.

»Wie … wie kommt Ihr … Aaron … was habt Ihr mit … zu schaffen?«

Er brachte die Wörter kaum über die Lippen und schon gar nicht in einer vernünftigen Reihenfolge.

»Nu«, begann der Jude, nachdem er sich wieder aufgerichtet und die Karre abgestellt hatte. Er hatte sich bereits vor dem erwarteten Schlag geduckt. »Möcht ich mal so sagen, der Zufall hat mir das Gefährt in die Hände gespielt, und ich bring es zurück.«

»Was ist mit Eva und den Kindern? Was habt Ihr mit ihnen gemacht?«

»Was ich gemacht hab? Ich?« Aaron warf die Arme in die Höhe und verdrehte die Augen. »Nichts. Aber es geht ihnen gut, möcht ich mal behaupten.«

»Wo sind sie?«

»Was fragt er wie ein Depp? Wär er bei ihnen geblieben, wüsst er es.«

Joss wollte etwas erwidern, aber da öffnete sich die Tür zu seinem Haus. Ein junger Zimmerer trat heraus und streckte sich. Joss erkannte ihn sofort. Es war Melchior, jung, ehrgeizig und nicht gerade die hellste Kerze seiner Zunft. Aber kräftig.

»Gebt mir die Karre, ich muss dort hin und meine Werkzeuge holen.«

Aaron hob die Augenbrauen. »Eure Werkzeuge. Sie gehören Euch?«

»Ja«, fuhr ihn Joss an. »Ihnen gehört das Haus, aber die Werkzeuge gehören mir. Kommt mit.«

Ohne auf den Juden zu warten und viel nachzudenken, lief er los, direkt auf den jungen Zimmermann zu, der noch immer die Augen geschlossen hatte und das Gesicht in die Mittagssonne hielt. Joss' Hände steckten in den Taschen seines Wamses und waren zu Fäusten geballt. Er war entschlossen, sich sein Eigentum zu holen.

Melchior bemerkte Joss erst, als ihm dessen Bieratem in die Nase stieg. Er öffnete die Augen und sah in das Gesicht des ehemaligen Kameraden. Erschrocken wich er zwei Schritte zurück und wäre beinahe über die Schwelle rückwärts ins Haus gestolpert.

»Wo hast du die Nacht verbracht?«, herrschte er Joss an, völlig verblüfft, dass dieser ihm beinahe auf den Zehen gestanden hatte.

»Lass mich vorbei, Melchior«, schnaubte Joss. Er stand da, die Hände jetzt aus dem Wams genommen, aber immer noch zu Fäusten geballt. Er hatte die Schultern hoch- und den Kopf eingezogen.

»Ich … kann … nicht …«, stotterte der junge Zimmerer. »Das Haus gehört … du darfst nicht mehr …«

»Wer sagt das?« Joss sprach leise und bestimmt. Sein Atem ging stoßweise, und er selbst fühlte, wie ihm mit jedem dieser harten Atemzüge mehr Kraft zuströmte.

Doch auch Melchior fasste sich, wurde selbstbewusster. Hätte er ihn noch vor einem Augenblick einfach beiseiteschieben können, musste er sich jetzt bereits mit ihm prügeln, um zu seinem Recht zu kommen.

Beider Blicke verkeilten sich ineinander. Sie warteten nur auf eine unbedachte Bewegung des anderen. Es fehlten nur ein paar Wimpernschläge, dann würden sie sich auf dem Boden wälzen und sich gegenseitig die Zähne ausschlagen.

Das Quietschen, das hinter ihnen ertönte, war so laut, dass sie beide den Kopf wandten, um nachzusehen, was da los war.

»No. Ich möcht ja de Herrn nit stören. Aber ich hab zu arbeiten«, verkündete Aaron fröhlich.

»Und was musst du hier tun, Jude?«, fauchte Melchior.

»Nu. Ich hab das Werkzeug zu holen. Hab alles gekauft und dafür bezahlt.«

Sagte es und ging an Joss und Melchior vorbei in die Stube. Wenig später öffnete sich das Tor, und Aaron trat heraus. Er ging zu der Karre und zog sie in den Arbeitshof. Dann schloss er das Tor wieder.

Melchior schien ein Grinsen ins Gesicht genäht worden zu sein, als würde es seinen Schädel aufreißen.

»Wer so was macht wie du, der darf sich nicht wundern, dass er alles verliert.«

Wie vom Donner gerührt hatte Joss dem Juden nachgesehen. Statt dass er sein Werkzeug zurückbekam, hatten sie es dem Juden verkauft.

Er hastete zum Werkstatttor und hämmerte dagegen. Dahinter war zu hören, wie Eisen auf Eisen geschichtet wurde.

»Lass ihn arbeiten!«, riet ihm Melchior. »Er hat es gekauft, und es gehört ihm.«

Wütend drehte sich Joss um und holte aus. Doch Melchior war jünger, schneller und kräftiger. Außerdem hatte er nicht getrunken. Es dauerte keine vier Atemzüge, dann lag der noch immer berauschte Joss am Boden und verdrehte die Augen.

In diesem Augenblick schwang das Tor zur Werkstatt auf, und Aaron stand auf der Schwelle. Er drückte gegen den Flügel, hinter dem Joss lag und von Melchior verdroschen wurde.

Melchior wollte mit der Faust noch einen gezielten Schlag landen, hielt jedoch inne.

»Nu ist's genug, Junge. Hilf mir, das Tor zu öffnen, und lad ihn auf die Pritsche von meinem Wagen.« Aaron lachte spitzbübisch. »Vielleicht kann ich ihn ja auch verkaufen?«

Jetzt musste auch Melchior lachen, griff dem bewusstlosen Joss unter die Arme und legte ihn auf die Karre.

»Schade um ihn. War ein guter Mann«, sagte er.

Gemächlich legte sich Aaron die Schulterriemen um und hob die Karre an.

»Bewahr Euch Gott!«, sagte er, bevor er anzog und das schwere Gefährt unter Ächzen in Richtung Domstadt lenkte.

Die Schmerzen waren das Wenigste. Sie waren auszuhalten und quälten sie nur, wenn sie sich zu schnell bewegte. Was Eva bis ins Innerste wehtat, war Joss' Anblick.

Zuerst hatte sie geglaubt, er sei tot, als Aaron mit ihm durch das Tor kam. Dem Juden tropfte vor Anstrengung der Schweiß vom Kinn. Joss lag verrenkt und leblos auf der Pritsche. Sie humpelte die Außentreppe hinunter und wäre beinahe über ihn gestürzt. Als sie ihn berührte, stöhnte er leise.

Aaron und seine Frau trugen Joss in das Lager, das sich direkt unter der Treppe befand. Ihr Mann war zu schwer, als dass sie ihn in die Stube hätten schleppen können.

Kaum hatten sie ihn hingelegt, gewaschen und die Wunden, vor allem die am Kopf, gesäubert, ohne dass Joss erwachte, nahm Aaron sie beiseite.

»Ihr könnt nicht bleiben hier. Hab ihn mitgenommen, weil ich ihn nicht wollte liegen lassen in der Gosse. Aber wenn nu die Stadt erfährt, dass der Jud Aaron ihn hierher mitgenommen hat und auch noch pflegt, stecken sie uns das Haus an. Ihr wisst, kein Jude darf in der Stadt wohnen.«

»Wohnen nicht, aber … Es gibt sie doch. Sie arbeiten und leben hier trotz des Verbots.«

»Nu, weil man sie braucht. Als Drucker, als Gelehrte, als Geldgeber. Mich brauchen sie weniger. Ich muss buckeln und dienen. Kann's mir nit leisten, euch lang zu beherbergen. Kann's mir eigentlich gar nit leisten.«

Eva nickte verständnisvoll, obwohl die beiden Dinge nicht zusammenpassten. Ein Mann, dessen Herzensgüte weit über das hinausging, was ein Christ je für sie getan hätte, und dann diese Abweisung. Warum hatte er ihnen dann überhaupt geholfen?

Misstrauisch beäugte sie Aaron. Sie vermutete einen Hintergedanken, etwas, was sie nicht übersehen konnte, was sie aber vorsichtig sein ließ.

»Wir Juden müssen mehr bedenken als nur unser Seelenheil, von dem Ihr und Eure Kirche so schwadroniert. Nu, wir haben einzustehen mit unserem irdischen Leben, auch wenn wir keinen Fehler nit gemacht haben. Man straft uns, weil wir sind, was wir sind, nicht, weil wir uns falsch verhalten.«

Eva schluckte mehrmals. Die Wirkung war für sie und ihre Familie fürchterlich. Die Worte, die sich in ihrem Kopf bildeten, wollten ihr nicht über die Lippen kommen. Dennoch wurde sie laut, lauter, als sie es wollte.

»Wo … wo … wo sollen wir … denn hin? Ihr könnt uns nicht einfach auf die Straße setzen.«

Aaron sah zu Boden, schabte mit seinen Lederschuhen die kleinen Steinchen beiseite, die sich überall auf dem festgestampften Lehm sammelten. Dann sah er ihr eindringlich in die Augen.

Sie hatten im Lagerraum an der Tür miteinander geredet. Evas laute Stimme hatte offenbar Joss zu sich kommen lassen.

»Ich hab ihr schon gesagt, sie solle zum Fugger gehen«, warf Esther ein.

»Ja, zum Fugger …«, hörte sie Joss stöhnen. »Du musst laufen. Lauf.«

»Joss!« Eva ließ den Juden stehen und stürzte nach hinten in den dunklen Lagerraum. »Ich dachte schon, du wachst nie wieder auf.«

Sie kniete sich hin und legte ihren Kopf auf seine Brust. Joss stöhnte kurz, als sie ihn drückte.

»Hast du Schmerzen? Bist du verletzt?«

»Am meisten dröhnt mein Schädel«, sagte Joss und beeilte sich dazuzusetzen: »Nicht von der Schlägerei!«

Aaron, der in den Raum getreten war, lachte auf. »Eins der Biere war wohl sauer?«, begrüßte ihn der Jude. »Schön, Euch wieder wach zu sehen.«

Mühsam versuchte Joss, sich auf die Ellbogen hochzustemmen. Eva musste sich wohl oder übel erheben, obwohl sie lieber ganz in seiner Nähe geblieben wäre.

»Wir haben … haben noch ein Hüh… ein Hühnchen miteinander zu rupfen. Warum stehlt Ihr unter meinen Augen mein … mein Werkzeug?«

Aaron lächelte und schnaubte, doch Eva erkannte sehr wohl die Missstimmung, die er vor sich hertrug.

»Ich …«, begann Aaron und wollte sich rechtfertigen, aber Joss ließ ihn nicht zu Wort kommen.

Wütend wandte er sich an Eva. Er war atemlos, stockte immer wieder, um Luft zu holen, und dennoch unterbrach ihn niemand.

»Er hat mir … einen Vorschuss auf die nächsten … nächsten drei Firstbalken gegeben, Eva … Aber ohne mein Werk… Werkzeug kann ich nicht mal an… anfangen zu arbeiten. Er hat das gesamte Zeug von Meister … Jordan gekauft. Ich könnte mich … gleich ganz ausziehen, so nackt steh ich da …«

»Joss Neher«, unterbrach sie ihn streng. »Du bist ein undankbarer Tropf.«

Ihr Mann sah sie an, als hätte sie ihn geohrfeigt.

»Was … was hab ich denn gesagt?«

»Warum, glaubst du wohl, liegst du hier in diesem Raum? Sicher nicht, weil du so ein Säufer bist, sondern weil dich Aaron hierhergebracht hat. Denk drüber nach.«

Damit drehte sie sich wütend um und winkte Aaron hinter sich her.

»Lasst ihn liegen, wie er liegt, Aaron«, befahl sie ihm so laut, dass Joss mithören konnte. »Wenn er wieder bei Verstand ist, werft ihn auf die Straße.«

Aaron sah sie verblüfft an, dann zwinkerte er mit einem Auge und folgte ihr.

»Was hat es mit diesen Fuggerhäusern auf sich?«, fragte Eva.

Aaron zuckte mit den Schultern.

»Weiß ich's? Bin ich ein Christ? Ich weiß allein, der alte Fugger hat mehrere Grundstücke aufgekauft am Kappenzipfel. Und nu baut er a kleine Stadt in der Stadt. Die Balken sind die Firstbalken für drei Häuseln. Wenn sie fertig sind, können's bezogen werden.«

Unbestimmt hatte sie davon gehört, aber nie einen Gedanken daran verschwendet, genauer nachzufragen.

»Ihr glaubt, er bekommt dort Arbeit?«

»Nu, ich glaub, mehr. Er kriegt was zu schaffen und ein Dach überm Kopf.«

Jetzt hatte Aaron ihre ganze Aufmerksamkeit. Sie setzte sich auf ein umgedrehtes kleines, leeres Weinfass, das im Hof des schmalen Anwesens stand. Jetzt, wo es um ein sichtbares Ziel ging, das vor ihr lag, fand sie auch zu ihrer Sprache zurück. Sie musste wissen, was der Jude dachte, was er von ihnen wollte, bevor sie sich auf dieses Wagnis einließ.

»Warum tut Ihr das für uns? Warum holt Ihr uns von der Straße?«

Aaron seufzte.

»Habt Ihr das Prinzip des Wirtschaftens nicht verstanden? Es geht nicht darum, dass man etwas kauft und bezahlt. Es geht darum, dass man vertraut. Der Jude bietet etwas, und Ihr vertraut darauf, dass die Ware Eurer Erwartung entspricht und das Geld, das Ihr gebt, einen Gegenwert darstellt, der passt. Aber nit immer ist die Ware ein Balken oder ein Ziegel. Oft, eigentlich immer, ist die Ware Vertrauen. Der Bauherr vertraut mir, dass ich in der Lage bin, vier Firstbalken mit dem richtigen Holz, der richtigen Abmessung und der richtigen Lagerung zu liefern. Ich sag ihm dies zu. No, dafür brauch ich aber Geld. Das muss er mir zuvor geben. Für das Geld kauf ich Holz und lass es bearbeiten. Den Balken liefere ich zu einer bestimmten Zeit. Läuft das Geschäft reibungslos, können wir ein weiteres abschließen. Vielleicht ein größeres und so fort. Gelingt auch das Geschäft, vertraut er mir einen noch größeren Auftrag an – und irgendwann bin ich ein reicher Mann. So läuft unser Leben, Frau. Euer Mann muss also die Balken liefern, sonst verliert nicht nur Ihr …«

Er ließ die Antwort offen und sah Eva nur an.

Das also war der Grund für die Hilfe. Aaron brauchte ihren Mann. Vermutlich war er wegen seiner Zwangslage sogar etwas billiger als die Zimmerer der Zunft selbst. Und nur ein Jude konnte die Zunftbestimmungen unterlaufen, weil nur er mit Fugger selbst handeln konnte.

Was sie als Herzensgüte betrachtet hatte, war zum Teil kalter Geschäftssinn, wenn man es mit Aarons Augen betrachtete. Das musste sie erst verkraften. Da der Jude schwieg, hatte sie ausreichend Zeit, sich über ihre nächste Frage Gedanken zu machen.

»Wie kommt Ihr darauf, der Fugger hätte Wohnungen zu vermieten?«

»Weiß ich's? Aber ein Gerücht sagt, in die Häuschen kämen unverschuldet in Armut geratene Augsburger Bürger. Beeilt Euch. Es gibt, wie überall, mehr Elend als Plätze. Geht zum Fugger. Fragt nach. Ich bin nur ein Jude. Ich höre nur Gerüchte, mehr nicht. Ihr aber seid eine Augsburger Bürgerin!«

»Zu Jakob Fugger. Auf den Weinmarkt?«

»Ich würde zuerst zum Kappenzipfel gehen. Mich umsehen. Ich liefere dorthin die Balken. Wo kein Firstbalken, da kein Haus. Drei Balken fehlen, also gibt es wohl drei Häuser, die fehlen.«

Eva nickte, streckte ihre Hand aus und berührte Aaron mit der Hand am Oberarm. »Ihr seid ein guter Mann, Aaron. Danke.«

Sie warf einen Blick in den Lagerraum. Joss hatte sich wieder hingelegt und schlief. Was hatte er damit gemeint, als er sagte, sie solle laufen? Sie wusste es nicht und wollte ihn auch nicht aufwecken, um nachzufragen.

»Bitte kümmert Euch um ihn, solange ich nicht da bin, bitte.«

Aaron nickte nur.

»Und werft ihn nicht auf die Straße.«

Aaron lachte und nickte. Eva fiel in dieses Lachen ein. Erleichtert.

Ihre Zuflucht in dem kleinen Anwesen am Judenberg kam ihr – trotz Aarons Erklärung – vor wie ein kleines Stück des Gartens

Eden. Alle Lebewesen waren friedlich und vertrauten einander. Es gab keinerlei Misstrauen.

Sie überlegte, ob ihr dasselbe in einem christlichen Haushalt widerfahren wäre – und musste es verneinen. Man hätte sie eher gesteinigt als die Unreine, die sich mit der Grablegung eines Henkers beschmutzt hatte.

Sie band sich ihre Haube fest um den Kopf, zog die Rüsche etwas ins Gesicht und rief die Kinder.

»Ich nehme sie mit«, sagte sie zu Aaron, der die Stirn runzelte. »Kinder können Herzen erweichen.«

Els und Barthlen kamen Hand in Hand die Treppe herab. Eva griff Els' freie Hand und zog sie zum Tor hinaus.

»Seid schnell, Frau. Handelt rasch«, rief ihr Aaron hinterher. »Lange kann ich Euch nit mehr hier verstecken.«

Eva presste die Lippen aufeinander. »Ihr habt mehr getan, als Ihr denkt. Wir sind Euch zu tiefstem Dank verpflichtet.«

Sie lauschte, ob jemand die schmale Gasse den Berg hinauf- oder hinunterging, dann erst schlüpfte sie mit den Kindern aus dem Anwesen und trat auf die Straße.

Unschlüssig, ob sie sich in die Oberstadt zu den Fuggerhäusern am Weinmarkt wenden oder gleich an den Kappenzipfel gehen sollte, lief sie zuerst hinauf, dann den Weg wieder hinunter. Schließlich entschied sie sich für den Kappenzipfel.

Sie zog ihre Schaube fester um sich und ging geradeaus weiter, jeweils rechts und links den Nachwuchs an der Hand.

Irgendwann orientierte sie sich am hoch aufragenden Bau der Barfüßerkirche, ging daran vorbei, schlüpfte durch das Sträffingertor und lief dann einfach den Hammerschlägen nach, die sie hörte.

13. Kapitel

AUGSBURG, OKTOBER 1523

Die hellen Schläge des Nagelns und das dumpfe Hämmern der Holzbearbeitung führten Eva und die Kinder über den Jakobsplatz hinein in eine Welt der Gleichförmigkeit. Waren die Häuser und Gassen der Vor- und Oberstadt unregelmäßig, mit jeweils eigenem Charakter und kleinen Eigenheiten, die sich über die Zeit angesammelt hatten, krumm und schief und unregelmäßig in allem, so liefen sie hier an kleinen Häuschen entlang, die alle gleich aussahen. Die Fenster rechts und oberhalb der jeweils zwei Eingänge gaben den Bauten ein einheitliches Gesicht.

»Ist das nicht langweilig?«, fragte Els leise mit Blick auf die Fassaden. Ihr gefielen diese Häuser offensichtlich nicht.

Etwas eintönig waren sie schon, fand auch Eva, aber nicht unansehnlich. Sie folgten dem Wummern, das sich zwischen den Gassen fing und verstärkte, bis in eine Blindgasse hinein. An deren Ende, zum Perlach hin, der weit hinter ihnen aufragte, wurde gearbeitet. Zimmerleute turnten auf den Dachgerippen, riefen einander kurze Befehle zu, Gesellen und Lehrlinge stiegen Leitern empor oder holten Latten von unten.

»Schau, Mutter«, sagte Barthlen und deutete auf einen größeren Balken, der eben an einem Galgen in die Höhe schwebte und von einem Mann auf dem Dach entgegengenommen wurde.

»Ist das der Balken von Vater?«, fragte er. »Der da. Der große? Er hat sein Zeichen.«

Auch Eva sah fasziniert zu, trat dann aber ein paar Schritte in den Schatten der Häuser, um nicht sofort gesehen zu werden. Wenn die Zimmerleute sie erkannten, würden sie und die Kinder von der Baustelle vertrieben werden. Auf dem Balken waren deutlich zwei mit Ruß eingeschwärzte parallele Striche zu erkennen, die ihr Mann eingestemmt hatte.

»Das ist nicht Vaters Zeichen, das ist ein Abbundzeichen, damit die Zimmerer am Bau wissen, wo er hingehört«, klärte sie ihren Sohn auf.

Neben der Baustelle unterhielten sich zwei Männer. Der eine trug ein samtenes Wams und hielt einen Plan in der Hand, der andere stützte sich auf eine Krücke. Ihm fehlte ein Teil des linken Unterschenkels. Eva musste sich mit der Hand an den Mund fahren, um nicht laut aufzuschreien, als sie Marx erkannte, der hier mit einem der Verantwortlichen für den Bau sprach.

Der gut gekleidete Mann schüttelte den Kopf, zuckte mit den Schultern und hob beschwichtigend die Arme. Es machte den Eindruck, als wehrte er sich gegen eine dringlich vorgebrachte Bitte.

Eva schloss kurz die Augen. Sie ahnte, was der ehemalige Scharwächter hier wollte: eine Wohnung. Er war durch den Unfall zum Krüppel geworden. Wer verstümmelt war, verlor seine Arbeit. Wer seine Arbeit verlor, verdiente kein Geld mehr, und wer kein Geld besaß …

Sie musste all ihren Mut zusammennehmen, um sich aus dem Schatten zu lösen und auf den Mann im Samtwams zuzugehen.

Marx hatte sich bereits enttäuscht abgewandt, als sein Blick auf Eva und ihre Kinder fiel. Auch er erkannte sie sofort.

»Ihr?«, keuchte er.

Hätte er sich nicht umgedreht und losgeschimpft, hätte der andere Mann Eva vermutlich gar nicht bemerkt. So aber wandte er sich ihr zu. Sein Gesicht war schmal und hager. Seine Hände, die den Plan hielten, waren schlank, mit langen Fingern.

»Kenne ich Euch?«, fragte er lächelnd.

Eva schüttelte den Kopf und senkte den Blick. Der Mann gefiel ihr. Er strahlte Selbstsicherheit aus und musterte sie eingehend. Es war ihr, als würde ihm keine noch so winzige Kleinigkeit entgehen.

»Sie und ihr Mann, dieser verfluchte Zimmerer Joss Neher …«, keifte Marx. »Sie sind an meinem Unglück schuld und …« Er holte tief Luft und zeigte auf Eva. »… und sie haben den Scharfrichter begraben! Denkt Euch nur, Baumeister!« Er spuckte vor Eva und den Kindern aus.

Els sah ihn entsetzt an und wich zurück, als hätte er versucht, sie zu schlagen, Barthlen versteckte sich in den Falten von Evas Rock.

»Das könnt Ihr! Kinder erschrecken und Lügen erzählen! Schämt Euch«, fuhr Eva den Krüppel an.

Marx hob sein Gehholz und wollte nach ihr schlagen.

»Ich bin Thomas Krebs, Baumeister des Jakob Fugger«, sagte der Mann im samtenen Wams, streckte die Hand aus und hielt die Krücke fest. Marx geriet ins Schwanken. »Unruhestifter braucht unser Herr nicht in seiner Siedlung«, fuhr Krebs fort und setzte die Krücke sanft ab. »Ihr habt recht gehört, Köllin, im Augenblick ist kein Haus frei. Ihr müsst Euch gedulden.«

Mürrisch stampfte der ehemalige Scharwächter mit seinem Gehholz auf, murmelte etwas in seinen Bart, das wie ein Fluch klang, und hinkte davon. Eva sah ihm aus den Augenwinkeln nach.

»Dann frage auch ich wohl vergeblich nach«, sagte sie zögernd, nachdem sich Meister Krebs weder rührte noch ein Wort über seine Lippen kam. Er sah sie nur an. Sie wartete eine Weile, dann drehte sie sich um.

»Mutter!«, rief Els. »Du solltest doch von Vater ausrichten, dass die Balken kommen werden. Aber er braucht eine Werkstatt, weil sie ihn aus der Zunft ausgeschlossen haben.«

Der Baumeister schien aus tiefem Nachdenken aufzutauchen. »Joss Neher! Natürlich. Ich kenne ihn. War Euer Mann nicht auf See … in …«

»India. Calicut. Aber auch in Neu Indien westlich der Säulen des Herkules … in … ich glaube, in Neu-Augsburg, als Schiffszimmermann.«

»Wunderbar. Wo kann ich ihn finden? Ich hätte ihm etwas mitzuteilen.«

Evas Verlegenheit wuchs. Sie musste die Wahrheit sagen, ohne dabei allzu sehr zu lügen.

»Er wurde … verprügelt und liegt darnieder, weil sie ihn doch übel zugerichtet haben.«

»Wer hat ihn verprügelt?« Krebs runzelte die Stirn.

Eva wies mit dem Kopf nach oben, dorthin, wo die Zimmerer jetzt aufgehört hatten zu arbeiten und zu ihnen herabsahen. Offenbar hatte sie Marx' Geschrei auf sie und die Kinder aufmerksam gemacht. Eva wagte es nicht, den Blick zu heben oder einem der Männer in die Augen zu sehen, aus Angst vor dem, was kommen musste. Doch sie hielten mit ihrer Meinung nicht hinter dem Berg.

»Ihr Mann ist zunftlos geworden. Ausgeschlossen. Geächtet«, rief es vom Dach herunter.

Der Baumeister verschränkte die Arme vor der Brust. »Dachte ich mir doch so was. Er schuldet mir noch drei Balken. Sagt ihm, er soll morgen, nein, übermorgen hier auftauchen. Ich gebe ihm eine eigene Werkstatt, dann kann er sie mir beibringen.«

Er sagte es so laut und deutlich, dass die Zimmerer auf dem Dach genau verstanden, was er da vorschlug.

Eva wusste nicht, was sie sagen sollte.

»Das ist unrecht!«, rief einer der Zimmerer. »Ihr habt die Zünftischen zu beauftragen.«

Eva hatte das erwartet. »Joss wird … morgen hier anfangen«, sagte sie rasch, »und wenn er den Kopf unterm Arm trägt.«

»Er oder wir!«, brüllte der Mann vom Dach herab.

Eva kannte ihn. Er war jung und kräftig und etwas einfältig. Melchior hieß er, wie einer der Heiligen Drei Könige. Aber er war kein Heiliger, sondern ein rechter Teufel, der seine handwerkliche Ungeschicklichkeit durch Prügeleien und Saufereien ausglich.

»Gut, dann steigt vom Dach herunter. Ihr seid draußen!«, rief der Baumeister bestimmt nach oben.

Sie sah, wie Melchior sein schwarzes Haar schüttelte und ungläubig zu ihnen herunterstarrte. Wütend ließ er eine Querlatte fallen, die die Dachschräge hinabrutschte und zu ihren Füßen aufschlug.

Thomas Krebs, der Baumeister, rührte sich keinen Fußbreit.

»Das werdet Ihr bereuen!«, schrie er und machte sich an den Abstieg.

Evas Herz klopfte zum Zerspringen. Am liebsten hätte sie den Baumeister umarmt und abgeküsst. Doch das hätte Joss ihr nie verziehen, und dieser widerliche Melchior hätte es überall herumerzählt.

Als Melchior mit wütender Miene und steifem Schritt an ihr vorüberging, stieß er sie mit dem Ellbogen derart in die Seite, dass sie beinahe gestürzt wäre. Er lief in die Blindgasse hinein, wo die Zimmerer ihre Werkzeuge lagerten.

Krebs hielt Eva am Arm fest. Ihrer beider Blicke trafen sich kurz.

»Ihr seid ein Rüpel«, rief er dem Zimmerer hinterher.

Der drehte sich kurz um und spuckte auf den Boden. »Dafür bin ich ehrlich geblieben.«

Eva schluckte und löste sich von Krebs.

»Joss wird kommen«, bekräftigte sie. »Sicher.«

»Schon gut«, sagte Krebs und zog sie mit sich fort, weg von Melchior und den beiden anderen Zimmerern. »Aber Ihr müsstet mir dafür etwas in die Hand versprechen.«

Sofort läuteten in Evas Kopf die Sturmglocken, und sie nahm die Kinder rechts und links an der Hand. Dieser Blick eben. Sie hatte darin etwas gesehen, was sie nicht hatte sehen wollen. Er wollte eine Gegenleistung. Was konnte sie ihm schon geben außer ihrem Körper. Mehr als einmal hatte sie von solchen »Geschäften« gehört. Sie wagte nicht, dem Mann in die Augen zu sehen. Umso erstaunter war sie, als er laut auflachte.

»Kommt, wir gehen ein Stück. Ich muss Euch, glaube ich, erklären, was ich vorhabe. Außerdem kann ich nicht bestimmen, ob Ihr einziehen dürft. Diese Entscheidung ist unserem Herrn Jakob Fugger vorbehalten. Aber ich werde Euch zu ihm bringen und für Euch sprechen.«

Eva versuchte, ruhig zu bleiben. Solange sie die Kinder an der Hand hatte, würde er sich nicht an ihr vergreifen.

»Wir gehen nach hinten hinaus auf die Meister-Veits-Gasse. Ihr könnt die Kinder gern in der Obhut der alten Hebamme lassen, der Hutter Babette. Sie wohnt seit Kurzem in Haus 11 bei der Hinteren Gasse.«

Eva musste schlucken. Dorthin war sie also gezogen. Gleichzeitig freute sie sich, die blinde Alte wiederzusehen.

Die alte Hebamme, unter deren Obhut auch Els und Barthlen das Licht der Welt erblickt hatten, saß jetzt vor ihrem Häuschen und sah sie mit startrüben Augen an. Eva wunderte sich nicht, warum sie die Alte eben noch übersehen hatte. Mager war sie geworden, grau im Gesicht, und wo einem noch vor einem Jahr feiste Wangen entgegengelacht hatten, fanden sich jetzt tiefe Falten und schlaffe Hautlappen.

»Babette«, begrüßte der Baumeister sie. »Würdet Ihr auf die beiden Kinder der Eva Neher aufpassen?«

Sie schien gedöst zu haben. Jetzt schreckte sie hoch und suchte nach allen Richtungen, woher die Stimme gekommen war.

»Die Neher Eva! Wo ist sie? Das ist aber nett, dass sie mich besuchen kommt.«

Eva mochte die Hutter Babette. Sie war ein herzensguter Mensch mit viel Verständnis für die jungen Mütter, und in der Kräuterkunde konnte ihr kaum jemand das Wasser reichen. Trotz ihrer Blindheit hatte sie sehende Hände, die sofort erspürten, wenn etwas nicht stimmte. Eva hatte großes Vertrauen zu der Blinden. Doch sie wollte Barthlen nicht loslassen, und auch Els musste sie begleiten. Sie brauchte Schutz.

»Bemüht Euch nicht«, sagte Eva mehr zu dem Baumeister Fuggers als zu der Hebamme. »Die Kinder kommen mit mir. In diesen unruhigen Zeiten würde ich mich vor Sünden fürchten, wenn ich sie nicht bei mir hätte.«

Die Alte schaute sie an, aber Eva bezweifelte, ob sie wirklich etwas sah. Bei beiden Augen war die Pupille schneeweiß eingetrübt. Dennoch schien sie mit diesem Blick unter Evas Haut sehen zu können, denn sie ließ ein spöttisches Lachen hören. »Sei nicht so übervorsichtig, Kind. Baumeister Krebs wird dir schon nichts tun.«

Sie streckte die Hand aus, als erwarte sie, dass Eva ihr die Kinder überließe. Aber Eva dachte nicht daran. Els und Barthlen blieben bei ihr.

Thomas Krebs zuckte mit den Schultern und ging voraus durch eine Lücke zwischen der Bebauung. Er war schon außer Sicht, als eine Frau in dunkler Kleidung, die Kapuze tief ins Gesicht gezogen, an ihnen vorüberging. Eine Duftwolke wehte zu ihnen herüber. Die Hutterin hob den Kopf und schnupperte.

»Gott zum Gruße«, rief sie der Frau nach. »Der Herr schütze Euch.«

Erstaunt sah Eva der Gestalt hinterher, von der nur dunkle Lederschuhe auf ebenso dunklen Trippen zu sehen waren. Alles andere wurde durch die schwere Schaube und die Kapuze verhüllt.

»Ihr kennt sie, Hutterin?«

Die Hebamme lachte. »Ich habe ihr zwar schon zwischen die Beine gegriffen, aber kein Leben daraus hervorgeholt.«

Sie schwieg einen Augenblick, und Eva glaubte, sie wolle noch etwas sagen. Doch die Hutterin schwieg.

»Wollt Ihr mir nicht sagen, wer sie ist?« Eva war neugierig geworden.

»Nur eine der großen Frauen lässt sich regelmäßig hier unten in der Jakobervorstadt sehen. Die Fuggerin.«

»Ihr … meint … das war …« Eva riss die Augen auf und blickte der dunkel gekleideten Gestalt nach. Wie elegant sie trotz der unbequemen Trippen lief, wie anmutig sie wirkte, obwohl man nichts von ihrem Körper sah. »Was sie hier wohl sucht?«

Die Hutterin blieb ihr die Antwort schuldig.

»Wo bleibt Ihr denn?«, rief Krebs. Offenbar hatte er festgestellt, dass Eva und ihre Kinder ihm nicht folgten, und war zurückgekehrt.

»Wir kommen«, rief Eva. »Ihr müsst mir irgendwann einmal mehr von der Fuggerin erzählen, Babette.«

Während sie dem Baumeister folgte, kreisten bald schon andere Gedanken in ihrem Kopf. Sie querten einen unbefestigten Streifen Land und trafen dann auf die Meister-Veits-Gasse. Eva zog die

Kinder mit sich, auch wenn sich Barthlen immer stärker dagegen wehrte.

»Ich bin müde. Ich will nicht mehr laufen«, maulte er.

Schließlich ließ er sich einfach fallen und war nicht mehr zu bewegen, auch nur einen Schritt weiterzugehen. Eva kniete sich neben ihn. Der Baumeister blieb ein Stück weit entfernt von ihnen stehen, lehnte sich gegen eine Hauswand und beobachtete sie. Eva hatte das Gefühl, als würde er sie mit seinen Blicken ausziehen. Einerseits fühlte sie sich dadurch geschmeichelt, andererseits bedrängt.

»Ihr beiden müsst mir helfen«, flüsterte sie Barthlen zu. Auch Els zog sie neben sich. »Haltet Augen und Ohren offen!«

Marx war erschöpft und wütend. Er humpelte an der blinden Hebamme vorbei. Nicht in Richtung Meister-Veits-Gasse war er unterwegs, sondern in Richtung Jakoberplatz. Gegenüber der Alten lehnte er sich an eine Hausmauer. Sonst war er immer auf der Suche nach einer Bank, einem Stuhl oder einem Prellstein, wo er sich niederlassen und ausruhen konnte. Ihn verließen die Kräfte noch zu rasch. Diesmal gab es das nicht. Ein Krampf zog seine rechte Wade hinauf, und langsam rutschte er auf den Boden hinab. So saß er da, das gesunde Bein von sich gestreckt, das amputierte angewinkelt. Es pochte, als wolle es wieder wachsen und leben.

Marx legte den Kopf an die raue Hauswand und musste sich eingestehen, dass das wohl seine Zukunft sein würde: als Krüppel auf der Straße zu hocken und um Almosen betteln.

Er schloss die Augen und spürte dem Schmerz nach, der nicht enden wollte. Als flösse alles Blut seines Körpers in den Stumpf, um diesen aufzublähen, bis er platzte. Wenn er das halbe Bein berührte, fühlte er, wie gewaltig es angeschwollen war. Und das andere krampfte, dass er glaubte, die Knochen würden brechen. Sein Atem flog, und in seinen Lungen rasselte es. Außerdem hatte er heute noch keinen Schluck getrunken.

Es war eine elende Welt mit einem elenden Gott, der das alles zuließ.

Als Marx die Augen öffnete, sah er noch, wie dieses Weibsstück, dem er das alles zu verdanken hatte, mit ihren Bälgern in Richtung Meister-Veits-Gasse verschwand. Sie scharwenzelte um den Baumeister herum, lief ihm hinterher, und es würde ihn nicht wundern, wenn sie ihm mehr bot als nur ein Lächeln.

Knecht bei den Fuggern hätte man sein müssen, dann wäre einem ein Platz sicher gewesen. Aber er war nur ein verkrüppelter Scharwächter. Natürlich hatte er auch die Waren des Fuggers bewacht, die in der Jakobervorstadt in verschiedenen Häusern lagerten. Natürlich hatte er auch ein Auge auf die ein und aus gehenden Fuhrwerker des Hauses Fugger gehabt, damit diese nicht unberechtigt etwas fortschafften. Aber daraus ergab sich kein Recht auf eine Wohnung in der Armensiedlung, die Jakob der Reiche baute. Warum auch? Er, Marx, war nur für die Einhaltung von Regeln zuständig gewesen und hatte nicht dazu beigetragen, für die Fugger Geld und Gold anzuhäufen. Oder doch? Schließlich war das eine ohne das andere unmöglich. Nur in einem Raum, in dem sich die allermeisten an die Regeln hielten, konnten einige wenige zu einem Vermögen kommen und es auch behalten. Gäbe es diese Regeln nicht, würde man sie ihrer Habe berauben.

Marx fluchte. Er und seine Frau hätten es mehr verdient als jeder andere, hier eine Wohnung zu bekommen. Hatte er sich nicht um die Stadt verdient gemacht? Hatte er nicht sich und sein Leben dafür eingesetzt, dass der Fugger ruhig auf seinen Geldsäcken liegen konnte? Viel hatte er für ihn und seinesgleichen getan. Was taten sie für ihn?

Er seufzte. Nicht diejenigen, die für die Gemeinschaft wichtig waren, zählten. Belohnt wurde nur, wer sich der Gemeinschaft bediente, ohne sich ihr verpflichtet zu fühlen. Und diese Leute setzten sich über alle Regeln hinweg – weil sie es sich leisten konnten. Mit einem weiteren Seufzer verwünschte er Jakob Fugger, der sein Elend allein dadurch vergrößerte, dass er ihm nicht half.

»Was seufzt du, Marx Köllin? Du bist es doch? Sohn des Johannes Köllin und der Agnes. Ich kann mich noch erinnern. Gut erinnern. Dein Großvater wollte, dass ich dich totschlage, weil du ein Sechs-Monats-Kind warst. Ein Bankert.«

Marx riss die Augen auf. Die Hebamme, an der er eben noch vorbeigelaufen war, ohne sie weiter zu beachten, war ihm gefolgt und beugte sich über ihn.

»Kennst mich noch, Marx?«

Die Alte starrte ihn aus den trüben Augen an, mit denen der graue Star die Menschen schlug.

Woher wusste sie, wer er war und wo er saß?

»Wunderst dich, dass ich dich erkenne, was? Aber Menschen wie dich vergisst man nicht. Sie bleiben einem im Auge, in der Nase, im Ohr. Gleich als du die Gasse betreten hast, hab ich gewusst, wer da an mir vorüberschleicht, ohne mich zu grüßen. Schließlich bin ich nur blind, nicht taub.«

Sie lächelte mit ihrem eingefallenen, zahnlosen Mund, und ein eisiger Schauder lief ihm über den Rücken

»Was willst du von mir, Babette?«

»Ah, kennst mich also doch. Du humpelst? Ich hab dich humpeln hören.«

Marx konnte nur den Kopf schütteln. »Du hast ein erstaunlich gutes Gehör für eine alte Frau!«, sagte er müde.

»Und du ein erstaunlich freches Mundwerk für einen Krüppel.«

Wäre er gesund gewesen, hätte er aufspringen können wie ein Junger, dann wäre er hochgeschnellt und hätte dem alten Weib vor ihm gezeigt, wer hier das Sagen und wer den Mund zu halten hatte.

»Glaub nicht, ich wüsste nicht, was du denkst, Marx. Man hört es deinem Atmen an. Du solltest ein bisschen mehr Demut zeigen. Niemand wirft einem Aufsässigen eine Münze zu. Eher tritt man ihn tiefer in die Gosse.«

Am liebsten hätte sich Marx seine Krücke geschnappt und nach der Alten geschlagen. Schon hatte er den Griff fest umfasst und zu sich herangezogen, als ihm ein anderer Gedanke kam.

»Du wohnst hier, Hutterin?«

Die Hebamme blieb still. Sie sah mit ihren weißen Perlenaugen auf ihn herab und schien über den Sinn seiner Frage nachzudenken.

»Was schert's dich?«, gab sie endlich barsch zurück.

»Drei Zimmer und eine Küche, nur für dich und deinen Mann?«

Plötzlich schien sie sich unwohl zu fühlen und begann, langsam zurückzuweichen.

»He, Alte, bleib hier. Ich frag ja nur.«

Der hohle Mund der Babette Hutter begann zu schmatzen, als würde sie die Luft lutschen, die sie einsog. Schritt für Schritt tappte sie rückwärts.

»Der halben Stadt hab ich auf die Welt geholfen, Marx. Wie oft habe ich für Gotteslohn gearbeitet, wenn die werdenden Mütter zu arm waren, um mich zu bezahlen. Da gerät man schnell unverschuldet in Armut. Und mein Mann … er ist ein Krüppel wie du. Und krank.«

Langsam erhob sich Marx. Er stützte sich an der Mauer ab. Die dargebotene Hand der Hebamme schlug er aus.

»Willst dir nicht helfen lassen, was? Warst schon immer ein Eigenbrötler, Marx. Wird dir nichts nützen. Für die Fuggerei muss man demütig sein, sich unterordnen können. Das hast du nie gelernt.«

»So!«, schnaubte er, während er sich hochwuchtete. »Fuggerei nennt man die Siedlung also mittlerweile heimlich. Fuggerei!«

Beim Aufstehen musste er darauf achten, den Stumpf, der pulste, als habe man Marx ein zweites Herz eingepflanzt, nicht irgendwo anzuschlagen.

»Stört es dich?«

»Der Fugger ist ein Wegelagerer und Verbrecher. Wer in einem Leben so viel Geld anhäuft, dass er es in fünfhundert Jahren nicht ausgeben kann, dem ist das nicht mit rechtschaffener Arbeit gelungen. Es ist unrecht. Warum sollte man ihn also mit einem Namen ehren?«

»Weil er rechtschaffener gelebt hat als du.«

»Woher … willst du das … wissen, Alte?«, fragte er in den Zwischenpausen, die er brauchte, bis er stehen konnte und seine Krücke unter den Arm gezwängt hatte. »Auch ich bin unverschuldet in Armut ge…«

Wütend fiel sie ihm ins Wort. »Red kein Blech, es scheppert zu laut. Sternhagelvoll bist gewesen. Jeder weiß es. Dann hast in deinem Rausch den Treppenabgang verfehlt und den Tritt nicht gefunden, weil es zu dunkel war. Deshalb bist gestürzt. Alle Welt weiß, was für eine erbärmliche Figur du bist – und jetzt versuchst du auch noch, Unschuldige mit in dein Unglück zu reißen. Schäm dich, Marx Köllin!«

Die Alte drehte sich um und ging schnurstracks auf das Häuschen zu, das der ehemalige Scharwächter mit begehrlichen Blicken maß. Aus dem oberen Stockwerk sah Babettes Mann Achacius auf die Straße herab. Sie bewohnten demnach das obere Stockwerk. Marx blickte hinter der Alten her und wunderte sich, wie sicher sich die Hebamme bewegte. Die war doch nicht blind. Die gab das nur vor.

Er betrachtete den Eingang, in dem die Hebamme verschwand, sah den Klingelzug mit dem geschmiedeten Zeichen am unteren Ende, die Fenster mit den Läden davor. Er konnte es immer noch nicht fassen, dass die Hutter Babette, deren Alter schon in Schimmel und Verwesung überging, darin wohnte. Durch die offene Tür konnte er erkennen, dass der Aufgang in den oberen Stock führte. Man stieg in einem aus Brettern gezimmerten Verschlag durch das Schlafzimmer der Erdgeschossbewohner nach oben. Jedes Gespräch, jeder Besuch, jedes Verlassen des Hauses hatte auf diese Weise Zeugen. Niemand bewegte sich ungehört in dieser Siedlung.

Sei's drum. Langsam setzte Marx sich wieder in Bewegung, humpelte weiter, drehte sich jedoch erneut um und besah sich das Gebäude genauer. Wo gab es das schon, dass jede Partei über einen eigenen Eingang verfügte, dass man für sich war, dass man lebte wie die reichen Bürger oder gar der Adel? Irgendwie musste er zu solch einer Wohnung kommen.

»Neugierig?«, rief ihn von oben eine Stimme an.

Marx sah hoch, musste aber ein paar Schritte nach hinten machen und den Kopf in den Nacken legen, damit er die Person sehen konnte, die sich dort oben aus dem Fenster lehnte. Es war der Mann der Hutterin. Sein Gesicht war von einer krankhaften Blässe. Seine Augenlider waren entzündet und schimmerten hellrot. Es ging ihm offensichtlich nicht gut.

»Wer wäre das nicht?«, fragte Marx zurück. »Für jemanden, der eben sein Bein verloren hat, erscheint eine Wohnung hier erstrebenswert.«

»Der Fugger war großzügig zu uns!«, krächzte Achacius von oben herab.

Marx kannte die Geschichte. Die Hutter Babette hatte beinahe allen Kindern der Fuggerfamilie auf die Welt geholfen. Und als der Alte selbst, ein Fuggerfuhrwerker, angeblich in den Diensten Jakob des Reichen unter Pferd und Karren geraten war und sich dabei ein Bein schwer verletzt hatte, mussten sie um ihre Zukunft fürchten. Offensichtlich hatten diese Ereignisse den beiden Alten den Weg in die neue Fuggersiedlung geebnet. Neidisch blickte er zu Hutter hoch und spuckte dann aus.

Dabei stimmte daran nur, dass Achacius Hutter Babettes Mann war. Ansonsten war er ein Säufer, aber auch ein begnadeter Geschichtenerzähler, der sich seine Welt selbst erfand. Tatsächlich war er sturzbetrunken in ein Mühlrad gerutscht und hatte sich dabei das Bein mehrfach gebrochen. Wie durch ein Wunder hatte er überlebt, und seine Verletzung hatte sich nicht entzündet. Allerdings war der Unterschenkel schief verwachsen. Seither humpelte er stark und konnte seinen Beruf als Fuhrwerker nicht mehr ausüben. Doch das erklärte nicht die Flecken im Gesicht und die blasse Haut.

»Jetzt bleibt wieder mehr für den Ausschank, nicht wahr, Achacius?«

Der Mann schüttelte betrübt den Kopf. »Es ist nicht leicht, hier eine Wohnung zu bekommen – und noch schwerer ist es, sie zu behalten. Kostet eine ganze Menge Geld.«

Marx riss erstaunt die Augen auf. Er hatte gedacht, man wohne umsonst in diesen Mauern. »Ihr zahlt einen Wohnzins?«

»Natürlich. Umsonst ist der Tod – und der kostet in der Regel das Leben. Einen Rheinischen Gulden jährlich, an Martini zu entrichten.«

Marx schluckte. »Einen Gulden im Jahr?«, murmelte er.

»Na, hat es Euch die Sprache verschlagen? Ein Rheinischer Gulden. Billig ist das nicht, wenn man bedenkt, dass hier vor allem verarmte und verkrüppelte Handwerker und Dienstboten vom Austrag leben. Wenn ich ein Meister wäre, dann würde mir das einleuchten. Was ist schon ein Gulden, wenn man vollen Verdienst hat. Aber woher soll der Weber das Geld nehmen, wenn er seine Hände nicht mehr bewegen kann? Oder der Handwerker, dem eine Hand fehlt? Oder gar der Fuhrwerker, der humpelt?«

Marx pfiff durch die Zähne. Aber was hatte er erwartet? Es waren die Häuser Jakob Fuggers. Und dessen Leben war das Geld, nicht die Wohltätigkeit.

»Wie kommt Ihr zu Eurem Gulden?«, fragte er und legte den Kopf in den Nacken. Er musste sich vorsehen, nicht nach hinten zu kippen.

»Ich? Ich schnitze Figuren. Heilige, Schafe, Krippenfiguren und verkaufe sie auf dem Jahrmarkt. Es reicht gerade so. Leben muss ich ja auch von irgendwas.«

»Ist es nicht anstrengend für Euch, immer die Stufen nach oben zu klettern?«

»Es ist die Hölle. Aber einem zugeteilten Gaul schaut man nicht ins Maul.«

Marx leckte sich über die Lippen und begann darüber nachzudenken, wie er es anstellen könnte, einen Rheinischen Gulden für die Miete im Jahr aufzubringen.

14. Kapitel

AUGSBURG, OKTOBER 1523

Der Baumeister drehte sich zu Eva um. »Ihr seid katholisch?«

Sie waren durch die engen Gassen bis zum Schlupf gelaufen. Dort, wo die Weißgerber ihre Häuser hatten, führte ein schmaler Pfad einen kurzen, aber steilen Hang hinauf in die Oberstadt. Er war dunkel und roch noch schlimmer als die Gossen im Sommer nach einem Regen. Evas Antworten waren immer einsilbiger ausgefallen, und so waren sie die letzten Minuten stumm hintereinander hergelaufen. Die Kinder versuchten, mit den Erwachsenen Schritt zu halten.

»Ja. Ist das ein Problem?«

»Wer in die kleine Stadt einziehen will, muss katholisch sein und täglich ein gutes Werk vollbringen.«

Mitten im Schlupf war Krebs stehen geblieben. Er überragte sie wegen der Hanglage um gut drei Köpfe. Sie sah zu ihm auf. Sie hätte in seinen Bauchnabel spucken können und fühlte sich wie eine Zwergin in Abhängigkeit von einem Riesen. Spätestens jetzt erwartete sie, dass sich eine Hand verirrte und sie begrapschte. Doch nichts dergleichen geschah.

»Was heißt das, ein gutes Werk?«

Kaum konnte sie das Zittern ihrer Stimme verbergen und hoffte, er würde es der Anstrengung zuschreiben, den Hang hinaufzusteigen.

»Ein Vaterunser, ein Ave Maria und ein Glaubensbekenntnis. Täglich. Meist gegen Abend.«

»Und was sonst?«

Sie wollte ihn fragen, warum er sie begleitete, warum er seine Zeit mit ihr und den Kindern vertrödelte, statt die Arbeiten in der Siedlung zu überwachen. Es musste einen Grund dafür geben – und der lag sicherlich nicht darin, dass die Zimmerleute sie angeschwärzt hatten.

»Nichts sonst. Ihr solltet arbeiten wollen. Die Fuggerei ist …«

»Was ist die Fuggerei?«, unterbrach sie ihn.

Er schmunzelte. Sein Lächeln war warm. »Wir nennen unter uns die Siedlung bei diesem Namen. Gestiftet von Jakob Fugger. Warum also sollte sie nicht Fuggerei heißen?« Er legte den Zeigefinger auf die Lippen, was ihm etwas Jugendliches verlieh. »Lasst das nicht den Fugger hören. Er mag es nicht.«

Eva staunte, auch weil das Wort so geschmeidig und sanft daherkam, und ihr entfuhr ein Satz, den sie besser nicht gesagt hätte. »Ist so viel Anmaßung keine Todsünde?«

Während sie sich auf die Lippen biss, war es jetzt am Baumeister zu staunen.

»Ihr habt ein geschliffenes Mundwerk, Frau.«

»Das bleibt nicht aus, wenn man es tagtäglich mit Männern zu tun hat«, gab sie zurück. »Warum schleppt Ihr uns zu Jakob dem Reichen? Hat er nichts Besseres zu tun, als sich mit uns abzugeben?«

Krebs lachte. »Lasst mich bei unserem Herrn reden. Sonst schwatzt Ihr Euch noch um Kopf und Kragen.«

Er wollte sich umdrehen und weitergehen, doch die Antwort ließ ihn mitten in der Bewegung innehalten.

»Warum sollte ich?«, fragte Eva. Auch diesmal wieder, ohne nachzudenken.

Thomas Krebs ging einen Schritt auf sie zu und beugte sich über sie, als wäre er ein drohendes Unheil.

»Weil weder Euer Kopf noch Euer Kragen auch nur eine Kupfermünze wert ist, seit Ihr den Scharfrichter begraben habt. Sosehr ich das persönlich begrüße, so sehr verabscheue ich es, wenn Menschen einen höheren Platz anstreben als den, an den Gott der Herr sie gestellt hat. So, und jetzt haltet endlich den Schnabel und folgt mir.«

Eva blieb für einen Moment die Luft weg – und nicht deshalb, weil es in der engen Gasse derart stank, als leerten die Knechte des Scharfrichters die Aborteimer den Hang hinab aus.

Ohne sich noch einmal umzusehen, stapfte Krebs weiter.

Els zupfte Eva am Rock. »Ist er jetzt böse auf dich?«, fragte sie. »Wir haben nicht mal mehr die Karre zum Schlafen.«

Ihre Unterlippe zitterte, und Eva fragte sich, wie alt dieses Mädchen wirklich war.

»Nein. Wir müssen weiter. Er ist nicht böse«, sagte sie, war sich aber nicht sicher, ob das der Wahrheit entsprach.

Sie raffte ihren Rock und lief durch den feuchten Schmutz hinter dem Baumeister her. Er durchquerte auf der anderen Seite eine schmale Feuergasse zwischen zwei hohen Häusern, und dann standen sie vor einem der schönsten Bauwerke Augsburgs, dem Palast Jakob Fuggers.

Eva konnte sich noch daran erinnern, wie das Kupferdach anfänglich in der Sonne rot geglänzt und gefunkelt hatte. Mittlerweile hatten Wind, Regen und Licht das Metall nachdunkeln lassen. Aber es sah in seiner stumpfen Schönheit auch so noch imposant und bedeutend aus. Auf den mächtigen Toren, die die Front unterbrachen, leuchtete der Reichsadler, und darüber prangte in Gelb und Blau das Lilienwappen. Spätestens beim Anblick dieses Gebäudes wurde einem bewusst, wer hier in der Stadt wirkliche Macht und wahren Einfluss besaß.

Die Kinder blieben vor Ehrfurcht stehen. Sie hatten die mit bunten Gemälden versehenen Fuggerhäuser noch nie gesehen und waren ängstlich und erstaunt zugleich.

Thomas Krebs ging über den Vorplatz des Siegelhauses auf eines der Tore zu, während Eva mit ihren Kindern eilig die Straße überquerte. Unter dem Wappen blieb er stehen. Er wusste, dass sie ohne ihn keinen Schritt ins Innere gelangen würden.

»Habt Ihr es Euch gut überlegt?«, fragte er Eva mit einem spöttischen Lächeln. »Lasst Ihr mich sprechen, ohne mich oder Jakob Fugger mit Euren scharfen Einwürfen zu unterbrechen?«

Eva nickte nur. Zu mehr wäre sie gar nicht mehr fähig gewesen, so sehr rang sie nach Atem.

»Dann folgt mir!« Er nickte dem Mann zu, der den Zugang bewachte, und ging voran. Dieser musterte die hinter Krebs herstapfende kleine Schar, ohne die Miene zu verziehen.

Schon der Innenhof war überwältigend.

Fuhrwerker, Knechte und Handwerker liefen emsig hin und her. Mägde trugen Krüge und Körbe, kamen aus einem Treppenhaus und liefen zu einem Durchgang, der in einen weiteren Hof führte, trafen dort auf Männer mit schweren Ballen auf den Schultern, wechselten im Vorübergehen mit ihnen rasch einige schelmische Worte, die die Männer lachend in den Kellerabgang hinab mitnahmen.

Der Baumeister ließ sich von alledem offenbar nicht beirren. Er schritt ohne Umwege geradeaus. Vor ihnen öffnete sich ein weiteres Tor, das ausgereicht hätte, ein ganzes Fuhrwerk aufzunehmen. Krebs ging hindurch, und dann standen sie in einem weiteren Innenhof, der von hohen Gebäuden umgeben war. Dort trafen sie auf mehrere Fuhrwerke, die eben entladen wurden. Es herrschte ein Lärm, bei dem man sein eigenes Wort nicht mehr verstand. Alle schrien und krakeelten durcheinander, und dennoch schien alles seine Ordnung zu haben.

Mitten in diesem Chaos bewegte sich ein Mann mit einer etwas abgegriffenen goldenen Kappe von Fuhrwerk zu Fuhrwerk und diktierte seine Anweisungen einem gut gekleideten, hübschen jungen Mann. Von Letzterem konnte Eva kaum die Augen lassen.

»Jakob Fugger und sein Hauptbuchhalter Matthäus Schwarz«, erklärte Krebs leise und trat auf den älteren Kaufmann zu. »Herr. Darf ich Euch stören?«

Der Mann mit der Goldkappe sprach noch einen Satz zu Ende, dann wandte er sich unwillig um. Sein Gesicht war hager, der Mund schmallippig und streng. Seine Stirn runzelte sich wegen der Störung, als er jedoch den Baumeister erkannte, hellte sich seine Miene sofort auf.

Krebs senkte ehrerbietig den Kopf. »Hier ist die Frau des Zimmerers, von dem ich Euch berichtet habe, Herr.«

Er deutete auf Eva und die Kinder, die schräg hinter ihm standen.

Eva hatte sich Jakob Fugger größer vorgestellt, kräftiger. Vor ihr stand ein unscheinbarer, dürrer, kleiner Mann, den von der Kleidung her nur die Kappe von all den Handwerkern und Fuhrleuten unterschied. Doch allein sein Gesicht war markant und forderte Aufmerksamkeit. Das Beeindruckendste aber waren seine beinahe farblosen Augen. Sie schienen so seelenlos und scharf, dass es schmerzte, ihren Blick auf sich zu fühlen.

Jakob Fugger trat zwei Schritte auf Eva und die Kinder zu, dann hielt er inne, rümpfte die Nase und schob seine Hände in die Ärmel seines Wamses.

»Euer Mann war Schiffszimmerer?«

Seine Stimme war trocken wie Papier und knisterte. Auch ging sie in dem Lärm des Um- und Abladens beinahe völlig unter.

»Mein Mann *ist* Zimmerer!«, erwiderte Eva trotzig.

Etwas überrascht und offenbar verstimmt sah Fugger seinen Baumeister an.

Der lächelte gequält. »Sie meint, dass ihr Mann in Augsburg den Beruf des Zimmerermeisters ausübt. Allerdings hat ihn diese Zunft …«

Fugger winkte ab. »Wie weit sind die Holzhäuser für die Kranken, Krebs?«

»So gut wie fertig, Herr.«

Mit einem Räuspern unterbrach ihn der junge Geck, der an seinem Kragen herumzupfte, als gäbe es nichts Wichtigeres auf dieser Welt.

»Herr, wir haben bereits einen Holzvater bestellt.«

»Ja, Schwarz, einen, der keine Ahnung hat, wie man mit Guajak umgeht. Also unterbrecht mich nicht.« Er wandte sich wieder an Eva. »Hat Euer Mann Erfahrung mit diesem Holz?«

Mit großen Augen sah Eva ihn an. Am liebsten hätte sie Nein gesagt. Sie wusste nicht genau, was Guajakholz war und woher Joss das Wissen haben sollte. Er hatte ihr einmal davon erzählt, weil er sich darüber lustig gemacht hatte, dass die Welser und Fugger es nach Europa brachten. »Als hätten wir nicht genügend Holz vor

Ort«, hatte er damals über diese nutzlose Ausgabe gespottet. Aber sie erkannte die Gelegenheit.

Sie bekam ein bisschen Zeit zum Nachdenken, weil sich eine Frau zu ihnen gesellte. Ihr blondes Haar fiel in Locken über ihre Schultern, ein goldener Stern blitzte in den Pupillen ihrer blauen Augen, und ihr Mund war so rot, als hätte sie ihn mit Blut aufgefrischt. Schwarz und Krebs senkten die Köpfe, während sie huldvoll nickte. Jakob Fugger lächelte sie mit schmalen Lippen an, doch seine sonst so harten Gesichtszüge bekamen etwas Mildes, und seine Augen wurden warm.

»Sibylla, was führt Euch zu uns?«, fragte er, und Eva erkannte in der Frau die Gattin des Fuggers. Sie war noch immer eine auffällige Schönheit, obwohl sie nicht mehr ganz jung war.

»Geht es um die Siedlung?«, fragte sie beiläufig und lächelte die Kinder und Eva an. Die Ehrenbezeugungen der Männer übersah sie.

»Nur um die richtige Besetzung des Holzhauses«, erwiderte Matthäus Schwarz. »Ich hätte da einen Vorschlag …«

Die Fuggerin wischte die Bemerkung des Hauptbuchhalters mit einer kaum wahrnehmbaren Geste beiseite, und der verstummte sofort. Sie wandte sich an Eva, beugte sich zu Barthlen hinab und fragte ihn, wie er heiße, und der Junge gab brav Antwort. Auch Els begrüßte sie, und diese machte einen artigen Knicks.

»Eure Kinder?«, fragte sie, und Eva nickte verlegen.

»Wie höflich sie sind«, sagte Sibylla Fugger und wandte sich an ihren Mann. »Anstand ist eine Tugend, Jakob, die man belohnen sollte. Nehmt sie auf.«

Jakob Fugger presste die Lippen aufeinander. Doch die Frau, deren Erscheinung etwas Engelhaftes hatte, beschäftigte sich schon wieder mit den Kindern.

»Herrin, man muss nach Bedürftigkeit und …« Matthäus Schwarz musste sich räuspern, offenbar fiel es ihm schwer, Widerworte zu äußern. »Wir alle wissen Euer Verdienst um die Siedlung Eures Mannes zu schätzen, aber sollten wir nicht …«

»Jakob«, unterbrach sie Schwarz erneut. »Redet er davon, dass der Kern dieser Siedlung darauf zurückzuführen ist, dass ich Euch den Kontakt zu Anna Straußin, der Witwe des Welser-Bürgermeisters, vermittelt habe und Ihr so günstig den Kern dieser Siedlung erwerben konntet? Die Welserin hätte niemals an Euch verkauft, wäre sie mir nicht etwas schuldig gewesen.«

Sie sagte das so ruhig und gelassen, als bestelle sie gerade die Zutaten für das nächste Mittagsmahl. Schwarz duckte sich, als hätte er einen Schlag abbekommen, und zog sich zwei Schritte zurück.

»Alle Welt weiß das, Sibylla. Auch unser junger Freund. Er ist noch jung und unerfahren«, beschwichtigte der Fugger seine Frau, was Eva etwas übertrieben vorkam. Schließlich war Schwarz Mitte zwanzig und einer der begehrtesten Junggesellen der Stadt. Jedenfalls erzählte man sich das. Jetzt, aus der Nähe betrachtet, wusste sie auch, warum dies so war.

Eva trat einen Schritt vor und sah Jakob Fugger und seine Frau an. »Joss, mein Mann, er ist nach beiden Indien gesegelt.« Sie hatte sich in der Zwischenzeit dazu entschlossen, eine kleine Lüge zu wagen. »Mit den besten Kapitänen. Natürlich kennt er sich mit Guajak aus. Es hilft auch gegen Entzündungen. Er hat mir gesagt, wie ich es zu seiner Behandlung verwenden soll. Es hat ihm das Leben gerettet.«

Jakob Fugger runzelte die Stirn. »Ihr hattet Guajakholz? Woher?«

Wieder ging Matthäus Schwarz dazwischen. »Wir wissen nichts über Joss Neher«, gab er mit einer Stimme zu bedenken, die Fugger warnen sollte.

»Wir wissen immerhin, dass er in der Lage ist, einen Balken so zu bearbeiten, dass er auf Anhieb passt«, erwiderte Krebs. »Allein mit den vorgegebenen Maßen. Das kann nur eine Handvoll Augsburger Zimmerer. Und Ihr Zunftobermeister gehört nicht zu dieser Sorte, Matthäus Schwarz.«

Krebs sprach den Namen aus, als habe es damit noch eine andere Bewandtnis, die Eva nur nicht begriff. Er stellte sich damit auf Evas

Seite. Sie musste kurz schlucken, weil sie nicht verstand, warum der Baumeister sie gegen Schwarz verteidigte. Vielmehr ahnte sie es nur. Früher oder später …

»Solche Männer können wir gebrauchen«, murmelte der Fugger und wandte sich wieder seiner Arbeit zu. Er nahm Matthäus Schwarz beiseite und bot Sibylla seinen Arm an, den sie annahm.

»Ihr wolltet eben noch etwas ergänzen, Krebs«, sagte Matthäus Schwarz und strich sich wie nebenbei eine Falte aus seinem Wams.

Der Baumeister blickte betreten zu Boden und schielte dann zu Eva hinüber.

Selbst Sibylla war neugierig geworden – und statt ihren Gatten von der Szenerie wegzuziehen, blieb auch sie stehen.

Eva wusste sofort, worauf der Hauptbuchhalter hinauswollte. Sollte sie jetzt lügen oder die Wahrheit sagen? Was, wenn ihm von Dritten zugetragen worden war, was sie und ihr Mann getan hatten, ohne dass Jakob Fugger und er vorher davon wussten? Sie sah nur eine Möglichkeit, schloss kurz die Augen und holte tief Luft.

»Der Bader hatte meinen Mann Joss bereits aufgegeben. Der Scharfrichter hat das Leben meines Mannes gerettet. Deshalb hatte ich ihm versprochen, ihn zu beerdigen, wenn er stirbt. Das ist geschehen. Wir haben ihn zur letzten Ruhe gebettet und …«

»… und deshalb ist ihr Mann aus der Zunft ausgeschlossen worden«, ergänzte Jakob Fugger.

Sein Blick fixierte sie, und Eva kam sich vor, als würde er mit seinen Augen Nägel in ihre Brust bohren.

»Ihr habt ihn in geweihte Erde gelegt?«, fragte Sibylla, so leise, dass Eva es beinahe überhört hätte.

Energisch schüttelte sie den Kopf. »Das nicht, aber wir haben ihm vor dem Friedhof ein Grab geschaufelt. Damit er am Jüngsten Tag hört, wenn die Menschen ihre Gräber verlassen. Er hatte noch Guajakholz und hat uns etwas davon überlassen. Die Einreibungen haben geholfen. Die Entzündungen gingen rasch zurück. Sollten wir ihn etwa in der Gosse verrotten lassen oder dem Abdecker mitgeben, obwohl er gut zu uns war?« Gleichzeitig schoss Wut über den Bader in ihr hoch. »Der Bader Jörg hat uns nur ausgenommen, und mein Mann wäre verreckt, wenn es nach ihm gegangen wäre.«

Eva sah, wie Sibylla Fugger den Arm ihres Gatten drückte, als wolle sie ihm damit ein Zeichen geben.

Ein Lächeln huschte über die strichschmalen Lippen Jakob Fuggers, und Eva hoffte, dass ihr die kleinen Lügen, die sie zusätzlich eingeflochten hatte, nicht irgendwann auf die Füße fallen würden.

»Ihr seht, Herr, Ihr könnt den Zimmerer nicht nehmen«, mischte sich Schwarz wieder ein. »Soweit ich weiß, liegt auch der Antrag eines ehemaligen Scharwächters vor, der …«

Jakob Fugger bedeutete ihm mit einer kleinen Handbewegung zu schweigen und streckte Eva die Hand hin.

»Schlagt ein. Die Siedlung ist für Menschen gedacht, die ein gottgefälliges Leben geführt haben und unverschuldet in Armut geraten sind. Ihr habt meine Frau und mich überzeugt.«

Noch während er ihre Hand schüttelte, wandte er sich an Thomas Krebs, der verblüfft dastand und offenbar auch nicht glauben wollte, was eben geschehen war.

Sibylla Fugger trat vor und wuschelte in Barthlens Haar, was dieser stoisch über sich ergehen ließ. Anscheinend hatte er ein feines Gespür dafür, was im Augenblick nötig war.

»Ich schätze Menschen, die ehrlich sind, Krebs«, sagte Sibylla.

Ihr Mann nickte nur. Dann drehte er sich zu Matthäus Schwarz um, der sofort seine Feder zückte, um zu notieren, was Jakob Fugger zu sagen hatte. Sein Gesicht war völlig unbewegt, als hätte er niemals Einwände gegen die Aufnahme der Zimmererfamilie gehabt. Doch der Blick, den er Eva aus dem Augenwinkel zuwarf, sagte ihr, dass das letzte Wort in dieser Sache noch nicht gesprochen war.

»Schreibt, Schwarz. Der Zimmerer …« Er unterbrach sich und sah zu Thomas Krebs hinüber.

Der ergänzte sofort den Namen, und Jakob Fugger fuhr fort: »Der Zimmerer Joss Neher nebst seiner Ehefrau Eva und den beiden Kindern sollen als Zuarbeiter des Holzmeisters eingestellt werden, als Holzvater und Holzmutter. Sie erhalten Logis im Holzhaus zu den üblichen Bedingungen.«

Fugger winkte einem im Hintergrund stehenden Kerl mit einer Pike, der durch seine wallende Mähne auffiel, die er unter einen Helm zu zwängen versuchte.

»Begleite die Frau mit ihren Kindern ins Holzhaus. Kläre, dass niemand sich dagegen sträubt. Wer Widerworte gibt, verlässt die Siedlung.«

Er ließ kurz seinen Blick auf Schwarz ruhen, der sich sofort mit anderen Dingen beschäftigte.

»Du bist ein elender Schlappschwanz, Marx Köllin, ohne Arsch in der Hose und ohne Eier!«

Marx hatte seine Frau noch nie so wütend gesehen.

»Wer hat die Wohnung in der Siedlung bekommen, sagst du? Der Zimmerer, der Meister Hans unter die Erde gebracht hat?«

»Sie nennen es Holzhaus, weil dort Guajak verarbeitet werden soll«, korrigierte Marx seine Frau, aber Marie ignorierte die Zurechtweisung.

»Das ist ein Mann, sag ich dir! Während du dir besoffen beinahe das Genick brichst, hat er wenigstens gehandelt. Und was hat es ihm gebracht? Was? Eine Wohnung in der Stadt …«

»Jetzt halt mal die Luft an, Weib. Wenn ich geahnt hätte, wie das alles läuft, hätte ich den Henker höchstpersönlich auf den Gottesacker getragen. Auf der Schulter. Ich hätte dich nur vorher hören wollen, wenn ich dir gestanden hätte: ›Weib, ich leg den Scharfrichter in ein Grab.‹ Du kannst doch nur zetern und keifen, weil du selber nichts zuwege bringst. Und jetzt geh und hol mir ein Bier!«

Das war sicher die längste Rede, die er je gegenüber Marie geschwungen hatte – und sie starrte ihn an, als wundere sie sich, dass er überhaupt sprechen konnte. Er konnte sehen, wie es ihr die Sprache verschlug und sie mehrmals an seiner Bemerkung schlucken musste.

»Und wovon sollen wir jetzt leben?«, fragte sie mit belegter Stimme. »Willst du dich vor die Kirchenpforten setzen und betteln, oder soll ich auf die Straße gehen und mich anbieten? Irgendwoher muss das Geld ja kommen!«

Betreten sah Marx zu Boden. Er hatte sich selbst schon als Bettler gesehen, hatte sich überlegt, bei der Stadt um eine Marke nachzufragen. Stadtarme wurden nicht ausgewiesen und bekamen an bestimmten Tagen, die er noch herausfinden musste, Lebensmittel wie Brot und etwas Schmalz.

»Wir haben noch für morgen Brot und etwas Grütze. Ab dann müssen wir hungern«, setzte Marie bitter hinzu. »Und Ende dieses Monats werfen sie uns aus der Wohnung, weil wir das Mietgeld nicht mehr aufbringen können. So sieht es aus, Marx Köllin.«

Er stand mühsam auf und klemmte sich die Krücke unter den Arm. »Ich muss nachdenken«, sagte er und humpelte zur Tür.

»Ach«, fuhr sie ihn an. »Zum Versaufen hast du noch Münzen. Aber keine, um uns satt zu machen. Du bist mir ein schöner Ehemann! Ein Nichtsnutz bist du, weiter nichts!«

Marx blieb stumm. Umständlich schlüpfte er in sein Wams. Sie versuchte erst gar nicht, ihm zu helfen. Mit jedem missglückten Versuch, in die Ärmel zu schlüpfen, wurde er missmutiger, und schließlich schleuderte er die Krücke durch den Raum. Beinahe hätte er seine Frau getroffen.

»Ja, bist du denn wahnsinnig?«, fuhr sie ihn an. »Muss ich auch noch Arme und Beine verlieren, damit wir beide in der Gosse landen? Wer so dumm ist, betrunken die Treppen runterzufallen, dem muss nicht geholfen werden.«

Damit stürmte sie an ihm vorbei aus der Tür und hinaus in den Garten. Marx war zu langsam, um sie aufzuhalten und sich von ihr helfen zu lassen.

Auch er brauchte jetzt frische Luft. Er brauchte etwas zu trinken, damit die Gedanken spazieren gehen konnten. Er brauchte dringend eine Idee. Also sprang er auf einem Bein durch die Stube, um sich die Krücke zu angeln. Jeder Hüpfer trieb Stiche wie Nägel in sein Hirn. Beinahe betäubt langte er bei seiner Krücke an – und als er sich nach ihr bückte, bekam er Übergewicht und stürzte nach vorn. Unwillkürlich versuchte er, sich mit dem anderen Bein abzustützen. Doch dem fehlte der Fuß. Mit der Wunde schlug er auf dem Steinboden auf. Es nahm ihm fast den Atem.

Wie er so auf dem Boden lag und ihm Tränen der Wut, der Verzweiflung und des Schmerzes in die Augen stiegen, kam ihm ein Gedanke: die Babette. Die Hutter Babette.

Er ließ den Schmerz abklingen, atmete durch und stemmte sich schließlich hoch, obwohl ihm schlecht davon wurde und er Angst hatte, er müsste sich übergeben. Er brauchte jetzt ein Bier oder zwei und etwas Zeit, um ruhig nachzudenken.

Auf der Straße wandte er sich in Richtung des Klosters St. Georg. Gegenüber der Kirche gab es einen Ausschank. Er lag nicht allzu weit entfernt. Bis dahin würde er es wohl schaffen.

Mühsam setzte er Stock für Stock auf die Erde und schleppte sich den Hang hinauf.

Als er sich der Kirche näherte, sah er, dass der Pfarrer den Bettlern, die sich vor der Kirchenpforte versammelt hatten, eine Suppe austeilte. Junge Mönche gingen ihm dabei zur Hand. Einer füllte mit einer Schöpfkelle hölzerne Schalen bis an den Rand mit der Suppe, ein anderer sammelte die leeren Näpfe wieder ein, um sie erneut zu befüllen und auszuteilen. Erschrocken blieb Marx stehen und verfolgte die Zeremonie, die etwas Elendes hatte. Armut war hier zu spüren, Enttäuschung und Dankbarkeit zugleich, vermengt zu einem schrecklichen Gedanken. Lange würde es nicht mehr dauern, und er müsste sich unter diese Gesellen beiderlei Geschlechts mischen.

Hastig humpelte er weiter, und gerade in diesem Moment traf ihn der fragende Blick eines jungen Mönchs. Er lud ihn mit einer kleinen Geste ein. Marx schüttelte missmutig den Kopf, obwohl er einen Hunger verspürte, dem selbst der Mönch zum Opfer gefallen wäre, hätte er auf seinen knurrenden Magen gehört. So aber lief er einfach weiter, vorbei an der dünnen Suppe und an den für wenige

Stunden glücklichen, weil satten Menschen. Noch stellte ihn nur ein Bier zufrieden.

Hoch erhobenen Hauptes und mit zusammengebissenen Zähnen ließ er die Bettler und Geistlichen hinter sich. Vor ihm öffnete sich der Weg zur Schänke, die heute auch den nur vier Stühle umfassenden Garten geöffnet hatte. Es war noch warm in diesem Oktober. Ein kleines Glutbecken unter dem Gartendach tat seinen Dienst.

Marx stellte fest, dass er kaum zu einem vernünftigen Gedanken fähig war, solange er die Krücke unter der Achsel hatte.

Er ließ sich auf einen der Stühle niederplumpsen und bestellte per Zuruf einen Krug. Erst als sein Gehstock neben ihm lag und er den Duft des Bierschaums in der Nase hatte, wurde er ruhiger. Nur sein pochender Stumpf mahnte ihn daran, etwas zu unternehmen. Ansonsten verharrte er in der Gegenwart, die um so viel angenehmer war als alles Zukünftige.

Er brauchte einen Plan. Es sollte doch nicht allzu schwer sein, einen Platz in dieser verfluchten Fuggerei zu bekommen. Kaum hatte er den Krug angesetzt und in einem ersten Zug halb geleert, schlug er das Gefäß auf den Tisch und die Hand auf seinen Schenkel. Die Hutterin und ihr Mann konnten die Wohnung unmöglich ohne Mithilfe erhalten haben. Schließlich war Achacius kein einflussreicher Mann gewesen, bevor ihn der Suff geholt hatte. Viel Zeit blieb ihm sicher nicht mehr. Er hatte ungewöhnlich krank ausgesehen.

Warum sollte er, Marx, nicht auch auf »ungewöhnliche« Maßnahmen zurückgreifen? Niemand würde dahinterkommen, wenn er es geschickt anstellte.

Er musste lachen, so laut lachen, dass die Bettler, die ihn noch sehen konnten, den Kopf von ihren Schüsseln hoben und zu ihm herübersahen. Er hob seinen Krug und prostete ihnen zu. Der junge Mönch schüttelte vorwurfsvoll den Kopf. Doch Marx scherte sich nicht darum. Sein Plan würde gelingen, er musste nur ein paar Vorbereitungen treffen. Schließlich hatte er als Scharwächter so einiges zu sehen bekommen.

Er hatte den Krug noch nicht ganz geleert, als Michl Jordan den kleinen Garten betrat, in dem die Stühle standen.

»Darf ich mich setzen?«, fragte er überflüssigerweise.

Sein Gesicht war auf einer Seite angeschwollen, als hätte ihn ein Brett an der Wange getroffen. Die Lippe zeigte zwei tiefe Risse, und eine Hand war ebenfalls tiefblau angelaufen.

»Hattet Ihr einen Unfall?«, fragte Marx neugierig.

»Fast«, gestand der Zunftmeister. »Der Unfall heißt Theres. Und ich bin mit ihr verheiratet!«

Marx pfiff durch die Zähne.

»Allemal ein Bier wert!«, sagte er mitleidvoll und winkte den Wirt heran.

15. Kapitel

AUGSBURG, ENDE OKTOBER 1523

Als sich die Tür hinter Eva schloss, kamen ihr vor Freude und Erleichterung sofort die Tränen. Sie zog ihre beiden Kinder zu sich heran und drückte sie gegen die Brust. Es hatte noch den halben Tag bis in den Abend hinein gedauert, bis alles geregelt gewesen war, vor allem deshalb, weil sie für Joss bürgen musste. Immer wieder musste sie beteuern, dass er noch nicht in der Lage dazu war, eine Unterschrift zu leisten, weil ihn die Zimmerer so heftig verprügelt hatten. Schwarz hätte am liebsten den Vertrag ausgesetzt, weil weder das Wort einer Frau noch deren Unterschrift zählten. Erst das Eingreifen der Fuggerin hatte dem Drängen, den Anschuldigungen und den Vorwürfen ein Ende bereitet.

Doch jetzt, da die Sonne langsam unterging, standen sie in ihrer neuen Bleibe.

»Wohnen wir jetzt hier?«, fragte Els.

Sie musste die Frage wiederholen, weil Eva sie zuerst nicht

verstand, bis sie ihren Griff lockerte und beide Kinder wieder freiließ.

»Ja«, hauchte sie. »Wir schauen uns kurz um und gehen dann zu Bett. Euren Vater holen wir morgen.«

Sie wischte sich über die Augen. Bis zuletzt hatte sie erwartet, von Krebs, der sie hierher begleitet hatte, beiseitegezogen zu werden. Doch der Baumeister hatte sie nicht belästigt, sich nicht an ihr vergriffen, keine besonderen Dienste gefordert – er war einfach nur freundlich gewesen und hatte ihr und den Kindern die Wohnung gezeigt.

»Bei Dunkelheit wird die Siedlung geschlossen«, hatte er gesagt. »Es ist besser, ihr bleibt heute Nacht hier.«

Aus einem der Nachbarhäuser hatte er ihnen sogar Decken gebracht und in die Stube gelegt. Auch wenn Eva jeden Augenblick mit dem Schlimmsten gerechnet hatte, hatte er sie kein einziges Mal anzüglich angesehen oder sie unsittlich berührt.

Selbst jetzt, nachdem er gegangen war, zitterte sie noch am ganzen Leib.

Nur Els schien die Gedanken ihrer Mutter zu ahnen. Sie ließ Eva nicht los, sondern nahm sie an der Hand und zog sie hinter sich her durch die Wohnung.

Diese bestand aus vier einfachen Räumen: einer Stube, einer Küche, einer Schlafstube für die Kinder und einem Schlafzimmer für die Eltern, das so viel Platz bot, dass man darin auch noch ein Gewerbe betreiben konnte. Sie war großzügig, wenn auch nicht ganz so geräumig wie ihr Haus in der nördlichen Stadt hinter dem Pfaffenwinkel. Hinter der Wohnung schloss sich sogar ein kleiner Werkstattschuppen an, der eigens geheizt werden konnte.

Selbst Barthlen, der sonst frech und selbstständig durch die Stadt tobte, ging ehrfürchtig von Zimmer zu Zimmer und sah in jeden Winkel.

»Die Wohnung für den Holzvater und die Holzmutter«, hatte Thomas Krebs noch gesagt, bevor er ihr den Schlüssel ausgehändigt hatte.

Els, die als Erste wieder vor der Haustür stand, besann sich auf die ungewöhnliche Bezeichnung.

»Was ist ein Holzvater?«, fragte sie und stützte die Hände in die Hüften.

So recht wusste Eva das auch nicht, sie konnte es sich allenfalls aus dem zusammenreimen, was ihr der Baumeister und Jakob Fugger gesagt hatten. Sie führte die Kinder in die Stube, in der schon ein Tisch, eine Bank und ein Stuhl standen, und ließ sie sich setzen.

»Euer Vater wird …« Sie stockte, weil sie nicht wusste, wie sie es erklären sollte. »Er wird dafür zuständig sein, dass das Räucherholz sauber verbrannt und der Sud regelmäßig getrunken wird. Mehr weiß ich im Augenblick auch nicht. Aber wir werden es erfahren.«

Sie war erleichtert darüber, wieder eine Unterkunft zu haben, und sie war Jakob Fugger dem Reichen unendlich dankbar dafür, dass er sie nicht abgewiesen hatte. Ein Dach über dem Kopf, mehr verlangte sie im Augenblick nicht in ihrem Leben, ein Zuhause und eine Arbeit.

Kurz überlegte sie, ob es falsch gewesen war, das Schicksal herauszufordern, indem sie den Henker begraben hatten. Aber für sie war es eine Christenpflicht gewesen. Schließlich hatte Meister Hans ihren Mann gerettet. Mehr war dazu nicht zu sagen. Dass die Menschen dieser Stadt sich von der Tat abgestoßen fühlten, bewies in Evas Augen nur, wie scheinheilig oberflächlich dieses Christentum war. Im Grunde waren sie allesamt noch dasselbe abergläubische Volk wie zu Zeiten Sodoms, dem es gutgetan hätte, einer neuen Sintflut ausgesetzt zu sein.

Sie bemerkte gar nicht, dass sie auf den Hebel an der Wand neben der Bank schaute.

»Mutter«, fragte Barthlen, »warum starrst du so auf den Hebel?«

Eva musste den Kopf schütteln, um ihre Gedanken wieder zurechtzurücken.

»Was?«, fragte sie. Erst jetzt wurde ihr bewusst, was sie da ansah. »Was ist das?«, fragten sie und Els gleichzeitig.

»Wir …«, Barthlen hatte den Hebel bereits in die Hand genommen und zog daran, bevor Eva es ihm verbieten konnte.

Ein Klacken ertönte, und sie hörten, wie die Haustür aufschwang. Durch eine kleine Öffnung in der Wand konnten sie es sogar beobachten.

»Ein Türöffner«, jubelte Els.

Eva begriff, was das bedeutete. Die Tür zur geheizten Stube musste nicht geöffnet werden. Es drang keine Kälte von draußen herein, wenn jemand zu Besuch kam. Man konnte sich durch die kleine Öffnung unterhalten, Dinge austauschen. Im Raum blieb es warm.

Ein Lächeln zauberte sich auf ihr Gesicht. Thomas Krebs war ein Menschenfreund. Er baute für die Bedürfnisse der Bewohner. Sie atmete tief durch und dachte kurz an seine schmalen Hände, die sie am Handgelenk gefasst hatten.

»Wir schlafen jetzt und holen morgen den Vater«, sagte Eva bestimmt.

Sie breitete die Decken auf dem Holzboden aus. Sie und die Kinder schlüpften darunter und kuschelten sich eng aneinander. Es dauerte nur einen Lidschlag, und sie hörte Barthlen neben sich tief atmen. Els rührte sich noch eine ganze Zeit leise, bis auch sie in einen traumlosen Schlaf hinüberglitt. Nur sie selbst konnte kein Auge zumachen.

Sie lag auf dem Rücken, die Kinder eng an sich gedrückt, und dachte an die neue Aufgabe, an die Ablehnung des Buchhalters Schwarz und an den Hass des Scharwächters Marx. Es waren widerstreitende Gefühle, die sie umtrieben. Wäre es nicht besser gewesen, sie hätten einfach die Stadt verlassen? Für einen Zimmerer wäre es ein Leichtes gewesen, in irgendeiner Stadt unterzukommen. Den Meisterbrief hatte Joss ja noch. Vielleicht wäre es sogar angebracht gewesen, nicht nur die Stadt, sondern das Land zu verlassen. Noch immer suchten die Welser Familien für Neu-Augsburg über dem Meer. Noch vor einem Monat hätte sie es sich nicht vorstellen können, dorthin zu ziehen, auszuwandern, heute kam es ihr wie eine Verheißung vor.

Irgendwann musste sie eingeschlafen sein, denn als sie die Augen wieder öffnete, fiel das Licht eines neuen Tages durch das Fenster.

16. Kapitel

AUGSBURG, ENDE OKTOBER 1523

Els und Barthlen rieben sich noch die Augen, als Eva sie aus dem Haus scheuchte. Ohne Frühstück zogen sie los.

Sie nahm die beiden Kinder an der Hand und zog sie hinter sich her durch die Straßen der Siedlung. Überall war Bauholz aufgeschichtet, Dachziegel bildeten ebenfalls saubere Stapelmauern. Holzböcke und Werkzeuge lagen herum. Männer riefen sich bereits Fragen und Befehle zu, es wurde gescherzt und gesungen. Doch als sie Eva mit ihren Kindern sahen, verstummten sie. Sie musterten die kleine Familie mit bösen Blicken. Eva hörte, wie sie den Rotz hochzogen und ausspien, sobald sie an ihnen vorübergegangen waren.

Keiner der Männer wagte es, auch nur ein böses Wort zu sagen. Der Fugger hatte sie in seine Siedlung aufgenommen – und dieser Entscheidung, mochte sie auch noch so unverständlich sein, widersprach man nicht.

Eva band sich das Kopftuch um und zog es tiefer in die Stirn. Sie wollte sich ein wenig in der Siedlung umsehen, bevor sie Joss holten. Ihre Kinder an der Hand haltend, vermied sie den Blickkontakt mit anderen Bewohnern, beobachtete sie aber aus den Augenwinkeln. Viele der Armen hatten Kinder. Einige hatten ihre Arbeitstische vor die Tür gestellt und hämmerten oder hobelten mit roten Nasen und weißgefrorenen Fingern. Die beiden halben Gulden im Jahr erforderten Anstrengung. Von selbst fielen sie einem nicht in die Tasche.

In der Siedlung gab es die Finstere Gasse, die Saugasse, die Mittlere und Hintere Gasse, hatte ihnen Baumeister Krebs erklärt. Die Holzhausgasse war bisher die einzige, die sie jetzt wirklich kannte.

Zwei Tore öffneten die Siedlung in die Stadt hinein, eines führte hinaus zum Saumarkt und das andere in einen Gartenbereich zum Ochsenlech hin. Dieses Tor, das wie das andere jede Nacht versperrt wurde, führte auf eine Streuobstwiese hinaus, auf der neue Häuser gebaut wurden.

Eva und die Kinder blieben vor den Holzgerüsten stehen, die jetzt am Morgen taufeucht waren. Wie die Gerippe toter Lebewesen ragten sie in den Garten hinein. Die Zimmerleute hatten ihre Arbeit unterbrochen, weil es auf den nassen und glatten Stämmen zu gefährlich war, sich zu bewegen.

»Nun, Holzmutter, haltet Ihr Maulaffen feil?«

Eva zuckte zusammen.

Hinter ihr stand der ehemalige Scharwächter, auf seine Krücke gestützt und einen Krug Schnaps in der Hand. Er nahm einen kräftigen Schluck.

»Wohnt Ihr auch hier in der Siedlung?«, fragte sie vorsichtig.

Sie wollte nicht schon in den ersten Tagen einen Streit vom Zaun brechen.

»Ich? Nein«, kam es schneidend aus seinem Mund. »Ich bin kein Speichellecker des Herrn Fugger. Aber Ihr, wie ich sehe.«

Barthlen drängte sich dicht an sie. Eva spürte seine Angst. Doch auch Els, die sich krampfhaft an ihre andere Hand klammerte, schien sich bedroht zu fühlen.

Eva versuchte ein Lächeln, aber sie brachte es nicht zustande. Der Mann war ihr unheimlich, und sie spürte die Gefahr, die von ihm ausging.

»Ich auch nicht«, beeilte sie sich zu sagen.

»Ach? Die einen sagen so, die anderen so!«, gab Marx zur Antwort, nahm einen Schluck und wischte sich den Mund ab.

Eva nutzte den Moment, in dem er den Krug an den Mund setzte, und schlüpfte an ihm vorbei.

Marx hustete. »Wollt Ihr mich schon allein lassen?«, lallte er.

»Wir sehen uns sicher noch«, rief Eva ihm über die Schulter zu.

Sie beeilte sich, aus der Siedlung herauszukommen, und steuerte den Judenberg an. Sie sah niemandem ins Gesicht, dem sie begegnete, sagte kein Wort, grüßte nicht und antwortete nicht auf Ansprachen. Ihre Kinder zog sie hinter sich her.

Als sie gegen die Tür des Anwesens am Judenberg pochte, dauerte es geraume Zeit, bis jemand öffnete.

»No«, begrüßte sie Aaron. »Da haben wir uns aber Zeit gelassen. Ich dacht schon, Ihr wärt aus der Stadt geflohen.«

Er zog sie am Arm zu sich herein, schaute dann noch einmal durch die Tür, ob jemand gesehen hatte, wohin die Familie gegangen war, und schloss sie hinter sich.

»Und – habt Ihr eine Wohnung?«

Eva nickte und lachte. Noch einmal überwältigte sie die Freude über Fuggers Entscheidung für sie. Sie musste schlucken, und ihre Augen wurden feucht, obwohl sie das vermeiden wollte.

»Wir sind im Holzhaus untergebracht, als Holzvater und Holzmutter. Joss hat wieder Arbeit. Ich, nein, wir danken Euch, Aaron.«

Aaron wiegte den Kopf, was Eva stutzig machte.

»Seid Ihr nicht zufrieden, dass wir Euch nicht mehr auf der Tasche liegen?«

Beinahe hätte sie dazugesetzt, ob er es nicht gut fände, jetzt keinen Wohnzins mehr zu bekommen. Aber dann erinnerte sie sich daran, dass sie ja nichts zahlten. Aaron hatte sie kostenfrei wohnen lassen.

»Ich weiß nit, ich weiß nit. Wir Juden sind ja profitlich, aber der Fugger, der schlägt uns alle. Ich weiß nit, was dahintersteckt. Aber es steckt was dahinter.«

»Seid ihr neidisch?«, fragte Eva bitter.

Aaron schüttelte den Kopf, und Eva glaubte kurz, etwas Traurigkeit über sein Gesicht huschen zu sehen, weil sie diese Frage gestellt hatte.

»Eva?« Der Ruf kam aus dem Lager. Sofort wandte sie sich der Stimme zu.

»Joss! Du glaubst nicht, was geschehen ist.«

Barthlen war schneller. Er rannte nach hinten und rief schon von

Weitem: »Wir haben eine Wohnung, Vater, und du hast eine Arbeit. Alles wird gut. Alles.«

Es dauerte eine Weile, bis sich Evas Augen an das Dämmerlicht des Lagerraums gewöhnt hatten. Joss hatte sich aufgesetzt und sah sie erwartungsvoll an. Sein Gesicht verzog sich zwar vor Schmerzen, doch sein Blick sprach Bände.

»Was plappert Barthlen denn da?«, keuchte er.

Das Atmen fiel ihm noch immer sichtlich schwer. Er ließ sich wieder auf die Unterlage zurücksinken, sobald alle um ihn versammelt waren.

»Weißt du, was ein Holzvater ist?«, fragte Els, bevor Eva zu einer Erklärung ansetzen konnte. »Du bist nämlich *Holzvater*. Und Mutter hier ist *Holzmutter*.«

Joss zog die Brauen hoch und suchte Evas Blick.

»Holzvater?« Er schüttelte den Kopf. »Was zum Kuckuck ist ein Holzvater?«

TEIL II

DIE HOLZELTERN

Da in der Stadt Augsburg viele bedauernswerte fremde Personen, die mit der bösen Franzosenkrankheit bestraft sind, ihr Handwerk und ihren Dienst nicht mehr verrichten oder anderweitig ihren Unterhalt nicht bestreiten können, und daher mit Leib und Gut verderben, haben Herr Jakob Fugger und seiner Gebrüder Söhne dem Allmächtigen zum Lobe und den Kranken zur Hilfe und zur Wiederherstellung ihrer Gesundheit eine Spende vorgenommen, von diesen Personen, die, so wie es oben ausgeführt ist, mit der Krankheit und mit Armut belastet sind, eine Anzahl bis zu ihrer Gesundung in die Häuser bei St. Jakob aufzunehmen und sie mit dem [Guajak-] Holz in notwendigem Maße zu versorgen.
Erstens soll eine jede Person, die zur Holzkur angenommen wird, für einen glücklichen Beginn beichten (…). Zum anderen soll jede Person Abführmittel nehmen und das Wasser mit dem Holz trinken. Außerdem soll sie sich mit Speise und allen anderen Dingen zurückhalten, wie es der

dazu hinzugezogene und bestellte Arzt einem jeden nach Fortschritt seiner Krankheit verschreibt und verordnet (…). Obwohl etliche Personen in einer Stube beieinanderliegen, soll sich eine jede Person eifrig bemühen, der anderen kein Leid und keine Widerwärtigkeiten zuzufügen (…). Die angesprochenen Personen, allesamt und im Besonderen, sollen auch den Pflastern und Salben, die ihnen der Bader dazu verordnet, auflegt und dazugibt, nicht widersetzen noch sie entfernen, es sei denn im Beisein und mit Wissen des Baders oder Arztes. Die Personen, die der Therapie, die ihnen der Arzt zeigt, nicht (…) nachkommen, oder die sich sonst ungehorsam und ungebührlich zeigen (…), sollen aus dem Haus geschafft werden. Daran soll sich ein jeder halten.[2]

17. Kapitel

AUGSBURG, MAI 1524

»Eine ganze Siedlung nur für die Bediensteten des Hauses Fugger?« Marx sah seinen Plan wie ein Kartenhaus in sich zusammenbrechen, den er seit einem halben Jahr verfolgt hatte. Er hatte die Bettelei, das Gurren um Almosen satt. Mit Mesnerdiensten in der Kirche und Hilfen, die ihm Michl Jordan verschafft hatte, hatte er sich über Wasser halten können. Seine Frau hatte für Herrschaften gewaschen und sich die Finger dabei erfroren. Er hatte sich die Achsel bis auf das Fleisch aufgerieben. Aber sie hatten den Winter überstanden. Heil überstanden. Dabei hatte er immer wieder bei Jakob Fugger um eine Wohnung in der Siedlung eingegeben und war abgewiesen worden. Und jetzt das. »Aber wie habt Ihr dann einen Platz ergattert?«

Er hätte sich auf die Zunge beißen können. Die Mitteilung hatte ihn derart überrascht, dass seine Frage regelrecht aus ihm herausgeschossen war.

Die Hutter Babette lachte.

»Ich hab sie alle auf die Welt geholt: Anton und Raymund, deren Kinder und Kindeskinder. Jeden Fugger, der sich in der Stadt aufgehalten hat. Ich gehöre zur Familie. Auch heute noch. Ich bin zwar blind, aber meine Hände sehen noch immer so gut wie in jungen Jahren.«

Sie streckte ihre Finger aus und hielt sie vor sich hin. Es waren schmale, lange Finger, in denen die Gelenke wie kleine Knötchen wirkten. Marx wollte sich gar nicht vorstellen, was diese Finger schon alles gesehen und befühlt hatten. Er nickte. Sie gehörte also zur Familie. Er nicht. Und daran würde sich auch nichts ändern lassen, es sei denn, Jakob Fugger würde die Bedingungen für den Bezug von Wohnungen ändern. Aber darauf wollte er nicht wetten.

Marx saß neben der alten Hebamme im Schatten des Hauses. Es war nicht die beste Lage. Die Front war gen Norden gerichtet. Im Sommer gut, weil die Kraft der Sonne nicht zu sehr auf die Fassade brannte. Aber im Winter gab es kaum Licht und Wärme.

Das Streunen und Stehlen, zu dem er übergegangen war, hatte ihn den Winter über mehr beschäftigt, als er wahrhaben wollte. Jetzt, im Frühjahr, wollte er, musste er seinen Plan wieder aufnehmen, wenn er seine Frau nicht verlieren wollte. Deshalb und seines Beinstumpfs wegen hatte er sich wieder der Fuggersiedlung zugewandt. Er hatte sich von der Alten eine Salbe versprochen. Eine Salbe für seinen Stumpf, für seine Schmerzen – und vielleicht einen Spruch, der das Jucken des nicht mehr vorhandenen Unterschenkels etwas milderte.

Die Hutter Babette hatte in den Tag geblinzelt, als Marx aufgetaucht war. Ob sie von ihm und seinem Besuch überrascht war, konnte er nicht feststellen. Sie hatte ihn jedenfalls behandelt.

Dabei war ihm die Geschäftigkeit am Ende der Gasse aufgefallen.

»Der Holzvater beginnt mit der Arbeit?«, fragte er nebenbei, als würden ihn nicht Neugier und Neid treiben, sondern lediglich die Beobachtung. »Er hat also die Stelle tatsächlich behalten.«

Die Hutter Babette kniff die Augen zusammen, als ob sie genauer hinsehen wollte. Wenn Marx nicht gewusst hätte, dass sie stockblind war, hätte er sich täuschen lassen.

»Ich sehe nicht, was da hinten geschieht«, murmelte sie wahrheitsgetreu. »Ja doch. Ich habe schon mit seiner Frau gesprochen, der Eva. Gute Frau, nette Kinder.«

»Aber«, bohrte Marx weiter und hoffte, dass seine Fragen die Alte nicht abschreckten. »Er hat nicht in den Diensten der Fugger gestanden …«

Die Hebamme rutschte auf der Bank vor ihrem Fenster hin und her. Offenbar hatte er mit seiner Frage einen Nerv getroffen.

»Nein. Nie. Aber er kennt sich mit dem Räuchern und der Sudzubereitung aus.«

Marx hob die Augenbrauen. Räuchern und Sudzubereitung? Was sollte das denn? »Ich verstehe nicht. Womit kennt er sich aus?«

»Das Haus ist für Leute, die an der Franzosenkrankheit leiden. Und es heißt, sie könne mit Guajakholz behandelt werden. Der Fugger hat für seine kranken Bediensteten das Haus da hinten bauen lassen. Aber ich glaube, da steckt mehr dahinter.«

Reichtum war einerseits etwas Wunderbares, weil es einen der alltäglichen Sorgen enthob. Andererseits war er auch ein Fluch, denn Geld versetzte einen in die Lage, die Menschen in jene zu trennen, denen man Hilfe zuteilwerden ließ, und in andere, die man davon ausschloss. Auch Fugger ging auf diese Weise vor. Wer ihm im Leben geholfen hatte, dem half er ebenso, alle anderen waren ihm egal. Eine sehr eigene Art der Nächstenliebe und Jenseitsfürsorge.

»Es wird gemunkelt, dass er das Guajakholz aus Westindien kommen lässt«, flüsterte die Alte und beugte sich näher zu Marx. Er roch ihre bittere Ausdünstung. »Achacius wird damit behandelt werden.«

»Euer Mann ist krank?«, fragte er, obwohl er genau wusste, wie schlecht es dem Hutter Achacius ging. Er hatte ihn ja gesehen und gesprochen. Die Franzosenkrankheit also. Das erklärte auch die Flecken im Gesicht und die blasse Hautfarbe.

»Er darf weiter hier bei mir wohnen bleiben, muss nur zur Kur rüber ins Holzhaus.«

Marx sah einen Hoffnungsschimmer am Horizont aufscheinen. »Und wie kommt er hin und zurück? Ihr könnt ihm … ich meine, Ihr seid … Ihr seht schlecht, und er ist nicht gut zu Fuß.«

Die Babette legte den Kopf schief, als müsse sie genauer hinhören, was er ihr sagen wollte.

»Ich könnte ihm helfen, wenn die Kur anfängt«, setzte Marx nach.

Eine Pause entstand, in der Marx versuchte, seine Erregung im Zaum zu halten, indem er ruhig und regelmäßig weiteratmete. In diesem halben Jahr war mehr passiert, als ihm lieb war.

»Ich muss Euch ohnehin aufsuchen wegen meines Stumpfes. Ihr müsst ihn weiter behandeln, Babette. Ich halte es sonst nicht aus. Bei Eurer Pflege geht es mir besser als bei diesem Grobian, dem Bader Jörg. Und es wäre eine kleine Gegenleistung.«

Dass es mehr war, wollte er ihr nicht auf die Nase binden. Wenn es ihm gelingen würde, eine engere Beziehung zwischen sich und den beiden Alten zu knüpfen, könnte er vielleicht seinen Plan in die Tat umsetzen. Endlich.

»Marx«, sagte die Alte leise, und in den Ohren des ehemaligen Scharwächters klang es weniger wie eine Anrede, sondern wie eine Drohung. »Ich weiß nicht, was du vorhast. Aber du solltest dich vorsehen. Einen Jakob Fugger hintergeht man nicht.«

Marx nickte, bis ihm bewusst wurde, dass die Alte ihn nicht sehen konnte.

»Ihr hört die Flöhe husten, Hutterin«, versuchte er, sie zu beschwichtigen. Er musste sich gut mit ihr stellen. Wenn sie ihm misstraute, würde er verlieren. »Habt Ihr einen Wunsch, Babette?«

Die Hutterin lachte.

Heiterkeit war ein Zustand, der vieles löste, und vor allem den Blick auf die ernsten Dinge im Leben trübte. Mit Heiterkeit und Gelächter konnte man manches in einem Nebel der Sorglosigkeit verbergen, bis es gebraucht wurde und in seiner ganzen Schärfe zutage treten durfte.

»Ach, Jungchen, das hättest du mich vor fünfzig Jahren fragen sollen«, gab sie zurück und kicherte dabei wie ein frühreifes Mädchen. »Aber jetzt?«

Mit dem Blick eines Mannes, der sich in seiner Jugend wenig hatte entgehen lassen, musterte er die alte Hebamme, und ihm war bewusst, dass er sie auch als junge Frau nicht angerührt hätte.

»Heutzutage …«, fuhr sie fort. »Heutzutage befriedigt nur noch das Gebet. Die Neher Eva bringt mich zum Gottesdienst. Am Morgen oder am Abend. Ihr seht also, es gibt nichts, was Ihr mir Gutes tun könnt. Man wird im Alter bescheiden.«

Marx wurde hellhörig. Die Neherin führte die Babette zum

Gottesdienst? Irgendwie musste ihm dieser Umstand zum Vorteil gereichen. Aber er durfte nichts übereilen, sondern musste erst einen genauen Plan ausarbeiten.

»Womöglich kann ich diesen Dienst auch einmal übernehmen, wenn die gute Frau verhindert ist. Bis dahin ...«

Er verabschiedete sich, nicht ohne einen ganzen Krug Schnaps als kleines vorbeugendes Geschenk für Achacius auf die erste Treppenstufe gestellt zu haben.

Doch Marx ging nicht nach Hause. Er hatte zwei Dinge zu tun: Einmal musste er zu dem Prediger gehen, der in St. Jakob die Messe las, und ihm mitteilen, wen er unter seinen Schützlingen finden würde, und zum anderen wollte er mehr über die Holzkur erfahren. Dazu musste er jemanden finden, der etwas darüber wusste.

Mühsam humpelte er die Straße entlang, die auf das neue Holzhaus zulief. Drei Gebäudeteile hatte Fugger zu einem größeren Gebäude zusammenfassen lassen. Es störte Marx, dass alle diese Häuser gleich aussahen. Die Menschen waren aber nicht gleich. Sie waren höchst unterschiedlich. Aber vielleicht war das auch nur seine Sicht der Dinge. Womöglich sah die Welt von den Höhen eines Jakob Fugger, vom goldenen Berg des Reichtums aus betrachtet, tatsächlich anders aus. Arm war arm und blieb arm. Warum also die Menschen voneinander unterscheiden, wenn sie ohnehin gleich waren an Armut und Erbärmlichkeit. Marx spuckte auf die Straße, um den bitteren Speichel loszuwerden, der sich in seinem Mund angesammelt hatte.

In der linken unteren Wohnung hatte der Holzvater mit seiner Familie Quartier bezogen. Je länger Marx darüber nachdachte, desto klarer wurden ihm die Konturen seines Plans.

»Joss Neher«, murmelte er mehr zu sich selbst als zu den Bewohnern des Gebäudes hinüber. »Du wirst dir wünschen, nie geboren worden zu sein.«

Abrupt wandte er sich um und verließ hinkend die Siedlung.

18. Kapitel

AUGSBURG, EISHEILIGE IM MAI 1524

Die Morgen- und die Abendmesse finden in St. Jakob statt. Das Gebet für den Fugger könnt Ihr auch dort abhalten«, hatte Pater Finn ihnen damals, eine Woche, nachdem sie in das Holzhaus eingezogen waren, erklärt.

Sie hatten einen Kirchenbesuch mit allen aus der Siedlung gemieden und gehofft, so dem allgemeinen Widerwillen zu entgehen. Ihre Gebete hatten sie in einer der Seitenkapellen ausgeführt und darauf geachtet, dass Pater Finn sie regelmäßig dabei sah.

Jetzt, nach fast einem halben Jahr, gingen sie zum ersten Mal zu viert in die allgemeine Morgenmesse. Der Tag war während der Eisheiligen noch frisch und kühl und vertrieb die Müdigkeit aus den Knochen. Barthlen lehnte sich müde gegen den Arm seines Vaters. Els und Eva standen auf der anderen Seite der Kirche. Es wurde streng auf die Trennung von Männern und Frauen geachtet. In der Kirche, während des Gottesdienstes, sollte keine Berührung, kein heimlicher Blick, kein verschämtes Lächeln die Andacht stören und das Gebet behindern. Die Menschen sollten ihren Geist auf Gott und nicht auf die Welt und ihre Verlockungen richten, insbesondere, wenn sie nach dem Predigtdonner Pater Finns ins Unglück gestürzt waren und nur durch ein christliches Werk aufgefangen werden konnten. Noch während die Worte wie Schläge auf sie niederprasselten, überlegte Eva, wodurch sie denn den Pfad der weltlichen Glückseligkeit verlassen hatten. Laut des Predigers war das einzig und allein die Folge eigener Schwächen. Wer diesen nachgab, verlor den festen Boden unter den Füßen und geriet auf einen abschüssigen Pfad. Er kam ins Rutschen, und so ging er dahin. Die Menschen sollten sich überlegen, an welcher Stelle des von Gott für den Einzelnen vorgeplanten Weges sie abgeirrt waren, und versuchen, zumindest im Gebet Reue zu zeigen, auch wenn Umkehr und Wiedergutmachung nicht mehr möglich waren.

Es war Pater Finn, der mit gewaltiger Stimme die Höllenqualen auf die Häupter der Bewohner von Augsburg herabrief und sie zu Willfährigkeit und Demut aufforderte.

So mancher zitterte wie Espenlaub angesichts der Martyrien, die von der Kanzel herab geschildert und auf die Gemeinde ausgegossen wurden. In den Köpfen der allermeisten beschwor der Geistliche damit eine Dunkelheit herauf, die kaum zu ertragen war.

Seine Lippen sprühten förmlich Geifer. Eva wagte nicht, den Kopf zu heben und diesen Inquisitor im Geiste anzusehen. Allein die Tatsache, dass sie wusste, was Pater Finn trieb, wenn er von der Kanzel herabstieg und sich nach der Messe zu einem der Handwerksmeister zum Freitisch begab, ließ sie seine Tiraden ertragen. Es waren Worte, nichts als Worte, die auf sie niederregneten. Spätestens zwischen den Schenkeln der Frau des Zunftoberen der Zimmerer, Michl Jordan, vergaß er all das höllische Wetterleuchten wieder, das er hier heraufbeschworen hatte, und wurde zu einem amoralischen Menschen wie sie alle.

Sie sah zu Els, die neben ihr stand. Tränen liefen dem Mädchen über die Wangen und tropften auf den Steinboden. Eva versuchte, sie zu beruhigen, indem sie sich dicht neben sie stellte, um ihr in all der Kälte, die verbreitet wurde, etwas Wärme zu spenden.

Die Aufmerksamkeit des Paters hatte allein der Predigt gegolten. Den Rest der Zeremonie vollzog er nachlässig und fahrig, huschte über die Liturgie und deren Gebetsteile hinweg und stand bereits vor dem Lettner, bevor die Wandlungsglocken ganz verklungen waren.

Die Erwachsenen schoben sich geordnet nach vorn, um den Leib Christi zu empfangen. Auch Eva wollte sich die Hostie abholen, endlich wieder, nachdem sie seit Oktober nicht mehr am Abendmahl teilgenommen hatte, und reihte sich ein. Els und Barthlen blieben, wo sie waren, während sie und Joss, der mittlerweile wieder gut und kräftig erholt aussah, beinahe gleichzeitig vor dem Altar ankamen, er in der Männerreihe, sie in der Frauenreihe.

Eva schloss die Augen. Sie war die Nächste. Sie hörte den Spruch, als ihr der Leib Christi angeboten wurde, und öffnete den Mund, damit Pater Finn ihr die Hostie auf die Zunge legen konnte. Doch sie spürte nichts.

»Nein!«, hallte es durch die Kirche, deren Akustik die Stimme des Geistlichen mehr als verstärkte.

Zuerst begriff sie nicht, wem dieses Nein galt. Sie wunderte sich nur, weil ihre Zunge langsam trocken wurde, und sie befürchtete, die Hostie würde nicht darauf haften bleiben und zu Boden fallen. Sie schloss den Mund, befeuchtete die Zunge wieder, öffnete die Lippen und bot ihre Zunge erneut an.

»Nein! Ich werde Euch das Abendmahl nicht erteilen, Neherin«, donnerte es abermals durch den Kirchenraum.

Eva glaubte, Els aufschluchzen zu hören.

»Warum tut Ihr das?«, hörte sie jetzt neben sich ihren Mann fragen.

Endlich öffnete Eva die Augen und blickte in Pater Finns zornrotes Gesicht.

»Was ... was ist ... denn?«, stotterte sie.

»Er verweigert dir das Abendmahl«, sagte Joss gepresst.

»Euch ebenfalls, Joss Neher. Ich werde niemandem das Abendmahl spenden, der sich außerhalb der Gemeinschaft der Gläubigen gestellt hat.«

Jetzt war sich Eva sicher. Els schluchzte. Sie hob den Kopf und empfing gleichzeitig eine Warnung des Geistlichen, die so unmissverständlich war, dass sie zusammenzuckte.

»Verschwindet und tut Buße. Wer den Scharfrichter berührt, begibt sich ins Abseits.«

Sie wollte antworten, wollte ihm seine Scheinheiligkeit vorwerfen, aber Joss hatte sie schon am Oberarm gepackt und zerrte sie von dem Geistlichen weg. Im Weggehen drehte sie ihm den Kopf zu.

»Wir sind nur unserer Pflicht als Menschen nachgekommen. Unsere Seele wurde berührt, und wir haben ...«, versuchte sie, sich zu rechtfertigen, doch die Stimme Pater Finns hallte in der gesamten Kirche wider und verschluckte ihre Worte.

»Ihr seid nicht mehr Teil unserer Gemeinschaft!«, schrie er förmlich, und es klang, als würde der Herrgott selbst das Wort führen.

Joss und Eva flüchteten durch die Menge der Menschen, die sich am frühen Morgen hier eingefunden hatten. Eva nahm sie alle nur verschwommen wahr, wie durch einen Nebel. Kaum jemand sah sie direkt an. Viele blickten zu Boden oder an die Decke der Kirche. Manche schüttelten den Kopf, andere schlugen die Hände vors Gesicht oder schluchzten auf, und Eva begriff, dass diese Leute hier sie nicht verurteilten, sondern verstanden. Ihnen war Ähnliches widerfahren, sie hatten ebensolche Momente erlebt – sie hatten sich in den letzten Monaten an sie gewöhnt und sie als Menschen kennengelernt.

Und plötzlich schwebte ein Satz im Raum, der den Nebel vor ihren Augen auseinandertrieb, als hätte es ihn nie gegeben.

»Jesus ist Nächstenliebe, und Ihr vergeht Euch gerade an diesem Gebot des Glaubens, Priester!«

War der Raum bis dahin erfüllt gewesen mit einem trotzigen Gemurmel, das die Ablehnung der Haltung Pater Finns unterstrich, wich diese jetzt einer beängstigenden Stille. Eva hörte nur noch die Schritte ihrer Familie, wie sie sich dem Ausgang zuwandte.

»Wer wagt es, das zu sagen?«, ertönte die barsche Stimme des Paters.

»Der Teufel, der Euch holen wird, Finn!«

Eva zögerte, den Kirchenraum zu verlassen. Sie blieb auf der Schwelle stehen und sah sich um. Wer hatte da gesprochen? Sie nicht. Ihr Mann? Unmöglich. Er war vor ihr aus der Kirche gestürmt. Sie blickte zur Empore hoch, ob dort jemand stand – sie war leer.

Alle sahen sich an, ob nicht der eine oder andere sich durch ein Grinsen verriet, doch sie blickten alle nur in betretene Gesichter. Pater Finn drehte sich abrupt um und verschwand hinter dem Lettner. Man hörte, wie er den Altargerätschaften regelrecht Gewalt antat. Es klirrte und schepperte wie in einer Küche. Dann hörte man Schritte, und der Geistliche verschwand in der Sakristei.

Eva wusste nicht, was sie davon halten sollte. Alle Blicke wandten sich ihr zu, wie sie da unter dem Türsturz stand und nicht vorwärts- und nicht zurückkonnte.

Die Leute starrten sie an, und Eva hatte das Gefühl, nicht die Tatsache, dass sie den Henker beerdigt hatten, wurde ihr vorgeworfen, sondern die beiden Sätze, die eben gefallen waren.

»Ich war es nicht«, sagte sie in die Stille hinein. »Er vergnügt sich ganz unchristlich mit einer Frau. Vielleicht holt sie ja beide der Teufel.«

Damit trat sie hinaus, und die Tür fiel hinter ihr in Schloss.

Draußen warteten Joss und die Kinder.

»Was jetzt?«, fragte ihr Mann.

Sie sah ihm an, dass er keineswegs so betroffen war wie sie. Glaube, das war für ihn etwas, das nur für Frauen taugte.

Sie atmete durch. »Wir werden damit zurechtkommen. Ich habe die Zusage Jakob Fuggers – und niemand, auch kein Geistlicher, wird sich mit ihm anlegen wollen«, entgegnete sie trotzig.

Sie lächelte schwach, weil sie sah, wie sich Barthlen an seinen Vater drängte, während Els mit hängenden Armen und Schultern vor ihr stand.

»Zur Not …«, sagte Joss und nahm auch Els an der Hand. »Zur Not machen wir gemeinsam eine Pilgerfahrt nach Santiago de Compostela.«

»Was?«, entfuhr es Eva. Sie musste beinahe lachen. War das ein Witz, oder meinte Joss es ernst? Sie wusste, dass er sich nicht vor solch langen Reisen fürchtete, schließlich war er selbst als junger Mann über das große Meer gesegelt.

»Wir sollten zuerst unser Leben hier ins Lot bringen«, murmelte sie und trottete hinter Joss und den Kindern her.

Als sie auf den Platz einbog, der zum Tor der Fuggerei führte, sah sie Marx an der Wand eines der Gebäude lehnen. Er beobachtete sie. Als er bemerkte, dass sie ihn entdeckt hatte, zog er seinen

Mantel enger um sich und ging hinkend seines Weges. Sie glaubte, ihn leise lachen gehört zu haben.

19. Kapitel

AUGSBURG, MAI 1524

Marx schwitzte. Hätte ihm jemand vor Monaten erzählt, wie mühsam die Humpelei auf einem Bein mit Krücke war, hätte er ihn ausgelacht. Was konnte an solch einem lustigen Hinken beschwerlich sein, wenn man ein zweites Bein aus Holz besaß, das einen nicht einmal schmerzen konnte? Von einer aufgeriebenen Achsel und dem Pulsen im Stumpf hatte er nichts gewusst.

Noch schlimmer war es aber, wie er mit dieser Beschädigung als Mensch wahrgenommen wurde. Wenn er durch die Gassen ging, sah er den Blicken der Mitbürger an, dass sie ihn sofort als Krüppel einstuften und sich überlegten, wie viel er für die Gemeinschaft noch wert war. Und den Schluss, den sie zogen, spürte er immer wieder am eigenen Leib. Er wurde beiseitegestoßen, in den größten Dreck der Gasse gedrängt, die Leute ließen ihn warten oder spuckten ihn sogar an. Bisweilen wurde ihm eine Münze vor die Füße geworfen, oder eher vor den Fuß – und er hasste sich dafür, dass er sich bückte und sie aufhob, statt sie liegen zu lassen.

Manche erkannten ihn noch. Sie wechselten die Straßenseite, um nicht mit ihm reden zu müssen. Er winkte ihnen zu, doch sie übersahen ihn, indem sie angestrengt geradeaus blickten. Nicht ein Wort wollten sie mit ihm sprechen, der auch schon vor der Kirchentür von St. Moritz stand und die Hand aufhielt. Es konnte ja sein, dass er sie auf der Straße anbettelte. Außerdem konnte man unmöglich wissen, ob er nicht auch noch irgendwelche Krankheiten mit sich herumschleppte.

Wer nicht aussah wie alle, war unerwünscht. Wer unerwünscht

war, wurde ausgegrenzt. Dabei fühlte sich Marx wie zuvor, nur dass er jetzt einen Holzstiel unter der Achsel führte und dafür einen Unterschenkel weniger besaß. Der Gedanke an den Zimmerer und das Holzhaus ließ ihn nicht mehr in Ruhe und trieb ihn vorwärts, seit er die Häuser gesehen und mit der Hutter Babette gesprochen hatte. Jakob Fugger hatte ein solches Haus errichten lassen, folglich war damit Geld zu verdienen. Der Mann beschäftigte sich mit nichts, was ihm keinen Gewinn versprach. Deshalb musste Marx sich an die Spur des Geldes heften. Er wollte einen Platz in der Fuggerei, auch wenn er kein Bediensteter des Hauses am Weinmarkt war. Und das ging nur, wenn er herausfand, was es mit diesem »Holz« auf sich hatte, das hier eingesetzt werden sollte. Dieser Gedanke war ihm erst seit Kurzem in den Sinn gekommen.

Marx war unterwegs zu einem, der es wissen musste: zum Bader Jörg. Der Bader und Zahnbrecher hatte schon immer die Scharwächter behandelt und ihm auch das Bein abgenommen. Der Kerl war grob und ein Heuchler, aber er wusste zumeist, was er tat.

Die Hügel der Stadt waren das Schlimmste. Bis dahin war Marx nicht bewusst gewesen, wie bergig dieses Augsburg war. Er hatte das Gefühl, sich immerzu irgendwelche Steigungen hinaufwuchten zu müssen.

Als er vor dem Haus des Baders stand, spürte er seine Achsel nicht mehr. Die Querstrebe der Krücke war blutig, und nicht nur sein Stumpf pochte, als wäre er ein selbstständiges Lebewesen. Dennoch hielt Marx nicht inne. Mit letzter Kraft schlug er mit der Faust gegen die Tür und wartete. Doch niemand öffnete ihm. Er drückte die Klinke und versuchte vergeblich, die Tür aufzuschieben – sie war abgesperrt.

Marx verdrehte die Augen. Sicher war der Mann irgendwo unterwegs, um Patienten zu behandeln. Er überlegte, wie lange er warten sollte – und hatte eben beschlossen, es am nächsten Tag noch einmal zu versuchen, als der Bader die Straße heraufgewankt kam. Er war betrunken. Marx fluchte, aber er konnte jetzt auf Jörgs Zustand keine Rücksicht nehmen.

Kurz bevor er am Haus eintraf, kramte der Mann schon in seiner Tasche nach dem Schlüssel.

»Gott zum Gruße«, sagte Marx, aber sein Gegenüber nahm ihn gar nicht wahr, so sehr war er mit dem Schlüssel beschäftigt. Marx trat beiseite, damit ihn der Bader nicht mit dem Schlüssel in der Hand umstieß.

Kaum hatte er ihn ins Schloss gesteckt, rutschte der Bader aus, schlug mit dem Kopf gegen die Tür und blieb blutend liegen. Marx fluchte wieder.

Er entriegelte die Tür und stieß sie mit der Schulter auf. Mit einer Hand packte er den Bader am Kragen und zog ihn mühsam und mit kleinen Schritten ins Haus. Der Flur führte rechts in eine Art Wohn- und Arbeitsraum. Unter Aufbietung seiner letzten Kräfte, weil er sich mit seiner Krücke im Gleichgewicht halten musste, schob er den Betrunkenen hinein und ließ ihn auf den Boden sinken.

Die Haustür schlug er mit seiner Krücke zu, nachdem er den Schlüssel abgezogen hatte. Durch ein einziges kleines Fenster fiel ein wenig Licht ins Innere. In dem Raum, der nach Blut und Kräutern roch, standen ein Schaff mit Wasser und ein Krug. Marx zog sich einen Schemel heran, ließ sich darauf fallen und griff sich den Krug. Er füllte ihn mit Wasser und goss den Inhalt mit einem Schwall über dem Bader aus.

Der prustete, schnappte nach Luft und war plötzlich hellwach. Er sah sich um, rieb sich die Augen, schnaufte und entdeckte endlich den Mann vor sich auf dem Hocker.

»Verdammt, was soll das?«, fauchte er einigermaßen verständlich.

»Ich hab dich ins Reich der Lebenden zurückgeholt, mein Freund.«

Der Bader Jörg sank wieder in sich zusammen und murmelte etwas Unverständliches. Doch sobald er die Augen schloss, kippte Marx erneut den Krug über ihm aus.

»Was soll …?«, schrie der Bader und stemmte sich hoch.

»Ich brauche deinen Rat«, fiel ihm Marx ins Wort.

»Hätte das nicht Zeit gehabt bis …«, maulte Jörg und setzte sich auf. Er befühlte seinen Kopf und zuckte, als er die kleine Platzwunde berührte. Er betrachtete die Hand, an der Blut haftete. Es dauerte eine Weile, bis er einen Zusammenhang herstellen konnte.

»Nein! Jetzt!«, unterbrach ihn der ehemalige Scharwächter.

»Hast du mich niedergeschlagen?«, fragte Jörg verwundert.

»Das hast du schon selber vollbracht. Mit dem Kopf gegen die Tür. Ich hab dich nur ins Haus gezerrt.«

Der Bader griff sich mit beiden Händen an den Kopf und stöhnte. »Was willst du?«, fragte er ergeben. »Ich muss schlafen. Zwei Amputationen in der Nacht, das ist kein Honigschlecken. Entweder ab mit den Händen oder Tod.«

Noch vor wenigen Monaten hätte Marx den Bader gefragt, ob er damals nicht damit hätte warten können, ihm das Bein abzunehmen. Heute wusste er, dass es wirklich um Stunden ging, wenn man nicht wollte, dass der Wundbrand zuschlug und das letzte Urteil über den Kranken fällte. Entzündungen waren eine Strafe der Hölle – und eine Amputation versprach noch lange keine Genesung. Er selbst hatte dabei mehr Glück als Verstand gehabt, das war ihm bewusst.

»Was weißt du über das Holzhaus in der Fuggersiedlung?«

Von unten sah ihn der Bader verständnislos an. Erst langsam reagierte sein Schnapsgehirn, und schließlich grinste er über das ganze Gesicht.

»Man muss katholisch sein und einen unbescholtenen Leumund haben, mein Freund, wenn man aufgenommen werden will. Außerdem dürfen derzeit nur Bedienstete des Hauses einziehen – und vielleicht die einen oder anderen mit gutem Leumund. Hast du für die Familie Fugger gearbeitet?«

Marx spuckte auf den Boden. »Das war nicht meine Frage«, sagte er ruhig.

»Aber der Hintergrund dafür. Oder hast du die Franzosenkrankheit? Zu oft bei den Hübschlerinnen vorbeigeschaut? Einen zu lockeren offenen Hosenstall durch die Gegend geführt?«

Marx beugte sich vor und stieß ihm mit der Krücke gegen den Leib. »Was weißt du? Raus damit!«

Der Bader Jörg streckte die Hand aus, damit Marx ihm aufhalf, doch der übersah sie zuerst, dann breitete er die Arme aus.

»Ich kann nicht. Mit fehlt ein Bein, das elendiglich pulst und juckt.« Er öffnete die Handflächen, wie um zu zeigen, dass das fehlende Bein Auswirkungen auf seine Arme und Hände hatte.

»Was ich über das Holzhaus weiß, willst du wissen?«

Marx nickte. Er beobachtete jede Bewegung des Baders.

»Nichts!« Jörg grinste. Umständlich kroch er zu einem Tisch, zog sich daran hoch und blieb schwankend stehen. »Außer dass es den Winter über gedauert hat, bis Fugger ausreichende Lieferungen an Guajak beibringen konnte. Vor Kurzem wurde es eröffnet.«

Marx hätte ihm am liebsten mit seiner Krücke die Beine weggeschlagen. Aber es nützte ihm nichts, wenn er es sich mit dem Bader verdarb.

»Was ist mit diesem besonderen Holz?«, drängte er weiter.

»Hast du's schon mal gesehen?« Jörg grinste, wankte nach hinten in die Stube zu einer Truhe und holte ein Stück Holz hervor, das mit seiner grauen Rinde völlig unscheinbar wirkte. »Du darfst es anfassen, aber es gehört mir«, setzte er hinzu und reichte es Marx.

Der betrachtete den Prügel, fühlte dessen erstaunliches Gewicht und prüfte die glatte Rinde sowie den rötlichen Anschnitt. Dann zuckte er mit den Schultern. »Und das soll alles sein?«

Jörg schüttelte den Kopf. Er konnte sich zwar kaum auf den Beinen halten, aber er holte ein Messer aus dem Gürtel und raspelte von der Schnittfläche einige wenige Späne ab. Er gab sie in eine Steinschale und holte aus dem Ofen einen Rest Glut hervor, den er in die Schale legte. Sofort entwickelte sich ein erdig-würziger Duft, der süßlich und angenehm den Raum füllte.

Während Marx das Aroma mit geblähten Nüstern einsog, schloss der Bader kurz die Augen und wäre vermutlich erneut zu Boden gesunken, wenn ihn nicht ein Schlag mit der Krücke getroffen hätte. Sofort war er wieder hellwach.

»Das ist alles?«, wiederholte Marx. »Da werden Holzspäne verbrannt, und die Kranken dürfen daran riechen?«

»Entschuldige«, erwiderte Jörg. »Würde sich ein Jakob Fugger damit abgeben, wenn man nur Holzspäne verkaufen müsste?«

Marx schüttelte den Kopf. Diese Überlegung hatte er auch schon angestellt.

»Was du da in der Hand hältst, Marx, ist so viel wert, wie du im Jahr als Scharwächter verdient hast.«

Marx' Kinn klappte auf die Brust.

»Es wird mit Gold aufgewogen. Und wenn du mich fragst, warum, dann liegt es daran, dass mit ihm angeblich die Franzosenpocken geheilt werden können.«

Marx wusste von dieser Krankheit. Sie wütete, seit dieser Christoph Columbus wieder aus den westlichen Ländern über dem Meer zurück war. Rasend breitete sie sich aus, befiel Männer wie Frauen, Arme wie Reiche. Angeblich wurde sie von Landsknechten verbreitet. Auch Achacius, der Mann der Hutterin, litt darunter.

»Es heilt die Franzosenkrankheit? Wie?«

»Mit Räucherwerk und Sud. Man kann das Öl der Pflanze auch auskochen und den Kranken zum Trinken verabreichen. Es schmeckt grauenhaft.«

Marx musste nachdenken. In dieser Lobeshymne auf das Guajakholz gab es eine kleine Unstimmigkeit, die ihm sofort aufgefallen war.

»Du sagtest ›angeblich‹. Heilt sie nun, oder heilt sie nicht?«

»Die einen sagen so, die anderen so. Ein Arzt aus Einsiedeln, Theophrastus Bombastus von Hohenheim, der auch hier durch Augsburg gekommen ist und in Wien arbeitet, ist der Meinung, die Holzkur bewirke nichts. Sie erleichtere allenfalls den Geldbeutel der Kranken, nicht aber deren Leiden.«

Warum hatte der Fugger dann so ein Holzhaus bauen lassen? Marx mussten die Zweifel an den Aussagen des Baders ins Gesicht geschrieben stehen, denn Jörg lachte leise.

»Man muss wissen, dass der Alte vom Weinmarkt ein Handelsmonopol auf die Einfuhr des Guajak besitzt. Jeder Stamm, der aus der Neuen Welt nach Europa kommt, gehört ihm. Jede Räucherkur, jeder Trunk wird mit Fuggerholz zubereitet. Was, glaubst du, hält Jakob Fugger von diesem jungen Doktorschnösel aus der Schweiz, der ihm hier ein einträgliches Geschäft verderben will? Die Krankheit breitet sich rasend schnell aus. Die Menschen brauchen mehr eine Hoffnung als das eigentliche Holz. Und der Fugger bietet beides. Da kann er Kritik nicht gebrauchen.«

Jetzt hatte Marx begriffen, und er nickte. »Weil einmal gestreute Gerüchte nur schwer aus der Welt zu schaffen sind, will er mit der Behandlung im Holzhaus beweisen, dass das Guajak die Krankheit heilt.«

Dem Bader fielen zwischendurch immer wieder die Augen zu. Jetzt fuhr er hoch und grinste den Scharwächter an. »So ist es, Marx«, murmelte er. »Er braucht Erfolge. Das Guajak wird unter seiner Obhut angewandt, es wird Kranken verabreicht, die in seinen Diensten gestanden haben. Er setzt Männer ein, die Erfahrung mit diesen Kuren haben – und schließlich kann er verkünden, dass wirkt, was wirkt.«

Marx pfiff anerkennend. »Ein Geschäft mit der Angst.«

Jörg zeigte ein breites Grinsen, das eine Lücke in den Backenzähnen offenbarte.

»Genau. Ein ausgezeichnetes Geschäft mit der Angst.«

20. Kapitel

AUGSBURG, MAI 1524

Die Aufgabe des Holzvaters ist es, den Sud herzustellen, den die Kranken trinken sollen, ihnen eine Salbe aufzutragen und die Späne für die Rauchkur bereitzustellen.«

Adolph Occo sah sie mit durchgestrecktem Oberkörper und erhobenem Kopf von oben herab an. Der lockige Bart und die langen Haare waren bereits von grauen Strähnen durchzogen. Auf seinem Kopf thronte eine Fellmütze, die wohl verdecken sollte, dass sein Haupthaar am Hinterkopf längst licht wurde.

Eva und Joss standen mit ehrfurchtsvollen Mienen in seinem Haus im Pfaffenwinkel vor ihm, und Joss knetete seine Mütze in der Hand.

Doktor Occo war eine beeindruckende Erscheinung. Er war sich seiner Autorität bewusst und gebärdete sich wie ein Herr, dabei war er nur Arzt. Seine Stirn legte sich in Falten, als sich Joss räusperte und zu einer Frage ansetzte.

»Herr …«

»Ja?«, stieß Occo in einem Ton hervor, der keinen Zweifel daran ließ, wie sehr er sich durch diesen Zwischenruf gestört fühlte. Man stellte Kapazitäten wie ihm keine Fragen, sondern führte aus, was sie verordneten.

»Ich kann den Sud mittlerweile zubereiten. Ich habe auch schon Räucherkuren angewandt, aber …«

»Aber was?«, herrschte ihn der Arzt ungeduldig an.

»Wie stelle ich aus dem Guajakholz Salbe her? Ihr seid sicherlich der ausgewiesene Fachmann für solche Medikamente und könnt mir einen Hinweis …«

Joss schluckte, als wäre er verunsichert und mit seiner Bitte zu weit gegangen.

Eva bewunderte ihren Mann. Seine Lobhudelei gegenüber dem Arzt wirkte gekünstelt, doch der Doktor bemerkte davon nichts. In seiner Welt war die Ernsthaftigkeit zu Hause. Eva wusste sehr wohl, dass Joss keinerlei Ahnung von alledem gehabt und einfach alles ausprobiert hatte. Aber er hoffte zumindest, aus Occos Erklärungen noch andere Vorgehensweisen ableiten zu können. Und er schmeichelte dem Mann, was ihrer Stellung nur dienlich sein konnte.

Die Kur sollte von Mitte März bis Mitte November durchgeführt werden – und es gab gewisse Anlaufschwierigkeiten, was die Aufwärterin und die Lieferung des Guajak anbelangte, sodass sie jetzt erst kurz nach den Eisheiligen die ersten Kranken behandelten. Kaum jemand wollte im Holzhaus arbeiten. Alle fürchteten die Miasmen des Holzes. Vier Aufwärterinnen waren bereits getürmt, nachdem sie das Haus betreten hatten und ihnen der Geruch in die Nase gestiegen war.

Occo nickte etwas ungehalten, aber zufrieden, weil Joss offenbar seine Bedeutung als Mediziner erkannt hatte. Er fuhr sich mehrmals bedeutungsschwer durch den Bart.

»Ihr habt mit der Zubereitung der Salbe nichts zu tun. Das ist natürlich Sache des Arztes. *Ich* koche die Holzsalbe. Dafür benötige ich jedoch feinste Holzraspel. Aufgemerkt: *feinste* Holzraspel. Habt Ihr das gehört? Nicht Grobes wie bei der Räucherkur. Sie müssen so fein sein, dass sie wie Staub wirken. Nur dann kann ich den Wirkstoff auskochen. Ihr habt die Salbe nur aufzustreichen.«

Joss nickte. Eva senkte den Kopf, um ihr Schmunzeln zu verbergen. Mit seiner Frage hatte ihr Mann herausgefunden, wie sie besser vorgehen konnten.

»Ich kontrolliere den Sud, ich kontrolliere die Raspeln für die Rauchkur – und ich will, dass die ausgekochten Späne der Trinkkur getrocknet und unter die Rauchkurspäne gemischt werden. Das macht den Rauch milder.«

Wieder nickten sie beide.

Und billiger, dachte sie, weil so auch der Abfall verwendet wird und bezahlt werden muss.

»Und wo, Herr, finden wir das Guajakholz?«, fragte Joss.

Das war wirklich eine entscheidende Frage. Bislang hatten sie das Holz verwendet, das bei der Eröffnung geliefert worden war. Doch von dem Stapel in der Werkstatt war jetzt nichts mehr übrig.

Verblüfft musterte Occo das Paar. »Woher soll ich das wissen? Fragt bei Fugger nach. Er wird ein Lager dafür besitzen.«

Joss senkte Blick und Kopf tiefer.

»Ihr seid entlassen. Ich schaue morgen nach den ersten Kranken. Und ja, Ihr müsst einen Geistlichen besorgen, der ihnen die Beichte abnimmt. Ohne Reinigung der Seele wird es keine Reinigung des

Körpers geben. Schaut nach jemandem, der dies den Kranken vermittelt. Keine erfolgreiche Beichte, keine Heilung. Gibt es da nicht diesen Prediger von St. Jakob? Er scheint seine Aufgabe ernst zu nehmen.«

Ein kurzer Blick zu Joss sagte Eva, dass sie beide denselben Gedanken hatten. Sie würden wohl oder übel Pater Finn damit betrauen müssen. Fraglich war, ob er überhaupt mit ihnen reden würde.

Doktor Occo wandte sich ab und trat an sein Stehpult. Die Audienz schien beendet. Als Eva und Joss sich verbeugten und aus der Tür schlüpfen wollten, drehte sich Occo noch einmal halb zu ihnen um.

»Ihr seid der Zimmerer, der den Scharfrichter begraben hat?«, fragte er so beiläufig, als wünsche er einen guten Abend.

»Ja, Herr … meine … Frau und …«, stotterte Joss.

»Eine gute Tat. Ganz im Sinne der Nächstenliebe. Ihr könnt stolz darauf sein.«

Eva und Joss sahen sich erstaunt an. Sie warteten, ob er noch etwas hinzusetzen würde, doch er blieb stumm und blätterte in seinen Papieren. Also verließen sie den Raum, und Joss zog leise die Tür hinter sich zu.

»Merkwürdig«, sagte Eva, als sie auf die Gasse hinaustraten.

Joss nickte. »Ein ehrlicher Mann, wenn auch ziemlich von sich überzeugt und reichlich überheblich.«

Sie schwiegen, während sie in Richtung Domstadt gingen.

»Dann an die Arbeit«, sagte Joss nach einer Weile.

»Zuerst müssen wir das Holz besorgen«, erwiderte Eva.

Joss hielt sie am Arm fest. »Sprich du mit dem Fugger. Du kennst ihn ja schon«, sagte er und sah sie an.

Eva wusste, was ihr Mann mochte und was nicht. Und mit dem Kaufmann zu reden war ihm unangenehm.

Sie nickte. »Dann gehen wir gleich hin. Durch die Domstadt, das ist kürzer.«

Sie liefen nebeneinander her. Als sie durch das Frauentor

schlüpften, rief ihnen der Wächter dort etwas nach, aber sie taten, als hätten sie es nicht gehört. Sie beschleunigten nur ihre Schritte, durchquerten das Löwenportal und gelangten durch das Marienportal wieder nach draußen.

Immer wieder blieben Mönche oder Geistliche, denen sie begegneten, stehen und sahen ihnen nach.

»Was haben wir nur an uns?«, flüsterte Eva.

»Wir sind vermutlich die Einzigen hier, die an die Nächstenliebe und ernsthaft an das Wort des Herrn glauben und sich entsprechend verhalten. So etwas fällt auf«, spottete Joss, der den einen oder anderen Kuttenträger übertrieben höflich grüßte. Er sprach die Wörter »Nächstenliebe« und »Wort des Herrn« so laut aus, dass es um sie herum gehört wurde.

»Hör auf«, zischte Eva. »Du bringst uns noch wegen Gotteslästerung in den Kerker.«

»Ich lästere nicht Gott, ich lästere über die Scheinheiligkeit seines irdischen Personals«, gab er zurück.

Doch es wurde ein Spießrutenlauf. Immer mehr Geistlichen begegneten sie, und immer lauter wurde das Geflüster in ihrem Rücken, bis sich schließlich ein Dominikaner, der gut zwei Köpfe kleiner war als Joss, vor ihnen aufbaute und lospoltern wollte. Aber bevor er auch nur ein Wort sagen konnte, nahm Joss ihn links und rechts beim Arm, hob ihn auf und stellte ihn neben sich.

»Wir wollten Euch nicht umrennen, Vater«, sagte er leise und mit unterwürfigem Ton. Der Dominikaner war so verblüfft, dass ihm die Kapuze vom Kopf glitt. Als er die Sprache wiedergefunden hatte, waren Eva und Joss durchs Schwalbeneck bereits aus dem Domviertel verschwunden.

»Demnächst müssen wir wohl oder übel einen Umweg machen«, sagte Joss und steuerte auf das Rathaus zu.

Sie überquerten den Platz. Der Mettlochbach hatte einen Teil davon unter Wasser gesetzt, sodass sie einen kleinen Bogen schlagen mussten. Kurze Zeit später standen sie am Rindermarkt, und Eva pochte mit dem eisernen Griff der Tür an das Holz.

Es hallte im Inneren. Nichts rührte sich. Erst als Eva ein zweites und drittes Mal klopfte, hörten sie Schritte, und ein Lakai öffnete. Schon als er die beiden Handwerker sah, rümpfte er die Nase.

»Doktor Occo schickt uns zu Herrn Jakob Fugger wegen des Guajakholzes. Sagt ihm doch bitte, der Zimmerer Joss Neher und seine Frau …«

Der Mann sah mit unbewegter Miene durch sie hindurch. Ohne ein Wort schloss er die Tür wieder.

»Hat der jetzt mitbekommen, was wir wollen?«, stieß Eva verblüfft hervor.

Joss zuckte mit den Schultern. »Konnte man nicht erkennen. Warten wir einfach. Er wird sich schon rühren.«

Sie warteten von einem Schlag der Glocke bis zum nächsten. Dann verlor Joss die Geduld. Mit drei kräftigen Hieben des Türklopfers machte er auf sich aufmerksam – und als sich niemand rührte, verdoppelte er seine Anstrengung.

Diesmal wurde rasch geöffnet.

»Verschwindet, Gesindel!«, fauchte der Lakai. »Der Herr ist nicht zu sprechen.«

Joss war so verunsichert, dass es ihm die Sprache verschlug. Dafür hatte sich Eva wieder gefangen.

»Für uns ist er zu sprechen!«, gab sie barsch zurück. »Er erwartet uns nämlich. Und wenn Ihr Euch nicht beeilt, dann …«

Weiter kam sie nicht, denn wieder wurde ihnen die Tür vor der Nase zugeschlagen.

»Dann eben nicht«, sagte Joss. »Irgendwann wird dem Herrn Fugger schon auffallen, dass wir kein Guajakholz verbrauchen. Gehen wir.«

Eva zögerte, aber sie war ebenso enttäuscht wie Joss. Insgeheim hatte sie gehofft, einen Blick in die berühmte Goldene Schreibstube werfen zu können, von der gemunkelt wurde, die Wände seien mit Blattgold verziert und die Türgriffe aus reinstem Silber.

»Du hast recht«, erwiderte sie dann. »Wir müssen uns nicht so behandeln lassen.«

Sie gingen nebeneinander her und wichen dem schmalen Lauf des Mettlochbaches aus, als sie von oben angesprochen wurden.

»Joss Neher?«

Eva drehte sich als Erste um und blickte um sich, entdeckte aber niemanden, der sie ansprach, bis Joss nach oben zeigte. Der Erker, in dem sich die Goldene Schreibstube befand, schaute auf den Mettlochgraben hinaus, und hinter dem offenen Fenster war undeutlich eine Gestalt zu erkennen.

»Was wollt Ihr?«, fragte die Stimme von oben.

»Ist das Jakob Fugger?«, flüsterte Joss Eva zu, und sie nickte.

»Wir wissen nicht, wo wir das Holz holen sollen, Herr«, rief sie. »Das …«

»Schon gut«, unterbrach Jakob Fugger sie energisch. »Wartet einen Augenblick.«

»Kommt er jetzt persönlich zu uns herunter?«, fragte Joss, während sie wieder auf die Tür zugingen.

»Der Lakai hat ihm offensichtlich unser Anliegen nicht ausgerichtet«, entgegnete Eva.

Sie sahen sich in die Augen, und Eva suchte Joss' Hand.

Es hatte etwas gedauert, bis sie sich nach dem Gespräch mit dem Fugger überwinden konnten, das Pilgerhaus von St. Jakob zu betreten. Joss pochte und trat ein, obwohl ihn niemand dazu eingeladen hatte. Eva folgte ihm und schloss hinter ihnen die Tür. Sie fühlte, wie ihr der Schweiß auf die Stirn trat.

Jemandem zu begegnen, der einen im Namen des Glaubens abgrundtief hasste, war nicht einfach. Dennoch hatte ihr Vorschlag bei Jakob Fugger Gehör gefunden.

Eva war einerseits nervös, andererseits fühlte sie eine gewisse Schadenfreude, denn so, wie sie den Geistlichen einschätzte, würde er anbeißen. Der Köder dafür war Gold. Keiner aus dem Augsburger Klerus konnte dessen Ruf widerstehen, sosehr er sich auch sträubte.

Sie standen beide im Flur des Gebäudes. Links von ihnen gingen zwei Zimmer ab.

Joss klopfte gegen die erste Tür und öffnete sie, obwohl er nichts hörte. Er spähte hinein. »Ob er nicht zu Hause ist?«, flüsterte er.

Vorsichtig betraten sie die Stube des Pfarrers.

»Es hieß, um diese Zeit sei er immer hier anzutreffen«, entgegnete Eva und sah sich um.

Joss nickte. Seine ganze Haltung zeigte nichts mehr von der Sicherheit und dem Selbstbewusstsein von eben. Selbst seine Stimme hatte einen rauen Klang. »Wir setzen uns und warten auf ihn.« Er flüsterte wieder.

»Du kannst ganz normal reden. Dann erwecken wir nicht den Eindruck, heimlich hier eingedrungen zu …« Eva verstummte.

Zum Nebenraum hin gab es eine Durchreiche. Also war dort die Küche. Eine Aufteilung, die den Häusern der Armensiedlung Jakob Fuggers ähnelte. Aus der Öffnung drang ein regelmäßiges Klopfen, als würde jemand etwas gegen den Ofen schlagen, als rühre die Köchin dort einen Teig an. Gleichzeitig vernahmen sie kurze Atemstöße.

Eva und Joss sahen sich an. Joss hob die Augenbrauen. Eva verzog angewidert das Gesicht.

»Offenbar holt er sich seine Mittagsmahlzeit«, murmelte Joss. Laut rief er: »Pater Finn, seid Ihr da?« Er grinste frech. Seine Sicherheit war zurück.

Hinter der Klappe ertönte ein hektisches Gestoße und Geschepper, einige kleine, angesetzte, aber nicht ausgesprochene Flüche, das Rascheln von Kleidung. Dann waren Schritte zu vernehmen, die Tür zur Stube flog auf, und Pater Finn stand auf der Schwelle. Sein Gesicht war hochrot. Schweiß hatte sich auf den Wangen gebildet, und auch sein Hemd war am Kragen durchgeschwitzt. Statt seiner Barfüßerkutte trug er eine dunkle Soutane, hatte aber vergessen, die Knöpfe im unteren Bereich zu schließen. Ein Zipfel seines Hemdes schaute verwegen daraus hervor.

Eva starrte kurz darauf, dann hielt sie sich die Hand vor die Augen und sah beiseite, was den Pater offenbar völlig verunsicherte. Schließlich sah er an sich herunter, entdeckte das Missgeschick und drehte sich kurz um, um seine Kleidung zu richten. Er beugte sich vor und streckte ihnen dabei seinen Hintern entgegen.

Als er sich wieder Joss und Eva zuwandte, hatte seine Miene wieder diesen bitteren Ausdruck angenommen, den er schon in der Frühmesse damals vor sich hergetragen hatte.

»Was wollt ihr Gesindel hier? Ich werde meine Meinung nicht ändern«, blaffte er sie an. »Die Missachtung kirchlicher Gebote bleibt die Missachtung kirchlicher Gebote! Ich will euch nicht sehen.«

»Ihr könnt ja die Augen zukneifen«, entgegnete Joss ungerührt.

Dem Pater blieb kurz der Mund offen stehen. Diese Antwort hatte er wohl nicht erwartet. Doch bevor er etwas erwidern konnte, fuhr Joss fort: »Immerhin hat uns Jakob Fugger in seiner Siedlung aufgenommen. Ein Mann mit Herzensgüte, der seine Bibel kennt und nach ihr handelt.«

Er sah dem Pfarrer direkt in die Augen. Dessen rotes Gesicht färbte sich noch dunkler. Er sah aus, als stünde er kurz vor dem Bersten.

»Was wollt ihr?«, wiederholte er schneidend.

»Jakob Fugger schickt uns und …«, begann Eva.

Pater Finn brach in lautes Gelächter aus und klopfte sich auf die Schenkel. »Das ist gut«, keuchte er, »wirklich gut … Jakob Fu… Fugger!«

Eva und Joss sahen sich verwirrt an.

»Was findet Ihr so lustig?«, fragte Joss, als Pater Finn kurz nach Atem ringen musste.

Schlagartig endete sein Heiterkeitsausbruch, und seine Augen wurden schmal. »Ihr beiden Vögel als Boten Jakob Fuggers? Das ist ein wirklich guter Witz … ein wirklich guter Witz.« Wieder prustete er los.

»Wie der Witz von der Keuschheit der Barfüßer?«, konterte Eva und sah ihn an.

Sofort verstummte das Gelächter, und Pater Finns Augen sprühten Funken der Wut. »Was glaubt Ihr …«

»Wir haben Euch gehört«, sagte Joss und deutete zu der Durchreiche, die ein kleines Stück offen stand.

»Und gesehen!«, schwindelte Eva. »Außerdem … ich sage nur, Michl Jordan und dessen Frau.«

Wieder klappte der Mund des Paters auf. »Untersteht Euch …«

Eva ging einfach über seine unterschwellige Drohung hinweg. »Hört genau zu. Wir sollen Euch dieses Angebot nur einmal unterbreiten: Jakob Fugger hat, wie Ihr sicher wisst, in seiner Armensiedlung in der Nähe ein Holzhaus eingerichtet, in der die Franzosenkrankheit behandelt werden soll. Wir sind darin Holzvater und Holzmutter. Die Kranken müssen jedoch zuvor eine aufrichtige und umfassende Beichte ablegen, damit die Kur wirksam wird. Er bietet Euch die Aufgabe des Beichtigers an – gegen eine angemessene Vergütung.«

Pater Finn starrte Eva und Joss an, als hätten sie ihm einen unsittlichen Vorschlag gemacht. Er schüttelte den Kopf, schluckte mehrmals und stellte endlich die Frage, auf die alles hinauslief: »Wie viel?«

Eine Stille breitete sich aus, die Eva genoss. Das gierige Hecheln des Geistlichen war förmlich zu hören, aber sie war keineswegs gewillt, ihn sofort vom Haken zu lassen.

Sie wiegte den Kopf. »Wir müssen noch einmal mit Jakob Fugger sprechen. Schließlich mussten wir feststellen«, sagte sie mit einem Blick zu Joss, »dass die sittliche Festigkeit des Beichtigers nicht den Wünschen unseres Herrn entspricht. Wir berichten ihm und überlassen ihm die Entscheidung.«

Ein kurzer Blick auf die Leistengegend des Paters führte dazu, dass dieser an den Knöpfen herumfummelte, weil noch immer nicht alle wieder geschlossen waren.

»Aber … also … so war das nicht … Ihr habt da … ein Missverständnis … fragt ruhig die Köchin des Pilgerheims …«

Eva lächelte, aber ihre Augen musterten den Mann kalt, der

noch nicht einmal zu seiner Verfehlung stand. »Das werden wir, Pater Finn. Ihr versteht sicher, dass wir noch keine abschließende Zusage geben können …«

»Dann spreche *ich* mit Jakob Fugger«, fiel ihr der Priester ins Wort. »Er wird mich, Pater Finn von den Barfüßern bei St. Jakob, sicherlich empfangen.«

»Wird er nicht«, sprang Joss seiner Frau bei. »Er hat so etwas vermutet und klar geregelt, dass nur wir beide, die Holzeltern, mit ihm reden können. Solltet Ihr bei ihm erscheinen, verfällt das Angebot.«

Joss und Eva nickten Pater Finn zu und drängten sich an ihm vorbei zur Tür.

»Ihr hört von uns«, sagte Eva. »Und grüßt die Köchin. Oder ist sie noch nebenan? Dann könnte ich sie ja gleich befragen.«

Sie verließen die Stube und liefen zur Küche. Als Eva die Tür öffnete, stand dort eine junge Frau, die Hände vor der Brust gefaltet. Ihr Gesicht war tränenüberströmt.

»Geht es Euch gut?«, fragte Eva sanft und schickte Joss hinaus. »Wie heißt Ihr?«

Die Magd sah auf. An ihrem Hals waren rote Striemen zu sehen, und ein Kratzer lief über die Wange.

»Aennlin«, sagte sie gepresst und mit einem tiefen Schluchzen.

Eva lächelte verständnisvoll.

»Wir suchen noch eine Aufwärterin für das Holzhaus. Wie wäre es?«

21. Kapitel

AUGSBURG, SEPTEMBER 1524

Die Tore schlossen gegen zehn Uhr mit den Glockenschlägen der Barfüßerkirche, die mächtig über die Siedlung hinwegklangen und noch in der Körpermitte nachwummerten. Es war ein gutes Jahr gewesen, seit sie im März das Holzhaus eröffnet hatten. Jetzt neigte sich das Jahr langsam seinem Ende zu, und die Nächte wurden frisch.

Eva löschte das Licht und schlüpfte zu Joss unter die Decke. Die Kinder waren längst eingeschlafen. Sie drückte sich an den warmen Körper ihres Mannes. Der Heizstein wanderte ans Fußende. Eva genoss die Arme, die sich um sie legten, und den Atem, der in ihren Nacken blies, und schloss die Augen. Es war ein ruhiger Tag gewesen, auch wenn ihr noch die Bilder der kranken Frauen vor den Augen tanzten, die durch Pusteln und Flecken, Entzündungen und Ausschläge entstellt waren und die sie immer mit großen, erschöpften Augen voller Hoffnung angesehen hatten. Der Gegensatz von Kälte im Raum und Wärme unter der Decke entspannte sie, und allmählich sank sie in einen Zustand, in dem sie sich von allen Zwängen und Ängsten entfernte.

Plötzlich schreckte sie auf. Sie vernahm ein schnarrendes Brummen, das regelmäßig einen Teppich aus Takten in die Dunkelheit spann. Es kam von weither und näherte sich langsam. Kurz darauf vernahm sie eine kräftige Flöte, die auf diesen brummenden Takt aufsetzte und darin zu weben begann, bis eine wiederkehrende Melodie zu hören war. Schließlich forderte mit drei kräftigen Stößen eine Sackpfeife das Recht, die Melodiestimme zu einem Tanz der Töne anzuführen.

Eva öffnete die Augen. Sie träumte nicht. Irgendwo in der Stadt spielten Musikanten. Sie drehte sich zu Joss um und sah im Mondlicht, das durch das Fenster hereinfiel, wie er sie mit seinen hellen Augen anschaute.

»Was ist das?«, fragte sie.

Die Bettdecke zurückzuschlagen und nachzusehen, wagte sie nicht. Es war zu kalt draußen. Nachts kühlte es bereits deutlich ab.

»Wir könnten nachsehen«, flüsterte Joss ihr ins Ohr.

»Aber wir können die Siedlung nicht verlassen«, sagte Eva.

Joss wiegte den Kopf. »Wir finden einen Weg nach draußen. Wir haben schon so lange nicht mehr getanzt.«

Er drängte aus dem Bett. Nur widerwillig gab Eva nach. Noch hielt sie sich die Decke bis ans Kinn.

»Und wenn die Kinder aufwachen?«

»Nehmen wir sie mit. Sie sind alt genug«, bestimmte Joss.

»Bist du verrückt?«, fuhr ihn Eva an.

»Nicht verrückter als du«, sagte Joss und küsste sie auf die Wange. »Raus jetzt.«

Die drei Instrumente hatten sich jetzt zu einem sich ständig wiederholenden und schlangenartig sich windenden und ineinanderfließenden Klang verwoben, der in den Beinen juckte.

»Auf dann!«, sagte sie und sprang aus dem Bettkasten.

Sofort griff die kühle Luft nach ihr und stach ihr in Fußsohlen und Waden. Bibbernd rollte sie oberschenkellange Wadenwärmer über ihre Unterschenkel, streifte sich ihr Kleid über und wickelte dickere Filzlappen um die Füße, bevor sie in ihre Holzschuhe schlüpfte. Alles war klamm und kalt. Nur das Zittern ließ ein wenig Wärme in die Kleidung fließen – und langsam wurde ihr wärmer.

Joss war ebenfalls rasch aus dem Bett gehüpft und hatte Hose, Wams und seine Lederstiefel angezogen. Kaum waren sie fertig angekleidet, stand wie durch Zauberhand Els im Raum, Barthlen an der Hand.

Die offene Tür ließ die Musik noch deutlicher in den Raum dringen. Der schnarrende Grundton hatte sich beschleunigt, und die Sackpfeife jubilierte, als hätte sie eine Wette gewonnen. Nur die Schalmei blieb gleichmäßig und brummte ihren Takt vor sich hin.

»Zieht euch an, Kinder. Wir sehen nach, was draußen geboten

wird«, forderte Joss die beiden auf. Und obwohl aus ihren Augen eine tiefe Müdigkeit sprach, liefen die Kinder zurück in ihr Zimmer und hüllten sich in ihre wärmsten Sachen. Kurze Zeit später verließen sie gemeinsam das Haus.

Sie waren nicht die Einzigen, die den Lockruf gehört hatten. Aus allen Türen sahen die Bewohner nach draußen, manche waren noch im Nachtgewand, andere hatten sich angekleidet. Es war ein magischer Klang, dem sie folgten – er zog sie wie an einer Schnur hinter sich her und führte sie bis an die Kreuzung der Mittleren Gasse mit der Erweiterung Richtung Westen zum Ochsenlech hinaus, wo die Häuser erst halb fertig standen und oft nur die Grundrisse am Boden festgelegt worden waren. Im flackernden Licht von zwei Feuern wirkten die Holzgestelle der Häuser wie Wesen aus einer anderen Welt, die sich mit ihren Schattenarmen bewegten und mittanzten.

Es war keine Musikantentruppe aus der Stadt. Es waren auch keine Spielleute außerhalb der Fuggersiedlung. Es waren Bewohner, die sich an diesem Samstagabend eingefunden hatten und auf ihren einfachen Musikinstrumenten spielten.

Mitten auf dem Platz waren zwei Gitterroste errichtet und darin Feuer entzündet worden. Die Musikanten standen um diese Feuer herum. Eva erkannte den Maurer Sepp, dessen Frau bei ihnen zur Behandlung im Holzhaus lag. Ein ehemaliger Müller, dem zwei Finger der linken Hand fehlten und der Eva als Klosterhuber Karre vorgestellt worden war, spielte die Schalmei. Nur den Sackpfeifer kannte sie nicht mit Namen. Gesehen hatte sie den mürrischen Kerl aber schon öfter, doch noch nie so entspannt und fröhlich wie beim Spiel auf seinem Instrument. Es war, als würde eine Hülle abfallen und ein anderer Mensch darunter hervorkommen. Eine Larve verwandelte sich durch die Musik in einen Schmetterling.

Die Neher-Familie stellte sich in den Schatten der Häuser, der durch das Mondlicht geworfen wurde.

Die Spielleute jagten immer schnelleren Melodien nach, je mehr Bewohner sich um sie versammelten. Einige wippten mit den Beinen, andere wiegten sich im Takt – und wie auf einen Befehl hin begannen wieder andere zu tanzen. Sie griffen sich den Mann oder die Frau neben sich und drehten erste Kreise. Schon bald lachten alle, und keiner stand mehr ruhig um die Musiker herum.

Joss und Eva blieben mit den Kindern im Hausschatten stehen. Sie sahen zu. Alles, was sich Eva gönnte, war ein Wiegen der Hüften. Joss, der sie an der Hand genommen hatte, machte mit. Sie genossen diese Freude nach einem Jahr, in dem sie vor allem Schmerz und Ausgrenzung erlebt hatten.

»Warum tanzen wir nicht?«, fragte Els ihre Mutter.

Eva seufzte. »Ich glaube, wenn wir in das Rund treten, werden die Spielleute aufhören zu spielen. Wir sind noch immer …« Aussätzige hätte sie sagen wollen, verkniff es sich aber. Sie waren nicht aussätzig. Allein ihre Arbeit verschaffte ihnen Respekt.

Doch Els hörte nicht auf ihre Mutter. Sie hatte bemerkt, dass ein junger Kerl sie entdeckt hatte, ebenso alt wie sie und eindeutig bei einem Bäcker tätig, denn sein Haar war noch weiß vom Mehl. Er war aus der Hinteren Gasse getreten. Offenbar war von dort aus der Schatten nicht so tief und das flackernde Licht zeigte die Familie – oder zumindest Els.

Zielsicher lief er auf das Mädchen zu, griff nach ihrer Hand und zog sie in den Lichtkreis. Els ging mit, ohne auf ihre Eltern zu sehen.

Joss wollte eingreifen, aber Eva hielt ihn zurück.

»Lass sie. Wir haben die beiden ja im Blick. Sie wird erwachsen, Joss. Sie ist jetzt sechzehn. In zwei Jahren wird sie heiraten und eine eigene Familie gründen.«

Joss schnaubte, hielt sich aber zurück.

Barthlen begann, sich um sich selbst zu drehen. Mit geschlossenen Augen wiegte er sich im Klang der Instrumente.

Die Männer spielten selbstvergessen. Die andauernde Wiederholung, die Wirbel und selbstständigen Zwischenarabesken, die sie sich erlaubten, gaben einem das Gefühl, als würde man aus der Zeit fallen.

Die Bewohner lachten einander an. Man gehörte zusammen, man war eins mit dieser Welt und in dieser Welt. Niemand von außen griff auf sie zu, sagte ihnen, was sie zu tun oder zu lassen hatten. Selbst Paters Finns Höllenmetaphorik schmolz zu einem lächerlichen Winseln, das durch die Sackpfeife niedergerungen wurde. Die Musik blies und scharrte etwas Leichtigkeit in den tristen Abend. Die Menschen fühlten sich erhoben.

Joss umfasste Eva von hinten und wiegte sich mit ihr. Sie drehte sich zu ihm um, legte ihren Kopf an seine Schulter. Im Takt der Musik schwangen sie langsam die Hüften. Auch sie spürten, dass sie ein Teil der Gemeinschaft geworden waren.

Unmerklich entfernten sie sich aus dem Schatten und drehten sich mit geschlossenen Augen immer näher zum Feuer hin. Sie bewegten sich im Einklang mit dem Atem, den die Leichtigkeit durch die Instrumente erhalten hatte.

Abrupt verstummte die Musik. Eva öffnete die Augen. Sie und Joss standen zwischen den Feuern.

»Die Frevler!«, zischte es ihnen entgegen. »Wer hat euch erlaubt, hier mitzutanzen?«

»Wer den Henker bestattet, gehört ins Feuer!«

»Raus mit euch aus der Siedlung. Ihr gehört nicht hierher!«

»Wie? Ihr wagt es?«

»Gesindel. Haut ab!«

»Haltet ein!«, rief eine andere Stimme dazwischen. »Wir sitzen alle im selben Boot.«

»Lasst sie in Ruhe«, bestätigte eine zweite.

Eine dritte Stimme rief. »Sie tanzen nur, sie beißen nicht.«

Eva konnte die Rufer nicht ausmachen. Sie zogen sich jedoch sofort zurück.

So wogten die Meinungen um das Feuer hin und her, einmal ablehnend, einmal zustimmend.

Aber dann kippte die Stimmung, als wäre mit der Zunahme der Schimpfwörter und Tiraden die Schwelle gefallen, sich gegen die Holzeltern auszulassen. Immer hässlichere Namen wurden ihnen gegeben. Schließlich drohte man ihnen offen, sie ins Feuer zu werfen. Zwei Holzbrände seien ja vorhanden.

Eva schlug sich die Hände vor den Mund, sah entsetzt in die Runde. Von den ruhigen, entspannten Gesichtern war nichts mehr zu sehen. Der Hass verzerrte die Züge, ein Hass, der zu den unflätigsten Ausdrücken fand und ihnen diese entgegenwarf.

Joss reagierte zuerst. Er hob ein Holzscheit auf, das vor dem Gitterrost lag, und schwenkte es wild hin und her, schlug hierhin und dahin, ohne auf die Folgen zu achten.

Der erste Stein flog noch an ihnen vorbei und landete, über ihre Köpfe hinwegsegelnd, auf dem Kiesboden. Unwillkürlich duckte sich Joss und ein zweiter, etwas größerer schlug gegen seine Brust.

»Weg hier!«, befahl er.

Barthlen hatte sich hinter ihn gestellt, als die ersten Schimpfwörter auf sie niederprasselten. Joss packte den Buben, drückte ihn mit der Linken an seine Brust, nahm mit der Rechten seine Frau, und sie eilten die Gasse hinauf in Richtung Holzhaus.

Ein vielstimmiges Johlen des Triumphes begleitete sie.

»Wir werden niemals dazugehören«, sagte Joss atemlos.

Doch das gab den Ausschlag. Eva blieb stehen.

»Wir sind wie sie!«, sagte sie bitter.

Ohne ein weiteres Wort ließ sie Joss stehen, nahm ihm aber zuvor das Holzscheit aus der Hand.

»Eva!«, rief er. »Nicht!«

Barthlen fing an zu weinen, und Joss schluckte hörbar.

Eva hob den Kopf, drückte die Schultern durch und kehrte ans Feuer zurück. Das Johlen verstummte.

Sie warf das Scheit in die Flammen, sodass eine Funkenfontäne aufstob.

Alle Blicke wandten sich ihr zu. Bevor jemand etwas sagen konnte, rief sie in die Menge hinein, die dastand und sie anglotzte: »Aussätzige in einer Stadt der Aussätzigen. Was für ein Witz!« Sie holte Luft. »Aber wir sind keine Aussätzigen. Wir sind arm wie ihr, wir sind unschuldig wie ihr. Unser einziges Vergehen war, unsere

Christenpflicht getan zu haben. Deshalb hat euer aller Herr Jakob Fugger uns in diese Siedlung aufgenommen. Der Mann, der mit Königen und Kaisern spricht, der Mann, der mit dem Papst speist und mit Kardinälen disputiert, hat uns einen Platz angeboten, weil ihm unser christliches Werk höher gilt als aller Aberglaube und alle Gewohnheit und sogenannte Gesetzmäßigkeit.« Sie musste Luft holen, weil sie sich so in Rage geredet hatte, dass die warme Luft ihre Kehle austrocknete. »Wer seid ihr alle, die ihr aufgrund der Gnade unseres Herrn Jakob Fugger einen Platz in dieser Siedlung erhalten habt, dass ihr richtet, wo er nicht gerichtet hat?« Eva musste Tränen der Wut unterdrücken. »Keiner von euch ist ohne Fehl. Heute verweigert ihr uns das Miteinander in der Gemeinschaft – wem zeigt ihr morgen die kalte Schulter? Wann seid ihr dran, die ihr in der Stadt nur deshalb gelitten seid, weil ihr nicht vor den Kirchentüren und dem Ratssaal herumlungert und eure Hände den Reichen dieser Stadt entgegenstreckt. Ihr habt Gnade erfahren – warum verweigert ihr uns eure Gnade, die um so viel leichter ist?«

Erschöpft hielt Eva inne. Alle starrten sie weiter an, als wäre sie der Gottseibeiuns, der in ihre Mitte getreten war.

Plötzlich stand die Hutter Babette mit wackligen Beinen neben ihr und suchte nach ihrem Arm, um sich festzuhalten.

»Wär ich doch nur ein junger Springer, ich würd mithüpfen«, sagte sie bedauernd. Dann tätschelte sie Evas Arm. »Lass ihnen etwas Zeit, Mädchen. Sie sind wie … wie Kinder. Sie brauchen etwas, um sich an Neues zu gewöhnen.«

Mit einem Schnauben antwortete Eva: »Neu. Dass ich nicht lache. Wir wohnen jetzt seit einem Jahr in der Siedlung des Jakob Fugger. Wir sind nicht neu.«

Eva seufzte. Aber dann erblickte sie knapp außerhalb des Lichtkreises eine Gestalt, die ihr bekannt vorkam: die Frau mit der dunklen Schaube.

»Ist das dort hinten nicht …«

»Ja, Mädchen. Sie ist da. Sie freut sich an dieser kleinen Stadt in der Stadt. Sie steht dort schon seit einer ganzen Weile.« Flüsternd setzte die Hutter Babette hinzu: »Ich kann sie zwar nicht sehen, aber ich rieche sie immer. Sie riecht nicht nach Armut.«

»Warum kommt sie hierher? Sie hat doch alles. Geld, schöne Kleider, einen reichen Mann … Warum watet sie durch unser Elend?«

Die Hutterin stöhnte. »Die Beine, Kindchen. Die Beine. Früher wäre ich die ganze Nacht durchgehüpft und hätt mich dran gefreut, dass an solchen Tagen nicht nur Kinder und Erwachsene durcheinanderspringen, sondern auch übereinander herfallen. In solchen Nächten werden Kinder gezeugt, Eva.«

Eva ließ die Alte nicht los. »Weicht Ihr mir aus, Hutterin?«

»Nicht doch«, sagte diese. »Es sind ihre Bewohner. Fugger ist noch nie hier bei uns unten gewesen, stell dir vor! Er lässt eine Siedlung wie diese bauen und besucht sie nur, wenn Häuser gebaut werden. Aber Sibylla, die schleicht hier regelmäßig herum und redet mit den Armen.«

Evas Blick wanderte wieder zu der beinahe Unsichtbaren hinüber. Offenbar machte Reichtum nicht glücklich.

In diesem Moment begann die Sackpfeife zu spielen. Der Mann, den sie nur vom Sehen kannte, setzte wieder mit der Musik ein.

Die Ersten begannen zu tanzen. Eva stand, die Hutterin am Arm, am Rand und beobachtete das Treiben, das sie nicht recht begreifen konnte. Hatten die Bewohner ihr zugehört? Aber dann geschah etwas, was sie nicht glaubte.

Ein Mann trat aus einer Gruppe, die eben noch ihre Köpfe zusammengesteckt hatte, und kam auf sie zu. Sie kannte ihn. Es war der Schmied, der unter der Hutter Babette wohnte, Franz Gelder, dem eine Hand fehlte. Er trug einen Stuhl, den er vor der Hutterin absetzte.

Eva wich zurück, doch er lächelte sie an und streckte die noch vorhandene Hand nach ihr aus.

»Tanzt mit uns«, sagte er. »Ihr habt recht. Wer sind wir, über Menschen zu richten, die im selben Schlamm der Zeit stecken wie wir?«

Zögernd überließ Eva ihm die Hutter Babette. Behutsam setzte er die Alte auf den Stuhl. Bevor sie sich von Gelder in die Tanzrunde ziehen ließ, sah sie sich nach ihrer Familie um. Es wurde wieder getanzt. Die Bewohner hatten sie aufgenommen. Die Feier ging weiter, auch wenn Eva dem Frieden noch nicht recht traute.

Joss trat in den Lichtschein, setzte Barthlen auf den Boden und schob ihn vor sich her zu seiner Mutter hin, die sich mit dem Schmied zur Sackpfeife drehte. Sie löste sich von Franz Gelder und ging auf Joss zu.

»Wollen wir tanzen?«, fragte sie und sah ihm tief in die Augen.

Er sah jedoch an ihr vorbei, suchte nach etwas. »Wo ist Els?«

Eva stand da wie versteinert. In der ganzen Aufregung hatten sie Els vergessen. Sie hatten ihre Tochter am Feuer stehen lassen. Eva war die Lust auf einen Tanz vergangen.

»Wo haben wir sie zuletzt gesehen?«, fragte sie mit Panik in der Stimme. »Wir müssen sie suchen!«

Joss nickte und wollte eben weglaufen, als Eva ihn am Arm festhielt. Sie hatte plötzlich ein Bild vor Augen. Das Bild des jungen Bäckergesellen, der Els zum Tanz geholt hatte.

»Wir sollten tanzen, Joss. Bitte.«

»Ich werde meine Tochter nicht allein lassen. Wo ist sie hin? Wer hat sie von uns weggeholt?«, fuhr er sie an. Er entwand sich ihrem Arm und verschwand in der Nacht.

Eva blieb zurück und starrte zuerst ins Feuer, dann suchten ihre Augen nach der Fuggerin außerhalb des Lichtkreises. Doch diese war verschwunden. Alles war still. Erst als Barthlen sich an sie drückte, hörte sie wieder die Musik.

»Wo ist Vater hin?«, fragte er mit großen, müden Augen. »Ist er dir böse?«

»Nein«, sagte Eva und schüttelte den Kopf. »Er hat Angst um Els. Aber ich glaube, das muss er nicht.«

Sie hoffte nur, dass er keinen Unsinn machte, während er sein Mädchen suchte. Und sie hoffte, dass er sie nicht fand, jedenfalls nicht gleich.

Die Musik drang in sie ein, und auf der Melodie schwamm eine Erinnerung heran, wie sie Joss zum ersten Mal begegnet war, auf der Kirchweih von St. Georg. Sie waren auch verschwunden, und ihr Vater hatte sie gesucht. Nur dass er sie entdeckt hatte, hinter einer Kastanie, und für Joss hatte es zwei gewaltige Maulschellen gesetzt.

Sie musste lächeln und nahm Barthlen bei den Händen. Sie begannen, sich zur Musik zu drehen, und als der Sackpfeifer sah, wie Mutter und Sohn sich wiegten, verstärkte er seinen Ton und ging auf die beiden zu. Zu dritt drehten sie sich umeinander, und Eva schloss für einen Moment zufrieden die Augen.

Als sie die Augen wieder öffnete, stand Joss vor ihr. Er sah sie mit schief gelegtem Kopf an. »Warum bist du nicht beunruhigt?«

Sie musste lächeln und legte ihren Kopf an seine Brust. »Lass uns gehen«, sagte sie nur.

Er brachte sie und Barthlen nach Hause, ging aber noch einmal fort. Die Unruhe trieb ihn hinaus, um nach Els zu suchen. Eva ließ ihn gewähren.

22. Kapitel

AUGSBURG, SEPTEMBER 1524

Els stand vor der Tür. Frierend hatte sie die Arme um den Leib geschlungen und trat von einem Bein aufs andere. Joss wusste nicht, was er sagen sollte. Einerseits war er voller Wut, weil er ahnte, dass seine Kleine mit dem Jungspund irgendwohin ins Dunkel verschwunden war, andererseits hatte sie hierhergefunden und war sichtlich unbeschädigt. Nur das Haar war etwas zerzaust. Aber sie wartete auf ihn. Sie hätte ebenso ins Haus gehen können.

»Warum habt ihr mich nicht mitgenommen?«, fragte sie ihn mit einem vorwurfsvollen Unterton in der Stimme, bevor er losschimpfen konnte.

Joss fühlte sich überrumpelt. Er hatte sie überall gesucht und nicht gefunden, und jetzt warf sie ihm vor, sie nicht mitgenommen zu haben.

»Ich habe dich nicht gesehen«, versuchte er, sich zu rechtfertigen, obwohl er das nicht wollte. Nicht er hatte sich zu entschuldigen …

»Stimmt. Du hättest mich mit dem Holzscheit beinahe erschlagen, wenn mich Jonathan nicht rechtzeitig weggezogen hätte.«

Joss blieb stehen. Verblüfft starrte er Els an. »Du warst nicht da!«

»Ihr habt mich zurückgelassen in dieser … dieser Horde. Nur Jonathan hat zu mir gestanden.«

Die Kälte packte Joss am Genick und drückte ihn vornüber. Das war unmöglich. Er hatte sie nicht gesehen. Sie war nicht da gewesen. Er wusste es. Wusste es wirklich. Wusste er es wirklich?

»Aber … ich kann bezeugen …«

»Was nichts wert ist«, murmelte Els. »Ihr habt uns Kinder in diese Lage gebracht, ohne uns zu fragen. Wir können nicht mehr auf die Straße, ohne dass mit den Fingern auf uns gezeigt wird. Wir werden bespuckt, wir werden gemieden. Ich möchte das nicht.«

Joss schluckte. Natürlich litten auch die Kinder unter der Situation. Natürlich bekamen sie denselben Hass auf den Straßen ab wie ihre Eltern. Mit einem Unterschied …

»Ich will jemanden kennenlernen. Ich will eine Freundin haben. Ich will …«

Was trotzig ausgesprochen wurde, war ein Hilferuf, auf den Eva und er bislang nicht gehört hatten. Auch ihre Kinder waren isoliert, geächtet, ausgeschlossen. Doch bislang hatten sie es hingenommen, weil sie in dieser Siedlung einen Unterschlupf gefunden hatten, weil sie geglaubt hatten, sie wären von Gleichgesinnten aufgenommen worden. Dem war aber nicht so. Begehrte sie deshalb auf?

»Wer ist dieser Jonathan?«, fragte Joss. Er vermutete einen Makel bei diesem jungen Kerl, den er zuvor noch nie gesehen hatte.

»Was geht es dich an?«, antwortete Els mit blitzenden Augen.

Mit seiner großen Hand schlug er zu. Els wurde von der Ohrfeige so überrascht, dass sie hintenüberfiel und auf dem Hintern am Boden landete.

Seine Wut war so groß, dass seine Hände zitterten. Wie konnte sie es wagen, so mit ihm zu reden? Er war ihr Vater, und sie hatte ihm Respekt zu erweisen.

Die Tür ging auf. Eva stand auf der Schwelle. Sie blickte von einem zum anderen und wusste offenbar sofort, was vorgefallen war. Sie warf ihm einen zornigen Blick zu und beugte sich zu Els hinunter. Schließlich half sie ihrer weinenden Tochter auf, und beide gingen ins Haus, ohne sich weiter um Joss zu kümmern.

Er fluchte innerlich. Er war im Recht. Sie war nicht da gewesen. Für Letzteres hätte er seine Hand ins Feuer gelegt. Zwar hatte ihn der Furor gepackt, und er hatte wild um sich geschlagen, ohne jemanden nennenswert zu treffen. Aber er wusste genau, wer da gewesen war und wer nicht.

Und Els war nicht da gewesen!

Er drehte sich um, lief die Gasse entlang und bog nach Osten ab. Kein Mensch war mehr zu sehen. Die Musikanten waren nach ihrem Auftritt wieder in ihre Häuser zurückgegangen. Er glaubte sogar, irgendwo fern noch eine Melodie zu vernehmen. Kurz bevor er zum Tor kam, hielt er inne. Es war zu. Natürlich war es zu. Er hatte keinen Gedanken daran verschwendet. Um zehn Uhr wurde es geschlossen und erst gegen Morgen wieder geöffnet. Natürlich hatte das alles mit Sicherheit zu tun. Natürlich hatte es damit zu tun, dass der Fugger sich sorgte. Aber Menschen einzupferchen wie Pferde oder Schweine führte zum Gefühl, ein Pferd oder Schwein zu sein. Nutzvieh, schoss es Joss durch den Kopf. Sie waren religiöses Nutzvieh, dessen Aufgabe es war, Gebete zu sprechen, wie Kühe Milch gaben oder Schweine ihre Ferkel warfen.

Sein Atem ging schneller, und sein Mund wurde trocken. Es war mittlerweile sehr kalt geworden. Der Himmel war so klar, dass er glaubte, nach den Sternen greifen zu können. Er beugte sich vor, legte beide Hände auf die Oberschenkel. Der letzte Gedanke brachte ihn wieder zu Els zurück. Sie fühlte sich wie ein im Stall gehaltenes Haustier. Es hatte die Freiheit, zu fressen und sich zu vermehren, die Freiheit, zu lieben und zu hassen, aber es verbrachte sein Leben in einem Käfig. Es diente, gab Eier und Milch oder Haare und Federn. Es war nützlich, aber es lebte nur in einem eng begrenzten Raum.

Das regelmäßige Klacken eines Stabes ließ ihn hochfahren. Joss sah sich um, konnte aber niemanden entdecken. Rasch zog er sich in den Schatten der Traufen zurück. Wirkliche Verstecke gab es nicht.

Aus einer der Türnischen heraus beobachtete er eine Person, die aus der Verbindungsgasse in die Finstere Gasse einbog. Zwar hatte Joss sofort eine Vermutung, wer das sein konnte, aber erst als die Gestalt näher kam, war er sich sicher. Marx, der ehemalige Scharwächter mit dem amputierten Bein, kam auf ihn zu.

Was tat der Kerl um diese Zeit noch in der Fuggersiedlung? Bei wem hatte er sich aufgehalten? Hätte er nicht längst draußen sein müssen? Dafür war das System der geschlossenen Siedlung wieder gut. Unliebsame Menschen konnte man für eine bestimmte Zeit fernhalten.

In der Mitte der Gasse bliebt Marx stehen und musterte die nördlichen Fassaden zur Barfüßerkirche hin, als studiere er die Architektur. Letzteres war unmöglich, da alle Häuser ähnlich aussahen.

Joss drückte sich so tief wie möglich in einen Hauseingang, versuchte, mit dem dunklen Holz der Tür zu verschmelzen. Doch Marx interessierte sich nicht für seine Straßenseite. Er ging Tür für Tür ab, drückte ein Ohr dagegen, horchte und humpelte weiter. Joss schien es, als suche er nach einem bestimmten Geräusch. Marx brummte unzufrieden, und Joss verfolgte neugierig sein Tun. Schließlich blieb der Mann stehen. Er balancierte auf einem Bein und wollte eben mit dem Stock gegen das Türblatt klopfen, als er innehielt. Dann klemmte er sich die Krücke wieder unter und drückte die Klinke. Die Tür öffnete sich augenblicklich und schloss sich mit dem Zuschnappen der Verriegelung hinter ihm.

Joss runzelte die Stirn. Warum wollte der Kerl in ein Wohnhaus, in eine Wohnung? Brach er etwa ein? Zuzutrauen war es diesem Lumpen. Joss wartete kurz, ob er zurückkäme, aber es rührte sich nichts.

Langsam schälte er sich aus dem Dunkel, sah sich um und huschte dann hinüber zu dem Haus, in dem Marx verschwunden war. So leise wie möglich drückte er die Klinke herunter und betrat das Haus. Sofort war ihm klar, dass hier etwas anders war als in den übrigen Häusern. Wohnungen rochen nach den Menschen, die darin lebten. Hier aber roch es nach Tünche und frischen Fichtenplanken. Tief sog Joss den Geruch ein. Die Wohnung stand leer, war unbewohnt. Alle Türen waren geöffnet, in keinem Zimmer war ein Lebenszeichen zu entdecken. Ebenso fehlten Möbel und jeglicher Hausrat. Auf Zehenspitzen schlich er den Flur entlang und durchquerte den Mittelgang des Hauses, warf einen Blick links und rechts in die Räume. Marx war nirgends zu sehen.

Die Tür, die nach hinten hinausführte, stand ebenfalls einen Spalt offen. Langsam ging Joss darauf zu. Die Lücke war gerade so breit, dass er seinen Kopf hindurchstecken konnte. Vorsichtig schaute er nach draußen und erspähte Marx, wie er über die Wiese hinter dem Haus lief. Diese gehörte sicherlich nicht zu der Wohnung, denn die Häuser rechts und links von ihm besaßen keine Hintertür. Dieses Haus war eine Ausnahme.

Marx humpelte auf einen Schuppen zu. Die ihm zugewandte Seite des Gebäudes war Teil einer Gartenmauer. Eine Tür führte in den Garten. Man hatte anscheinend versucht, die Fensteröffnungen zu ihrer Seite hin zu verhängen, doch blitzte an zwei Stellen Licht durch die Bretter. Marx hatte offenbar nicht vor, das Gartenhaus zu betreten. Vielmehr horchte er an der Tür, schlich danach außen herum und mühte sich über die Mauer, die an einer Stelle beschädigt war, auf die andere Seite.

Joss überlegte kurz, ob er ihm folgen solle, ließ es dann aber. Er würde sich dieses Haus und sein Geheimnis und den Schuppen später noch einmal ansehen. Er begriff nicht, warum die Wohnung leer stand – Bedarf dafür war ja vorhanden. Oder wohnte hier doch jemand?

23. Kapitel

AUGSBURG, DEZEMBER 1524

Es regnete in Strömen, als wollte der Himmel Marx' Schicksal beweinen. Ein milder Winter schickte seine Botschaften vom Himmel und tränkte die Erde.

In den Gassen stand das Wasser, und von den Traufen pladderte es auf die Straße hinab. Ich muss verrückt sein, mich gerade heute zur Armensiedlung zu begeben, dachte Marx.

Er hatte sich einen breitkrempigen Hut aufgesetzt, eine Filzschaube übergeworfen und eine kleine Flasche mit Schnaps eingesteckt, von der seine Frau nichts wissen durfte. Sein gesunder Fuß steckte in einer erhöhten hölzernen Trippe, damit ihm nicht Wasser, Schlamm und Unrat in den Schuh liefen. Allerdings hatte er nicht bedacht, dass dann seine Krücke hätte länger ausfallen müssen. So musste er sich bedenklich weit nach rechts lehnen und wankte noch stärker als sonst.

Marie schlug das Hutzelbrot in Ölpapier ein und steckte es ihm unter die Achsel. Es war ein Brot aus den Früchten ihres Wasserbirnbaums im Gärtchen vor der Stadt. Es war ein mächtiger alter Kerl, der unzählige Birnen hervorbrachte – und bei deren Reife es am sichersten war, die Nächte vor Ort zu verbringen, damit die Jugend ihn nicht ableerte, bevor man selbst in den Genuss der Ernte kam. Diese Nächte waren für Marx eine bittere Zeit, aber es war nötig, denn seine Frau verkaufte das Brot. Ständig war ein Rascheln und Fallen, ein Plumpsen und Ploppen zu vernehmen, weil es die reifen Früchte regelrecht regnete. Er konnte kein Auge zutun. So manchem Dieb aus Gelegenheit hatte er schon einen schmerzhaften Hieb mit dem Schwert oder einen Stich mit der Pike versetzt, weil niemand damit rechnete, dass er die Früchte tatsächlich nicht aus den Augen ließ.

Früher hatte ihn Marie ab und zu besucht und ihn mit ihrem Körper wachgehalten und gewärmt, aber das war schon lange her und nur mehr eine Erinnerung. Seit Jahren verbrachte er die Wachen allein vor den Toren unter dem Baum und hatte versucht, den fehlenden Schlaf tagsüber auf der Mauer während seines Dienstes nachzuholen.

Marie sammelte tagsüber die gefallenen Früchte auf und trug sie zu dem hiesigen Bäcker, der in der Restwärme des Backofens daraus Hutzelbrote buk, die sie auf dem Markt anbot. Ein kleiner Mosaikstein ihres derzeitigen Überlebens. Eines der letzten dieser Süßbrote weichte eben unter seiner Achsel auf.

Der Regen rann ihm über den Rücken und in die Schuhe und tropfte von seiner Nase. Der Filzhut hielt ihn zwar ab und seine Wetterschaube trocken, doch seine linkes Hosenbein war bis zum Knie hinauf durchnässt.

Missmutig vor sich hinbrummend humpelte Marx in die Armensiedlung, bog bei der ersten Gasse nach rechts ab und stand alsbald vor dem Haus der Hutter Babette. Dabei nötigte ihm eine Beobachtung Bewunderung ab: Während sich in der Stadt das Wasser mitten in der Gasse sammelte und ablief, vereinigten sich hier Regenmassen links und rechts vor den Häusern zu kleinen Bächen. Dadurch blieb die Straßenmitte trocken. In der Stadt waren die Menschen gezwungen, am Rand zu gehen, und bekamen damit auch die Traufengüsse ab, hier lief man in der Gassenmitte und blieb von den Wassern der Hausdächer verschont, ohne dass das Regenwasser in die Eingänge lief.

Natürlich saß die blinde Hutterin nicht vor der Tür auf der Bank. Bevor Marx jedoch am Eingang klopfte, sah er sich um. Aus den Kaminen der drei Holzhäuser, die der Fugger zu einem hatte zusammenlegen lassen, stieg Rauch auf und drückte in die Gasse vor ihm. Der Rauch roch bitter. Holzvater und Holzmutter hielten die

Stuben einigermaßen warm und räucherten, obwohl jetzt, im Winter, keine Kuren durchgeführt wurden. Marx schnaubte verächtlich. Zumindest Ungeziefer hielt die Prozedur fern.

Schließlich pochte er mit seinem Stab gegen die Eingangstür, trat dann einen Schritt zurück und sah nach oben. Er nahm eine leichte Bewegung hinter dem Fenster wahr, dann knackte es, und die Tür sprang auf, ohne dass jemand zu sehen war.

Im ersten Augenblick fuhr Marx der Schreck in die Glieder. Schließlich war es nicht unwahrscheinlich, dass selbst so ein vermögender Mann wie der Fugger sich der allgegenwärtigen Zauberkraft bediente. Wie hätte er sonst in so kurzer Zeit so viele Häuser in dieser Gegend errichten können? Vorsichtig schob Marx mit seiner Krücke die Tür auf. Niemand befand sich dahinter. Langsam trat er auf die Schwelle und sah sich um. Nichts deutete darauf hin, dass es sich hier um eine übernatürliche Kraft handelte.

Schließlich wagte er sich die Treppe hinauf. Oben erwartete ihn Achacius.

Der Mann der Hutter Babette sah aus, als hätte ihn das Schicksal ausgespien. Sein Gesicht war gelblich, seine Augen glänzten wässrig, und die Lider waren entzündet. Überall auf der Haut hatten sich kleine rötliche Geschwüre gebildet, und die Finger hatten unter den Nägeln eine bräunliche Farbe angenommen. Überhaupt sahen die Nägel aus, als würde sich das Horn darauf schuppen.

»Grüß Gott, Achacius!«, rief Marx nach oben. »Ist die Babette auch da?«

Der Mann sah ihn an, als habe er nicht verstanden, was Marx gesagt hatte. Nur seine Augen wurden größer, dann schüttelte er den Kopf.

»Bei der Holzmutter«, gab er zurück. »In der Kirche. Nach St. Jakob rüber.«

Marx ließ die Zunge über seine Lippen gleiten. Achacius sah aus, als stünde er bereits mit einem Bein im Grab. Aus dem Gestammel schloss er, dass die blinde Hebamme mit Eva Neher in die Kirche gegangen war. Vermutlich hatte diese die Alte abgeholt.

»Tatsächlich? Ich habe gehört, die Neherin dürfe nicht mehr in die Kirche. Der Franziskaner habe es ihr untersagt, dieser Pater Finn.«

Achacius Hutter winkte ab. Sein Geist arbeitete langsam, aber er schien die Welt durchaus noch zu verstehen.

»Der ist jetzt Beichtiger im Holzhaus. Geld regiert die Welt, Marx. Du hast nicht zufällig einen Krug …?«

Marx verneinte.

»Aber für die Babette ein Hutzelbrot. Eines unserer letzten.«

Er lachte, und Achacius Hutter lachte mit. »Nächstens wieder«, sagte Marx.

»Versprochen?«, keuchte es von oben herab.

»Versprochen!«, entgegnete Marx. »Ich bring dir das Brot kurz hoch.«

Er stieg die Treppe hinauf und drückte Achacius das Hutzelbrot in die Hand. Der Mann roch, als würde er bereits bei lebendigem Leib zu verwesen beginnen. Ein Sterbender, fuhr es Marx durch den Kopf. Aus der Nähe konnte man erkennen, dass sich um die offenen Stellen rote Entzündungshöfe gebildet hatten. Der Körper musste über und über damit bedeckt sein. Erst als er das Brot weiterreichte, dämmerte es Marx.

»Du hast die Franzosenkrankheit?«, fragte er geradeheraus nach und tat dabei so, als wüsste er von nichts.

Der Alte zuckte mit den Schultern. »Weiß nicht.«

Noch nie war Marx einem dieser Kranken so nahe gekommen. Weil die Hutter Babette für die Fugger eine wichtige Bedienstete war, durfte Achacius zur Kur ins Holzhaus.

»Ihr geht regelmäßig rüber ins Holzhaus, Achacius. Ich habe Euch gesehen.«

Hutter nickte bedächtig. »Um diesen grässlichen Sud zu trinken und mich einreiben zu lassen.«

»Deshalb seid Ihr hier eingezogen! Weil das Holzhaus so nahe ist. Um einen Platz im Holzhaus zu bekommen, wenn einer frei wird.«

Das Holzhaus war nach Marx' Wissen nicht für jedermann gedacht, also auch nicht für Achacius. Er bekam wohl nur Trank und Salbe, wenn er die Treppe hinabgehen konnte und den kurzen Weg zum Holzhaus hinüber schaffte.

»Nein, Marx. Ich vertrage den Rauch nicht.«

Soviel Marx sah, war es ohnehin mit dem Kuren vorbei. Dieser Mann kam nicht mehr vor die Tür. Ohne Hilfe gelangte er nicht einmal mehr die Treppe hinunter. Er war bereits zu gebrechlich. Ein Todgeweihter.

Achacius Hutter schwankte, aber Marx wagte nicht, ihn zu stützen oder sonst eine helfende Hand anzubieten, aus Angst davor, sich anzustecken. Kurz schloss er die Augen und überlegte, wie er Achacius' Zustand für sich nutzen konnte. Plötzlich musste er grinsen. Das Hutzelbrot würde er seiner Frau wieder mitbringen. Das – und eine nicht uninteressante Nachricht.

»Achacius, warum versteckst du dich eigentlich vor aller Welt? Die Frau geht spazieren und atmet frische Luft und du …? Komm, drehen wir eine Runde. Ich geb' doch einen aus.«

Er zeigte ihm die kleine Flasche, die er für sich in das Wams gesteckt hatte. Achacius' Augen begannen zu glänzen, und er trat einen Schritt vor.

Als Eva den Raum betrat, wandten sich ihr die Köpfe der Frauen zu.

Die Kranken sahen sie mit leeren Augen an. Auf Gesicht und Händen fanden sich einzelne rote Geschwüre, die teilweise aufgebrochen waren und feuchte Krater auf Wange und Stirn gebildet hatten. Die Frauen lagen zu zweit in einem Bett, sortiert nach der Schwere ihres Ausschlags. Insgesamt gab es neun Betten. Alle waren belegt.

Eva stellte den Krug mit dem Holzwasser auf einen kleinen Tisch. Aennlin, die sie von Pater Finn weggeholt hatten und die nun als Krankenwärterin im Holzhaus arbeitete, folgte ihr in die

Stube, ging von Bett zu Bett, holte die Becher, und Eva füllte sie auf. Dann half Aennlin den Frauen, das Holzwasser zu trinken. Jetzt, zur Winterszeit, wurden nur noch Trinkkuren und Salben gereicht. Eigentlich sollte die Behandlung schon vor einem Monat beendet sein, doch die Umstände machten das unmöglich. Die Zahl der Kranken überforderte sie. Zu wenige Betten, zu viele Franzosenkranke. Der Trank konnte allerdings verabreicht werden.

Eva hatte ihn schon selbst probiert. Er schmeckte bitter und verursachte Ekel bis hin zu einem unwiderstehlichen Brechreiz. Man musste sich zwingen, den warmen Sud aus Guajakholz hinunterzuwürgen. Es war den Frauen anzusehen, wie sehr sie sich quälten. Viermal am Tag verabreichten sie ihnen diese Arznei, und jedes Mal konnte Eva die Angst in ihren Augen lesen.

Sie sammelte die Nachttöpfe ein und leerte sie in einen Kübel, um ihn später in der Saugasse auszuschütten.

Dann folgte die Salbe, die Doktor Occo für sie herstellte. Aennlin, die Handschuhe aus Leinen trug, um die Geschwüre nicht berühren zu müssen, tauchte einen Lappen in den Salbentopf und strich die Salbe hauchdünn über die Pusteln. Auch diese Prozedur war schmerzhaft. Allerdings schien bei einigen wenigen Frauen die Behandlung tatsächlich anzuschlagen. Bei Margret, einer Magd aus Wellenburg, waren die Geschwüre verschwunden und nur helle Narben auf der Haut zurückgeblieben. Sie würde demnächst entlassen werden. Sie war die Einzige, die sich mit einer gierigen Lust über den Trank hermachte.

Schlimmer hatten es die Männer und Frauen unter ihr in der Rauchstube getroffen, die immer öfter kalt blieb. Ihre Körper waren übersät mit Geschwüren. Oft bildete die unverletzte Haut nur noch schmale Stege zwischen den Wunden. Allesamt saßen sie dort unten hustend und würgend in einem giftigen Dampf aus Holz und Quecksilber. Danach wurde auch bei ihnen die wunde Haut mit einer Salbe bestrichen. Dabei verursachte bereits die Berührung der Kleidung unerträgliche Schmerzen. Die Salbe selbst schien diese Kranken eher zu verbrennen, als die Leiden zu lindern.

Joss' Aufgabe war es, das Holz zu bearbeiten und die Holzkur vorzubereiten. Sicher war er sich seiner Sache nicht, schließlich kannte er die Kur nur vom Hörensagen. Doch offenbar war das, was er tat, das Richtige, denn Eva hörte keine Klagen.

Er stand beinahe den ganzen Tag in der Werkstatt im hinteren Teil ihres Hauses, raspelte Holzspäne und setzte Wasserkessel auf, in denen diese Späne ausgekocht wurden. Die verbrauchten Späne wurden wieder getrocknet, mit frischen gemischt und schließlich in den Räucherstuben zusammen mit Quecksilber verbrannt. Der Verbrauch war enorm, obwohl sie versuchten, sparsam mit den Hölzern umzugehen, und die harten Äste wirklich zu feinstem Staub zermahlten.

Verträumt blickte Eva aus dem Fenster. Sie beobachtete die Gasse vor dem Holzhaus und wünschte sich aus dem nach Blut und Eiter stinkenden Raum hinaus auf eine Wiese, die nach Kräutern und Blumen duftete.

Der Geruch war das Schlimmste.

Ihr Blick fiel hinaus auf die regennasse Gasse und auf deren gegenüberliegende Seite und blieb dort an einem Mann hängen, der sich im strömenden Regen, auf einem Bein stehend, gegen die Wand lehnte. Das andere hatte er lässig gegen den Wandputz gestellt. Ein breitkrempiger Hut hielt das Wasser ab, das von der Traufe herabfloss. Es schien ihn nicht zu stören. Gelegentlich sah er nach oben, als ob er sich vergewissern wollte, dass sich hinter den Fenstern etwas rührte.

Zuerst glaubte sie, nur einen Angehörigen einer der kranken Frauen vor sich zu haben. Diese lungerten häufig hier herum. Manche waren so unverständig, dass sie um einen stillen Raum bettelten, in den sie sich zusammen mit ihrer Ehefrau zurückziehen könnten. Nur für eine Stunde oder zwei, heulten sie ihr vor, doch Eva und Joss blieben unerbittlich. Während der Holzkur gab es keine Ausnahmen, sollte sie erfolgreich sein.

Sie trat näher ans Fenster, um den Mann besser erkennen zu können. Wo war sie ihm schon einmal begegnet? Er kam ihr so bekannt vor, dass sie sich unwillkürlich vorbeugte, um ihn noch näher zu betrachten.

Offensichtlich hatte er sie bemerkt, denn er griff sich grüßend an den Hut. Dabei schien er sie direkt anzusehen. Selbst von hier oben und im durch das Wasser getrübten Blick konnte Eva seine strahlend hellblauen Augen erkennen. Offenbar genügte es dem Fremden, ihre Aufmerksamkeit erregt zu haben, denn er stieß sich von der Wand ab und entfernte sich langsam.

»Halt das!«, sagte sie zu Aennlin, die eben wieder zu ihr zurückkam, um die letzte Salbenportion auf das Tuch zu nehmen, mit dem sie die Frauen einrieb. Ohne abzuwarten, stellte sie den Tiegel auf einen Beistelltisch, griff sich den Abortkübel und eilte aus dem Zimmer und die Treppe hinunter.

Auf der Straße herumzulungern war das eine, ihr zuzuwinken das andere. Sie musste wissen, mit wem sie es zu tun hatte. Ihre Holzschuhe klapperten die steile Treppe hinab, und wenige Atemzüge später war sie bereits auf der Gasse – von dem Fremden fehlte jegliche Spur.

Rasch warf sie sich einen Umhang über und schleppte den Kübel mit beiden Händen die Gasse hinunter und die Finstere Gasse hinauf in Richtung Saugasse. Dort war eine Abfallrinne, die in den Lauterlech führte und in welche die meisten Anwohner ihre Nachttöpfe leerten.

Eva verfluchte sich, weil sie nichts Wärmeres angezogen hatte. Während sie die Straße entlangging, hielt sie nach dem Mann Ausschau, aber ein Türschlagen verriet ihr, dass er sich vermutlich in eines der Häuser zurückgezogen hatte. Sie lief bis zur Rinne vor und wollte ihren Kübel ausschütten, als gleich zwei Läden geöffnet wurden und in den Fenstern Frauenköpfe erschienen.

»Ja, wollt Ihr das wohl lassen! Verfluchte Neuhäusler. Leert Euren Kübeldreck direkt in den Lauterlech und nicht hier in die Saugasse. Ich will eure Scheiße nicht!«

Eva zuckte zusammen vor so viel Wut und Gehässigkeit.

»Aber ich dachte, wir müssten …«, sagte sie zu den Frauen.

Sie hatte keine von ihnen je gesehen.

»Denken. Denken. Das ist etwas für Pferde, die haben den größeren Kopf. Nehmt den Kübel und schafft ihn aus der Siedlung, verflucht. Und zwar schnell!«

Es wurden bereits weitere Türen unten geöffnet, und einige Bewohner traten vor das Haus. Handwerker und deren Frauen. Eva hatte nicht gewusst, wie viele Menschen hier in der Siedlung selbst lebten und arbeiteten. Sie nickte und griff sich wieder den Henkel des Eimers. Das Tor war offen, und der Lauterlech führte unweit des Zugangs vorbei. Sie schleppte den Koteimer bis zum Bach, kippte ihn dort hinein und spülte ihn aus. Sie würde Els Bescheid geben müssen, denn diese leerte ihre eigenen Eimer auch immer in die Saugasse.

Langsam schlenderte sie zurück und ließ die keifenden Weiber hinter sich. Kaum hatte sie die Finstere Gasse betreten, als ihr der Mann wieder in den Sinn kam. Während ihr der Eimer gegen die Unterschenkel schlug, überlegte sie, ob sie Joss einweihen sollte, und entschloss sich, dies nicht zu tun, weil sie es für nebensächlich hielt. Vielleicht lag es an den Augen des Mannes. Sie waren so strahlend und hell gewesen, dass es sie berührt hatte. Nachdenklich ging sie wieder zurück zum Holzhaus. Wer ließ sie hier beobachten? Wer schnüffelte ihnen nach?

Doch kaum hatte sie die Tür aufgeschoben, da zerriss ein Schrei die Stille.

Eva fuhr herum. Joss, der in der Werkstatt hinter dem Haus gearbeitet hatte, kam aufgeregt herbeigelaufen.

»Ich dachte schon …«, begann er und war erleichtert, als er sah, dass seine Frau wohlauf war. Eva fand es rührend, als ihr bewusst wurde, dass er sich um sie gesorgt hatte.

Erneut schrie jemand wie am Spieß. Sofort stand Eva das Bild des Mannes mit dem breitkrempigen Hut wieder vor Augen. War er doch nicht so harmlos gewesen, wie sie gedacht hatte?

»Das kommt vom Anfang der Gasse«, sagte sie zu Joss.

Er nickte und rannte los.

Von ihrem Standort aus konnte Eva erkennen, dass die Tür zum Aufgang der Hutter'schen Wohnung offen stand. Eben war sie noch daran vorbeigelaufen und hatte nichts Besonderes bemerkt.

Am Morgen hatte sie die Babette zur Kirche gebracht, dort aber in die Obhut von Margret, einer Nachbarin, gegeben, weil Pater Finn sie ja nicht zur Messe zuließ. Auf dem Rückweg hatte sie noch überlegt, ob sie die Alte abholen sollte, sich aber dann darauf verlassen, dass Margret sie sicher nach Hause bringen würde.

Jetzt schalt sie sich dafür. Sie sah Joss in der Tür verschwinden und sofort wieder daraus hervorstürzen. Er winkte ihr, sie solle kommen.

Eva raffte ihren Rock und begann zu laufen. Ihre Holzschuhe patschten im Schmelzwasser dieses viel zu warmen Winters. Auf dem Weg malte sie sich aus, was geschehen sein konnte. Die blinde Alte war die Treppe heruntergestürzt und lag mit gebrochenen Gliedmaßen an deren Fuß, unfähig, sich zu bewegen, und schrie um Hilfe. Eva hatte noch nicht die Hälfte des Weges zurückgelegt, als Joss wieder aus der Tür trat – die Hutter Babette am Arm. Sie schluchzte laut und wollte sich offenbar nicht aus dem Haus führen lassen.

Dann war Eva bei ihr.

»Was?«, fragten ihre hochgezogenen Augenbrauen, als sie die Hutter Babette aus Joss' Armen zog.

Der Himmel verdunkelte sich kurz, und ein gewaltiger Schauer ging über der Armensiedlung nieder, als wolle er das ganze Elend ertränken und wegspülen. Eva versuchte, die Alte mit ihrem Körper zu schützen, und beugte sich über sie, doch diese wehrte sich, wollte zurück ins Haus.

Els kam herbeigelaufen und brachte ihr eine Schaube. Eva sah sie dankbar an, denn allein die wenigen Minuten im Regen hatten sie völlig durchnässt.

»Lass mich zu Achacius! Lass mich!«, jammerte die Hutterin.

»Was ist mit ihm?«, fragte Eva in böser Vorahnung.

»Er ist die Treppe runtergefallen«, sagte Joss mit einem missbilligenden Seitenblick auf Els. »Er hat sich …« Er brach ab, aber es war deutlich, was er sagen wollte. »Es war ein Unfall.«

»Kommt!«, sagte Eva, warf sich die Schaube über und zog die Blinde vom Haus und von dem Leichnam ihres Mannes weg. »Etwas warmer Wein wird Euch guttun, Babette.«

»Die Tür stand auf«, plapperte die Hutterin vor sich hin. »Die Tür stand auf. Es war jemand im Haus.« Sie stand auf. »Da war jemand. Das war kein Unfall.«

»Aber wer soll denn hier gewesen sein?«, fragte Eva. Doch dann tauchten in ihrem Gedächtnis ein breitkrempiger Filzhut und blaue Augen auf. Wie lange hatte dieser Mann schon vor ihrem Haus gelauert, und was wollte er? Was hatte er mit dem Unfall zu tun? War er ins Haus der Hutterin geschlüpft, während sie am Bach den Kübel geleert hatte?

24. Kapitel

AUGSBURG, ANFANG JANUAR 1525

Das Wetter wechselte so rasch, dass einem ganz schwindlig davon wurde. Hatte zuerst der Regen die Menschen in den Häusern gehalten, lockte nun eine tief stehende, brennende Sonne sie nach draußen und trieb sie gleichzeitig mit einem eisigen Wind zurück in ihre warmen Stuben.

Es waren nur wenige Trauergäste, die Achacius Hutter die letzte Ehre erwiesen: seine Frau Babette, Joss und Eva Neher mit Barthlen und Els, Matthäus Schwarz als Abgesandter der Familie Fugger – was Eva verwunderte –, und wie aus dem Nichts war auch Marx Köllin, dieser schmierige ehemalige Scharwächter aufgetaucht. Die offene Sargkiste trugen vier Männer der Fugger'schen Armensiedlung. Sie liefen vom Haus zu dem kleinen Friedhof oben am Lueginsland bei St. Sebastian. Babette stützte sich schwer auf Evas

Arm. Die Sargträger schwitzten und froren gleichzeitig, und der Hinkende keuchte vor Anstrengung.

Schon beim Hochlaufen bemerkte Eva ihn – den Kerl mit den blauen Augen. Er lehnte bei den Hennastäpfala an der Neidbadstube vor dem Bleichertörlein und verfolgte den Zug. Er nickte ihr zu und ließ sie nicht aus den Augen. Eva versuchte, Joss' mit einer Kopfbewegung zu verstehen zu geben, er solle zum Neidbad hinübersehen, doch da war der Mann bereits wieder verschwunden. Eva schüttelte den Kopf. Vielleicht hatte sie ein Gespenst gesehen, eine Art Wiedergänger, der sie verfolgte, seit sie den Henker begraben hatten.

Els, die neben ihr herlief, stupste sie an und flüsterte: »Ich hab ihn auch gesehen. Er schleicht schon eine ganze Zeit um unser Haus.«

Vom Grab Hutters aus konnte sie noch immer den aufgeworfenen Hügel sehen, wo sie den Scharfrichter beerdigt hatten. Vertrocknete Reste von Bewuchs zeigten, er war unversehrt. Niemand hatte es gewagt, die Leiche wieder auszugraben und auf den Schindanger zu werfen. Einerseits war Eva erleichtert, andererseits war dieses unberührte Grab der Ausgangspunkt all ihrer Leiden und der Veränderungen in ihrem Leben. Am liebsten hätte sie alles rückgängig gemacht, um zu verhindern, was ihnen seither widerfahren war. Sie seufzte. Noch immer war sie zutiefst davon überzeugt, das Richtige getan zu haben.

Achacius Hutter wurde rasch und ohne großes Gefühl in die Grube hinabgelassen. Auch Beerdigungen fielen in das Gebiet des Beichtigers. Pater Finn hatte den Mann gekannt und von seinen Schwächen gewusst. Deshalb fasste er sich bei der Predigt etwas kürzer, verzichtete jedoch nicht auf einen Seitenhieb auf die Seele des Verstorbenen, die vom Teufel verführt worden sei. Auch er verwendete die Bezeichnung Fuggerei, als er Jakob Fugger und seine Stiftung für Arme lobte, was den Männern und der Hutter Babette zu gefallen schien. Die Sargträger, die mit vor dem Körper verschränkten Händen dastanden, nickten beifällig und murmelten

»Fuggerei« vor sich hin, als müssten sie das Wort auf der Zunge abschmecken.

Ohne weiter zu grüßen oder der Witwe sein Beileid auszusprechen, drehte sich Pater Finn am Ende der Bestattungszeremonie um und stapfte davon. Eva sah dem Mann hinterher, der selbst im Gehen Fanatismus ausstrahlte. Er hatte die Arme um sich geschlungen, als wolle er nichts mit dieser Welt zu tun haben, doch vermutlich war ihm nur kalt.

Sie blieben noch eine ganze Zeit stehen, hielten stille Gebete, bis der Wind ihre Nasen rötete und die Kälte ihre Waden hochkroch. Dann begannen Joss und die Männer, die Grube zu verfüllen, bis von dem Leichnam nichts mehr zu sehen war. Weiter wurde das Grab nicht zugeschaufelt – es bot noch reichlich Platz für weitere Tote.

Auf dem Rückweg hängte sich die Babette bei einem der Männer ein, einem der Jungen, dem sie in diese Welt geholfen hatte.

»Er war da!«, flüsterte Eva Joss zu. »Ich hab ihn gesehen. Ganz sicher. Auch Els hat ihn bemerkt.«

Joss fuhr mit dem Finger an den Mund und zischte: »Pst!«

Was war das? Er verbot ihr, über den Kerl zu sprechen, der vermutlich Achacius Hutter auf dem Gewissen hatte? Wütend funkelte sie ihn an. Joss griff nach ihrem Arm, doch bevor er ihr etwas zuflüstern konnte, war Marx zu Matthäus Schwarz zurückgefallen und sprach diesen an. Eva konnte nicht anders, als zu lauschen.

»Ist es nicht so, dass Witwen keine eigene Wohnung halten dürfen?«, fragte Marx lautstark und keuchend. »Wird jetzt nicht eine Wohnung frei? Wenn das so ist, melde ich mich an.« Er streckte seine Hand aus. »Marx Köllin mit Ehefrau.«

Der junge Fuggerbeauftragte, der aussah, als wäre er auf einem Ball gewesen und nicht auf einer Beerdigung, war sichtlich überrascht.

Er musterte den ehemaligen Scharwächter von Kopf bis Fuß. »Eilt Ihr mit Eurer Bitte nicht ein wenig der Pietät voraus?«

Eva hätte beinahe laut aufgelacht, denn Marx sah den Mann Jakob Fuggers an, als hätte dieser ihn eben einen Narren gescholten.

»Wie … meint Ihr das?«, fragte er vorsichtig. Offenbar hatte er kein Wort verstanden.

Während die Gruppe, allen voran die Kinder und die Sargträger, den Berg hinab zu den Hennastäpfala liefen, bog Matthäus Schwarz überraschend scharf und schnell in Richtung Domstadt ab. Es war deutlich, wie unangenehm ihm das Gespräch mit diesem hinkenden Kerl war, der Schnaps ausdünstete wie eine Schwarzbrennerei.

Marx blieb stehen und sah ihm nach, sprachlos über diese Wendung. »Wollt Ihr mir nicht antworten?«, brüllte er dann dem Buchhalter Jakob Fuggers hinterher.

Matthäus Schwarz drehte sich nicht einmal um, sondern bog um die nächste Ecke des Pfaffenwinkels, und Marx' Geschrei erreichte ihn nicht mehr. Es verhallte in der steinernen Leere der Gasse.

»Verdammter Geldsack!«, fluchte Marx. »Herausgeputzt wie ein Stieglitz und hochnäsig wie ein Dompfaff.« Er spuckte auf den Boden und musterte Joss und Eva, die an ihm vorbeimussten, mit Leichenbittermiene. »Es wäre meine Aufgabe im Holzhaus gewesen«, zischte er ihnen zu, als sie ihn überholten. »Ich krieg sie noch!«

Joss wollte auffahren, aber Eva hielt seinen Arm fest und versuchte, ihn zu beruhigen.

»Nicht«, sagte sie leise. »Wenn du dich auf Händel einlässt, opferst du unser Auskommen.«

»Aber ich kann ihn doch nicht gewähren lassen!«, antwortete er und versuchte vergeblich, seinen Arm zu befreien.

»Nicht! Das würde ihm in die Hände spielen. Du wolltest mir eben noch etwas sagen.«

»Wir können und dürfen das nicht zulassen!«, brummte er. »Am Ende glaubt der Kerl noch, er käme mit seinem falschen Spiel durch!«

»Das wird er auch, wenn du dich nicht zurückhältst. Erinnerst du dich: Ein untadeliger Lebenswandel wird gefordert. Keine Prügeleien, keine Saufereien, keine Hurereien! Sonst sitzen wir auf der Straße, Holzhaus hin oder her. Was wir machen, das kann man auch mit einem Bein tun!« Die letzten Wörter zischte sie so scharf, dass sich die Sargträger umdrehten.

Eva lachte sie an. »Fuggerei hat er gesagt«, rief sie nach vorn. »Ein passender Name.«

»Besser als Armensiedlung am Kappenzipfel!«, entgegnete ein junger Bursche.

»Fuggerei!«, rief ein weiterer und lachte.

Als die Männer ihren Wutausbruch vergessen hatten, wandte sie sich wieder an Joss.

»Was wolltest du mir sagen?«, flüsterte sie.

Barthlen und Els liefen hinter ihnen, und sie wollte nicht, dass die Kinder mithörten. Sie sollten nicht wieder in eine Sache hineingezogen werden, die ihnen Angst machte.

»Ich kenne ihn«, flüsterte Joss. »Er … du musst dich von ihm fernhalten!«

Eva hielt kurz inne und musterte ihren Mann, doch der zog sie einfach weiter.

»Was ist mit ihm?«, fragte sie, nun endgültig neugierig geworden. »Ist er hinter mir her?«

»Was?« Joss' Frage purzelte unvermittelt aus seinem Mund, und man sah ihm die Verblüffung an. »Nein. Nicht so.«

»Wie dann?«, hakte Eva sofort nach. »Spann mich nicht auf die Folter.«

Joss sah sich um, ob niemand in der Nähe war. Nur die Kinder gingen noch hinter ihnen und spielten ein Fingerspiel. Marx war verschwunden. Vermutlich waren sie ihm zu schnell gewesen, und die Männer mit der Babette liefen vorneweg, waren schon fast außer Rufweite.

»Jetzt sag schon«, drängte Eva.

Sie konnte seinem Mienenspiel ansehen, wie er mit sich kämpfte.

Als hätte er genau darauf gewartet, tauchten in ihrem Augenwinkel die blauen Augen auf, als sie sich dem Sträffingertor näherten. Sie wandte den Kopf, um sich zu vergewissern, ob er tatsächlich von der Mauer herabblickte, aber er war bereits wieder verschwunden.

Verwirrt schüttelte sie den Kopf, doch da trat Els neben sie, sah sie an, suchte ihren Blick und drückte ihre Hand. Ihre Tochter hatte den Mann ebenfalls gesehen.

Eva lag wach und horchte auf ein Geräusch, das sie seit Tagen verfolgte.

Mäuse und Ratten, die über die Balken huschten, waren ihr vertraut. Marder, die über die Hausdächer tobten und die Traufen hinabrutschten, als sei das ein Vergnügen, kannte sie. Das Picken der Krähen auf den Dächern zu nachtschlafender Zeit, das Hämmern der Spechte im frischen Holz, all das wusste sie einzuordnen. Aber dieses Kratzen und Maunzen klang jämmerlicher als alles, was sie bislang gehört hatte.

Das Haus war endlich ganz fertig. Das obere Geschoss war als Letztes fertiggestellt worden – gut eineinhalb Jahre, nachdem sie eingezogen waren –, weil man Platz brauchte und die nebenan liegenden Häuser mit der oberen Stube verbunden hatte. Unmöglich konnten sich darin bereits Unholde und Huckaufe, Klopfgeister oder Untote eingenistet haben. Allerdings zog ihre Tat sicherlich die schwarzen Wesen an. Wer den Scharfrichter begrub, sammelte dunkle Kräfte auf sein Haupt. Womöglich hörte sie nicht wirklich etwas, sondern diese Geräusche waren nur ihrem Kopf. Andererseits konnte sie mit ihrem Tun auch eine Pforte geöffnet haben.

Joss hatte versucht, sie zu beruhigen, als sie ihn darauf angesprochen hatte. Es sei nichts. Sie solle sich nicht sorgen. Sie glaubte ihm kein Wort, denn er hatte sie mit einem Ausdruck angesehen, als wäre sie selbst eine Zauberin und er müsse sich vor ihr in Acht nehmen.

In dieser Nacht, als Joss eingeschlafen war, beschloss sie, dem Ganzen nachzugehen. Sie stand leise auf, tat zwei Schritte in die eine Richtung, blieb stehen, lauschte und ging weiter vor und zurück, verfolgte das Kratzen und Jammern bis in die Küche. Sie hockte sich hin – und mit einem Mal war sie sich sicher: Es kam aus der Mauer hinter dem Ofen, etwa auf Kniehöhe. Dort schien die Wand dünner zu sein, jedenfalls hörte es sich hohl an, als sie dagegenklopfte. Irgendetwas befand sich dahinter.

Ihres und das Nachbarhaus teilten sich hier eine Wand. Alle anderen Steinhäuser zeigten nach innen oder hatten eine Mauer nach draußen. Außerdem hatten die Zimmerer hier noch nachgearbeitet, weil der Kamin in das Obergeschoss durchgezogen worden war.

Eva klopfte noch einmal gegen den Putz und hatte plötzlich das Gefühl, das Kratzen und Maunzen würde lauter. Sie erschrak derart, dass sie am ganzen Körper eine Gänsehaut bekam. Rasch richtete sie sich auf und rannte zur Bettstatt.

»Wach auf, Mann!«

Sie rüttelte Joss so lange an der Schulter, bis dieser sich umdrehte und ein missmutiges Brummen von sich gab. »Was soll das?«, maulte er.

»Ich habe den Grund gefunden!«, flüsterte sie. »Steh auf, komm!«

Sie drängte, schubste und zog so lange, bis sich Joss erhob und ihr mit schlurfenden Schritten in die Küche folgte.

Als sie gegen das Mauerstück klopfte, begann das Wesen dahinter zu jammern.

Sofort war Joss hellwach, schob sie beiseite und drückte sein Ohr gegen die Wand.

Ein kurzer Hieb gegen die Wand, dann begann das Scharren erneut. »Sie müsste längst tot sein …«, sagte er.

»Wovon redest du?«, fragte Eva entgeistert. Joss nahm die Geräusche offenbar als selbstverständlich hin. »Was ist das?«

Er seufzte. »Nichts. Das hab ich dir schon gesagt. Es wird vorbeigehen.«

Eva stemmte die Hände in die Hüften. »Joss Neher, wenn du nicht die nächsten Wochen auf dem Küchenboden schlafen willst, sagst du mir sofort, was das hier ist!«

Wieder seufzte Joss, und Eva konnte zwar im Dämmerlicht nicht sehen, wie er die Augenbrauen hob und das Gesicht verzog, aber sie hörte es an seiner Stimme. »Sie haben hier eine schwarze Katze eingemauert.«

Es dauerte eine Weile, bis Eva sich wieder in der Gewalt hatte. »Sie haben *was* getan?«

»Man mauert Katzen ein, um das Haus zu schützen. Sie sterben rasch und können Dämonen oder Geister abwehren. Die da ist schon ziemlich hinüber«, erklärte er.

Eva sprach zuerst ganz leise. Es war beinahe ein Flüstern, das sich mit jedem Wort, jedem Satz steigerte, bis sie zuletzt fast das gesamte Haus zusammenbrüllte.

»Du willst mir doch nicht weismachen, dass irgendwelches abergläubische Volk hier eine Katze bei lebendigem Leib eingemauert hat, nur um sie verhungern zu lassen? Ja, seid ihr Zimmerer und Maurer von allen guten Geistern verlassen? Eine schwarze Katze obendrein?«

Sie musste Luft holen, und Joss nutzte die Gelegenheit. »Ich wusste nichts davon, glaub mir«, beteuerte er. Er sah aus wie ein Häufchen Elend. »Sie haben mir vorher nichts davon gesagt.«

»Aber sie wollten es tun?«, hakte Eva nach. Sie rieb sich ihre eiskalten Füße an den Waden warm.

»Sie wussten über das Scharfrichterbegräbnis Bescheid. Und sie haben gesagt, es wäre nötig, um Frieden zu haben.« Joss versuchte ein entschuldigendes Lächeln.

»Hol sie da raus!«, schrie Eva und bedauerte es sofort wieder.

Eine Tür schlug, nackte Füße tappten über den Ziegelboden. Barthlen stand auf der Schwelle zur Küche.

»Warum streitest du mit Vater?«

Eva drehte sich um, ging auf ihr Söhnchen zu und drückte seinen Kopf mit den verschlafenen Augen gegen ihren Körper.

»Ich streite nicht mit deinem Vater. Ich habe ihm nur gesagt, was er zu tun hat.«

»Ist er schwerhörig?«, fragte der Junge.

Eva wusste nicht, ob sie lachen oder weinen sollte.

»Manchmal hört er schwer. Komm, wir legen uns schlafen.«

Sie wollte den Jungen aus der Küche schieben, aber der wehrte sich. »Holt der Vater jetzt die Katze aus der Mauer? Sie maunzt so jämmerlich.«

Eva drückte den Jungen von sich weg und sah ihn an. »Du hast es gewusst?«, fragte sie verblüfft.

Barthlen nickte und gähnte. »Alle haben es gewusst.«

Evas Miene verfinsterte sich. Ohne Joss anzusehen, befahl sie ihm, sofort einen Zimmererhammer zu holen und das Tier zu befreien. »Sie soll Mäuse fangen, dann hält sie uns genügend Dämonen und Geister vom Leib«, fauchte sie, dem Katzentier nicht unähnlich.

Joss stand auf und verließ das Haus, um in die Werkstatt auf der Rückseite zu gehen. Kurze Zeit danach beobachteten Eva und Barthlen, wie er auf die Mauer einhieb. Hinter dem Verputz kam eine kleine Nische zum Vorschein. Sie war gerade so groß, dass eine Katze darin Platz hatte.

Noch bevor das Loch ganz offen war, verstärkte sich das Geschrei der Katze, die vermutlich die Angst ihres Lebens durchlitt. Doch irgendwann war es so weit. Joss griff in die Nische und zog das entkräftete Tier heraus.

Es war in der Tat eine schwarze Katze mit grünen Augen. Das Fell war räudig und schmutzig, das Tier selbst bis auf die Knochen abgemagert. Um den Mund hatte sich weißlicher Schaum gebildet und war dort angetrocknet.

»Sie muss trinken«, sagte Els, die offenbar die ganze Zeit über still in der Tür gestanden und die Szene beobachtet hatte. Sie hielt eine Tonschale mit Wasser in der Hand.

Joss setzte das Tier auf den Steinboden, Els stellte die Schale daneben, aber die Katze war nicht in der Lage, den Kopf zu heben. Das Mädchen kniete sich vor sie, tauchte einen Finger in die Schale und hielt ihn ihr hin. Die Katze leckte daran, und mit jedem Tropfen Wasser, den sie aufnahm, schienen ihre Lebensgeister wieder zu erwachen.

»Ihr geht es wie uns«, sagte Els leise. »Man hat sie eingemauert.«

Eva runzelte die Stirn. »Wie meinst du das, Kind?«

Els streichelte den Kopf der Katze und tauchte immer wieder den Finger in die Wasserschale, damit das Tier ihn ablecken konnte. Die trüben Augen klärten sich. Der Atem wurde ruhiger. Ohne aufzublicken, redete das Mädchen vor sich hin.

»Nachts wird das Tor zur Siedlung geschlossen, und niemand darf mehr hinaus oder hinein, außer er steigt über die Zäune. Aber dort wachen die Hunde, die alle Zäunesteiger verbellen oder gar anfallen. Dreimal täglich müssen wir zur Kirche, statt uns um Arbeit zu kümmern. Jeder bewacht jeden, damit er ja seine Verpflichtungen erfüllt, die ihm das Recht zu wohnen gestatten. Niemand ist mehr wirklich frei.« Sie sagte das mit einer Resignation in der Stimme, die Eva zutiefst schmerzte.

»Aber wir haben ein Dach über dem Kopf!«, hielt sie dagegen. »Wir müssen uns nicht anbieten, du nicht und ich nicht, um uns das tägliche Brot zu verdienen. Was willst du noch? Ist dir diese Sicherheit nicht genug?« Zuletzt hatte sie wütend geklungen wegen der Undankbarkeit, die aus den Worten ihrer Tochter sprach.

»Was ich will? Nicht wie diese Katze enden: eingesperrt werden, verdursten, verhungern.«

Joss fuhr dazwischen. Auch er klang verärgert. »Es wird dir schon kein Zacken aus der Prinzessinnenkrone fallen, wenn du ein wenig betest. Wir alle müssen einen Beitrag leisten, damit unsere Familie nicht auseinanderbricht. Ihr habt keine Ahnung, was es heißt, ganz auf sich allein gestellt zu sein.« Er stand auf. »Willst du das Vieh etwa behalten?«, herrschte er Els an.

Doch die ließ sich nicht einschüchtern. »Katzen suchen sich ihre Herren aus, Vater, nicht umgekehrt. Wenn sie hierbleiben will, werde ich sie nicht daran hindern.« Els nahm das Tier auf. Jetzt erst sah man, wie zierlich und klein es war. Ein Jungtier. »Sie wird von den Mäusen und Ratten leben, die uns schon jetzt überrennen.«

Als sie die Küche verließ, sahen Eva und Joss sich betreten an. So, wie Els den letzten Satz ausgesprochen hatte, war klar, dass sie nicht nur Nagetiere gemeint hatte.

25. Kapitel

AUGSBURG, MAI 1525

Die Tage verliefen mit einer wohltuenden Gleichmäßigkeit. Sie plätscherten dahin wie das Wasser des Laufbrunnens oder des Lauterlechs, den man als Abwasserkanal benutzte. Die Holzkur war wieder aufgenommen worden und schlug an. Wenn eine Person, sei sie männlich oder weiblich, zurückgehende Symptome der Krankheit zeigte, wurde der Arzt gerufen. Doktor Occo bestätigte dann im Beisein eines weiteren Arztes und eines Stadtrats den Erfolg, erhielt eine Prämie und verschwand wieder in den Pfaffenwinkel. Die Franzosenkrankheit war somit heilbar, und das Wundermittel dazu war die Holzkur. Und deren Basis war das Guajak.

Aus Gesprächen, die der Arzt mit den Stadträten führte, erfuhr Eva, dass die Kur mehr und mehr Anklang fand. Fugger orderte größere Mengen Holz und lieferte es nach München und Salzburg, nach Nürnberg und weiter in den Norden.

Ab und an besuchte Sibylla Fugger die Siedlung. Sie sah dann im Holzhaus vorbei, ließ sich durch die Krankensäle führen, ein Tuch mit Duftwasser vor der Nase. Eva vermutete, dass die Fuggerin nicht wegen der Kranken kam, auch nicht wegen ihr, sondern eher wegen Barthlen und Els. Sie verbrachte eine ganze Stunde mit ihnen in der Stube. Man hörte Lachen und Kichern aus dem Raum. Die reiche Frau wirkte unbeschwert in der Gesellschaft der Kinder. Dann verabschiedete sie sich wieder ohne viel Aufhebens. Sie war zufrieden mit ihnen – und Eva hütete sich davor, diese Zufriedenheit zu gefährden.

Sie stand im Zugang zum Frauenraum. Gestern hatten sie zwei junge Mägde entlassen. Sie galten als geheilt. Sie starrte auf die beiden leeren Plätze im hinteren Bett. Es war ein gutes Gefühl, wenn man wusste, wie und mit welchem Erfolg man geholfen hatte. Doch dieses wohlige Gefühl der Befriedigung wurde von einer anderen Beobachtung gestört.

Im ersten Bett lag die Teres aus Konnersreut. Sie war letztes Jahr im Mai als geheilt entlassen worden. Jetzt lag sie wieder da, schlimmer entstellt denn je. Der ganze Körper eine einzige, in sich zusammenfließende offene Wunde, als hätte es nie eine Heilung gegeben.

Doktor Occo hatte auch sie angesehen und nur nebenbei festgestellt, ihre Beichte sei wohl unzureichend gewesen. Nur wer seine Seele gänzlich reinige, könne diesem Purgatorium der Franzosenkrankheit entkommen. Wer dies unvollständig tue oder gar so manche Handlung verschweige, der liefere sich bewusst aus. Bei einer Seele, auf der dunkle Schatten ruhten, sei auch seine ärztliche Kunst am Ende ihrer Möglichkeiten angelangt.

Doch die Teres hatte ihr versichert, alles gebeichtet zu haben, was sie an Sünden begangen hatte. Sie habe nichts verschwiegen. Sie sei noch nicht einmal mit einem Mann zusammen gewesen, seit sie hier entlassen worden war. Die Krankheit sei zurückgekommen, als habe sie in ihrem Inneren geschlummert.

Als Eva diese Beobachtung bei einem der nächsten Besuche dem Arzt mitteilte, hatte dieser sie nur merkwürdig angesehen.

»Zweifelt Ihr an meiner Kunst und der Vorsehung des Herrn?«, hatte er sie gefragt, als wolle er die Antwort »Ja, tue ich« provozieren.

Sie gingen auseinander, ohne dass geklärt worden wäre, was Occo damit gemeint hatte. Es war der Tag, an dem Eva damit begann, Aufzeichnungen zu führen. Sie notierte jede eingehende und jede als geheilt entlassene oder als verstorben zu meldende Person.

Es war auch ein Tag, an dem der Fremde wieder unten vor dem Fenster stand.

Zufällig hatte sie ihn bemerkt, wie er, einen Fuß an der Mauer des Hauses gegenüber abstützend, sich anlehnte, als warte er auf jemanden.

»Kennt Ihr ihn, Herrin?« Aennlin, ihre Krankenwärterin, war von hinten an sie herangetreten.

Eva erschrak und zuckte zusammen, als hätte man sie ertappt.

»Er sieht gut aus, nicht wahr?«, setzte Aennlin nach. Es klang ein wenig anzüglich und verschwörerisch.

Eva wollte eigentlich eine spitze Bemerkung machen, aber der Tonfall, den das Mädchen anschlug, ließ sie aufhorchen.

»Er gefällt dir wohl?«, fragte sie schmunzelnd.

Aennlin sah zu Boden und wurde rot, antwortete aber nicht. Sie sah nur noch einmal verstohlen zur Straße hin. Eva folgte ihrem Blick und bemerkte, wie der Mann leicht nickte, als habe er jemandem ein Zeichen gegeben. Dann stieß er sich von der Wand ab und ging die Gasse hinunter.

Eva hörte, wie im Haus eine Tür leise geöffnet wurde und ebenso leise zuschlug.

Sofort war sie alarmiert. Wenn der junge Kerl ihrer Magd gefiel, dann konnte ebenso gut Els einen Narren an ihm gefressen haben. Hatte sie eben heimlich das Haus verlassen? Eva trat näher ans Fenster, um zu sehen, ob Els ihm folgte, doch sie konnte nichts erkennen. Vielleicht drückte sich das Mädchen an die Hauswand, um nicht sofort entdeckt zu werden.

»Ich … komme gleich wieder … muss nur … schnell etwas … besorgen«, haspelte sie eine Entschuldigung herunter. Sie wollte Els nachgehen und herausfinden, was sich da tat. Das Mädchen reifte eben zur Frau, da musste man ein Auge auf ihren Umgang haben.

Mit fliegender Hast polterte sie die Treppe hinunter und war an der Tür. Dort zwang sie sich, langsam zu gehen und das Türblatt mit einer Vorsicht zu öffnen, die vor allem die Entdeckung ihres Nachschleichens verhindern sollte. Als sie aus dem Türspalt blickte, sah sie gerade noch, wie der Fremde um die Ecke bog. Er lief die Finstere Gasse hinaus in Richtung Tor.

Doch hinter ihm kam nicht Els, sondern … Joss.

Ihre Verblüffung war so groß, dass sie vergaß, hinter den Männern herzulaufen. Erst als Joss um die Ecke bog, riss sie die Tür ganz auf und folgte den beiden.

Was hatte Joss mit diesem Mann zu schaffen? Zimmerer hin oder her. Warum erzählte Joss nichts von dem Kerl und einem Treffen mit ihm? Wollte er zurück in die Zunft? War das ein Mittelsmann dafür?

Als Eva um die Ecke bog, waren Joss und der Fremde verschwunden. Sie raffte ihren Rock und rannte die Gasse hoch, bis sie zu dem kleinen Vorplatz vor dem Tor kam, der auf den Kappenzipfel hinausführte.

Die Männer waren wie weggehext. Abrupt blieb Eva stehen. Hatten die beiden die Fuggerei gar nicht verlassen? Waren sie in eines der Häuser gegangen? Was taten sie dort?

Ihre Neugier war geweckt. Sie konnte nicht anders, als nachzuforschen, was Joss aus dem Haus gelockt hatte. Zwar beruhigte es sie, dass er keinem Rock hinterherlief, aber sie wollte wissen, was es mit dem geheimnisvollen Fremden, über den Joss nicht sprach, auf sich hatte.

Sie hasste Geheimnisse, die solche blieben. Dafür hatte der Herr nicht die Neugier in die Menschen gelegt, damit diese unbefriedigt blieb. Sie musste gestillt werden – und Eva wusste, welche Unruhe das unerfüllte Verlangen nach einer Erklärung bei ihr auslöste.

Pater Finn hatte ihr die Sünde, das Lässliche nicht auf sich beruhen lassen zu können, schon mehrfach vorgeworfen. Doch sie konnte sich aus diesem Netz nicht befreien. Wenn sie etwas nicht verstand, dann suchte sie nach einer Erklärung. So war eben ihre Natur. Auch wenn sie dem Pater nicht passte.

Sie blickte noch einmal um sich, ob sie nicht eine Andeutung, einen Hinweis erhalten würde, aber alles war wie immer. Sie drehte sich um und lief nachdenklich zurück. Auf dem Weg achtete sie auf jedes Haus, auf jede Tür, auf das nachlaufende Schwingen eines Glockenzugs … aber nichts deutete darauf hin, dass die Männer in ein Haus gegangen waren.

Sie atmete durch. Joss zur Rede zu stellen hätte die Sache sicher schnell geklärt, ihn aber verärgert, weil er sicherlich dachte, sie würde ihm nachgehen. Sie musste es feinfühliger anstellen.

Eva begab sich zurück zum Holzhaus, ging schnurstracks zur Werkstatt und warf einen Blick hinein.

Joss hatte seine Arbeit einfach liegen lassen, um dem Fremden zu folgen.

Eva überlegte. Holz war noch ausreichend vorhanden. Jakob Fugger ließ es in Abständen bringen. Der Schuppen, der unweit der Fuggerei lag, konnte nur von zwei Personen geöffnet werden. Joss begleitete den Lentz Hias, öffnete das Tor, und der Mann trug die vorgeschnürten Bündel zu ihm ins Holzhaus. Alle drei oder vier Tage wiederholte sich das Schauspiel. Allein holen durften weder Joss noch Hias das Holz. Es war zu kostbar.

Hatte die Begegnung mit dem Holz zu tun?

Und wenn nicht, womit dann?

Sie sah sich um. Männer waren, was das Verstecken von Heimlichkeiten anbelangte, eher unbedarft. Sie schaute in jede Ritze, in jede Lade – und schließlich wurde sie fündig.

Ein Papier steckte im Spalt eines wegen seiner Feuchtigkeit, die nun austrocknete, gerissenen Balkens. Vorsichtig zog sie es hervor und faltete es auf: ein Flugblatt.

Sie hatte solche schon gesehen. Die Stadt wurde mit ihnen überschwemmt. Der Kampf der Katholiken gegen die Anhänger des abtrünnigen Mönchs Luther fand vor allem auf dem Papier statt.

So manch einer, der mit dessen Ideen liebäugelte, nahm ein Flugblatt an sich und las es heimlich. Das war als Todsünde verboten.

Und jetzt hielt sie eines davon in der Hand.

Es zeigte den Papst, den sie an der Tiara erkannte, als Drachen, der vor den Mauern der Kirche stand und einen Mönch anfauchte. Ein Narr im Hintergrund trug eine Jahrmarktsstange mit Ablassbriefen, und man sah einen Ablasskrämer, der vor dieser Szene floh. Der Mönch aber, wohl Martinus Luther, hielt ihm die Bibel entgegen und leuchtete mit einer Fackel das Dunkel aus.

Darunter konnte sie einen Satz lesen, der sich reimte: Luther ein Liecht an dunckelm Ort / hat angezündt aus Gottes Wort / obgleich der Babst thut fechten an / Behelt doch Gottes Wort den Plan …

Eva schaute sich um, ob jemand sie beobachtete. Allein der Besitz eines solchen Blattes war strafbar und konnte dazu führen, dass man in die Hexenlöcher wanderte. Sie wollte es gar nicht zu Ende lesen, sondern faltete es hastig zusammen und steckte es dorthin zurück, wo sie es gefunden hatte.

Warum las Joss solche Ketzereien? Sie waren hier in dieser Siedlung, weil sie verarmt, aber auch, weil sie katholisch waren. Er setzte ihre Unterkunft aufs Spiel.

Was das alles mit dem Guajakholz zu tun hatte, wer der Fremde war und was Joss mit ihm verband – nun, sie würde es herausfinden.

Vorerst ging sie wieder nach oben in das Krankenzimmer der Frauen. Als sie die Treppe hinaufstieg, schlug ihr das Büchlein, in dem sie ihre Beobachtungen aufzeichnete, gegen den Oberschenkel.

Fünf- oder sechsmal war Joss dem Mann bereits nachgegangen. Immer hatte er ihm nur hinterhergesehen, wie er in diesem Gartenhaus verschwunden war. Bislang hatte er nicht den Mut gefunden, ihm weiter zu folgen, obwohl er das unbestimmte Gefühl hatte, der Mann ginge absichtlich so langsam, damit er ihn nicht aus den Augen verlor.

In der kalten Luft konnte er erkennen, wie durch die Strohdeckung der Rauch entwich. Demnach wurde im Inneren geheizt, was man nicht tat, wenn man sich nicht längere Zeit darin aufhielt.

Diesmal wollte Joss wissen, was sich hinter der Tür abspielte.

Sein Mund war trocken, als er eine Hand auf den Türgriff legte und diesen niederdrückte. Er zögerte einen Augenblick, dann schob er die Brettertür auf und trat ins Innere. Wärme empfing ihn.

Er stand in einem kleinen düsteren Vorraum, von dem links und rechts Zimmer abgingen. Als sich seine Augen an die Dunkelheit gewöhnt hatten, sah er, dass sie mit Pritschen bestückt waren. Mehr Möbel konnte er nicht erkennen. Der Raum linker Hand wirkte unbewohnt, in dem auf der rechten Seite war Bettzeug aufgelegt, und ein lederner Beutel hing an einem Holznagel an der Wand.

Joss musste zweimal schlucken. Das Gartenhaus war demnach bewohnt. Zumindest zeitweise.

Leise ging er weiter, einer Stimme entgegen, die angenehm ruhig und doch voller Inbrunst klang. Der kurze Gang, der dorthin führte, war nur mit einer Stoffbahn abgeteilt, die wohl verhindern sollte, dass die Wärme aus dem Raum dahinter austrat. Joss schob den Vorhang beiseite. Sein Blick fiel auf drei Bänke. Auf zweien saß ein halbes Dutzend Menschen. Sie lauschten dem Vortrag eines Mannes mit strahlend hellblauen Augen, der sich ihnen gegenüber in einem Korbstuhl niedergelassen hatte. Er trug eine Kappe und einen schwarzen Talar, der ihn als Gelehrten und Geistlichen auswies. Joss kannte Urban Rieger vom Sehen. Es war ein Skandal gewesen, dass einer der Domprediger sich vom alten Glauben abgewandt hatte. Er hatte vor wenigen Jahren noch bei ihm gebeichtet, jetzt stand der Geistliche auf der Seite des neuen Glaubens.

Alle Köpfe wandten sich zu Joss um. Der Gelehrte verstummte, sah ihn an und lächelte.

»Habt Ihr endlich zu uns gefunden, Joss Neher«, sagte er freundlich. »Setzt Euch und hört zu. Ihr habt sicherlich etwas beizutragen.«

Joss war zu verblüfft, um etwas zu sagen. Er trat langsam in den Raum. Hinter den Bänken stand ein Ofen, der für Wärme sorgte. Der Rauch stieg senkrecht bis unter die Decke und bildete dort eine Art Wolkenbank, die sich ihren Ausgang durch das Rieddach suchte. Die Menschen waren in der Mehrzahl einfache Handwerker und Bedienstete.

Joss zögerte, aber plötzlich trat eine Frau neben ihn, berührte ihn am Ellenbogen und führte ihn sanft zu der noch leeren dritten Bank. Willig folgte er ihr. Die Frau hatte sich die Kapuze ihrer Schaube über den Kopf gezogen, sodass er nur einige Strähnen ihres strohblonden Haares sehen konnte.

Der Geistliche ließ seinen Blick kurz auf Joss ruhen, dann wandte er sich wieder allen zu. »Des Morgens, so du aus dem Bett fährst, sollst du dich segnen mit dem heiligen Kreuz und sagen: Das walte Gott Vater, Sohn und Heiliger Geist. Amen. Darauf kniend oder stehend den Glauben und ein Vaterunser.« Er sah in die Runde.

Joss blickte auf Köpfe, die zustimmend nickten. Trotz seines wie ausgetrocknet wirkenden Mundes drängte sich in ihm eine Frage auf, weil Rieger eindeutig darauf wartete, dass jemand etwas dazu sagte.

»Aber …«, begann er zögernd.

»Ja, Joss? Getrau dich. Wir sind unter Freunden.«

»Aber das ist ein Segen. Bedarf es für einen Segen nicht eines katholischen Priesters?«

Rieger nickte. »Wo in der Bibel steht, man dürfe nicht segnen, wenn man reinen Herzens ist?«

Verblüfft sah Joss ihn an. Woher sollte er das wissen?

»Ich habe die Bibel nicht gelesen, Herr. Ich kann kein Latein oder Griechisch oder …«

Die Zuhörer sahen zu Urban Rieger, als erwarteten sie von ihm eine besondere Erleuchtung.

»Nun, dann lass dir gesagt sein, dass die Bibel diese Einschränkung nicht kennt. Gottes Wort spricht nicht davon, dass ein Priester nötig ist, um zu segnen, dass ein Priester nötig ist, um mit Gott zu sprechen, dass ein Priester nötig ist, um einen Gottesdienst abzuhalten. Einzig ein Mensch ist dazu nötig. Und spürt dieser die Anwesenheit des Herrn, dann ist dies völlig ausreichend.«

»Dann ist aber … die Kirche … ich meine … wozu brauchen wir dann …«

Er getraute sich noch nicht, den Gedanken auszusprechen.

»Eine Kirche?«, ergänzte die Frau neben ihm seine Frage. Ihre Stimme klang hell.

»Das habe ich so nicht gesagt«, widersprach Joss erschrocken. Die Formulierung, das wusste selbst er, ohne gebildet zu sein, war gotteslästerlich.

»Sorgt Euch nicht. Unsere Schwester Sibylla hat recht. Wenn ich – zu Recht – das Priestertum als Vermittler zwischen Gott und den Menschen nicht mehr benötige, dann muss ich mich fragen, wozu es eine Amtskirche braucht.«

Joss schwirrte der Kopf. Die Gedanken, die hier ausgesprochen wurden, waren dazu angetan, die Menschen auf den Scheiterhaufen zu bringen. Jeder einzelne davon. Mit der Fülle der Ideen hätte man eine ganze Stadt niederbrennen können.

Joss durfte sich das nicht länger mit anhören. Er stand auf und strebte dem Ausgang zu, durch den er den Raum betreten hatte. Er bemerkte nicht, dass ihm die Frau folgte, die sich neben ihn gesetzt hatte. Erst als die Stoffbahn hinter ihm zuschlug und er sich erst an das Dunkel gewöhnen musste, spürte er eine Berührung an seinem Arm.

»Ihr seid ein Mann mit viel Verständnis«, sagte die Frau, die dieser Priester Sibylla genannt hatte.

Im Dämmerlicht musterte er sie genauer. »Unsinn. Ich verstehe nichts von dem, was er gesagt hatte«, gestand er. »Warum verschattet Ihr mit Eurer Kapuze das Gesicht? Habt Ihr etwas zu verbergen?«

Die Frau antwortete nicht, sondern streifte sich wortlos die Kapuze vom Kopf: Darunter kam ein Gesicht zum Vorschein, das so jung nicht mehr war. Die blonden Haare waren zu einem Zopf geflochten, den sie sich um ihren Kopf gelegt hatte. Einige Strähnen hatten sich befreit und standen schräg ab.

Joss verschlug es die Sprache. Natürlich hatte er diese Frau schon einmal gesehen. Natürlich erkannte er ihren Namen. Aber er hätte sie nie und nimmer hier unten in der Fuggersiedlung erwartet und schon gar nicht im Haus eines lutherischen Predigers.

»Was tut Ihr hier, Herrin?«, fragte er.

»Lasst dieses ›Herrin‹ sein, Joss Neher. Für Euch bin ich Sibylla. Und was ich hier tue? Dasselbe wie Ihr. Ich lausche den Ausführungen Urban Riegers.«

»Aber, Fuggerin, Euer Mann ist katholisch. Diese Siedlung ist katholisch. *Ihr* seid katholisch.«

Sibylla Fugger lächelte. »Ich gehöre ihm nicht. Also darf ich glauben, was meiner Seele guttut.« Kurz verdunkelte sich ihr Blick. »Außerdem wühlt es mein Inneres weniger auf, wenn ich einem … einem Priester nicht meine … meine Seelenpein, meine heimlichen Gedanken zu beichten habe. Oder glaubt Ihr, eine Frau wie ich, die keine Kinder bekommen kann, wird von den lüsternen Gedanken eines katholischen Priesters verschont?«

Joss sah betreten zu Boden.

»Ich kann mich jetzt mit Gott unserem Herrn selbst unterhalten und ihm meine Nöte beichten, ohne ein fremdes Ohr mit einweihen zu müssen.«

Joss wollte etwas sagen, aber ihm fiel nichts Verständiges ein. Zu voll war sein Kopf mit neuen Gedanken, mit Eindrücken und Erlebnissen.

»Kommt wieder, Joss Neher. Bringt Eure Gattin mit, Eure Kinder. Ihr seid herzlich willkommen in unserer kleinen Gemeinde.«

Damit streifte sie sich ihre Kapuze wieder über den Kopf und verschwand hinter der Stoffbahn.

Joss schwirrte der Schädel.

Hatte er eben tatsächlich mit der Frau des reichsten Mannes der Welt gesprochen wie mit seinem Weib zu Hause?

Mittlerweile hatte er sich an das Dunkel gewöhnt und tapste vorsichtig zum Ausgang.

»Stellen wir uns doch die Frage, ob diese Kirche ...«, hatte der Prediger seine Ausführungen eingeleitet. Joss sagte es bereits zu, dass er überhaupt Fragen stellen durfte. Wer Fragen stellen durfte, der konnte sich an den Antworten die Zähne ausbeißen. Wer nicht fragen durfte, dem würde man die Zähne ausschlagen.

Eines war für ihn sicher: Er würde wiederkommen.

26. Kapitel

AUGSBURG, JULI 1525

Es war nur ein einfacher Stadel. Die Seitenplanken waren grau verwittert und etwas verworfen. Sie hatten eine leichte U-Form angenommen, ohne dadurch ihre Funktion zu verlieren, das Innere vor

Wind und Nässe zu schützen. Das Dach war mit Ziegeln gedeckt, nicht mit Stroh. Daran konnte man erkennen, wer der Besitzer war: Jakob Fugger. Nur seine Häuser waren, wenn es nicht den Hauptsitz vor dem Siegelhaus betraf, dessen Dachtraufe vollständig mit Kupfer verkleidet war, mit Ziegeln gedeckt. Marx und Michl Jordan schlichen um das Gebäude herum, soweit der ehemalige Scharwächter das mit seiner Krücke vermochte. Der Zunftmeister prüfte die Beschaffenheit der Bretter, mit denen der Stadel beplankt war. Er war vor kaum fünf, allerhöchstens sechs Jahren errichtet worden. Etwa zur selben Zeit, als der Alte vom Weinmarkt begonnen hatte, die Grundstücke der Armensiedlung aufzukaufen.

»Gibt es ein Durchkommen?«, fragte Marx ungeduldig, dem das langsame Prüfen und die Versuche, Bretter anzuheben, auf die Nerven ging. Sie hatten die frei stehende Scheune jetzt schon zweimal umrundet, der Zunftmeister, der seine Hände nicht von den Wänden lassen konnte, und er, der humpelnde Krüppel, der unbedingt einen Verdienst benötigte. Er konnte als Einbeiniger nicht länger betteln, schnorren und gelegentlich einen kleinen Diebstahl begehen. Marx spähte in die Fensterhöhlen der Gasse, ob ihnen von dort nicht ein neugieriger Blick folgte. Unauffällig zu sein war etwas anderes.

»Jeder Zimmerer lässt ein Loch«, entgegnete der Obermeister der Zimmerer ruhig. »Also Geduld. Es würde mich wundern …«

Er stockte, ging zwei Schritte zurück, besah sich die Planke, trat noch einen Schritt zurück, schirmte die Augen ab, ging wieder vor und drückte gegen das Holz. Es ließ sich bewegen, ebenso das anschließende Brett. Dabei lag die Lücke so, dass sie sich in einer düsteren Gasse öffnete, in der gegenüber dem Stadel niemand wohnte. Wer nachts hierherkam, der konnte sicher sein, nicht gestört zu werden.

»Hier! Ich wusste es doch.« Michl Jordan triumphierte. Er warf sich in die Brust, als müsste er seine Genialität vor einer ganzen Horde von Zimmerleuten präsentieren, dabei stand nur ein Einbeiniger vor ihm, der ihn gelangweilt ansah.

»Und? Können wir rein?«, fragte Marx.

»Was? Jetzt? Natürlich …«

Er hatte vermutlich »nicht« sagen wollen. Marx hatte ihn einfach überhört und die beiden Latten beiseitegeschoben. Er konnte den Kopf hindurchstecken.

»Wo der Kopf durchkommt, kommt der Rest auch durch«, murmelte er mehr zu sich selbst. Dann zwängte er sich durch den Spalt. »Komm einfach nach.«

Er wusste genau, wie der Zunftobermeister litt. Bei ihm galt Marx' Devise nicht. Er war zu beleibt. Mit seinem ausladenden Bauch wäre er stecken geblieben.

»Kommt Ihr?«, drängte Marx spöttisch.

»Ich kann nicht!«, jammerte Meister Jordan.

»Dann steht eben Schmiere. Pfeift, wenn jemand kommt. Gebt mir die Krücke!«

Sobald er seine Gehhilfe hatte, sah er sich um. Das Lager im Inneren war sauber aufgeteilt. Hölzerne Regale reihten sich an der Wand entlang und füllten die Mitte aus. Es roch nach Baumwolle und Gewürzen, nach Pfeffer und Nelken, Muskat und Kardamom. Staub hing zwischen den Regalen und flirrte, wenn sich Sonnenstrahlen durch die Lücken der Holzwände stahlen. Darunter mischte sich ein schwacher ätherischer Duft, der sich von allen anderen unterschied. Vanille schätzte Marx, der in seinem Leben erst eine einzige Vanilleschote gesehen und gerochen hatte. Schwer süßlich und erdig.

Marx wusste mittlerweile, dass das Guajakholz zerkleinert, erhitzt und gemörsert werden musste, damit es sein ganzes Aroma entfalten konnte. Dann aber nahm es einem den Atem.

Er musste eine ganze Weile suchen, bis er die Holzstapel gefunden hatte. Das Holz war zu Bündeln geschnürt. Marx zählte und kam auf über hundert Einzelbündel, mindestens. Er lächelte. Niemandem würde auffallen, wenn das eine oder andere nicht mehr an seinem Platz lag.

Er freute sich über seine Spürnase, die ihn zu dem Schuppen geführt hatte. Er überlegte, ob sich das Wissen um den Stapelort und den heimlichen Zugang nicht weiter ausnutzen ließe. Es konnte ihm, bei mäßigem Gebrauch, über so manche Zwangslage hinweghelfen. Wem fiel schon auf, wenn er aus einem Sack Pfeffer eine Handvoll Körner entnahm und sie durch Mäuseköttel ersetzte. Gierig durfte man nicht sein, sich der Reichtümer vorsichtig bedienen – wie es Fugger eben auch tat.

Plötzlich ertönte der Pfiff. Es kam jemand. Marx zuckte überrascht zurück, und schon polterte seine Krücke zu Boden. Er fluchte leise, während er zwei Dinge gleichzeitig zu erreichen versuchte: seinen Stock und ein sicheres Versteck.

Ersteres gelang, nachdem er sich auf den Boden hatte fallen lassen. Er klemmte die Stütze unter seinen Arm. Zum Aufstehen war es jedoch zu spät. Unbeholfen rutschend kroch er zwischen zwei Regale und drückte sich so weit in den Hintergrund, wie es ihm möglich war. Das Versteck verbarg ihn allenfalls notdürftig. Geübte Augen würden ihn sofort entdecken. Er zog einen Sack aus der Ablage und deckte sich damit halb zu. So lag er eingeklemmt zwischen Pfeffer und Muskatnüssen. Als er sich dessen bewusst wurde, kribbelte seine Nase.

Das Tor öffnete sich, und er hörte zwei Männer leise miteinander reden.

»Reichen zwei Bündel?«, fragte eine tiefe Stimme, die Marx nicht kannte.

»Nein. Wir müssen mindestens drei, vielleicht vier mitnehmen. Wir haben statt der beiden entlassenen Frauen vier neue aufgenommen.«

Diese Stimme erkannte Marx sofort. Es war die des Zimmerers, die von Joss Neher. Mit aller Gewalt rieb er sich die Nase, um nicht zu niesen.

»Ihr solltet sparsam damit umgehen, Joss. Jakob Fugger sieht es nicht gern, wenn man seine Ware verschwendet.«

Als Joss antwortete, klang seine Stimme verärgert. »Geht es ihm um das Holz oder um die Menschen?«, herrschte er seinen Begleiter an.

Der grunzte nur, weder als Bestätigung noch als Ablehnung. »Die Frage kannst du dir wohl selbst beantworten. Menschenfreundlich ist, was dem Fugger nützt. Nutze die Zeit, heißt sein Wahlspruch, nicht: Tu Gutes.«

Der Zimmerer schien sich auszukennen. Von seinem Versteck aus konnte Marx erkennen, wie er an die Holzstapel herantrat und sich vier Bündel griff. Zwei reichte er an seinen Begleiter weiter.

Doch Joss kehrte nicht um und verließ den Raum wieder, sondern trat weitere Schritte in den Stadel hinein.

Marx kämpfte mit einem immer stärker werdenden Juckreiz in der Nase. Er presste zwei Finger auf die Nasenflügel, rieb den Nasenrist, versuchte, an etwas anderes zu denken – aber es gelang nicht. Ein gewaltiger Niesanfall baute sich auf wie ein Berg, der bald explodieren würde.

»Was hier alles lagert!«, flüsterte Joss bewundernd und drehte sich um die eigene Achse. Er sog, wie Marx noch wenige Minuten zuvor, die Luft im Schuppen durch seine Nase. Atmete tief ein, und sicherlich verspürte er auch die Ferne und Weite, die diesen Düften innewohnte.

Marx betete, dass der Zimmerer seinen Blick weiter nach oben gerichtet ließ und nicht zu Boden senkte, denn dann hätte er vermutlich den Krückenstiel entdeckt. Der ragte aus dem Gang hervor, in den Marx gekrochen war.

»Das halbe Südamerika- und Indien-Geschäft: Guajak, Pfeffer, Muskat, Nelken, Seide, bedrucktes Leinen … und was nicht noch alles.«

Erneut drehte sich Joss um die eigene Achse, und seine Hände formten Greifbewegungen in alle Richtungen.

»Das würde ich lassen«, mahnte sein Kumpan. »Alles ist abgewogen und gezählt. Der Alte weiß über jedes Gramm hier Bescheid. Sollte etwas fehlen, würde er es sicherlich erfahren. Abgesehen davon, wäre es auffällig, wenn einer der Bewohner der Fuggerei anfangen würde, mit Gewürzen oder Tuchen zu handeln.«

Ohne ein Widerwort schlenderte Joss, die Holzbündel geschultert, tiefer in den Stadel und erschnüffelte weiter dessen exotische Köstlichkeiten.

Marx hatte verloren, und er wusste es. Er würde niesen müssen und sich damit verraten.

»Ein Duft, an den man sich gewöhnen könnte …« Kaum hatte Joss den Satz gesprochen, stolperte er über Marx' Krücke. Dabei schob er sie unter ein Regal, sodass sie nicht mehr zu sehen war.

»Verflucht, jetzt stolpere ich schon über meine eigenen Füße«, fluchte er ungehalten und trat gegen das Regal, das zu schwanken begann.

Es krachte. Marx erschrak. Glaubte sich entdeckt, wollte niesen, weil es jetzt schon egal war – doch das Kribbeln war verschwunden.

»Wir gehen, bevor du hier noch die Bude einreißt«, sagte Joss' Kumpan. »Und ein Vorschlag: Lass diesen Gedanken am besten hier. Es würde dir nur schaden. Ich wollte den Alten nicht als Feind. Er ist als Dienstherr schon unangenehm genug.«

Joss drehte sich um, ließ noch einmal den Blick über das Innere des Stadels schweifen, seufzte und machte sich auf den Rückweg.

Wie sehr die Worte der Wahrheit entsprechen würden, konnte er nicht wissen. Aber in Marx hatte sich ein Gedanke eingenistet, der ihm umso schmackhafter erschien, je länger er darauf herumkaute.

Er lag noch immer auf dem Bauch, als sich das Tor wieder schloss. Jetzt drehte er sich auf den Rücken und ließ den Blick über die Schätze gleiten, die dort deckenhoch gestapelt lagen. Natürlich würden die Fehlbestände irgendwann auffallen – aber wie hatte Joss' Kumpan gesagt? Manches davon würde auf Joss zurückfallen. Schließlich betrat der regelmäßig den Schuppen und holte Holz als Ersatz für das verbrauchte.

Ein boshaftes Grinsen stahl sich auf Marx' Gesicht. Er hatte soeben die Möglichkeit entdeckt, seine Idee in die Tat umzusetzen. Zuvor jedoch brauchte er seine Krücke, und die hatte Joss unter das nächstgelegene Regal getreten.

»Was hat Doktor Occo gesagt?«, flüsterte Eva ihrem Mann zu, nachdem der Arzt aus dem Krankenraum für Männer gekommen und in das der Frauen getreten war.

Joss sah sie verständnislos an. »Nichts«, antwortete er schulterzuckend.

»Unsinn. Er sagt niemals nichts. Hör gefälligst zu, was er sagt.« Ihr Vorwurf ging in einen Seufzer über. Joss begriff einfach nicht, was sich hier tatsächlich abspielte.

»Wozu brauchst du …«, versuchte er, sich zu rechtfertigen, und knetete seine Hände.

»Ich muss zu den Frauen. Ihn ein wenig überwachen. Sonst greift er an unschickliche Stellen.«

Sie drehte sich um und folgte dem Arzt die Treppe hinauf und in das Frauenzimmer. Achtzehn Frauen lagen jeweils zu zweit in den Betten. Ihr Zustand hätte unterschiedlicher nicht sein können. Während die einen beinahe gesund aussahen, mit roten Wangen und feistem Kinn, trugen andere die Farbe des Todes im Gesicht. Als Eva den Raum betrat, wandte Occo sich halb zu ihr um.

»Lasst den Pfarrer kommen«, sagte er beiläufig. Er stand vor einem der Betten und betrachtete die kranke Frau. Gesicht, Hände und Brust waren von schwärenden Wunden überzogen. Afra hieß die Arme, war kaum fünfundzwanzig Jahre alt und stammte aus dem Fuggeranwesen in Gablingen.

Man hatte sie vor vier Wochen entlassen, und vor wenigen Tagen war sie zurückgekehrt. In diesem erbärmlichen Zustand.

»Ich habe dir gesagt, dass eine echte Beichte die Seele zuvor läutern muss, bevor die Heilung eintreten kann. Die Franzosenkrankheit ist vor allem eine der Seele. Wird diese nicht vollständig gereinigt, bleibt der Körper verschmutzt, und die vier Säfte können sich nicht mehr ins Gleichgewicht bringen.«

»Aber ich habe gebeichtet. Alles. So glaubt mir doch!«, wehrte sich Afra matt. Sie hatte die Augen geschlossen. Ihr rot gesprenkeltes Gesicht war blass wie der Tod. »Ihr hattet mich als gesund entlassen.«

»Pah«, sagte der Arzt. »Dein Lebenswandel holt dich am Ende ein, Mädchen. Wer schlampt, dessen Seele lässt den Körper leiden.«

Zuerst lag dieser Satz wie ein Vorwurf im Raum. Alle hatten ihn gehört, alle fühlten sich angesprochen. Doch die junge Frau besaß noch Kräfte.

»Ich habe nicht geschlampt! Keinen Burschen habe ich seither angesehen, geschweige denn geküsst oder mehr zugelassen. Und den einen oder anderen unkeuschen Gedanken habe ich Pater Finn anvertraut – und der hat mir die Absolution erteilt.«

Doktor Occo brummte. Afras Begründung schien ihm mehr als unzureichend. »Ich gehe nach dem Augenschein. Und der spricht schließlich Bände. Und vor allem gegen dich, Mädchen.«

Offenbar war er es nicht gewöhnt, Widerspruch zu bekommen, denn er reagierte unwirsch und verletzt. Schließlich war er es gewesen, der Afra vier Wochen zuvor als geheilt entlassen hatte.

»Womöglich war ich gar nicht gesund«, beharrte die junge Frau. »Ihr habt es nur nicht erkannt.«

Wütend fuhr Occo auf. »Will jetzt das Ei weiser sein als die Henne?«, herrschte er sie an und fiel dabei in einen herablassenden, dozierenden Ton. »Hast du an der berühmten Universität von Bologna studiert? Hast du Lehrern gelauscht, deren Ruf weithin von Italien bis nach Schweden und von Madrid bis nach Moskau schallt?«

Er hatte sich aufgerichtet und blickte auf einen Punkt an der Zimmerdecke, den Eva beim besten Willen nicht entdecken konnte. Der Doktor machte den Eindruck, als hole er sich aus einer entfernten Vergangenheit Rat.

»Mir würde es genügen, wenn er sich um meine Krankheit kümmern könnte. Da wären mir Madrid und Moskau egal.« Afra hatte sich diese Sätze abgerungen. Es hatte sie so viel Kraft gekostet, dass sie an seinem Ende die Augen verdrehte und ohnmächtig zurück in die Kissen sank. Ihr Kinn wurde spitz, und die Wangen fielen ein.

»Frauen!«, seufzte Occo. »Sie übertreiben alles. Das schwache Geschlecht eben.« Er schüttelte verständnislos den Kopf.

Eva hatte sich die Szene mitangesehen, jetzt schob sie den studierten Arzt beiseite und trat an Afras Bett. Sie fasste ihren Arm, dann das Handgelenk.

Sie musste schlucken. Schließlich wandte sie sich wütend an den Doktor, der zur nächsten Frau weitergegangen war und sich wieder nur oberflächlich nach deren Gesundheit erkundigte.

»Sie hat so überzeugend gespielt, dass sie jetzt tot ist. Gott sei ihrer Seele gnädig«, murmelte sie.

Langsam drehte sich Occo zu ihr um, betrachtete zuerst sie, dann die Frau, die wachsbleich unter ihrem Laken lag. Selbst die entzündeten Geschwüre schienen zu verblassen. Dann heftete er den Blick auf Eva und zog eine Bittermiene.

»Da hättet Ihr Euch besser beeilt und den Pater kommen lassen, wie ich es Euch gesagt habe. Dann hätten wir zumindest ihre Seele retten können.«

Kein Mitleid lag in seinen Augen, kein Schuldgefühl, keinerlei Scham.

»Ihr seid ein Ungeheuer, Doktor«, fauchte Eva. »Kein Christ!«

Adolph Occo räusperte sich. »Schießen wir da nicht etwas über das Ziel hinaus? Woher wollt Ihr wissen, was ein Christ zu verantworten hat oder nicht? Ihr könnt noch nicht einmal die Heilige Schrift lesen. Was macht Euch so sicher, dass ich nicht danach handle? Oder könnt Ihr Latein, Griechisch oder gar Hebräisch?«

Eva spürte, wie ihre Seele kochte und vor Wut überzulaufen drohte. Occo hatte natürlich recht. Was wusste sie schon von der Bibel, was vom christlichen Leben außer dem, was der Pfaffe von der Kanzel predigte? Nichts. Und nichts davon, was er sagte, konnte sie ihm als richtig oder falsch nachweisen. Aber sie hatte ein Gewissen, und das sagte oft mehr als Gelehrsamkeit.

Plötzlich wurde ihr der Raum mit seinen neun Betten, der niedrigen Decke, dem Geruch nach Krankheit und Tod und dem nicht dazu passenden Duft nach frisch geschlagenem Holz zu eng. All diese Dinge legten sich auf ihre Brust und hinderten sie am Atmen. Das Zimmer der Frauen schrumpfte zu einem Punkt in ihrem Blickfeld, zu einem Nichts, und zwang sie, sich an der Wand abzustützen. Sie musste erst tief Luft holen, sich jeden Atemzug erkämpfen, damit sie zurückfand an das Bett der toten Afra. Bis sie bemerkte, dass sie die Hand der Toten hielt und drückte, war Occo bereits weitergegangen und hatte die anderen Frauen betrachtet. Mit einem Schrei ließ sie die Hand fahren.

Alle im Raum hörten ihr lautes, ziehendes Atmen, ihr Keuchen.

Der Arzt, das konnte sie sehen, hob eben eine der Bettdecken an, um Maria, die junge Magd, zu begutachten. Die Frauen lagen unbekleidet unter ihren Laken. Occo wusste das und nutzte es aus.

»Lasst das!«, keuchte Eva und wollte sich erheben. Doch sie schaffte es nicht, ihren Körper zu bewegen. Die Beine versagten ihr den Dienst. »Wer erlaubt Euch, die jungen Mädchen …?«

»Was unterstellt Ihr mir?«, donnerte Occo. Er hatte die Brüste des Mädchens ergriffen, beiseite gedrückt, um auch unter die Falten zu sehen, hob sie an, tastete sie ab, griff ihr an die Schenkel. Maria war starr vor Angst und ließ all das mit sich geschehen, zitternd und mit weit aufgerissenen Augen. »Das Kind hier ist gesund und kann entlassen werden!«

Maria erschrak, kreischte und schüttelte den Kopf. »Nein. Nicht nach Hause«, bat sie, flehte sie, rief sie.

»Du liegst gesund in einem Bett, das einer Kranken zusteht«, sagte der Doktor ruhig und gelassen. »Gebt den Platz frei.«

Der letzte Satz war an Eva gerichtet, die sich endlich hatte erheben können. Sie schwankte auf den Doktor und Maria zu.

»Sie ist krank«, sagte Eva. »Und wenn Ihr das nicht erkennt, seid Ihr als Arzt nicht zu gebrauchen. Ich werde Jakob Fugger …«

Occo stemmte die Hände in die Hüften und drehte sich zu ihr um. »Wollt Ihr mir Ratschläge erteilen? Nun gut, dann sagt mir eine Therapie an, Neherin. Ich bin ganz Ohr.«

Sie wehrte sich gegen die Forderung, konnte ihm aber keine Lösung bieten. Er war der Arzt, nicht sie – und er wusste das natürlich.

»Ich denke, Ihr verlasst das Haus auf der Stelle. Jakob Fugger wird von Euren …« Sie stockte, weil sie um die richtigen Worte rang.

Occos Blick war zuerst boshaft gewesen, voller Überheblichkeit und Hochmut. Doch plötzlich wurde er sanfter, fast mitleidig. Er schwieg und warf einen Blick auf Maria, die in ihr Kissen zurückgesunken war und dort lag wie das sprichwörtliche Elend.

»Ich komme wieder, aber denkt daran, wie Jakob Fugger das hier alles sieht. Ihr habt eine Aufgabe, Ihr und Euer Mann. Es wäre nicht in meinem Sinne, wenn Euch die Arbeit im Holzhaus genommen würde. Es gibt Anwärter – ich hoffe, Ihr wisst das.«

Eva starrte ihm nach. Anwärter, hatte er gesagt. Wer erhob Anspruch auf die Wartung des Holzhauses?

Doktor Occo rauschte in seinem schwarzen Talar an ihr vorbei und lief die Treppe hinunter. Die Tür schlug hinter ihm zu, als hätte sie etwas zu verkünden.

27. Kapitel

AUGSBURG, SEPTEMBER 1525

Marx lehnte an der Ecke zur Finsteren Gasse und sah die Straße hinunter. Noch um Mittag herum hatte sich kein Lichtstrahl in diesen Teil der Fuggerei verirrt, und die Gasse machte ihrem Namen wieder alle Ehre. Der Schatten verließ sie wohl niemals ganz.

Die Hutter Babette hatte vor ihrem Haus einen Stuhl auf das Kieselpflaster gestellt, sich eine Decke über die Knie gelegt. Neben ihr sah Marx einen Spinnrocken. Für September war es schon ziemlich kalt. Sie saß dennoch draußen, holte mit spitzen Fingern aus dem Wollknäuel einen Faden, wickelte ihn auf die mit einer Wirtel beschwerte Spindel und ließ sie schwirren. Es ging blitzschnell, mit einer Geschwindigkeit, die auch mit Augenlicht nicht zu steigern war. Alles lief ab, wie von einer besonderen Gewalt angetrieben. Sie musste nicht hinsehen. Die Arbeit ging ihr von der Hand, als würde jemand anderer sie für sie tun. Sie wandte den Kopf hin und her, schaute zu den Fenstern gegenüber, warf diesem oder jenem, der vorbeiging, ein Wort zu und schloss sogar manchmal die Augen, als müsse sie über sich und ihr Leben nachdenken. Niemand hätte geglaubt, sie sei blind.

In der gesamten Siedlung herrschte eine unbestimmte Geschäftigkeit. Überall klapperte und plapperte, hämmerte und pfiff es, als ob eine Maschine wie das Wasserwerk am Roten Tor laufen würde. Dennoch war kaum jemand auf der Gasse zu sehen. Nur die Alte saß vor ihrer Wohnung und spann.

Marx hatte erwartet, dass die Witwe die Wohnung nach dem Tod ihres Mannes würde verlassen müssen. Doch ihre Verbindung zur Familie Jakob Fuggers war vermutlich fester, als er gedacht hatte. Sie blieb Tag um Tag, Monat für Monat. Niemand machte Anstalten, die Hutter Babette zu vertreiben – und selbst ein frei werdender Platz im Witwenhaus änderte nichts daran. Er wurde anderweitig besetzt, wie der ehemalige Scharwächter zu seinem Verdruss erst letzte Woche erfahren hatte, während er selbst bei St. Georg in der Reihe der Bedürftigen stand und sich eine Armensuppe ausschenken lassen musste, damit er nicht verhungerte.

Marx biss sich auf die Lippe, bis er Blut schmeckte. Es konnte nicht sein, dass er und seine Frau auf eine Wohnung in der Fuggerei warten mussten und immer tiefer in die Gosse rutschten, während dieses Weib sich vor ihren Spinnrocken setzen konnte, um etwas Wolle zu spinnen und damit Geld zu verdienen. Seine Lippen zitterten vor unterdrückter Wut.

Langsam löste er sich aus dem Schatten der Hausecke. Er hatte genug gesehen und lange genug gewartet.

Mühsam humpelte er vorwärts. Die Krücke hatte seine Achselhöhle mittlerweile wieder wundgescheuert, weil er durch die halbe Stadt streunte, um hier eine Kleinigkeit zu erhaschen und dort einen bezahlten Botengang zu erhalten. Kleingeld, damit er den Wohnzins zahlen konnte und man sie nicht aus der Wohnung warf. Jeder Schritt bereitete ihm Qualen. Jeder Stoß fühlte sich in seinem Beinstumpf an, als würde er mit einem Holzpflock dagegenschlagen, was zusätzlich schmerzte.

Schwankend ging er auf die Alte zu.

»Gott zum Gruße, Hutterin«, rief er ihr schon von Weitem zu. »Wie geht es Euch?«

Die Alte hob den Kopf und blinzelte in den Tag hinein.

»Ah, Marx Köllin. Warst lange nicht hier. Was tust du in der Fuggerei?«

»Betteln, um etwas in den Magen zu kriegen, Hutterin. Beten, um wenigstens die Seele zu retten, und laufen, weil mich das Elend tagtäglich umtreibt und nicht ruhen lässt.«

Sie richtete die Augen auf ihn, aber ihre trüben Pupillenpunkte verweigerten ihm den Blick in ihr Innerstes. Es blieb ihm ebenso verschlossen wie ihre Miene, die sich zu einer Maske gewandelt hatte, seit sie ihn gehört hatte.

»So hast du bislang keine Arbeit gefunden?«, fragte sie.

Marx war verwirrt. Ihr Gesichtsausdruck sagte etwas anderes als ihre Stimme. Zwar klang sie voller Mitgefühl, und doch schnitt sie wie ein scharfes Messer. Er konnte nicht sagen, ob die Alte sich tatsächlich um ihn und seine Zukunft sorgte.

»Wer nimmt schon einen Krüppel?«, fragte er mürrisch zurück.

Sie schwieg, hob nur den Kopf.

»Eingelebt?«, fragte er endlich nach, nachdem sie kein Wort mehr von sich gab.

Es wollte kein rechtes Gespräch aufkommen. Außerdem war er niemand, der sich mit jedem und allem anfreundete, ein paar Worte wechselte und sich auf dieses leichte und seichte Geplapper verstand, das den Kitt zwischen den Menschen bildete.

»Gebt mir einen Rat, Hutterin.«

»Ich? Dir? Wie komme ich zu dieser Ehre?«

Marx wäre jetzt verlegen von einem Bein auf das andere getreten, wenn er gekonnt hätte. So tappte er nervös mit der Krücke kleine Mulden in den Kies zwischen dem grob verlegten Pflaster. Warum nur brachte ihn diese alte Frau so aus der Ruhe?

»Habt Ihr noch einen Stuhl, einen Hocker? Darf ich mich zu Euch setzen?«

Sie ließ die Spindel sinken, und deren Drehen endete. Spindel und Wollflocken legte sie in einen Korb unter den Rocken zurück.

»Ich hole dir einen Stuhl«, sagte sie und stand auf.

»Wartet, ich helfe Euch.«

»Lieber nicht«, gab die Hutterin zurück. Ihre Stimme war jetzt wieder schärfer geworden.

Hatte er irgendetwas gesagt? Hatte er sich durch seine eigene Stimme verraten? Unmöglich.

»Nicht, dass Ihr stürzt. Ich würde es bedauern«, rief er ihr nach und humpelte hinter der Alten her.

Kurz bevor er das Haus betrat und die Treppe hochsah, blickte er sich um. Die Gasse war leer. Der frühe Morgen hatte noch keinen der Bewohner aus dem Haus geschickt. Auch der Blick entlang der Quergasse bis hinauf zum Holzhaus war frei.

Er presste kurz die Lippen aufeinander, dann folgte er der Hutterin, die gerade das obere Treppenende erreicht hatte.

»Bleib mir vom Leib«, rief sie. »Ich hole den Schemel auch ohne deine Hilfe.«

Marx zog kurz Luft zwischen den Zähnen hindurch. Er war sich sicher, dass sie durchaus ohne ihn auskam. Aber das war es nicht, was ihn interessierte.

»Er ist zu schwer – und bevor Ihr die Treppe hinabstürzt, helfe ich Euch besser.«

Stufe für Stufe erklomm er die steile Stiege. Es war ein mühsames Unterfangen. Er musste sich auf die wunde Achsel stützen, bevor er den Fuß auf die nächste Stufe setzen konnte. Und jedes Mal durchzuckte ihn ein so heftiger Schmerz, als würde er die Hand auf eine heiße Ofenplatte legen. Er hatte noch nicht die Hälfte der Stiege bezwungen, als oben der Kopf der Hutterin auftauchte.

»Sagte ich nicht, du sollst unten warten?«

Marx antwortete nicht, sondern wuchtete sich weiter hinauf. Er schnaufte und keuchte vor Anstrengung.

»Was hast du vor, Marx?«, fragte sie, nun doch mit etwas Anspannung in der Stimme.

»Euch helfen!«, presste er hervor.

Es waren noch zwei Stufen zu bewältigen. Die Hutter Babette stand vor ihm und hielt einen Schemel wie einen Harnisch vor der Brust. Sie wich zurück, als sein Keuchen näher kam. Schließlich hatte er den ersten Stock erreicht.

»Gebt mir den Schemel. Ich trage ihn nach unten. Ihr könnt schon vorausgehen«, sagte Marx ruhig.

Die Hutterin zögerte, als würde sie fürchten, ihr Leben könnte in einem Unglück enden, wenn sie diesen Schutz aufgäbe. »Wie willst du ihn mit deiner Krücke tragen?«, fragte sie.

Gar nicht, hätte Marx beinahe geantwortet. Er biss sich rechtzeitig auf die Lippen. Ahnte die Alte etwas?

Marx streckte seine Hand nach dem Schemel aus, ohne dass sie darauf reagierte. Er brauchte eine ganze Weile, bis ihm einfiel, dass sie blind war und seine Geste gar nicht sehen konnte. Kurz zögerte er, dann griff er nach einem der Stuhlbeine und riss ihn an sich.

Die Blinde hatte das nicht vorhergesehen. Sie stolperte vorwärts, kam aus dem Gleichgewicht und konnte sich gerade noch am Türstock festhalten, sonst wäre sie die Treppe hinabgestürzt.

»Was soll das?«, fauchte sie mit unverhohlener Angst in der Stimme.

»Soll ich mich dreimal erklären?«, fragte Marx barsch.

Er drehte sich um und stieg, den Schemel in der Hand, die steile Stiege wieder nach unten.

In diesem Augenblick begann in der unteren Wohnung ein Dengel zu schlagen. Das helle Klingen des Hammers auf dem Sensenblatt schnitt sich in das Gehör und setzte sich dort fest wie grobes Ohrenschmalz.

Innerlich fluchte Marx. Wütend warf er den Schemel die Treppe hinunter. Mit einem ohrenbetäubenden Poltern kam das Sitzmöbel unten an. Beinahe unmittelbar danach wurde unten die Tür aufgerissen, und eine Stimme hallte in den Aufgang hinein.

»Babette! Geht es Euch gut?« Die gedrungene Gestalt eines

Mannes verdunkelte den Eingang. Er blickte die Stiege hoch, sah Marx. »Wer seid Ihr?«, bellte er misstrauisch.

Der ehemalige Scharwächter hörte innerlich gar nicht mehr auf zu fluchen. Dennoch lächelte er den Nachbarn, der aus der unteren Wohnung auf die Gasse gestürmt war, freundlich an.

»Mir ist nur der Hocker aus der Hand gerutscht. Diese verfluchte Krücke. Man kann sich kaum mehr bewegen.« Er hielt sich mit der einen Hand an der Wand fest, schwenkte die Krücke in der Luft, sodass er auf seinem einzigen Bein balancieren musste.

Das Misstrauen wich aus dem Blick des Nachbarn. Er nickte. So jedenfalls deutete Marx die Bewegung in der Türöffnung.

Seinem Aussehen nach war er ein Handwerker, ein Schmied oder Spengler. Kahlköpfig, aber von kräftiger Statur. Seine rechte Faust umschloss einen Dengelhammer. Seine andere Hand fehlte.

Der Mann bückte sich, hob den Schemel auf und stellte ihn draußen neben den Eingang. »Geht es der Babette gut?«

»Wirf den Einbeinigen hinaus, Franz«, tönte es von oben herab. »Er wollte helfen und hat mich damit fast umgebracht.«

Der Schmied machte einen Schritt ins Haus, doch Marx hob beschwörend die freie Hand.

»Ich verschwinde schon«, murmelte Marx, humpelte die letzten Stufen nach unten und trat aus der Tür.

Der Mann, den die Hutterin Franz genannt hatte, erwartete ihn auf der Gasse. Er musterte ihn weiter aufmerksam.

»Raus mir dir, Freundchen. Es ist nicht lange her, dass ihr Mann die Treppe runtergefallen ist und sich das Genick gebrochen hat.«

»Schon gut«, sagte Marx beschwichtigend. »Scheint nicht weit her zu sein, eure Hilfsbereitschaft in der Fuggerei!«, schimpfte er.

»Da täuscht Ihr Euch, mein Freund«, entgegnete der Schmied und klopfte mit dem Hammer leicht gegen die Zarge.

»Ihr Mann war zwar ein Schluckspecht, der die Kontrolle verloren hatte«, erklärte der Handwerker, »aber so eine alleinstehende Witwe, auf die sollte man aufpassen.«

»Ich muss mich ausruhen!«, sagte Marx, griff sich den Schemel, stellte ihn neben den Stuhl der Hutterin und setzte sich. Die Krücke stellte er zwischen seine Beine und hielt sich daran fest.

Während der Nachbar wieder in seiner Wohnung verschwand, fiel Marx' Blick auf die Gasse, die zum Holzhaus hinaufführte. Ein in dunkle Kleidung gehüllter Mann stand dort, mit dem Rücken an die Hauswand gelehnt und blickte zum Fenster des Frauentrakts hoch.

Er sah nicht aus wie all die Angehörigen, die dort unten herumlungerten, während ihre Kranken behandelt wurden, obwohl er gleichzeitig angeregt mit dem jüngsten Neher redete. Woher war der so plötzlich gekommen? Noch gerade eben war niemand in der Gasse gewesen.

Kurz musste Marx schlucken – wenn er seine Absicht in die Tat umgesetzt hätte, wäre der Kerl womöglich Zeuge gewesen. Schweiß trat ihm auf die Stirn. Er musste vorsichtiger sein.

Die Hutter Babette trat aus der Tür.

»Was wolltest du für einen Rat, Marx?«, fragte sie, während sie nach ihrem Stuhl und der Wolle tastete.

Hatte sie vergessen, was er im Sinn gehabt hatte? Er schaute der Alten zu. Es fiel ihm nicht ein, ihr zu sagen, dass sie in der falschen Richtung suchte. Irgendwann würde sie ihren Spinnrocken schon finden und auch den Stuhl.

28. Kapitel

AUGSBURG, NOVEMBER 1525

Eva hockte in der Ecke, das Gesicht in den Händen verborgen und schluchzte. Sie wehrte sich, als Joss sie hochzog und in die Arme nahm. Ein Weinkrampf schüttelte sie, und Tränen strömten aus ihren Augen.

»Was ist mit dir?«, fragte Joss.

Dabei wusste er sehr genau, was geschehen war. Wie konnte er nur so eine törichte Frage stellen, wenn sie nachts zuvor über nichts anderes geredet hatten als über wirkungslose Arzneien und die Angst der Menschen, die den Gewinn in die Höhe schraubte?

»Er hat … er hat Maria auf die Straße gesetzt, Elen, Kettlin, Gret und jetzt Irmel«, brachte Eva stockend hervor. »Dabei sind sie alle todkrank. Jeder wusste es, auch Occo, aber er hat sie entlassen. Einfach so, als wären sie ein Stück Holz, das man hierhin und dorthin wirft, wenn es einem zwischen die Beine gerät und stört. Wenigstens Irmel hätten wir über den Winter hierbehalten sollen. Wo soll sie denn hin?«

»Doktor Occo wird wissen, was er tut«, versuchte Joss, sie zu trösten. »Und wir müssen Ende November das Holzhaus wieder bis März schließen.«

»Nichts weiß er … und vor allem weniger als ich!«, erwiderte Eva. Langsam versiegten ihre Tränen und machten einem trotzigen Mut Platz. »Acht Frauen haben wir behandelt und als geheilt nach Hause geschickt. Vier von ihnen sind wiedergekommen, mit noch schlimmeren Ausschlägen als zuvor. Von Kettlin wurde mir erzählt, sie habe sich das Leben genommen. Bleiben drei. Alle drei sind tot. Verstorben an einem grauenvollen Ausschlag, der ihren ganzen Körper befallen hatte. Und jetzt hat er Irmel entlassen. Wir kümmern uns auch um andere Kranke über den Winter hinweg.«

Joss' Augen verengten sich zu Schlitzen. Er schaute sich um, ob Aennlin in der Nähe war oder die Kinder oder sie sonst jemand hören konnte.

»Das sind Behauptungen!«, widersprach er energisch, aber mit leiser Stimme.

»Nein!« Eva hätte mit dem Fuß aufstampfen wollen, aber sie konnte den Boden nicht erreichen. »Ich habe die Beweise hier. Lass mich runter.« Auch sie blickte sich um, dann griff sie unter ihren Rock und zog aus einem Leibgürtel ein kleines Büchlein hervor. »Ich habe alles aufgeschrieben«, sagte sie stolz.

Joss atmete durch, dann griff er nach der kleinen Kladde, die sie ihm hinhielt, und blätterte mit gerunzelter Stirn darin herum. Je länger er die Seiten betrachtete, desto ratloser wurde er.

»Maria, Elen, Kettlin, Gret hatten abgeheilte Hautausschläge. Sie waren angeblich gesund. Aber nach gut sechs Wochen sind sie wieder da gewesen. Alle vier. Und alle mit Pusteln am ganzen Körper«, flüsterte er, während er die Aufzeichnungen durchlas. »Aber das würde bedeuten …«

»… dass unsere ganze Arbeit umsonst ist. Wir können allenfalls lindern, aber nicht heilen.«

Joss kaute auf seinen Lippen, als wollte er sie sich wegbeißen.

»Ich habe mir auch angehört, was die anderen Frauen berichtet haben. Alle hatten schon zuvor Ausschlag und Eiterpusteln. Viele hatten geglaubt, sie hätten die Krankheit überwunden. Aber dann kam die Krankheit zurück. Sie entstellte die armen Frauen noch schlimmer, machte sie noch hässlicher – und erst dann sind sie zu uns gekommen. Und hier werden sie entlassen, weil sie angeblich nicht alles gebeichtet haben und daher ihre Seele unrein ist, oder sie sterben uns unter der Hand weg.«

Joss blätterte fassungslos in der kleinen Kladde.

»Aber das würde bedeuten, niemand wird durch die Holzkur gerettet. Sie ist kein Heilmittel gegen die Franzosenkrankheit.« Er hielt kurz inne und sah Eva fest in die Augen. »Weiß der Doktor davon?«

Eva nickte. »Er weiß es, aber er will es nicht wahrhaben. Noch schlimmer ist aber, dass Jakob Fugger es längst weiß – und er braucht diese Wahrheit nicht. Sie stört. Guajak ist ein gutes Geschäft.«

»Du glaubst, wenn der Doktor in seinen Schriften betont, dass das Holz wirkt, dann kaufen es die Menschen und richten sich nach den Empfehlungen?« Während Joss sprach, schüttelte er bei jedem Halbsatz den Kopf. »Kein Rauch, kein Sud, keine Salbe, nichts davon ist zu gebrauchen.«

»Ein riesiges Kuckucksei, das man uns da gelegt hat!«

»Die Menschen wollen betrogen werden«, sagte Joss.

»Nein, sie *werden* betrogen – und das macht den Unterschied.

Wenn ich etwas weiß und nicht danach handele, weil es mir gleich ist und ich eine andere Haltung zu den Dingen habe, dann will ich selbst es nicht wissen und wahrhaben. Das ist allein meine Entscheidung. Wenn mir aber Wahrheit und Wirklichkeit vorenthalten werden, dann hintergeht man mich. Ich werde bewusst getäuscht und baue auf eine Hoffnung, die nicht existiert.«

Joss starrte Eva an. Ihr Blick war entschlossen und hart. Langsam legte sie einen Finger auf ihre Lippen. »Die Kinder«, flüsterte sie.

Els stürmte ins Zimmer, schaute sie an, dann Joss. »Hast du geweint, Mutter?«

Eva schüttelte den Kopf, obwohl ihr schon wieder die Tränen in die Augen stiegen.

Ungläubig starrte Els sie an, und Eva sah, dass sie ihr kein Wort glaubte. Misstrauisch ging ihr Blick zu ihrem Vater, dann wieder zurück zur Mutter. Sie schien in deren Gesicht etwas anderes zu suchen als Tränen. Handabdrücke von Schlägen. Es war an der Zeit, dass Eva eingriff.

»Es geht um Irmel, Kind. Sie wurde als geheilt entlassen, aber sie ist es nicht«, erklärte sie. »In vier bis sechs Wochen steht sie wieder vor unserer Tür.«

Sie beobachtete ihre Tochter und war erstaunt, wie schnell das Mädchen begriff, was sie ihr da sagte. Sie konnte an dem Gesichtsausdruck ablesen, der zuerst erstaunt war, dann nachdenklich, bis Els' Miene sich aufhellte und sie wieder mit klaren Augen in diese Welt blickte. Eva seufzte. Els würde in eine Welt hineinwachsen, in der ihre Fähigkeiten nicht gebraucht würden. Um eine Familie zu bekochen und Kinder großzuziehen, genügten einfachere Gaben. Els besaß größere.

»Wo ist Barthlen?«, fragte Eva.

»Er steht draußen und redet«, erwiderte Els, und hier zeigte sich, dass sie eben doch noch ein Kind war. Obwohl Evas Absicht durchschaubar war, fiel ihre Tochter darauf herein.

»Mit wem spricht er?« Joss hatte sich bislang im Hintergrund gehalten, doch jetzt schien sein Interesse geweckt zu sein. »Nur wenige in der Siedlung wollen mit uns zu tun haben. Mit wem also spricht er?«

Verlegen blickte Els zu Boden, und Eva bemerkte verdächtige rote Flecken, die sich auf Hals und Wangen bildeten. Was hatte das zu bedeuten?

»Draußen vor der Tür … ein Mann … ganz in …«

Eva ließ Els nicht ausreden, sondern stürmte an ihr vorbei zur Tür. Joss folgte ihr. Vor der Haustür holte er seine Frau ein.

»Warte!«, rief er ihr zu, packte sie am Oberarm und drehte sie zu sich her. »Ich muss mit dir reden!«

Joss sah sich kurz um. Els war ihnen nicht gefolgt. Er zog Eva zu sich heran. »Er wird ihm nichts tun«, flüsterte er ihr ins Ohr. »Versprochen. Aber du sollst wissen, wer der Mann ist.«

Eva stand starr da und blickte ihm fest in die Augen. »Das kommt reichlich spät. Findest du nicht?«, zischte sie, allerdings nicht so leise und verschwörerisch wie er. »Du tust mir weh!«, setzte sie hinzu.

Joss schluckte. Als er nach drei Atemzügen noch immer keine Antwort gab, spuckte Eva ihm ihre Aufforderung geradezu vor die Füße.

»Jetzt red schon. Wer ist der Kerl?«

Joss räusperte sich. Ihm fiel es schwer, seine Gedanken zu sammeln und die Wörter in Sätze zu flechten.

»Er hängt der Lehre des Martinus Luther an. Ich folge ihm zu seinen Abenden und höre mir seine Predigten an. Er ist ein freundlicher und netter Mensch.«

»Er ist Lutheraner? Ein Anhänger dieses abtrünnigen Mönchs, der aus der Stadt geflohen ist?« Sie redete langsam und deutlich, jede Silbe betonend. »Bist du denn von allen guten Geistern verlassen?« Ihre Stimme sank immer tiefer und wurde immer leiser. »Hast du völlig den Verstand verloren, Mann?«

War er eben noch gelassen gewesen, sprühte Joss jetzt vor Zorn. Er warf Eva ihr Büchlein vor die Füße.

»Wer von uns hat den Verstand verloren, frage ich dich? Dieses

Buch bringt uns in größere Gefahr als meine Gespräche mit einem Abtrünnigen. Außerdem musste er fliehen, als er Luther mit Schriften unterstützt hat. Die Kirche hatte ihr Wort gebrochen, und er fürchtete um sein Leben. Ihm ging es wie uns. Die Ungerechtigkeit des katholischen Klerus wird als Maßstab für das Leben genommen. Dabei widerspricht es dem Leben völlig. Seit gut einem Jahr ist er wieder in der Stadt und predigt.«

Eva sah ihn an und gleichzeitig starr durch ihn hindurch. Joss hatte recht – und auch wieder nicht.

Wenn irgendeine Seele in dieser Fuggerei erfuhr, dass er sich mit denen traf, die mit den Gotteslästerern um diesen Martin Luther umgingen, dann würden sie ihr Zuhause verlieren. Gerade erst waren sie wieder angekommen, hatten sich eingerichtet, hatten sich mit der neuen Arbeit abgefunden, hatten zwar wenige, aber doch einige Menschen gefunden, die sie nicht ablehnten – und jetzt setzte Joss alles aufs Spiel.

»Meine Aufzeichnungen bekommt niemand zu Gesicht. Dich aber kann jeder bei einer dieser Zusammenkünfte sehen – und dann gnade uns Gott!«

Sie riss sich los und zog die Tür auf. Sie warf einen Blick nach draußen, wollte Barthlen von dem Lutheraner wegholen – aber dort draußen stand niemand mehr. Zwar war die Luft erfüllt vom geschäftigen Treiben der kleinen Stadt in der Stadt, aber die beiden Menschen, von denen sie eben noch gesprochen hatten, fehlten.

Eva trat ganz hinaus auf die Gasse, blickte suchend nach links und nach rechts. Ganz am Ende, beinahe gegenüber der Wohnung, in der die Babette lebte, trug ein Schuster sein Dreibein aus Metall auf die Straße in den sonnigen Oktobertag und hockte sich mit dem Rücken zur Hauswand. Dann begann er, mit einem abgeflachten Hammer das Leder weich und in Form zu klopfen.

Mit gerafftem Rock rannte Eva auf ihn zu. »Meister Erhard, Meister Ehrhard, habt Ihr Barthlen gesehen?«

Der alte Schuster blickte auf, und Eva sah in ein trübes und ein klares Auge. Die Hände des Mannes zitterten, sodass er nur mit

Mühe das Material auf dem Dreibein traf und jetzt, da er sich Eva zuwandte, mehrmals daneben und auf seinen Schenkel schlug.

Er verzog das Gesicht und schien etwas zurückzuweichen, doch dann besann er sich und schüttelte den Kopf. »Bin eben erst aus dem Haus. Nein, da war nie…«

Eva wartete das Ende des Satzes nicht ab, sondern schoss vorwärts. Bis sie bei der Hutterin ankam, die vor ihrem Haus saß, eingewickelt in eine Decke, und spann. »Babette, habt Ihr meinen Sohn gesehen?«

Die alte Hebamme lachte kurz auf. »Eine gute Frage. Ich bin blind und damit sicher nicht die Richtige, die Ihr das fragen müsst, Eva. Aber ich habe ihn gehört. Er ist an mir vorüber und hat gegrüßt. Eure Kinder sind eine Wonne. So nett und höflich und …«

»Wo ist er hin?«, setzte Eva nach. »Links oder rechts?«

Die Babette legte den Kopf schief. »Du bist ängstlich. Warum?«

Evas Stimme flatterte, als sie antwortete, leise, beinahe hauchend, als fürchte sie sich davor, dass die Wände, dass hinter diesen Wänden irgendwer sie hören könnte. »Er ist verschwunden. Weg.« Sie machte eine Pause, weil sie nicht denken konnte, was sie sagen wollte. »Mit einem … mit einem Fremden.«

29. Kapitel

AUGSBURG, NOVEMBER 1525

Es war dunkel, und der Nachtwächter schlurfte die Gasse herauf. In wenigen Minuten würde er an ihnen vorüber sein.

Jagende Wolken nahmen den Sternen und dem Mond das Licht und tauchten die Stadt in eine wattige Dunkelheit, die beinahe körperlich zu spüren war. Eisig zog der Wind dieser Novembernacht unter die Jacken und Mäntel und stach in Finger und Nasen.

»Wir warten noch ab, bis er in die Seitengasse abbiegt. Dann kann es losgehen«, flüsterte Marx seinem Kumpan zu. »Habt Ihr einen Beutel dabei?«

»Natürlich! Was sonst? Es darf nur nicht schneien, sonst sieht man unsere Spuren.«

»Wird es nicht!« Marx hob die Nase in die Luft. »Es riecht nicht nach Schnee, nur nach Regen.«

Michl Jordan tat großspurig, aber allein das Zittern in seiner Stimme ließ erkennen, dass auch er angespannt und unruhig war und nicht nur fror. Er flüsterte, aber so laut, als wolle er unbedingt gehört werden. »Ich habe das noch nie gemacht. Natürlich, ich hab schon mal überteuert abgerechnet und andere Materialien verwendet, als vereinbart waren. Aber nicht wirklich gestohlen. Nicht gestohlen!«

Marx sagte nichts dazu. Er stieß den Zunftoberen der Zimmerer in die Seite, sodass dieser einen dumpfen Ton von sich gab, jedoch endlich den Schnabel hielt. Es scherte ihn wenig, ob dieser Pantoffelheld an seiner Seite Gewissensbisse hatte oder nicht, solange er wachsam war. Er brauchte dringender denn je Geld, wenn er diesen Winter durchstehen wollte. Außerdem gingen Gerüchte um, Jakob Fugger sei krank, und die Holzbehandlung würde ohnehin bald eingestellt werden. Dann würde man vielleicht nicht so sehr darauf achten, wenn Guajakbündel verschwänden. Jetzt war die Zeit, sich für den Winter einen Vorrat anzulegen. Die wenigen Stangen, die er bislang gestohlen hatte, hatten ihm über die Herbstmonate geholfen, aber eben nicht weiter – und seine Frau wurde zunehmend ungehaltener, weil jeder Antrag auf Wohnungszuteilung in der Fuggerei abgelehnt wurde.

Der Nachtwärter ging an ihnen vorüber. Den Schlapphut hatte er tief ins Gesicht gezogen, das Horn umgehängt. Man sah nur seine Atemwolke, die er wie die funzelnde Laterne vor sich hertrug, als wäre sie eine Botschaft. Sein Gang war gemächlich. Er zählte die Schritte und war damit vollauf beschäftigt. Marx hätte es nicht gewundert, wenn er deshalb nicht mitbekommen würde, wenn es irgendwo brannte. Jeder Nachtwächter hatte eine vorgeschriebene Schrittzahl zu bewältigen und wurde danach auch bezahlt.

Michl Jordan stand da wie versteinert und rührte sich auch nicht, als Marx in die Gasse schlüpfte und auf das Lagerhaus zuging. Er fluchte im Stillen, als der Zunftmeister ihm nicht folgte. Er kehrte um und stieß ihn erneut in die Rippen.

»Wollt Ihr hier festwachsen?«, knurrte er.

»Äh. Nein. Ich … ich komme.«

»Hoffentlich. Und leise«, zischte Marx und steuerte wieder auf das Lagerhaus zu.

Es war ihm gleich, ob Michl Jordan ihm folgte oder nicht. Der Kerl führte in der Runde seiner Speichellecker das große Wort, aber wenn es darauf ankam, einmal selbst Mut zu zeigen, erwies er sich als Schlappschwanz. So waren sie, die großen Herren und Führer, die Adligen und Patrizier, die sich nie selbst die Hände schmutzig zu machen brauchten, sondern nur mit dem Finger schnippen mussten. Mutig auf dem Papier und mit dem Maul. Kein Wunder, dass ihn seine Frau verprügelte, wenn sie die Gelegenheit dazu bekam.

Marx näherte sich dem Zugang des Stadels, die Hand vor sich ausgestreckt, denn in dem Zwischenweg war es finster wie in einem Rinderarsch. Er stieß mit den Fingern so heftig gegen die Bretter, dass er sich das Handgelenk umbog. Wieder fluchte er.

»Was ist?«, hörte er hinter sich. »Sollen wir abbrechen?«

Marx seufzte. »Es ist alles gut. Ich habe mir nur die Hand geprellt. Weiter nichts. Ihr bleibt hier stehen – und solltet Ihr ein Licht sehen oder jemanden kommen hören, dann pfeift Ihr. Habt Ihr das verstanden?«

»Ja!«, hauchte Michl ihm ins Genick.

Ein Jauchegestank stieg Marx in die Nase, als wäre er mitten in einen Abtritt gestiegen. »Habt Ihr … habt Ihr Euch in die Hosen geschissen?«, flüsterte er.

Der Zimmerer sagte nichts, stieß nur einen Jammerlaut aus. Marx schüttelte unwillkürlich den Kopf. Wenn er gewusst hätte, was Michl Jordan für ein Schwätzer und Hasenfuß war, hätte er ihn nicht mitgenommen.

»Und wenn ich nach dem nächsten Glockenschlag noch nicht draußen bin, dann pfeift regelmäßig leise. Dann finde ich nämlich im Dunkeln den Rückweg nicht – und Ihr führt mich mit Euren Pfiffen heraus. Verstanden?«

Wieder wimmerte der Zimmerer.

»Euch kann nichts passieren«, murrte Marx, während er die erste Latte beiseiteschob. Sie war festgefroren, konnte aber mit einem zähen Rütteln gelöst werden. »Jeder wird Euch für einen Misthaufen halten und Abstand nehmen.«

»Dafür seid Ihr zu laut. Müsst Ihr so einen Lärm machen?«

»Noch kann ich nicht durch Wände gehen. Aber für die Zukunft will ich es gern versuchen«, knurrte Marx und schlüpfte schließlich mühsam ins Innere des Lagerstadels, indem er sich festhielt, das gesunde Bein zuerst durchschob und schließlich ganz hineinkroch. Die Krücke zog er nach. Es war ein Balancieren und Tänzeln auf einem Bein. Kurz hatte er überlegt, ob er noch eine Laterne mitnehmen solle, weil es hier drinnen doch stockdunkel war, aber dann hatte er es gelassen. Er hätte für das Diebesgut keine freie Hand mehr gehabt.

Sofort umgab ihn ein anderer Geruch. Es roch nach Weite, nach Fremde, nach anderen Ländern, anderen Kontinenten, nach Meer und Ferne.

So leise wie möglich humpelte Marx durch den Gang, der sich vor ihm auftat. Es war völlig dunkel. Nicht einmal seinen eigenen Atem konnte er sehen. Aber er hatte sich die Lage des Guajakholzes bei den letzten kleineren Diebstählen eingeprägt. Ein oder zwei Bündel würde er mitnehmen – wenn er sie denn tragen konnte. Dass er sich eben die Hand geprellt hatte und sie deshalb nur unzureichend zu verwenden war, ärgerte ihn. Es ließ sich aber nicht ändern. Langsam und mit vorsichtigen Bewegungen versuchte er, sich in dem finsteren Stadel zurechtzufinden.

Er musste einmal nur geradeaus und die erste Abzweigung nach links. Dort lagerten sie, die Bündel, die der Holzvater benötigte. Marx blies kurz in seine Hände, um sie zu wärmen, dann humpelte er weiter. Wenn zwei oder drei Gebinde fehlten, würde das niemandem auffallen, sofern er sie geschickt wegschaffte. Er durfte nicht einfach die vordersten nehmen, musste sie aus der zweiten Reihe von oben holen. Das war schwer, vor allem bei dieser Dunkelheit. Aber dafür hatte er ja ein Hilfsmittel. Seine Krücke.

Marx prüfte nach jedem Schritt, ob links von ihm noch Regale standen. Erst beim zehnten Schlagversuch pendelte die Krücke ins Leere und hätte ihn beinahe mitgerissen. Er schwenkte nach links und tastete mit dem Stock umher, bis er ein trockenes Rascheln vernahm. Er hatte die Bündelstapel erreicht.

Bis dahin hatte er nicht bemerkt, wie sehr er schwitzte. Jetzt aber musste er sich mit dem Jackenärmel über das Gesicht wischen, weil ihm trotz der Kälte der Schweiß in die Augen lief und brannte. Er ging näher heran, bis er die rauen Enden der Hölzer spüren konnte. Sie waren exakt abgeschnitten worden, damit das Holz im Schiffsraum gut stapelbar war. Er ließ die Hand über die Rinde des Guajakholzes gleiten. Sie war schrundig, fühlte sich aber glatt an.

Marx tastete nach einem einzelnen Bündel und versuchte, es anzuheben, um ein Gefühl für das Gewicht zu bekommen. Beinahe hätte er sich durch lautes Keuchen verraten. Einzelne Hölzer, die sich leicht aus der gesamten Packung herausziehen ließen, hatte er sich schon einmal geholt, aber nie ein ganzes Bündel. Dieses war schwerer, als er es sich vorgestellt hatte. Viel schwerer. Er würde niemals drei und wohl kaum zwei Gebinde allein tragen können. Vor Wut schlug er sich so auf den gesunden Schenkel, dass es in dem Geviert des Stadels widerhallte.

Ein Knurren ließ ihn zusammenfahren.

Hatte er sich verhört? Von woher war es gekommen?

Er hielt den Atem an, damit seine Lunge die Stille nicht mit ihrem Pfeifen störte.

Nichts. Er musste sich getäuscht haben. Vermutlich war es einer der Straßenköter gewesen, die überall durch die Stadt streiften und den er mit seinem Schlag auf den Schenkel draußen aufgeschreckt hatte.

Marx konzentrierte sich wieder auf das Holz vor ihm, das er sich als eine mindestens bis über Kopfhöhe reichende und zwei oder gar drei Reihen tief gestapelte Mauer vorstellte. Er hielt sich mit der Rechten an einem der Bündel fest und hob seinen Stock. Er konnte keine obere Kante erspüren. Der Stapel war mehr als zwei Mann hoch! Die letzte Lieferung war noch nicht lange her – und derzeit wurde immer weniger im Holzhaus benötigt.

Erschöpft und mit schmerzenden Muskeln ließ er die Krücke sinken. Warum musste alles immer nur schwieriger werden, als er es sich vorgestellt hatte? Er würde niemals eines der obersten Bündel erreichen können. Also musste er es riskieren, dass der Diebstahl entdeckt wurde, wenn der Holzvater das nächste Mal Nachschub holte. Marx packte das erste Gebinde, das er in die Finger bekam, und hob es an der Schnur, mit der es zusammengebunden war, an.

Wieder vernahm er das Knurren. Diesmal nicht als Echo von der Gasse, sondern unmittelbar neben sich.

Seine Krücke wirbelte herum, fegte aber ins Leere.

Narrte ihn die Dunkelheit? Knarzte vielleicht der sich verschiebende Holzstapel, weil er an dem Bündel gezogen hatte?

Er griff erneut nach dem Strick, der um die schweren Hölzer gewunden war, und zog. Sie knallten auf den Lehmboden.

Gleichzeitig horchte er in die Finsternis hinein. Und tatsächlich, sobald er Holz anfasste, knurrte ein Hund. Links von ihm. Und diesmal hörte er nicht wieder auf. Ein ununterbrochenes Kollern erfüllte den Raum.

Marx hätte es sich denken können. Die Tatsache, dass kein Mensch im Stadel Wache hielt, hieß nicht, dass sich niemand dort aufhielt. Fugger ließ nichts unbewacht. Vermutlich hatte er selbst die kleineren Mausereien bemerkt und Gegenmaßnahmen ergriffen. In diesem Fall war es ein Hund, oder es waren gar mehrere. Allein die Tatsache, dass er nicht bemerkt hatte, wie man ihn oder sie fütterte, während er das Lager beobachtet hatte, machte ihm bewusst, dass das Vieh hungrig war. Hungrige Tiere aber waren gefährlich.

Dennoch konnte er das Holz nicht wieder zurücklegen. Es war

zu schwer. Viel zu schwer. Das Bündel mit mittleren Ästen wog mindestens so viel wie ein größeres Lamm, und das hätte er nur mit zwei gesunden Armen und Beinen von der Stelle bewegen können.

Marx' Gedanken überschlugen sich. Noch hatte der Hund nicht angegriffen, aber das würde nicht lange auf sich warten lassen. Er rechnete etwa mit dreißig Schritten, bis er am Ausgang war. Dreißigmal würde er das Bündel anheben, ein paar Schritte weit ziehen und dann wieder ablassen müssen. Und irgendwann auf dieser Strecke würde das Tier über ihn herfallen, da war er sich sicher.

Er ließ alle Vorsicht fahren.

»Michl Jordan!«, rief er in die Dunkelheit hinein.

Der Hund begann zu bellen, kurz und scharf.

Er hätte Fleisch mitnehmen sollen oder ein Huhn, irgendetwas, das den Köter besänftigte und für eine Weile von seiner Wache ablenkte. Aber er hatte nur einen Schultersack bei sich, um neben dem Holz einige andere Kleinigkeiten einpacken zu können, von denen der Zunftmeister nichts zu erfahren brauchte, die aber seine Frau zufriedenstellen würden, weil sie rasches Geld einbrachten.

Marx bückte sich, hob das Bündel an und zog es einen Schritt vorwärts.

Der Wachhund knurrte, bellte kurz, und dann hörte Marx Krallen über den Lehmboden kratzen.

Seine Krücke schnellte nach vorn, und tatsächlich traf er den Hund. Jaulend wich dieser zurück, er hatte ihn wohl an der Schnauze getroffen. Aber es dauerte nur eine kurze Weile, dann hatte der Köter sich erholt und pendelte hörbar vor ihm von einer Seite auf die andere. Vermutlich suchte er nach einer weiteren Angriffsmöglichkeit.

Es war sinnlos, mit dem Bündel nach draußen zu wollen. Marx bewegte sich rückwärts zu dem Holzstapel hin. Er setzte sich, dann ertastete er mit der rechten Hand eine Art Aufstieg. Dadurch, dass man schon einige Bündel weggenommen hatte, waren Stufen entstanden. Diese waren zu verteidigen. Marx schleppte sich rückwärts rutschend hinauf, bis er mit der Krücke nicht mehr auf den Boden hinabreichte. Schließlich legte er sein Gehholz auf diese Treppe und wartete.

Zweimal rief er noch nach Michl Jordan, doch der meldete sich nicht mehr. Auch hätte er längst pfeifen müssen. Offenbar war der Hosenschisser auf und davon.

Marx überlegte, was er anstellen könnte, um den Hund zu besänftigen, aber außer Futter fiel ihm kein Mittel ein. Zudem war sein Hochsitz wohl nicht ganz so sicher, wie er es sich gewünscht hätte. Der Stapel hatte sich schon beim Klettern etwas verschoben und schwankte. Das war keine Mauer, wie er zuerst vermutet hatte, das war ein schlampig gestapelter Haufen. Er wagte nicht, sich höher hinaufzubewegen, aus Furcht davor umzukippen. Die einzelnen Bündel hielten auch nicht gut zusammen. Sie waren zwar schwer, aber das Holz war glatt und rutschte in die Lücke, die er eigenhändig gerissen hatte. Und dann war da noch der Hund.

Noch bevor sich Marx einen Plan zurechtlegen konnte, kletterte das Vieh den Stapel nach oben. Marx spürte, wie seine Krücke sich bewegte.

Es gab jetzt nur noch eine Möglichkeit, die sowohl für den Hund als auch für ihn schlimme Folgen haben konnte. Aber ihm blieb weiter nichts übrig. Er hörte das Hecheln bereits auf der untersten Stufe.

Marx packte den Stapel links neben sich und fing an, sich rhythmisch zu bewegen. Alles schwankte. Der Hund jaulte auf, Marx lachte, und schließlich geschah das, was er erwartet hatte. Die Holzbündel begannen aus der Mauer herauszubrechen, zu rutschen, zu fallen. Der Köter jaulte vor Schmerzen. Ihm selbst prallte eines der Bündel gegen die Schulter und warf ihn von seinem Hochsitz. Er fand keinen Halt, fiel und schlug dann auf dem Lehmboden auf.

Er hörte den Hund winseln, dann knurren – und wartete darauf, dass er sich auf ihn stürzen und beißen würde.

30. Kapitel

AUGSBURG, NOVEMBER 1525

Heimlich geschah in dieser Siedlung nichts. Hunderte Augen verfolgten jeden Schritt eines jeden Bewohners. Auch die unregelmäßigen Besuche der Sibylla Fugger waren nicht unbemerkt geblieben. Hinter ihrem Rücken tuschelten die Leute darüber.

Das Klappern von Evas Holzschuhen wurde von den Wänden der Fuggerei zurückgeworfen. »Barthlen!«, schrie sie in die Gasse hinein. »Barthlen!« Doch nur das Echo ihrer eigenen Rufe kam zu ihr zurück, nicht aber die Antwort ihres Sohnes.

Manche Bewohner traten an das Fenster und blickten nach draußen. Andere öffnete es neugierig.

»Was ist, Holzmutter? Was habt Ihr?«, rief ihr jemand nach.

Sie hielt nicht inne, stürzte auf das Haus zu, in dem sie schon einmal Joss und den Fremden hatte verschwinden sehen.

Kurz bevor sie es erreichte, wurde sie mit eisernem Griff festgehalten. Joss war hinter ihr hergekommen und hatte sie gepackt.

»Nicht!«, zischte er ihr ins Ohr. »Mach nicht kaputt, was wir aufgebaut haben.«

Eva musste erst zu sich kommen. Die Furcht, ihren Sohn verloren zu haben, jagte in Wellen über sie hinweg und spülte alle anderen Gedanken aus ihrem Kopf. Sie weigerte sich zuerst, riss an der Umklammerung und war nur schwer zu beruhigen.

»Schrei nicht. Zu viel Aufmerksamkeit schadet uns. Die Wände haben hier Ohren, das weißt du!«

Ihre Unterlippe zitterte, als sie endlich ihre Gedanken so weit gesammelt hatte, dass sie einen Satz formulieren konnte.

»Wo ist Barthlen? Wer ist ›wir‹? Antworte! Rasch, sonst brülle ich die Siedlung zusammen!«

»So beruhige dich doch!« Joss blickte sich verstohlen um. »Wir gehen jetzt einfach weiter. Halt dich von dem Haus fern.«

Mit eisernem Griff führte er sie die Finstere Gasse entlang bis zum Ausgang hinaus auf den Platz vor dem Kappenzipfel, dem Saumarkt. Obwohl sich Eva wehrte und sich loszureißen versuchte, ließ Joss nicht locker. Erst als sie die Fuggersiedlung verlassen hatten, gab er sie frei.

»Was soll das?«, fauchte sie ihn an.

»Dieselbe Frage könnte ich dir stellen.«

»Der Fremde hat meinen Sohn – und du tust nichts, um ihn zurückzuholen.«

Sie stand vor ihm, die Hände in die Hüften gestemmt. Sie starrte ihn an und wartete auf eine befriedigende Antwort.

»Weil nichts zu tun ist, Frau!«, herrschte er sie an.

Sein Gesichtsausdruck wirkte entspannt, was sie wiederum verwirrte. Warum beunruhigte ihn Barthlens Verschwinden nicht?

»Wo … ist … er?«

Joss seufzte, schüttelte den Kopf und gab ihr dann ein Handzeichen, ihm zu folgen.

Er führte sie über den Platz, den Lauterlech entlang und dann nach Westen in die Straße in Richtung Sträffingertor, die vom Perlachberg herunterkam. Am zweiten Haus blieb er stehen und klopfte.

Es dauerte eine kleine Weile, bis drinnen Schritte zu hören waren. Dann öffnete eine junge Magd, die Joss offenbar kannte. Sie lächelte ihn an, was Eva einen Stich ins Herz gab. Woher kannte das junge Ding ihren Mann?

»Rasch!«, befahl ihr Joss und schob sie vor sich her in das Haus.

Eva empfand die Atmosphäre als bedrückend. Der Zugang war dunkel, die Mauern rochen feucht. Der Raum, in den sie traten, war nur mit wenigen Möbeln ausgestattet: zwei Truhen, einem alten Schrank und einem Bettgestell, das in seine Teile zerlegt worden war und jetzt an der Wand lehnte. Ein kleiner Tisch mit vier Stühlen zeigte zumindest, dass hier jemand wohnte, denn auf dem Tisch standen ein paar Holzteller mit Essensresten.

Doch Joss schien sich nicht daran zu stören. Die Magd zeigte ihnen den Weg, durchquerte das Haus und führte sie hinaus zu einem Garten, der am gegenüberliegenden Ende durch eine Mauer begrenzt wurde. An dieser Mauer stand ein kleines Gebäude.

»Was um alles in der Welt tun wir hier?«, fragte sie unsicher. Wenn sie sich nicht irrte, dann begann hinter dieser Mauer die Fuggersiedlung.

Die Magd blieb zurück. Joss hatte sich von ihr gelöst. Er schritt auf das Häuschen zu, ohne darauf zu achten, ob sie ihm folgte.

Eva sah sich um. Der Garten war ungepflegt. Dürres Laub bedeckte das nicht mehr sichtbare Gras. Vom Wind war es zu Haufen zusammengetrieben worden. Durch sie hindurch lief eine Spur, als würden dort regelmäßig Menschen oder Tiere hindurchpflügen und die Blätter beiseitetreten. Die Spur, die sich in einer Schlangenlinie durch den Garten wand, endete vor dem Haus an der Mauer.

»Jetzt komm schon. Es frisst dich niemand«, forderte Joss sie auf. Er klopfte an die Tür.

Als diese geöffnet wurde, entfuhr Eva ein Schrei.

»Barthlen!«

Sie schoss auf den Jungen zu, der völlig überrascht zuerst seine Mutter, dann den Vater ansah und sich von Eva lange umarmen ließ.

»Wie kommst du hierher?«, fragte Eva, als sich ihr Herz wieder so weit beruhigt hatte, dass sie ausreichend Luft bekam.

Barthlen antwortete nicht. Dafür trat hinter ihm der Fremde aus der Tür.

»Er ist mir zur Hand gegangen!«, sagte der Mann ruhig.

Eva fuhr herum, als hätte sie etwas gestochen. »Wagt es nicht noch einmal, meinen Sohn zu entführen!«, fauchte sie ihn an.

Barthlen schüttelte den Kopf. »Er hat mich nicht entführt, Mutter. Ich bin mit ihm mitgegangen.«

»Das darfst du nicht tun!«, sagte sie und strich ihm über den Kopf.

»Vater hat es erlaubt!«, entgegnete der Junge.

Eva stand da wie vom Donner gerührt. Joss hatte ihn mitgehen lassen? Er hatte gewusst, wohin dieser Lutheraner ihren Sohn brachte? Sie schaute ihren Mann an und wusste nicht recht, was sie sagen sollte.

»Ich habe dir von Urban Rieger erzählt«, sagte Joss.

Eva musterte den Prediger. Der Bart des Mannes war gepflegt, die Haare trotz seines mittleren Alters noch nicht schütter. Die Augen blickten sanft. Seine Gesichtszüge hatten nicht dieses fanatisch Asketische, das den Anhängern des neuen Glaubens oft anhaftete, sondern wirkten entspannt und offen. Obwohl sie ihn in Verdacht hatte, konnte sie in diesem Blick nichts Bedrohliches erkennen.

»Was soll das?«, sagte sie zu Joss. »Wir sind in der Fuggerei auf die katholischen Werte und den Glauben festgelegt. Wenn das herauskommt, verlieren wir alles.«

Joss senkte den Kopf. »Ich weiß, aber hast du dir schon einmal überlegt, was es heißt, jeden Tag in die Jakobskirche zu wandern, um dort die drei Gebete zu verrichten?«

»Joss Neher«, fuhr sie ihn an. »Dafür, dass du günstig wohnst, dass deine Kinder ein Dach über dem Kopf und wir ein Auskommen haben, sind drei Gebete am Tag nur recht und billig.«

Jetzt mischte sich der Prediger ein. »Es gibt in der Siedlung mehr Anhänger des neuen Glaubens, als man vermuten könnte. Nicht jeder teilt die Überzeugungen Jakobs des Reichen – und so mancher würde lieber für sein eigenes Seelenheil beten als für das des Fuggers.«

Eva presste die Lippen aufeinander. Mochten die Männer sich diesen Gedanken hingeben, aber was hatte Barthlen damit zu tun? Wenn Joss Wohnung und Arbeit verlor, dann war das seine Sache, aber sie und ihre Kinder durfte er nicht mit hineinreißen. »Barthlen soll nicht mit diesen Ideen vergiftet werden«, sagte sie.

»Er wird nicht vergiftet«, widersprach Urban Rieger.

Barthlen hatte sich neben ihn gestellt – und der Prediger legte seinen Arm um die schmalen Schultern des Jungen.

»Ich helfe nur«, sagte Barthlen trotzig.

Evas Blick wandte sich ihrem Sohn zu. »Wobei?«

Der Junge sah zu Rieger auf, dann zu seinem Vater. »Das muss ein Geheimnis bleiben«, verkündete er stolz.

Evas Mundwinkel zuckten, und ein Kribbeln breitete sich über ihren Rücken und die Arme aus. »Nicht für deine Mutter.« Sie blickte hoch. »Und?«, fuhr sie die beiden Männer an.

Die Blicke Riegers und Joss' trafen sich, und der Prediger nickte langsam. »Zeig es ihr, Barthlen.«

Freudig griff dieser die Hand der Mutter und zog sie mit sich fort.

In dem Gebäude, das innen nur einen einzigen Raum umfasste und bis auf ein Lesepult völlig leer war, gab es auf der gegenüberliegenden Seite eine weitere Tür. Barthlen führte Eva zu dieser Tür und öffnete sie. Sie ging auf einen weiteren Garten hinaus. Barthlen blieb auf der Schwelle stehen. Der Garten war mit Obstbäumen bestanden, die jetzt ihre kahlen Arme in den Himmel reckten. An den kahlen Zweigen hingen noch die verfaulten und jetzt vertrockneten und geschrumpelten Äpfel und Birnen. Die sonst gemähte Grünfläche war knöchelhoch mit Laub bedeckt. Alles wirkte etwas verwahrlost. Die Südseite wurde von den Häusern der nördlichen Finsteren Gasse begrenzt. In keinem der Häuser gab es einen Zugang zu diesem Garten, bis auf eine einzige Ausnahme: Es war das vorletzte in der Reihe zum Kappenzipfel hinaus.

Verwirrt drehte sich Eva zu Joss um. »Was hat das zu bedeuten?«

»Ist das so schwer zu verstehen?«, fragte Joss und trat hinter sie. Er schlang die Arme um sie und drückte sie an sich. Obwohl Eva im Augenblick der Kopf nicht nach Zärtlichkeiten stand, ließ sie ihn gewähren.

»Abends werden die Tore verschlossen. Niemand kann mehr hinaus oder hinein. Aber wenn man eine Abendpredigt der neuen Lehre hören will, dann muss man auch nach zehn Uhr diese kleine Stadt verlassen können. Das geschieht durch diese Pforte. Das Haus hier wird als Predigthaus verwendet. Es hat auch einen Zugang auf die Straße, die zum Sträffingertor hinaufführt. Niemand wird Verdacht schöpfen.«

»Und Barthlen schleust die Leute hinaus?«, fragte Eva rasch.

»Nein.« Joss lachte. »Er hat geholfen, die Wiese zu mähen, Gras und Blätter zusammenzurechen und das Obst einzusammeln. Und jetzt ebnet er vor allem Maulwurfs- oder Wühlmaushügel ein. Er macht das, was Zehnjährige zu tun pflegen, wenn man sie erstmals zur Arbeit anhält. Mehr nicht.«

»Mehr nicht?« Ein wohliges Gefühl der Erleichterung durchströmte sie. »Warum hast du mir das nicht gleich gesagt?«

Joss holte tief Luft. »Die Wände haben Ohren, die Bäume Augen«, antwortete er.

Sie schmiegte sich an ihn und ließ es zu, dass er sie auf den Hals küsste. Sie kicherte, weil sein Bart sie kitzelte.

31. Kapitel

AUGSBURG, ENDE NOVEMBER 1525

Die Kälte schlug zu wie eine Keule. Statt langsam hervorzukriechen, wurde es von einer Woche auf die andere noch eisiger, und es fing an zu schneien. In feinen, vereinzelten Flocken zuerst, als würde die Natur einen Vorgeschmack auf das Kommende bieten wollen. Immer unterbrochen von Regenschauern, die die weißen Seidenshawls aus Eis rasch wieder schmelzen ließen. Doch mit jedem Tag, mit zunehmender Kälte, wurden die Flocken dichter, und die weißen Streifen blieben länger liegen.

Die Klingel schrillte.

Eva fuhr aus einem Halbdämmer hoch, in den sie gefallen war, weil Els in der Nacht zu husten begonnen und sie einige Stunden an deren Bett verbracht hatte. An das Geräusch des Glockenzugs konnte sie sich nicht gewöhnen.

Sie öffnete mit dem Hebel die Tür und ließ den Besucher ein.

Thomas Krebs trat in die Stube. Er lächelte sie an, obwohl ein düsterer Schleier über seinen Augen lag.

»Wo finde ich den Holzvater, Neherin?«

Eva betrachtete den Baumeister. Selbst eingepackt wie eine Fatschenpuppe war er immer noch ein ansehnlicher Mann.

»In der Werkstatt. Er bereitet Holzspäne für den letzten Sud vor, bevor wir die Anwendungen für den Winter einstellen.« Sie wartete kurz, bis der Mann zur Tür ging. »Gibt es etwas Besonderes?«

Krebs hielt die Klinke in der Hand, ohne die Tür zu öffnen, und überlegte kurz.

»Ja. Etwas durchaus Wichtiges. Aber vielleicht kommt Ihr selbst mit. Zieht Euch etwas Warmes an. Ich hole derweil Euren Mann.«

Gespannt lief Eva in das Schlafgemach hinüber und griff nach einem Umhang. Ihre Holzschuhe tauschte sie gegen feste Lederschuhe.

Als Joss mit Krebs auftauchte, war sein Gesichtsausdruck verändert. Er wirkte besorgt.

Zu dritt liefen sie aus der Siedlung hinaus und in Richtung des Stadels östlich der Jakobskirche.

Joss überprüfte zuerst das Tor – es war nicht beschädigt. »War es offen?«

Krebs schüttelte den Kopf. »Nein. Die Diener haben mir versichert, dass das Schloss unversehrt war.«

Joss nickte und begann, um das Gebäude herumzulaufen. Als Krebs protestieren wollte, sagte er nur: »Jeder Zimmermann lässt ein Loch, durch das er wieder herauskommt.«

Der Baumeister zuckte mit den Schultern und ließ ihn gewähren.

Joss prüfte rundum jede einzelne Latte, konnte aber kein Loch finden. Er fluchte. »Dann bleibt uns nichts weiter übrig, als zu öffnen und drinnen nachzusehen.«

Joss pfiff, weil er den Hund warnen wollte. Doch der gab keine Antwort.

Langsam schob er das Tor auf, und sie gingen hinein. Dämmerlicht umfing sie, und Eva stach der süße Geruch des Guajakholzes in die Nase. Sie mussten kurz warten, bis sich ihre Augen an die Dunkelheit gewöhnt hatten.

»Der Hund, von dem du mir erzählt hast, ist nicht da«, fiel Eva auf.

Alles war fast wie immer. Erst als sie in den Raum hineinliefen und sich in der Mitte des Stadels dem Stapel Guajakholz im Rückraum zuwandten, erkannten sie die Bescherung. Er war teilweise umgestürzt. Zwei Bündel hatten den Hund halb unter sich begraben. Er hatte sich nicht mehr fortbewegen können und war in der Kälte, die eingesetzt hatte, vermutlich erfroren.

»Hat er das Holz umgeworfen?«, fragte Eva.

Joss antwortete nicht. Er betrachtete den Boden rund um das Unglück.

»Da!«, sagte er endlich. Er deutete auf einige Kratzer im Lehmboden des Stadels. »Da hat jemand ein Bündel weggetragen.« Er ging in die Hocke. »Und hier ist Blut. Das stammt nicht vom Hund. Sondern womöglich von unserem Dieb.« Er ging zu dem Tier zurück, dessen fahles Fell bereits mit kleinen Kristallen besetzt war, und betrachtete dessen Maul. »Er hat niemanden gebissen.«

Dann ging er an den Schleifspuren entlang, während Eva und Krebs ihm langsam folgten.

Auch der Baumeister betrachtete die Spuren, die ihm Joss gezeigt hatte, aber er schüttelte nur den Kopf. »Ich weiß nicht …«, sagte er leise.

»Ich hab's gefunden!«, rief Joss. »Hier sind sie durchgekommen.«

Er hatte zwei Längslatten beiseitegeschoben und schlüpfte nach draußen. Dann steckte er den Kopf durch die Lücke.

»Die Latten waren nur durch den gefrorenen Regen zusammengebacken. Von innen waren sie leichter zu öffnen.«

»Und was wurde gestohlen?«, fragte Krebs. Er sah sich um und langte in die Regale.

»Guajak!«, erwiderte Joss, stieg durch die Lücke zurück in den Stadel und schaute sich prüfend um. »Mindestens ein Bündel, vielleicht aber auch zwei. Womöglich auch noch andere Dinge.«

Thomas Krebs pfiff durch die Zähne. »Ein guter Jahresverdienst je Bündel«, meinte er. Dann ging er zurück zu dem umgestürzten Stapel.

Joss trat neben ihn und besah sich den zerschmetterten Brustkorb des Hundes und den zerquetschten Hinterlauf.

»Vielleicht hat er den Dieb gestellt. Sicher sogar. Und der ist dann auf den Stapel geklettert, der Hund hinterher – und schließlich ist das Holz ins Rutschen gekommen und auf den Hund gestürzt. Vielleicht hat der Kerl auch nachgeholfen.«

»Ihr glaubt, es war nur einer?«, fragte Krebs nach.

»Nein. Mindestens zwei. Die Bündel sind schwer. Ich muss nach Hause, Nägel und einen Hammer holen. Dann kann ich den Zugang verschließen. Es soll das letzte Mal gewesen sein.«

Krebs nickte. »Prüft, ob noch andere Zugänge möglich sind.«

Joss machte sich unverzüglich auf den Weg.

»Und begrabt den Hund!«, rief ihm Krebs hinterher. »Ich besorge Euch ein neues Tier.«

Eva, die bislang alles stumm verfolgt hatte, wollte Joss nachgehen. Als sie an dem Baumeister vorbeischlüpfen wollte, streckte er seinen Arm aus und stoppte sie. »Hoppla«, sagte er und umfasste sie gleichzeitig. »Ich wollte Euch nur fragen, ob Ihr Euch mittlerweile eingelebt habt.«

Eva schluckte. Ihr Herz begann augenblicklich zu rasen. Natürlich. Sie wusste, dass das irgendwann hatte kommen müssen. Er hatte ihr einen Gefallen getan, und ein solcher Gefallen forderte eine Gegenleistung.

»Joss kommt gleich mit den Nägeln und dem Hammer zurück«, sagte sie.

Ihr war unbehaglich mit diesem Mann im Halbdämmer des Stadels. Sein Arm zog sie langsam an sich, als wolle er die Größe ihres Widerstands austesten. Sie begann zu schwitzen, obwohl es eiskalt war und sich ihre beiden Atemfahnen vermischten.

»Ich weiß. Aber das beantwortet meine Frage nicht. Seid Ihr zufrieden mit der Wahl? Habt Ihr Euch eingelebt?«

Eva bemühte sich, unbeteiligt zu wirken, was ihr aber kaum gelang. Thomas Krebs war kein unattraktiver Mann. Aber das Glitzern in seinen Augen missfiel ihr.

»Wir sind zufrieden mit unserem Schicksal«, presste sie hervor. »Wir verdanken Euch viel.«

Vielleicht hätte sie den letzten Satz nicht sagen sollen, denn Krebs' Augen strahlten. Sie sah die kleinen Fältchen in den Augenwinkeln, und sie sah seinen Mund. Er lächelte mit Lippen, deren Ränder sich in der Kälte deutlich von der übrigen Haut abgrenzten, als hätte man sie künstlich eingepasst. Das gab den Ausschlag. Sie wollte sich nicht von einer Holzfigur küssen lassen. Energisch schob sie ihn von sich.

»Ihr habt doch nicht etwa Angst vor mir, Frau?«, fragte er schelmisch.

»Ich fürchte den Herrn und seine Wege, die er für mich in dieser Welt bereithält. Und ansonsten niemanden, Baumeister«, entgegnete sie kühl.

Er ließ sie frei und wandte sich leise lachend ab.

»Habt Ihr einen Verdacht, wer sich an den Holzbündeln bedient haben könnte?«

Eva schüttelte den Kopf. »Vielleicht jemand, der die Gepflogenheiten der Zimmerer kennt …«, begann sie zögernd, wohl wissend, was sie damit sagte.

»… oder selbst einer ist«, ergänzte Thomas Krebs. »So sehe ich das auch. Leider hat der Eisregen die Spuren verwischt. Man kann nur spekulieren, nicht wahr?«

Eva bewegte sich so, dass der Ausgang in ihrem Rücken lag. Sie konnte weglaufen, wenn es die Situation erforderte.

»Ihr verdächtigt doch nicht etwa Joss oder mich? Wenn wir etwas hätten stehlen wollen, dann hätten wir es einfacher haben können. Keiner von uns hätte einbrechen müssen.«

Der Baumeister nickte, aber sein Blick verriet ihr, dass er diese Möglichkeit bereits durchdacht hatte.

»Deswegen beobachten wir Euch auch«, sagte er beiläufig und stieß sich von der Regalstütze ab, an die er sich gelehnt hatte.

Mit raschen Schritten ging er an Eva vorbei, die sich vor Verblüffung nicht von der Stelle rührte, und streifte dabei wie unabsichtlich ihre Brust.

Ein Stich fuhr ihr durch den Unterleib, und sie wusste nicht recht, ob er Schmerz oder Lust zu bedeuten hatte.

Nachdem Joss den Zugang zum Stadel zugenagelt hatte, machten sich Eva und er auf den Heimweg.

Ein strammer kalter Wind blies über den Saumarkt. Nur in der Finsteren Gasse war er etwas weniger stark, weil die Häuserreihe ihn abhielt. Dafür tänzelten die Eiskristalle, von denen man noch nicht sagen konnte, ob es Schneeflocken waren oder Reif, in die Stille hinab.

Vor dem Haus der Babette glühte ein Kohlebecken. Der rötliche Schein wirkte wie ein Magneteisen. Er zog sie an und mit ihnen wohl weitere Bewohner.

Beim Näherkommen erkannten sie den Schmied. Er hatte seine Esse vor die Tür gestellt und einen Kessel aufgesetzt, dem ein Duft warmen Weins entströmte.

Sechs Personen standen um die Glut herum, darunter neben dem Gelder Franz die Hutter Babette und, wie Eva überrascht feststellte, der Sackpfeifenspieler und drei Frauen.

Joss und Eva wechselten die Straßenseite, damit sie die Zusammenkunft nicht störten, doch als sie auf Höhe der Gruppe waren, hob der Musikant den Kopf und sah zu ihnen herüber.

»Sind das nicht unsere Holzeltern?«, rief er und winkte sie heran.

Eva nickte. »Einen schönen Abend«, grüßten sie.

»Nicht so schüchtern. Her mit euch«, sagte der Pfeifer.

»Ich hol noch zwei Becher.« Mit diesen Worten verschwand der Schmied im Haus.

Joss und Eva sahen sich an. Sollten sie es wagen? Dann gab sich Eva einen Ruck und zog Joss mit an das Glutbecken. Sie schnupperte. Es roch nach Wein und Gewürzen. Sie betrachtete die Menschen um sich herum. Den Pfeifer kannte sie von dem Abend, als sie um das Feuer getanzt hatten. Die Frau neben ihm, die sich fröstelnd an ihn schmiegte, war vermutlich sein Eheweib. Nur die beiden Frauen ihr gegenüber waren ihr unbekannt. Eine von ihnen hatte die Gugel ihrer Schaube so weit übers Gesicht gezogen, dass Eva nicht daruntersehen konnte. Nur eine blonde Strähne hatte sich keck hervorgestohlen. Die andere Frau sah sie mit einem offenen Blick an. Sie trug eine gefütterte Lederkappe.

»Was ist das?«, fragte Joss und deutete auf den Kessel.

»Heißer Würzwein«, sagte der Schmied, der eben aus dem Haus trat und ihnen zwei Becher entgegenstreckte.

Evas Aufmerksamkeit wurde wieder von dem Glutbecken angezogen.

»Ich habe ein kleines Fass Wein als Bezahlung bekommen«, erklärte der Gelder Franz. »Es allein zu vernichten, macht zwar schön betrunken, aber auch einsam. Da ist mir weniger Wein lieber, und dafür stehen ein paar Freunde um mich herum.« Er lachte die beiden Holzeltern an und goss mit einem Schöpflöffel Wein in ihre Becher.

Ohne von dem heißen Getränk probiert zu haben, wurde Eva schon warm.

»Die Kelle ist von der Babette. So was besitze ich nicht«, setzte der Schmied hinzu.

Eva bedankte sich, aber sie konnte nicht umhin zu fragen: »Ihr habt eben von …«, begann sie.

Der Schmied unterbrach sie mit einer heftigen Geste. »… von Freunden gesprochen. Meint Ihr das?«

Eva nickte langsam, während Joss still neben ihr stand und den Becher vorsichtig zum Mund führte. Dabei ließ er die Männer und Frauen, die um das Glutbecken standen, nicht aus den Augen.

»Die Babette kann Euch gut leiden«, sagte der Gelder Franz. »Und wen die Babette mag, den mag ich auch.«

Die ganze Runde nickte.

Eva schluckte schwer. Beinahe zwei Jahre hatte es gedauert, aber jetzt waren sie in der Siedlung Jakob Fuggers angekommen.

»Ich glaube, ich kenne nicht alle beim Namen«, gestand Eva verlegen. Sie interessierten vor allem die Unbekannte unter der Kapuze und die Stumme, die sie nur anlächelte, aber kein Wort sagte. »Ich kenne Euch, Franz Gelder, die Babette und – nun den Sackpfeifenspieler vom Sehen. Wie heißt Ihr?«

»Ich bin der Hänsel Fricks, und das ist die Vroni, meine Frau.«

Der Musikant streckte ihr die Hand entgegen, und Eva ergriff sie. Sie wollte ihn schon fragen, warum er hier in der Armensiedlung lebte, wo er doch die Sackpfeife so frisch zu spielen vermochte, als sie seine linke Hand sah. Sie war verkürzt, mehrere Finger waren zusammengewachsen, und das Handgelenk stand schief.

Joss hatte offenbar dasselbe bemerkt. Er gab dem Mann nur vorsichtig die Hand und nickte ihm zu.

Die sechste Person war die stille Frau.

»Das ist Clara«, stellte sie der Pfeifer vor. »Sie ist stumm. Man hat ihr die Zunge herausgeschnitten. Irgendwann vor ein paar Jahren. Sie kann nur lallen – und das genügt für die meisten Menschen, um sie abzulehnen. Weil sie angeblich anders ist. Aber das ist sie nicht. Sie ist nett. Und fröhlich.« Hänsel wies mit seinem Becher auf die Frau, die ein für Eva unbestimmtes Alter hatte. »Clara wohnt mit ihrem Mann eine Gasse weiter. Er liegt krank im Bett. Erkältung. Aber vielleicht sollten wir ihn auch dazuholen. Der Wein macht munter.«

»Und wer bist du?«, wandte sich Eva an die Frau unter der Gugel.

Die Angesprochene griff an ihre Kapuze und schob sie zurück. Darunter lächelte sie schwach, und ihre Augen baten Eva stumm, ihre Überraschung darüber, dass sie sich um diese Zeit hier aufhielt, nicht laut kundzutun.

»Ihr?«, fragte Eva leise und vergaß das Duzen.

Sibylla Fugger lächelte. Sie sah die Holzeltern an und hob den Becher, um ihnen zuzuprosten.

»Bevor ich es vergesse«, ging der Pfeifer dazwischen, als er offenbar bemerkte, dass Eva und Joss verwirrt waren. »Das ist für uns

Sibylla. Sie kommt hin und wieder her, weil sie es genießt, unter Menschen zu sein. So trägt jeder von uns sein Scherflein bei.«

»Sie hat den Wein mitgebracht«, ergänzte Franz Gelder.

Eva spürte, wie gut ihr der verdünnte Wein tat. Das wohlige Gefühl im Bauch, das sich ausbreitete und wärmte. Die Unterhaltung, die sich zuvor schon über den nahenden Winter gedreht hatte, wurde wieder aufgenommen, und es wurden Wetten darüber abgeschlossen, ob der Schnee bald liegen bleiben oder wieder wegschmelzen würde. Irgendwann begannen sich auch Joss und Eva an den Gesprächen zu beteiligen, und je länger der Abend dauerte, je mehr heißen Wein sie genossen, desto fröhlicher und ungezwungener wurde die Gesellschaft.

Sie plauderten und lachten, bis die Mitternachtsglocke zur Ruhe gemahnte. Nachdem er den letzten Wein ausgeschenkt hatte, deckte der Schmied die Glut ab.

Plötzlich hob der Sackpfeifer den Becher. »Jetzt seid ihr angekommen«, sagte er und prostete Eva und Joss zu.

Die anderen nickten.

»Kein einfaches Wort«, sagte die Hutter Babette und tastete sich zu ihrer Haustür, die sie mithilfe des Knaufs am Klingelzug zweifelsfrei erkannte.

Der Gelder Franz brachte Sibylla Fugger zum Tor, das für sie natürlich geöffnet wurde. Draußen wartete ihre Begleitung, die sie zu den Häusern am Weinmarkt brachte.

Auch Eva und Joss brachen auf. Joss half noch, das Glutbecken ins Haus zu schaffen, damit der Wind keine Funken über die Dächer treiben konnte. Gelder sammelte die Becher ein, und schließlich machten sich Eva und Joss auf den Weg ins Holzhaus.

Eva schmiegte sich an ihren Mann und lehnte ihren Kopf an seinen Oberarm. »Selbst Sibylla genießt es, hier zu sein«, flüsterte sie. »Es sind freundliche Menschen. Die meisten jedenfalls.«

Sie sprachen nicht weiter darüber, aber zum ersten Mal hatte Eva das Gefühl, in dieser Siedlung eine Heimat gefunden zu haben.

32. Kapitel

AUGSBURG, DEZEMBER 1525

Wo willst du hin?«, zischte Marie.

»Was geht's dich an?«, entgegnete Marx und legte sich seine Schaube um. Er hatte sein gefüttertes Wams daruntergezogen. Seit einigen Tagen biss sich der Winter langsam in die Stadt hinein. Es regnete und schneite abwechselnd, auch wenn der Schnee nicht liegen blieb. Dafür pfiff der Wind durch die Gassen und verwandelte die Wege in Schlammbahnen. Er hatte seine Trippe bereitgestellt und Lederlappen als Beinschutz dazu übergezogen. Da er nur noch ein Bein hatte, würden die Trippen doppelt so lange halten.

»Wir haben kaum das Geld, um den Mietzins zu zahlen, und du gehst saufen?«, schimpfte Marie.

Marx seufzte. Vor fünfzehn Jahren war sie noch froh gewesen, wenn er abends den Bierausschank aufgesucht hatte. Dann hatte er wenigstens die Finger von ihr gelassen, und sie war etwas zu Atem gekommen.

Er kramte in seiner Schaube und holte drei Goldgulden hervor. Er warf sie ihr vor die Füße. Allein der satte Klang ließ Marie verstummen. Sie bückte sich rasch und klaubte die Münzen von den Dielen. Dann hob sie den Kopf und sah ihn mit offenem Mund an.

»Das wird sicherlich einmal dazu reichen, den Mietzins zu berappen, und zum anderen, um dein keifendes Mundwerk zu stopfen, Frau. Ab und zu bezahlen mich meine Schuldner.«

Sie musste schlucken, bevor sie eine Antwort fand. »Wer sollte bei dir Schulden haben?«, fragte sie. »Du bist arm wie eine Kirchenmaus.«

Marx hielt es nicht für nötig, ihr zu antworten, sondern setzte sich auf einen Schemel und streckte ihr sein Bein hin. Wenn sie schon am Boden kniete, konnte sie ihm auch die Trippe festschnallen. »Mach schon!«, forderte er sie auf.

Marie hockte sich vor ihn und streifte ihm stumm den Holzschuh über. Mit zusammengebissenen Zähnen zog sie die Lederriemen fest.

»Woher … ach, es ist egal, Mann. Aber wenn ich dich bei krummen Geschäften erwische, dann lass ich es dem …«

Sie packte die drei Gulden, die sie zuvor neben sich gelegt hatte, in ihre Schürzentasche.

»Nichts wirst du, oder du gibst mir die Gulden zurück. Bezahl den Mietzins, gern auch im Voraus. Aber halt's Maul. Und jetzt lass mich gehen, Weib.«

Er mühte sich hoch und stützte sich auf seinen Stock, nur um wieder einmal festzustellen, dass dieser plötzlich zu kurz war. Die Holztrippe machte ihn um eine Handspanne größer, aber die Krücke wuchs nicht mit.

»Verdammt!«, schimpfte er, weil er beinahe gegen die Wand gefallen wäre. Nur mit Mühe konnte er sich aufrecht halten. »Runter mit dem Holzschuh. Ich zieh meine Rindslederstiefel an.«

Umständlich ließ er sich wieder auf den Hocker fallen und streckte das Bein aus.

Gehorsam schnallte Marie die Trippe ab und zog ihm den feinen Lederschuh aus.

»Hol den Rindslederstiefel! Rasch.«

Marie musste dazu nicht aufstehen. Sie langte hinter sich. Dort standen, an die Wand gelehnt, grobe Stiefel, deren Sohlen genagelt waren und deren Stulpen bis über die Waden reichten.

Sie ordnete den Stofflappen und schob ihn dann auf seinen Fuß. Mit schnellen, ruckartigen Bewegungen band sie ihn zu.

»Nicht so fest!«, schimpfte er. »Du schnürst mir ja das Bein ab.«

Doch Marie ließ sich nicht beirren. Sie wusste, dass der Schuh weiter werden würde, wenn er sich mit Wasser vollsaugte und warm wurde.

Marx rappelte sich erneut hoch. Diesmal fand er einen sicheren Stand. »Und jetzt aus dem Weg. Ich habe Durst.« Er schob sie einfach beiseite, zog seine Schaube enger und humpelte nach draußen.

»Komm mir nicht wieder zerschlagen nach Hause wie letzten Monat, sonst schläfst du in der Wohnstube auf der Bank!«, rief sie ihm hinterher.

»Getrau dich!«, keifte er zurück, musste aber lachen.

Wenn sie wüsste, warum er ausgesehen hatte, wie er ausgesehen hatte. Eines der stürzenden Bündel hatte ihm gegen die Schulter und die Brust geschlagen, aber nicht unter sich begraben wie den Köter.

Blaue Flecken hatte er davongetragen und zwei Bündel Guajakholz gestohlen, während der Hund seine Attacke mit dem Leben bezahlt hatte.

Gottes Werke waren nicht immer zu durchschauen.

Er musste noch immer den Kopf darüber schütteln, was er in der Finsternis erlebt hatte. Wie ein losgelassener Teufel hatte der Hund gejault und war dann langsam verstummt.

Nun, er selbst hatte es überstanden. Noch weitere Gedanken daran zu verschwenden, ob dies nun Glück, Zufall oder die Hand Gottes gewesen war, die ihm da einen Schubs gegeben hatte, war müßig.

Natürlich hatte er Durst, und später würde er auch im Ausschank unten an der Straße vorbeischauen, aber vorher hatte er noch etwas zu erledigen, von dem seine Frau nichts wissen durfte.

Marx humpelte die Gasse hinunter und schwenkte dann nach rechts. Als ehemaliger Scharwächter kannte er sich aus. Jede Lücke in der Stadtmauer war ihm bekannt, jede Holztür, jeden Verschlag hatte er mindestens einmal geöffnet. Er wandte sich der Mauer am Kappeneck zu. Dort gab es zwei Bretterverschläge, die gern von Liebespaaren besucht wurden, die aber sonst niemand zur Kenntnis nahm. Dort hatte er mit Michl Jordan die beiden Bündel versteckt, nachdem er diesen zitternd und schlotternd eine Straße weiter im Dreck der Straße liegend aufgelesen hatte. Er brauchte drei oder vier Holzstangen Guajak. Und das Wetter half ihm bei seinem Plan.

Das Mistwetter, das sich der Stadt angenommen hatte, verhinderte, dass sich die Menschen auf die Gassen wagten. Nicht einmal

Hunde waren zu sehen, geschweige denn die Schweine, die man zur Säuberung regelmäßig durch die Gassen trieb. Da würde er mit seinen drei Stangen Holz nicht auffallen. Schon gar nicht in der jetzt schon früh einsetzenden Dämmerung.

Als er auf den Verschlag zuhumpelte, traute er seinen Ohren nicht. Tatsächlich hörte er dort eindeutige Geräusche. Ein Kichern und Quieken, ein kurzes Stöhnen, dann wieder das Klatschen von Händen, die anderen auf die Finger klopften, ein kurzes Nein, dann wieder ein Ja, ein Schmatzen, Lachen, Keuchen. Die kleine Bude wurde als Liebesnest benutzt. Normalerweise hätte er sich an dem Spiel ergötzt und vielleicht durch die Ritzen versucht, etwas blanke Haut zu erspähen, aber heute hatte er keine Zeit dafür. Er musste sich beeilen, bevor die Tore zur Fuggersiedlung geschlossen wurden.

Er begann zu lärmen, schlug mit der Krücke gegen die Wandbretter, polterte und knurrte, bis die Tür aufgestoßen wurde und zwei junge Menschen wie der Blitz davonstoben. Sie in einem grauen Kleiderrock, er mit kurzen Kniehosen. Sie streifte sich ihr Kleid wieder über die Schultern, und der junge Kerl versuchte, sein Hemd in der Hose unterzubringen. Marx seufzte, als er sich an Marie erinnerte, wie sie in der Dämmerung in dunklen Winkeln gestanden und die Finger nicht voneinander hatten lassen können.

Er wartete, bis die beiden jungen Leute außer Sicht waren, dann trat er in den Verschlag. Er räumte zwei Bretter beiseite und holte darunter drei schwere Asthölzer hervor. Kurz hielt er sich diese an die Nase, um zu prüfen, ob es die richtigen waren. Er musste grinsen, als ihm der Duft des Guajakholzes in die Nase stieg. Marx band drei Stangen mit einem Strick zusammen, den er aus seiner Hosentasche holte, und hängte sie sich unter seiner Schaube um dem Hals.

Vorsichtig spähte er hinaus, ob sich jemand in der Nähe herumtrieb. Aber er sah niemanden. Also wagte er sich auf die Gasse, schloss leise das Gatter und machte sich auf den Weg. Es war noch hell genug, um ausreichend zu sehen. Aber in spätestens einer Stunde würden die Tore der Fuggersiedlung schließen. Jetzt, kurz vor Weihnachten, sperrte man den Zugang früher ab.

Marx humpelte in Richtung Kappenzipfel und Saumarkt. Er begegnete keiner Menschenseele und gönnte sich den kleinen Spaß, sich auszudenken, was die beiden Liebenden wohl noch alles vorgehabt hätten, wäre er ihnen nicht in die Quere gekommen. Vielleicht hatte er das Mädchen ja vor einer Dummheit bewahrt. Wie weit hätte sie den Jungen gehen lassen, wann hätte sie nicht mehr Nein sagen können, weil er zu stürmisch geworden wäre?

Er reimte sich sein Eingreifen zu einer guten Tat zusammen und war froh darüber, die beiden angetroffen zu haben. Wahrscheinlich würde es ein Kind weniger auf dieser Welt geben, aber dafür keine Sünde und keine Schande. Wenn er das mit dem aufwog, was er vorhatte, dann fühlte er sich auf der richtigen Seite.

Was ihn an der Fuggersiedlung empfindlich störte, war die Tatsache, dass die Menschen aufeinandergeschichtet waren wie die Fische im Heringsfass. Jetzt war er ganz zufrieden, nicht die Trippe zu tragen, denn der Rindslederschuh gab kaum ein Geräusch von sich. Zwar hatte er sich mittlerweile so mit Wasser vollgesogen, dass die Fußlappen bereits feucht wurden, aber er war leise. Marx schaute zu den Fenstern empor, ob sie sich öffneten, ob ein neugieriger Kopf sich darin sehen ließ, aber alles blieb ruhig. Niemand schien ihn wahrzunehmen, geschweige denn zu beobachten.

Als er an die Tür zur Behausung der Hutter Babette klopfte, hatte er sein Ziel ohne Störung erreicht. Am liebsten hätte er gejauchzt, aber das schien ihm in Anbetracht dessen, was folgen sollte, unangebracht.

»Es ist offen!«, rief ihm die Alte von oben herab zu.

Marx zögerte nicht und trat ein. Er schloss die Tür sorgfältig.

»Wer ist da?«, rief die Hutter Babette nach unten.

»Ich bin's, Hutterin«, sagte Marx. Seinen Namen sagte er nicht. Er wollte nicht, dass sich der untere Nachbar womöglich an ihn erinnerte, wenn er zufällig mithörte. Mühsam schleppte er sich die Treppe hinauf. »Ich bringe Euch etwas Holz für den Ofen«, säuselte er.

»Ach, du bist es, du nichtsnutziger Kerl!«, begrüßte ihn die Hutterin, als er oben angekommen war. »Holz bringst du, sagst du? Warum das denn?«

❦

Els stürzte in das Rauchzimmer, und Eva klappte rasch ihre Kladde zu, weil sie fürchtete, Doktor Occo könnte wieder seinen Unmut an ihr auslassen, wenn er sah, dass sie sich Notizen machte.

»Kind, du hast mich erschreckt«, schimpfte sie mehr aus Angst denn aus Ärger. »Was hast du denn?«

Das Mädchen stand zitternd in der Tür und konnte kaum Worte finden. »Komm schnell. Bitte!«

Eva nickte, nahm ihre Kladde an sich, steckte sie in die Schublade der Bettlakenkommode und folgte ihrer Tochter, nicht ohne zuvor noch ein paar Holzspäne aufzulegen. Die Frauen husteten und keuchten. Aber es sollte helfen. Sie sollten zwar schon vor vier Wochen das Holzhaus schließen, doch weder Joss noch sie brachten es übers Herz, die armen Geschöpfe auf die Straße zu setzen und nach Hause zu schicken.

»Ich habe ... bin vorhin ... bei der Babette ... ich hab den Kerl ... ganz sicher ...«

Eva hob die Hand, und Els verstummte. Das Mädchen war groß geworden und, seit sie ihren sechzehnten Geburtstag gefeiert hatte, auch in die Höhe geschossen. Sie sollten sich langsam an den Gedanken gewöhnen, dass sie mannbar war.

»Ruhig, Els. Was willst du mir sagen?«

Els nickte, sammelte sich und schluckte. »Du musst zur Hutter Babette mitkommen. Sie ist ... sie liegt ...«, stieß sie dann hervor.

Mehr musste das Mädchen nicht sagen. Eva rannte in die Stube, holte einen Überwurf, schlüpfte in die Trippen und war auch schon draußen auf der Gasse. Ein eisiger Wind fuhr ihr unter den Rock, und sie schalt sich dafür, keine Unterkleidung angezogen zu haben. Der Boden war rutschig vor Feuchtigkeit, aber nicht schlammig. Ein kalter Regen aus feinen Eiskristallen stach ihr ins Gesicht.

Der Dreck spritzte ihr die Schenkel hoch und lief an den Waden wieder hinab.

Els rannte hinter ihr her. Als sie an der Tür zu Babette Hutters Wohnung ankamen, konnte sie nichts Besonderes entdecken.

»Was soll denn sein?«, fragte Eva.

Els antwortete nicht, sondern versuchte vergeblich, die Tür aufzudrücken. Sie war zwar einen Spalt offen, aber man konnte sie nicht weiter aufschieben. Irgendetwas verhinderte es.

»Sie liegt dahinter«, sagte Els.

»Was?«, entfuhr es Eva, aber sie wusste längst, was das Mädchen meinte.

»Geh zurück, hol deinen Vater, und wenn Doktor Occo da ist ...«

»Ist er nicht«, sagte Els, die sich schon anschickte loszulaufen. »Fugger ist doch krank.«

»Was sagst du?«

Sie hatte den Doktor schon eine ganze Zeit nicht mehr gesehen, aber auf den Gedanken, dass er verhindert sein konnte, weil er sich um Jakob Fugger kümmern musste, war sie nicht gekommen.

»Er ... er liegt im Sterben.«

Evas Augen wurden zu Schlitzen, als sie Els musterte. »Woher willst du das wissen?«, fragte sie.

Els spurtete los und rief ihr zu, sie müsse Joss holen und sich daher beeilen. Als Mutter war Eva sofort klar, dass ihre Tochter sich ihr entzog, um nicht antworten zu müssen. Aber dies zu klären konnte warten. Zwei Dinge beschäftigten sie mehr: Einmal wurde Eva den Gedanken an Jakob Fugger nicht los. Wie krank war er wirklich? Schwer krank? Sie zwang sich, an die augenblicklichen Notwendigkeiten zu denken. Denn zum anderen war da die Hutterin. Was war mit ihr?

»Babette? Bist du das? So antworte doch!«, rief sie durch den Türspalt hindurch, aber hinter der Tür war kein Laut zu hören. Sie versuchte, die Tür weiter aufzudrücken, aber sie war blockiert.

Plötzlich stand der Schmied neben ihr. »Was machst du da?«, fragte er.

»Mit der Babette ist etwas … ich weiß nicht genau … die Tür geht nicht auf«, sagte sie.

Franz Gelder entgegnete nichts, schob sie aber beiseite. Dann drückte er mit der ganzen Kraft seiner stämmigen Statur dagegen. Die Tür öffnete sich langsam.

»Schlüpf durch die Lücke«, forderte er Eva auf.

Sie presste sich durch die Öffnung. Tatsächlich lag ein Körper hinter der Tür, aber sie konnte ihn wegen des Dämmerlichts nicht recht erkennen.

»Schaff das Hindernis beiseite, Eva«, sagte der Schmied. Er keuchte, und sein Atem rauchte in der Kälte.

Endlich hatte sie sich ganz hindurchgezwängt. Ihre Kleidung war an einer Stelle eingerissen. Langsam gewöhnten sich ihre Augen an das Licht. Dumpf drang von außen die Stimme Franz Gelders zu ihr durch. »Was ist los da drinnen?«

Eva musste schlucken. Vor ihr lag der leblose Körper der Hutter Babette. Sie war offenbar die Treppe hinabgestürzt und hatte sich das Genick gebrochen. Ihr Kopf stand in einem unrechten Winkel vom Hals ab. Auch der rechte Arm war wohl gebrochen.

Eva musste sich überwinden, den Leichnam beim linken Arm zu packen und hochzuziehen. Obwohl sie nicht die Kräftigste war, fiel es ihr leicht. Die Babette war im Grunde nur noch Haut und Knochen. Ein altes verhutzeltes und blindes Weib, das darauf gewartet hatte, dass der Herrgott sie zu sich rief.

»Schieb die Tür auf«, rief Eva.

Als sich das Türblatt bewegte, musste sie sich vorsehen, den Körper der alten Frau so weit hochzuziehen, dass er nach draußen fallen konnte, wenn sie ihn losließ.

»Eva!« Joss kam die Gasse entlanggelaufen. Els rannte hinter ihm her. »Was ist geschehen?«

Jetzt, nachdem das Gröbste erledigt war und man das Ausmaß des Unglücks sehen konnte, schossen Eva Tränen in die Augen, und ein Schluchzen schüttelte sie. Sie setzte sich auf die unterste Treppenstufe, weil ihre Beine sie nicht mehr trugen.

»Die Hutterin ist tot«, schluchzte sie.

Stockend gab sie einen kurzen Bericht von dem, was sie eben gesehen und erlebt hatte.

Joss kniete sich neben die Tote und untersuchte sie. Er murmelte etwas von »Genickbruch« und »stolpern« und »Blindheit«, als würden all diese Begriffe erklären können, was der Hutterin zugestoßen war, als würden sie ein schlüssiges Bild vom Geschehen abgeben.

Mit vor Tränen verschleierten Augen sah Eva zu ihrer Tochter, die mit versteinerter Miene dastand und kein Wort sagte. Als hätte sie die bloße Gegenwart der Toten verstummen lassen, obwohl sie vorher so gefühlsmäßig und panisch reagiert hatte.

Kurz begegneten sich ihre Blicke, und sie sah, wie Els den Kopf schüttelte, und ihr Mund wurde trocken. Also gab es doch etwas anderes, was ihre Tochter ihr noch nicht verraten hatte. Sie musste mit ihr reden.

»Hast du nichts gesehen?«, fragte Joss den Schmied, der mit den Händen in den Hosentaschen dastand und zusah, wie er den Leichnam untersuchte.

»War nicht da. Bin gerade erst gekommen. Hatte einen Auftrag. Hab Eva geholfen.«

Er deutete auf Eva, die nickte. »Offenbar ist die Babette die steile Treppe hinabgestürzt.«

»Muss wohl so gewesen sein«, beschied Franz Gelder. »Kann sie ja schlecht jemand hinter die Tür gelegt haben und durch die Mauer gegangen sein.«

Er sprach nur aus, was alle dachten.

Eva wollte aufstehen und zurückgehen, um den Priester zu holen oder den Totengräber, als ihr etwas auffiel. Hinter der Tür lag ein Ast, eine Art Knüppel. Sie griff danach und zog ihn hinter der Tür hervor. Das Holz war erstaunlich schwer. Blut klebte an einem Ende.

Stumm zeigte sie Joss das Holz, der große Augen bekam und sich den Ast genauer betrachtete. Auch er deutete auf das blutige

Ende und dann auf den Hinterkopf der Hutterin. Dort hatte der Sturz eine faustgroße Platzwunde hinterlassen.

»Das ist Guajakholz«, sagte er langsam. »Wie kommt sie daran?«

Der Schmied zog die Nase hoch und spuckte in die Straßenmitte.

»Ihr arbeitet damit. Oder täusche ich mich da?« Franz Gelder bohrte mit der Zunge in seinen Zahnlücken. Man konnte sehen, wie er nachdachte und Schlüsse zog. »Wird sie wohl von Euch bekommen haben.«

33. Kapitel

AUGSBURG, SAMSTAG, 19. DEZEMBER 1525

Man konnte das unchristliche Tschingderassassa und Schellenklingen schon die alte Via Claudia herauf hören. Fanfaren bliesen und kündigten den Zug des Erzherzogs an. In Rüstung und buntem Gewand saß er hoch zu Ross, das Schwert deutlich am Gürtel zu sehen, was ihn als besonderen Ehrengast der Stadt auswies, die sonst nirgends Schwerter oder Degen innerhalb der Mauern duldete.

An seiner Seite ritt Kardinal Matthäus Lang von Wellenburg, der prunkliebende Augsburger Sprössling und gnadenlose Bauernschlächter, auf einem Rappen, der mit seinen farbenreichen, edelsteinbestickten Decken feuriger wirken sollte, als er tatsächlich war.

Jedermann wusste, wohin die beiden Herren mit ihrem bunt herausgeputzten Gefolge unterwegs waren. Wer mit solchem Getöse in die Stadt einzog, machte deutlich, dass er zwar nach außen hin glanzvoll auftrat, es ihm jedoch an Vermögen fehlte.

Sie präsentierten sich Jakob Fugger, versuchten, den Mann zu blenden, der selbst keinen Wert auf Protz und Gepränge legte. Auf dem Weg zum Weinmarkt standen die staunenden Augsburger am Straßenrand und hielten Maulaffen feil, weil Prunk beim einfachen

Volk doch Wirkung zeigte. Bereitwillig ließen sich die Leute blenden, gern einlullen und von den Beschwernissen des Lebens für kurze Zeit ablenken.

Und während die einen ihre Pracht zur Schau stellten und sich gebärdeten, als ritten die Erzengel in die Stadt, um das Jüngste Gericht einzuläuten, obwohl es sich nur um einen simplen Erzherzog und einen gewissenlosen Kardinal handelte, trugen die anderen in umso stillerer Trauer einen völlig unscheinbaren Körper zu Grabe. Sie hatten die Hutter Babette in der Einsamkeit des Sebastianfriedhofs am Lueginsland beisetzen wollen, wo ihr Mann begraben lag, aber als Jakob Fugger davon erfuhr, dass die Hebamme seiner Familie vor das Himmelstor treten sollte, bestimmte er für sie den Friedhof nördlich der Moritzkirche, dort, wo seine Familie ruhte. Wer konnte schließlich sagen, ob im Jenseits nicht noch eine tüchtige Hebamme gebraucht würde?

Niemand wusste so recht, warum dem kranken Alten dieser Gedanke gekommen war und was ihn dabei ritt, aber man konnte dem Herrn der Fuggerhäuser den Wunsch schlecht abschlagen. Und so musste die Hutter Babette für die nächsten Jahrtausende bis zum Jüngsten Tag auf das wärmende Totenbeilager mit ihrem Mann verzichten.

In aller Eile war ein Grab im gefrorenen Boden nördlich der Moritzkirche ausgehoben worden, um noch vor Weihnachten die Beisetzung möglich zu machen. Es hatte große Mühe gekostet, mit Pickeln in das eisenharte Erdreich eine Grube zu schlagen, und neben dem Totengräber hatten auch Joss und einige andere aus der Siedlung mit Hand angelegt.

Vier Männer hatten den schmucklosen Fichtensarg der alten Frau geschultert und waren im Gleichschritt vor den Trauergästen her durch das Sträffingertor gezogen. Die Menschen am Straßenrand zogen die Mützen, wenn die kleine Prozession an ihnen vorüberkam.

»Sie ist so leicht«, hatte Joss Eva zugeflüstert. »Als wäre eine Hälfte von ihr schon im Himmel.«

Da die Hutter Babette niemanden mehr hatte, war es Eva gewesen, die sich um alles Nötige gekümmert hatte. Sie hatte den Pfaffen geholt, nachdem man die Leiche gefunden hatte. Unwillig war er ihr gefolgt. Erst als sie darauf hinwies, dass er sich bei Jakob Fugger unweigerlich in Verruf bringen würde, wenn er sich weigerte, war er ihr dann doch hinterhergetrabt.

Sie hatte den Leichnam gewaschen und in ihrem Nachlass nach einem Hemd gesucht, das sie ihr überzog. Sie hatte an ihrem Totenbett gewacht und schließlich mit den wenigen Pfennigen, die sie bei der Alten fand, den aus alten, gebrauchten Brettern zusammengenagelten Fichtensarg bestellt. Es war ein schlichter Sarg für einen schlichten Menschen.

Sie lief hinter dem Sarg her wie viele, viele andere, die von der Hebamme ins Leben geholt worden waren oder in der Fuggersiedlung gewohnt und mit ihr verkehrt hatten. Unablässig murmelten die Menschen das Vaterunser und das Ave Maria sowie das Glaubensbekenntnis vor sich hin. Ein Murmeln, das Kraft gab und die Menschen zusammenhielt. Aber auch ein Klang, der die Menschen, an denen sie vorüberzogen, innehalten ließ und sie daran gemahnte, dass auch sie in ihrem Leben der Tod bereits begleitete.

Allerdings hatte niemand voraussehen können, dass der österreichische Erzherzog Ferdinand gerade heute mit großem Getöse in die Stadt einreiten würde, um dem Landtag vorzusitzen. Während der Leichenzug sich den Hügel hinauf zum Perlachberg bewegte, um sich über den Vorplatz des Rathauses zum Moritzfriedhof zu begeben, drängten die Reiter und Musikanten des Fürsten vom Hohen Weg herunter ebenfalls über den Rathausplatz in Richtung Weinmarkt und schlossen in ihrem Rücken auf.

Das Gebetsgemurmel verstummte. Die Köpfe der Trauergemeinde drehten sich, weil sie wissen wollten, wer sich da so ungeziemend gebärdete und musizierte, während ein Mensch auf dem Weg ins Jenseits war.

Kurz bevor sie zum Haus am Rohr kamen, wurden sie eingeholt und von den Vorläufern mit Stangen zur Seite gedrängt, damit seine

Majestät und der Kardinal Platz hatten, sich zu präsentieren. Für das Theater, das hier veranstaltet wurde, war ein Leichnam in einem Fichtensarg zu unbedeutend, als dass man darauf hätte Rücksicht nehmen müssen.

Die Sargträger traten gezwungenermaßen beiseite und ließen die heidnische Pracht an sich vorüberziehen. Joss rief ihnen zu, was das denn solle. Ob sie nicht ein wenig Respekt vor den Toten mitbrächten oder ob diese Scham für den hohen Adel und die hohe Geistlichkeit nicht gelte. Doch sein Ruf ging im allgemeinen Getöse unter.

Eva konnte nicht anders, als den adligen und geistlichen Pöbel zu verwünschen. Und kaum hatte sie ihren Fluch in die Welt hinausgelassen, als das Unerwartete eintrat. Die Posaunen verstummten, die Schalmeien verklangen. Selbst die Hufe der Pferde schienen weniger stark auf das Pflaster zu schlagen. Vorbereitete Filze wurden um die Eisenreifen der Karren gewickelt, und dann schlich das erzherzogliche Volk an St. Moritz und den Häusern am Weinmarkt vorbei.

Die Fahnen senkten sich, die Hüte wurden abgenommen, und Eva bemerkte mit Staunen, dass selbst Erzherzog Ferdinand und der Kardinal sich vor dem sterbenden Jakob Fugger verbeugten.

Sie musste schlucken.

War eine Babette Hutter denn weniger wert als ein Jakob Fugger? Hatte man sie nicht mit Krach und Gefiedel von der Straße gejagt, während man dem reichsten Mann Augsburgs die Ehre erwies, ihn nicht mit Lärm zu stören? Hier wurde mit zweierlei Maß gemessen.

Sie spuckte aus, weil sie von einem Erzherzog kein Einsehen erwarten konnte. Schließlich waren solche Herren daran gewöhnt, die Menschen zu behandeln wie Vieh, wenn sie diese denn überhaupt als Menschen erkannten. Aber in diesem Zug ritt auch ein Geistlicher mit, ein Kardinal. Hatte er sich anders verhalten? Nein. Auch er war nicht eingeschritten, als sie aus dem Weg gescheucht worden waren.

Was war der katholische Glaube wert, wenn er solche Männer an die Spitze der Kirche spülte? Keinen Pfifferling.

Etwas in ihr schien zu zerbrechen, etwas, das nicht mehr gekittet werden konnte. Sie presste die Lippen aufeinander.

»Lasst uns die Babette in aller Stille begraben«, rief sie Joss zu, als das Kriegsvolk des Erzherzogs vorübergezogen war. »Diese Welt ist ein Ort der Heuchler!«

34. Kapitel

AUGSBURG, 20. DEZEMBER 1525

Was war das für eine Adventszeit? Die Bewohner der Fuggersiedlung waren dazu angehalten, für den Herrn des kleinen Städtchens in der Stadt zu beten. Ununterbrochen. Tag und Nacht.

Das war nicht ungewöhnlich, und Eva und Joss hätten aus Dankbarkeit auch gern auf sich genommen, um drei Uhr nachts aufzustehen und in eisiger Kälte und tiefster Finsternis zur Kirche St. Jakob hinüberzulaufen, wenn nicht die Dunkelheit in den Herzen des priesterlichen Fußvolkes so abgrundtief gewesen wäre. Pater Finn weigerte sich, sie in die Kirche zu lassen. Sie seien nicht rein genug, wetterte er, sie trügen noch den Teufel in sich und das Böse auf den Lippen, und er wolle die Genesung ihres Herrn Fugger nicht damit aufs Spiel setzen.

Er verkündete dies so freimütig und offen und so voller Hass, dass sich eine ganze Reihe von Bewohnern der Fuggerei von ihnen abwandten. Zwar teilten sie alle dasselbe Schicksal, aber sie waren deswegen nicht gleich. Der Einarmige in der Siedlung hatte eine andere Stellung als der Blinde, die Alte eine andere als der Kranke. Am untersten Ende standen sie, denn sie hatten angeblich gegen Gottes Gebot verstoßen und damit Unglück auf sich und ihre Kinder herabgerufen. Dass dieses Unglück vor allem von den Menschen verursacht wurde, die gleichzeitig an den Abenden und am Sonntag in die Kirche liefen, um für ihr eigenes Seelenheil und das Jakob Fuggers zu beten, konnte offenbar niemand sehen – oder wollte es nicht.

Damit wären sie zurechtgekommen, aber am Weihnachtstag selbst klopfte es an der Tür, und als Eva öffnete, stand der Baumeister der Fuggerei auf der Schwelle.

Er neigte den Kopf zur Begrüßung, und Eva spürte, wie sie errötete. Selbst in der dicken Winterkleidung mit den pelzverbrämten Aufschlägen an den Handgelenken und um den Hals wirkte Thomas Krebs anziehend.

»Was wünscht Ihr?«, fragte sie, als er sich ohne ein Wort anschickte, das Holzhaus zu betreten. Mit keinem Wort bat er darum, hereinkommen zu dürfen. Stampfend trat er im Vorraum seine Schuhe sauber. Er hielt ein Stück gegabeltes Guajakholz in einer Hand.

»Ich muss Euren Mann sprechen«, sagte er schroff, milderte aber gleich seinen Ton. »Ihr könnt uns etwas Wärmendes bringen, wenn es die Arbeit erlaubt.«

Eva senkte den Blick und führte ihn in die Stube neben dem Eingang. Dabei starrte sie das Guajak an. Was wollte Krebs damit?

Im Ofen lagen einige Scheite Holz, sodass es angenehm warm war.

»Setzt Euch, ich hole derweil Joss. Die Kranken sind ja über die kalten Tage nach Hause geschickt worden.«

Sie ging in die Küche, legte noch ein Scheit nach, um den Kamin in der Stube zusätzlich aufzuheizen. Dann eilte sie durch das Haus nach hinten in die Werkstatt.

Joss, der selbst erstaunt war über den Besuch, ließ sofort alles stehen und liegen. »Was will er wohl?«, fragte er flüsternd.

Eva zuckte nur mit den Schultern. Joss ging an ihr vorbei in die Stube, Eva lief hinter ihm her, bog jedoch in die Küche ab. Da es zwischen Küche und Stube eine kleine Durchreiche gab, öffnete sie diese in dem Augenblick, als der Lärm der Tür das Knacken übertönte. Sie wollte wissen, was es zu bereden gab.

»Neher«, begrüßte Thomas Krebs den Holzvater.

»Womit kann ich helfen?«, erwiderte Joss.

Eva schüttete unterdessen etwas Wein in einen Topf, goss Wasser dazu und gab süße Kräuter darauf. Das Ganze erwärmte sie über dem Herd. Auf ein Tablett stellte sie zwei Becher, immer ein Ohr in der Stube.

»Wir haben die Wohnung der Babette Hutter ausgeräumt«, begann Krebs, der auch für die Wohnungsverteilung und Aufsicht zuständig war.

Joss blieb stumm. Was sollte er auch mit diesem Gesprächsbeginn anfangen? Eva spähte vorsichtig durch die Durchreiche und sah, wie ihr Mann die Augenbrauen hob, um sein Gegenüber zum Weitersprechen zu bringen.

»Ja, also, was ich damit sagen will, ist ...« Er stockte.

Sie hatte den Baumeister noch nie so angespannt erlebt.

»Was?«, hakte Joss nach.

Eva überlegte, wie lange sie wohl noch warten musste, bis sie das heiße Getränk servieren konnte.

Krebs legte den gegabelten Ast auf den Tisch.

Joss hob nur die Augenbraue, sagte aber nichts.

»Wir haben fast ein halbes Bündel Guajakholz wie dieses hier bei ihr gefunden.«

Offenbar erwartete der Baumeister, dass Joss etwas dazu sagte. Aber dieser schwieg.

Thomas Krebs rutschte unruhig auf der Bank hin und her. Vermutlich hatte er gedacht, Joss würde irgendetwas zu seiner Verteidigung vorbringen, aber ihr Mann würde sich nicht für etwas rechtfertigen, dessen er nicht beschuldigt wurde. Natürlich wollte Krebs wissen, woher das Guajakholz bei der Hutter Babette stammte und ob Joss etwas damit zu tun hatte. Doch dieser gab keine Erklärungen ab, sodass das Gespräch zäh verlief. Sollte sie jetzt auftragen?

»Von wem hatte sie es?«, fragte Krebs endlich.

»Woher soll ich das wissen?«, fragte Joss zurück. »Habt Ihr es der Alten gegeben? Schließlich habt Ihr einen Schlüssel zu dem Lager.«

Eva sah, wie das Gesicht des Baumeisters zu einer Maske erstarrte, aber er ging nicht auf die Anschuldigung ein.

»Ich frage Euch, Joss Neher«, sagte Krebs, »weil Ihr mit der Bearbeitung zu tun habt und der Einzige seid, der an das Holz herankommt.«

Jetzt war es heraus, jetzt war die Beschuldigung – zumindest indirekt – ausgesprochen.

»Außer Jakob Fugger selbst, seinem Buchhalter, Euch und noch einigen seiner Lakaien, die ihm Mittel zur Linderung seiner Schmerzen bringen, hat keiner einen Schlüssel«, entgegnete Joss gelassen. »Das sind mindestens acht Personen. Wie kommt Ihr da auf mich? Außerdem haben wir beide erst kürzlich festgestellt, dass in den Stadel eingebrochen und Guajakbündel daraus entwendet wurden. Ich müsste nicht durch ein Zimmererloch einsteigen.« Er machte eine kleine Pause, bevor er fortfuhr. »Es gibt in der Stadt mehr Menschen, die glauben, das Holz helfe, als wir hier behandeln können, behandeln dürfen. Da ist es nicht unwahrscheinlich, dass sie es sich besorgen wollten, wenn es das Mittel nicht öffentlich zu kaufen gibt.«

»Ihr wart mit der Hutterin befreundet«, beharrte der Baumeister.

»Meine Frau. Ja. Ich weniger. Sie hat Eva bei den Geburten beigestanden. Aber das gilt auch für die Familie Fugger und wohl für die Hälfte der Menschen, die hier in der Fuggersiedlung leben. Die Hutter Babette hat lange und erfolgreich als Hebamme gearbeitet.«

Eva beschloss, dass dies der richtige Moment war, um das Getränk aufzutragen. Sie stellte den Krug mit dem duftenden Wein aufs Tablett und wandte sich zur Tür. Dort stand Els. Sie sah ihre Mutter an.

»Hast du gelauscht?«, fragte Eva hastig, um davon abzulenken, dass auch sie im Grunde nichts anderes getan hatte.

»Vater hat damit nichts zu tun. Und du auch nicht, Mutter«, sagte sie. Die Augen des Mädchens waren weit aufgerissen, und in ihnen stand Angst.

»Was weißt du darüber, Kind?«, fragte Eva besorgt.

Els zuckte mit den Schultern. »Alles.«

Beinahe wäre Eva der Krug vom Tablett gerutscht. Sie sah ihre Tochter an, als hätte sie eben gesagt, sie erwarte Nachwuchs.

»Ich bring die Getränke rüber. Du gehst mir nicht weg, hörst du? Wir müssen reden.«

Els nickte, und Eva sah, dass ihr die Tränen in die Augen traten. Im selben Moment ging die Tür zum hinteren Zimmer auf, und Barthlen streckte den Kopf hindurch. Er sah seine Schwester an, grinste und gab schmatzende Kussgeräusche von sich.

Els holte mit der Hand aus, als wolle sie zuschlagen, doch da war der Kopf auch schon wieder verschwunden, und die Tür knallte zu.

Eva sah ihre Tochter an, ein einziges schuldbewusstes Häufchen Elend. Mitleid überkam sie. Wenn es das war, was sie vermutete, dann war es die Natur selbst und der Auftrag des Herrn, der sich hier an ihr erfüllte. Nichts, was sie verdammen müsste, weder als Mutter noch als Christin.

»Warte. Ich bin gleich wieder da. Und hab keine Angst. Du kannst mir aber die Tür aufhalten.«

Eva nahm das Tablett und ging damit in die Stube. Die beiden Männer verstummten sofort, als sie den Raum betrat, die Becher austeilte und den verdünnten Kräuterwein eingoss.

»Ihr habt eine wunderbare Frau, Holzmeister«, sagte Thomas Krebs und ließ seinen Blick über die weiblichen Rundungen Evas gleiten.

»Das habe ich«, sagte Joss. Seine Miene und sein Ton verrieten Misstrauen. Anscheinend hatte er ein solches Lob in diesem Moment und von diesem Mann nicht erwartet.

»Ihr wart mit der Hutter Babette befreundet, Neherin?«, fragte Thomas Krebs lächelnd. Er nahm den Becher in beide Hände, setzte ihn an die Lippen und nippte an der heißen Flüssigkeit. »Schmeckt köstlich«, sagte er, ohne Eva aus den Augen zu lassen.

»Sie war eine der wenigen in der Siedlung, die uns die Bestattung des Henkers nicht nachgetragen haben«, entgegnete sie vorsichtig.

»Dann wusstet Ihr auch, dass Achacius Hutter, ihr Mann, an der Franzosenkrankheit litt?«

»Natürlich«, sagten Eva und Joss wie aus einem Munde. »Wir hatten den Auftrag von Jakob Fugger persönlich, ihn zu behandeln. Aber Achacius wollte nicht ins Holzhaus. Er scheute die Rauchkur.«

»Offenbar war seine Sehnsucht nach Bier und Schnaps größer als seine christliche Reue – und sie wusste es. Er war über und über mit Geschwüren bedeckt, als er betrunken die Treppe hinabgestürzt ist. Deshalb hat die Kur nicht angeschlagen. Er war zu sündig.«

Eva biss sich auf die Lippen. Achacius war ohne Zweifel ein Säufer gewesen, aber er war immer freundlich zu seiner Frau und seinen Mitmenschen gewesen, und Babette hatte immer nur liebevoll über ihn gesprochen. Auch schon zu seinen Lebzeiten. »Achacius war ein guter Mensch. Eine Eigenschaft, die man nicht oft findet. Außerdem war er alt. Wie hätte er noch sündigen sollen?«

»Habt Ihr die Hutterin mit Guajak versorgt, damit sie ihren Mann zu Hause behandeln kann?«

»Nein«, fuhr Joss auf. »Wollt Ihr damit andeuten, ich hätte heimlich mit dem Holz gehandelt? Es unter der Hand verkauft?«

Thomas Krebs hob beschwichtigend beide Hände, aber man sah es seinem Gesichtsausdruck an, dass er genau diesen Verdacht hegte.

Joss beugte sich vor. »Ich kann über jeden einzelnen Ast, über jedes Bündel Rechenschaft ablegen, Krebs. Ich notiere mir jede Verwendung, jede Bearbeitung, wiege jeden Holzspan ab, den ich rasple, schreibe die Menge an Spänen auf, die ich verarbeite, weil ich mir geschworen habe, mir nichts zuschulden kommen zu lassen. Jakob Fugger und seine Frau Sibylla haben uns die Möglichkeit für ein Auskommen gegeben – und das würde ich mir nie durch irgendwelche schmutzigen Geschäfte zerstören. Achacius ist immer hierher ins Haus gekommen, um in der Stube seinen Sud zu trinken oder sich von Aennlin einreiben zu lassen. Nur die Rauchkur hat er abgelehnt.«

Eva nickte energisch. »Braucht Ihr mich noch?«, fragte sie, nachdem eine Weile Stille geherrscht hatte.

Zögernd schüttelte der Baumeister den Kopf.

»Dann gehe ich zurück in die Küche.«

Krebs wandte sich erneut an Eva, lächelte. Doch das, was er sagte, schnitt in die Stube wie ein Messer.

»Ihr behandelt noch Frauen oben, hat mir Doktor Occo mitgeteilt.«

Eva war wie erstarrt. Auch Joss senkte den Kopf. Keiner von beiden sagte etwas. Beide wussten sie, dass sie seit Mitte November bereits die Behandlungen einstellen sollten. Erst Ende Februar, Anfang März würde man wieder Kranke aufnehmen. Es war ein Verstoß und konnte sie die Arbeit im Holzhaus kosten.

Krebs runzelte die Stirn. »Ich habe gehört, dass Jakob Fugger dies erlaubt haben soll, um die Kranken nicht in die Kälte hinauszuschicken.« Ein Lächeln spielte um seine Lippen.

Eva nickte zögerlich. Von solch einer Genehmigung wusste sie nichts.

Joss räusperte sich.

»Man kann ihn derzeit vermutlich nicht mehr fragen.«

»Deshalb habe ich dieses Schreiben mitgebracht«, sagte Krebs freundlich, kramte in seinem Wams und zog ein Papier heraus, das er auf den Tisch legte und zu Joss hinüberschob.

Der nickte ihm dankbar zu. Eva knickste.

»Ich bin noch kurz in der Küche und gehe anschließend hinauf zu den Frauen. Ihr findet mich dort, wenn Ihr mich braucht«, sagte sie mit rauer Stimme.

Sie drehte sich um und öffnete die Tür. Ein Schwall kühler Luft drang in die Stube. Jetzt erst spürte sie, wie sie geschwitzt hatte. Unter dem Türsturz drehte sie sich noch einmal um.

»Übrigens wüsste ich nicht, warum jemand Guajakholz stehlen sollte. Es ist völlig unwirksam«, sagte sie. »Alle Behandelten werden rückfällig. Es hilft niemandem.« Noch bevor Thomas Krebs irgendetwas erwidern konnte, zog sie die Tür hinter sich zu, atmete tief durch und ging in die Küche.

Els war verschwunden. Eva biss sich auf die Lippen. Das Mädchen würde sicherlich auf sie zukommen, wenn es nötig war. Sie vertraute ihrer Tochter. Dennoch blieb ein schlechtes Gewissen zurück. Was hatte Els ihr erzählen wollen?

»Pack deine Siebensachen, Frau. Wir ziehen um.«

Marie stemmte ihre Arme in die Hüften und schob das Kinn vor. Wäre sie keine Frau gewesen, hätte man sie für einen Stier halten können, der kurz vor dem Angriff stand.

»Red keinen Unsinn, Mann. Ich versteh damit keinen Spaß.«

Marx' Antwort kam leise, aber bestimmt. »Verflucht, Marie. Ich weiß wirklich nicht mehr, warum ich dich geheiratet habe. Einerseits quälst du mich mit deinem fortwährenden Gekeife und Gezänk, von wegen wir wären bald ohne Obdach und ich läge nur auf der faulen Haut. Jetzt habe ich uns eine Wohnung in dieser sogenannten Fuggerei besorgt, und du maulst schon wieder. Kann man es dir jemals recht machen?«

Marx war wütend, denn ihre ständige Unzufriedenheit zermürbte ihn. Auf der Mauer, als er noch ein angesehener Scharwächter gewesen war, hatte sich das alles leichter ertragen lassen, weil er mit seinen Männern darüber hatte lästern und lachen können. Jetzt aber, in dieser häuslichen Enge, war es wie eine Last, die auf ihm lag und mit jedem Tag schwerer wurde.

»Eine Wohnung in der Fuggersiedlung? Das glaub ich dir erst dann, wenn wir eingezogen sind.«

Marx atmete durch. Sein Stumpf juckte und pulste, seine Achselhöhle war wund, und die blauen Flecken seines Guajak-Abenteuers verheilten nur langsam und unter Schmerzen. Warum nahm er all diese Mühsal auf sich für eine ... eine ... eine so undankbare Person?

»Ich hoffe für dich, dass wir nicht gezwungen sind, in eine der oberen Wohnungen einzuziehen. Eine Erdgeschosswohnung ist vorteilhafter und vor allem weniger anstrengend.«

Marx platzte endgültig der Kragen. Nicht nur, dass sie ihm seinen mühsam errungenen Erfolg madig machte, jetzt stellte sie auch noch Forderungen. Das war der Gipfel! Er holte tief Luft, und was nun kam, war die längste Rede, die er seit seinem Hochzeitsversprechen gegenüber Marie von sich gegeben hatte.

»Du brauchst nicht mit umzuziehen. Ich werde allein in die Fuggerei gehen, wenn es dir zu anstrengend oder zu unbequem ist. Du kannst mich ja besuchen kommen – und ja, du kannst mich auch am Arsch lecken. Ich jedenfalls gehe jetzt. Gehab dich wohl, du nörgelnde Zwiederwurz.«

Noch nie, seit sie verheiratet waren – und das lag mittlerweile fast zwanzig Jahre zurück –, hatte er seine Frau sprachlos erlebt. Immer hatte sie das letzte Wort gehabt. Aber diesmal hatte es ihr offensichtlich die Sprache verschlagen. Ihr Mund öffnete und schloss sich, doch kein Wort kam über ihre Lippen. Marx nahm es mit stiller Genugtuung zur Kenntnis, aber es kümmerte ihn nicht mehr.

Marie starrte ihn mit offenem Mund an, aber dann grub sich die Falte zwischen ihren Brauen um eine Idee tiefer ein, ihre Wangen wurden noch etwas dunkler, und ihr Blick war so schneidend, dass Marx zusammenzuckte.

»Mein lieber Marx«, sagte sie spöttisch. »Du willst mir doch nicht weismachen, du hättest einmal in diesem Leben tatsächlich etwas zuwege gebracht?«

Sie fing an zu lachen, herzhaft und laut, und hörte gar nicht mehr auf. Marx humpelte zur Tür und schlug sie krachend hinter sich zu.

Es war dieses Lachen, das ihn verwirrte. Es begleitete ihn auf dem Weg zur Schänke, und er fragte sich, was an seiner Ankündigung so witzig gewesen war, dass Marie sich nicht mehr halten konnte vor Heiterkeit.

Schon bald wurden seine Gedanken von zwei weiteren Ereignissen in andere Bahnen gelenkt. Zum einen bekam er einen Krampf in seinem gesunden Bein, sodass er sich auf den Trittstein eines Hauseingangs setzen musste, weil er sich nicht mehr aufrecht halten konnte. Schlimm war nicht, dass er ein Bein verloren hatte. Das konnte man ausgleichen. Schlimm war, dass der restliche Körper zu versagen begann. Krämpfe, wundgeriebene Stellen, Schmerzen in einem Bein, das es nicht mehr gab, die aber höllisch waren.

Er wollte sich eigentlich nicht ausruhen, aber es gelang ihm nicht mehr aufzustehen. Die krampfende Wade hielt ihn am Boden.

Und das war gut so, denn plötzlich wurde die Tür des Brauhauses am Thor aufgestoßen. Aufgebrachte Männerstimmen waren zu hören, und dann stolperte jemand auf die Gasse hinaus, der kaum mehr Kontrolle über seine Beine hatte. Er fiel in eine der Schlammpfützen, die der letzte Regen hinterlassen hatte. Aber damit nicht genug. Die Kerle packten ihn erneut, tauchten seinen Kopf noch einmal in den Dreck und stießen ihn dann vorwärts.

Schlammbesudelt, mit verdrehten Augen, blaugeschlagenem Gesicht und einer blutenden Nase stolperte der Geschundene im Schwung der Männerarme vorwärts und fiel ihm beinahe direkt vor die Füße.

Es wäre noch immer nicht das Ende gewesen, doch Marx tat der Mann leid. Er hob seine Krücke und rief: »Es reicht!«

Manche Zecher erkannten ihn noch als Scharwächter und ließen von dem armen Kerl ab.

»Deinetwegen. Nur deinetwegen. Du kannst ihm die Krücke in die Eier schlagen. Er hätt's verdient, Marx«, grölte einer der Säufer. Marx konnte nicht feststellen, wer es gewesen war, denn die Männer drehten sich um und kehrten wieder zu ihren Bierkrügen zurück.

»Michl Jordan!«, wollte Marx rufen, weil er seinen Kumpan sofort erkannt hatte. Doch die Mienen der Männer, die den Obermeister der Zimmerer aus der Schänke befördert hatten, hinderten ihn daran, sich laut zu äußern. Er zog es also vor, nur zu nicken. Das war sicherer. Und Michl Jordan hätte ihn in seinem Zustand ohnehin nicht gehört.

Marx wartete, bis alle anderen wieder im Bräu verschwunden waren. Dann erst nahm er seine Krücke und stieß ihn vorsichtig damit an.

»Michl! Michl Jordan!«, sagte er leise. »Was ist los? Warum haben sie das mit Euch gemacht?«

Sie hatten sich heute eigentlich treffen und das Geld teilen wollen, das der Zunftmeister mit dem Verkauf des Guajakholzes verdient hatte.

Marx hatte den Einfall gehabt, war in den Stadel eingestiegen und hatte die Ware besorgt, Michl Jordan hatte die Verbindungen und organisierte den Verkauf. Den Gewinn teilten sie sich. So hatten sie es verabredet. Drei Goldgulden hatte Marx bereits bekommen, drei weitere – mindestens drei weitere – standen ihm noch zu.

Der Mann vor ihm stöhnte und murmelte etwas Unverständliches. Wieder stieß Marx ihn in die Seite.

»Lasst mich in Ruhe, Pack!«, keuchte der Zunftmeister der Zimmerer und schlug nach der Krücke, erwischte sie aber nicht.

»He, Michl, ich bin's, Marx. Du schuldest mir Geld. Wo hast du es?«

Bei dem Wort Geld schnellte Meister Jordan hoch und blickte um sich, schwankend, mit verschleierten Augen und wachsweichen Knien. Fast im gleichen Moment brach er wieder ein und kniete vor Marx, der seine Krücke hob und ihn damit stützte.

»Herrgott, bist du besoffen, Kerl!«, schimpfte Marx, der langsam die Geduld verlor, auch deshalb, weil die Schmerzen nicht nachließen und ihn weiter zum Sitzen zwangen. Außerdem war ihm eiskalt, und er war nass am Hintern.

Michl Jordan hob den Kopf und starrte ihn an. Langsam, nur ganz langsam schien er zu begreifen, wer da vor ihm saß.

»Marx«, versuchte er zu sagen, aber es kam nur etwas wie »Masch« aus seinem Mund. Deutlich konnte Marx erkennen, dass dem Mann die beiden oberen Schneidezähne fehlten.

»Was zum Teufel ist denn geschehen?«, fragte Marx und ahnte Schlimmes.

35. Kapitel

AUGSBURG, 28. DEZEMBER 1525

»Fugger liegt im Sterben!«

Die Nachricht eilte wie ein Lauffeuer durch die kleine Siedlung, kaum dass die Tore geöffnet waren. Pater Finn stürmte durch die Gassen und posaunte die Hiobsbotschaft hinaus. Schon über die Weihnachtsfeiertage waren alle in Sorge gewesen. Doch der Regierer des Hauses Fugger hatte ihnen noch ruhige Festtage vergönnt.

»Kommt nach St. Jakob. Betet für ihn. Kommt nach St. Jakob«, rief Pater Finn mit Donnerstimme.

Die Bewohner hielt es nicht mehr in ihren Wohnungen. Sie liefen auf die Straße hinaus. In Gruppen standen sie zusammen, beratschlagten, was zu tun sei.

Joss und Eva waren unter ihnen. Sie hatten Aennlin gebeten, noch einmal für die Frauen eine Schippe Räucherspäne aufzulegen und eine Kanne Sud bereitzustellen, dann dürfe sie auch am Gebet teilnehmen. Die Gespräche drehten sich weniger darum, wie oft man nun das Vaterunser und Ave Maria aufzusagen habe, damit es helfe – es ging darum, was mit der Siedlung geschehen würde, wenn Jakob Fugger vor seinen Herrn trat. Seine Erben, Anton und Raymund, die Söhne seines längst verstorbenen Bruders Georg, hatten sich nicht recht für die Geschäfte interessiert. Raymund war ein Choleriker und dem Alkohol stärker zugetan, als es ihm zuträglich war, und außerdem überaus unzuverlässig, Anton dagegen war ein Verschwender. Keinem von beiden traute man zu, die Fugger'sche Unternehmung erfolgreich weiterzuführen. Und wenn diese den Bach hinunterging, dann würde auch die Stiftung folgen, darin waren sich die Leute einig.

Eva und Joss standen abseits. Niemand redete mit ihnen, niemand holte ihren Rat ein. Hätten sie einfach im Holzhaus weitergearbeitet, hätte man sie nicht vermisst.

»Ich kann es nicht hinnehmen, dass dieser falsche Pfaffe womöglich noch Lorbeeren einheimst, weil er zu einem Gruppengebet für seinen Herrn aufgerufen hat.« Joss biss sich auf die Lippen.

Eva sah ihm an, dass dieser Mann, der sie bei der Gemeinde unmöglich machte, etwas im Schilde führte. Sie legte den Arm auf den von Joss.

»Tu es nicht«, sagte sie, auch wenn sie nicht wusste, was er tun wollte. Doch er kochte vor Wut, riss sich von ihr los, trat auf eine der größten Gruppen zu, die sich schon auf den Weg zu St. Jakob machen wollten.

»Wollt ihr nicht ein Zeichen setzen?«, rief er. »Warum in der Pilgerkirche beten, wenn wir unserem Herrn unsere Gebete am Weinmarkt mit auf den Weg geben können? Was ist wirksamer, als vor seiner Haustür zu stehen und für ihn zu bitten? Soll er nicht hören, dass ihm die Bewohner, denen er die Hand gereicht hat, ihm ebenfalls zum letzten Mal ihre Hände reichen und sie vor ihm zum Gebet falten?«

Die Gruppe blieb stehen. Einmal verblüfft, weil er es gewagt hatte, das Wort an sie zu richten, zum anderen, weil diese Menschen sich bereits sofort einig waren, ohne dies abgesprochen zu haben, dass Joss' Vorschlag etwas taugte.

»Er hat recht!«, rief einer der vernünftigeren Männer begeistert, ein Grauhaariger, dem an der rechten Hand alle Finger fehlten, weil er sie in ein Pochwerk gebracht hatte. »Gehen wir zum Weinmarkt. Wenn unsere Gebete noch zu etwas nütze sein sollen, dann dort oben und nicht in St. Jakob.«

Joss trat zurück, und Eva sah ihm an, wie sehr es ihn freute, dass sein Vorschlag angenommen wurde. Sie wusste allerdings auch, dass er sich keineswegs darüber freute, Jakob Fugger den Übertritt ins Jenseits zu erleichtern, sondern vielmehr darüber, Pater Finn vor nicht mehr als allenfalls einer Handvoll alter Männer und Frauen in seiner Kirche predigen zu sehen. Alle anderen würden zu Fuggers Haus ziehen. Sie suchte nach Joss' Hand und drückte sie. »Du hast dir wieder einen Feind geschaffen«, flüsterte sie.

»Wieder?«, gab er zurück. »Wir sind seine Feinde, seit wir hier eingezogen sind.«

Sie folgten dem Strom der Betenden, die sich sammelten und im Chor die drei Bittgebete für Jakob Fugger sprachen. Sie verfielen in einen Singsang, der sich dem Rhythmus der Schritte anpasste.

Plötzlich stieß Eva Joss in die Rippen. Der Stoß war so hart, dass Joss zusammenzuckte und sich schon beschweren wollte, doch Eva deutete nur mit einer Kopfbewegung auf die andere Seite der Schlange, die hier am Beginn des Aufstiegs eine Fünferreihe bildete.

»Was tut der hier?«, fragte Joss offenbar zu laut.

Einige der Bewohner drehten sich zu ihm um, folgten mit ihren Blicken Evas ausgestrecktem Arm. »Er ist in die Wohnung der Hutterin eingezogen, wisst Ihr das nicht? Mit seiner Frau.« »Schon ein armer Kerl, mit dem einem Bein.« »Ein hartes Schicksal, findet ihr nicht auch? So aus dem Leben herausgerissen.«

Eva schnappte nach Luft. Marx Köllin war ihr Mitbewohner geworden? Wer hatte ihn in die Fuggerei geholt?

Natürlich ahnte sie, dass Matthäus Schwarz seine Hände dabei im Spiel gehabt hatte. Er hatte sie und Joss von Beginn an nicht in der Siedlung haben wollen und jetzt wohl für den Einbeinigen gesprochen. Nur Jakob Fugger hatte auf ihrer Seite gestanden. Jetzt lag er im Sterben und hielt nicht mehr alle Geschäfte in der Hand. Ein Einfallstor für Kerle wie Marx.

Beinahe hätten sie den Anschluss verloren. Sie reihten sich ganz am Ende ein. Die Prozession zog aus der Fuggerei heraus, durch das Sträffingertor, bog an der Kirche nach Süden ab, durchquerte halb singend, halb rezitierend das Handwerkerviertel bis zum Judenberg.

Am Haus des Juden Aaron vorbei liefen sie hinauf in die Oberstadt. An der Engstelle hielten Joss und Eva inne. Sie ließen die Männer, Frauen und Kinder an sich vorüberziehen. Sie hatten es nicht eilig, hofften sogar darauf, dass der Jude das Tor öffnete, um mit ihm ein paar Worte wechseln zu können.

Barthlen und Els gingen neben ihnen. Eva bemerkte erst gar nicht, dass ihre Tochter zu ihr aufschloss. Sie wunderte sich nur, warum sie plötzlich neben ihr lief statt zehn Fuß hinter ihr wie zuvor. Noch hatte sie keine Gelegenheit gefunden, mit ihrer Tochter zu reden – oder es auch vor lauter Arbeit vergessen.

Die Miene des Mädchens hatte sich verändert. Statt der trotzigen Ablehnung trug sie ein sorgenvolles Gesicht zur Schau.

»Ich hab ihn gesehen«, flüsterte Els in einer der Gebetspausen der Litanei, die nötig waren, um Luft zu holen, ihrer Mutter zu.

Eva stutzte. »Wen hast du gesehen?« Während sie den Berg hochschnaufte und außer Atem oben ankam, schien ihrer Tochter die Steigung nichts auszumachen. Wieder wartete Els auf den richtigen Augenblick.

»Er hat das Guajakholz aus dem Schuppen an der Stadtmauer geholt. Ich hab ihn in der Dämmerung erkannt. Aber er mich nicht. Hoffentlich.«

Mehrere Dinge gingen Eva gleichzeitig durch den Kopf, ohne dass sie sich einen Reim darauf machen konnte. Was hatte ihre Tochter am Schuppen bei der Stadtmauer zu suchen? Wen hatte sie gesehen? Und was hatte das alles mit dem Holz zu tun?

Plötzlich war ihr Jakob Fugger nicht mehr wichtig. Als einer der reichsten Männer Augsburgs würde er sich seinen Aufenthalt im Fegefeuer schon ausreichend kurz gestalten, sodass er ihre Hilfe nicht wirklich nötig hatte. Und wenn es weder ein Fegefeuer gab noch eine Möglichkeit, sich davon freizukaufen, würde er ohnehin in die Hölle wandern, gute Taten wie den Bau der Siedlung hin oder her. Er hatte mit seiner Unternehmung vermutlich mehr Menschen ins Unglück gestürzt und verarmen lassen, als er je in seinem Leben und nach seinem Tod würde retten können. Sie war dankbar dafür, dass er sie hatte aufnehmen lassen, aber sie bekamen schließlich kein Almosen, sondern mussten hart dafür arbeiten.

Sie sah ihre Tochter an. »Wir reden«, zischte sie. »Gleich nach dem Ende des Gebets!«

Sie erreichten das Haus Jakob Fuggers am Weinmarkt. Irgendwo dort, hinter der bunten Fassade, hinter einem der vielen Fenster unter der kupfernen Bedachung lag der Alte im Sterben – und Eva konnte keinerlei Mitleid empfinden. Im Grunde spürte sie nur Genugtuung darüber, dass auch diesen Menschen das Schicksal aller Lebewesen ereilte. Vielleicht war es die einzige Gerechtigkeit auf dieser Welt, sich nicht vom Tod freikaufen zu können, egal, wie viele Gulden man in der Kiste liegen hatte. Ob bettelarm oder sündig reich, jedem war eine letzte Wahrheit zugesprochen. Jeder starb für sich allein, konnte und durfte nichts mit ins Jenseits nehmen und war vor den Augen des Herrn gleich, ob Herr oder Knecht. Sie alle warteten gleich lange auf den Jüngsten Tag und die Zeit der Auslese für die Hölle oder für das Ewige Jerusalem. Da, und nur da glaubte sie sich leicht im Vorteil, denn Fugger hatte ein Stück des Paradieses bereits hienieden genießen dürfen. Das wurde ihm im Jenseits abgezogen, wenn man der Bibel glauben durfte.

Die Gedanken flossen, während ein Vaterunser, ein Ave Maria und ein Glaubensbekenntnis über ihre Lippen kam. Die Worte bildeten sich von selbst, und sie sah sich und Joss, Els und Barthlen vor dem gewaltigen Gebäude am Weinmarkt stehen, die Hände gefaltet, vor Kälte zitternd und eine Litanei nach der anderen herunterbetend.

Die Räumlichkeiten im Fuggerpalast blieben dunkel, auch nachdem wieder Schneefall einsetzte und die schmutzigen Lumpen der Menschen mit einem gnädigen Weiß bestäubten. Langsam glitt der Tag in eine Dämmerung hinüber, die sich über die ganze Stadt legte.

Nicht alle Bewohner der Oberstadt erfreuten sich an der Demut und Frömmigkeit der Bewohner der Fuggersiedlung. Manche fluchten, weil sie auf ihren Pferden um den Pöbel herumreiten mussten. Ein Fuhrwerker lenkte sein Gefährt einfach mitten durch sie hindurch und hätte beinahe ein älteres Ehepaar über den Haufen gefahren, wenn jemand es nicht rechtzeitig beiseitegezerrt hätte. Die Pferde trugen das Fugger'sche Lilienzeichen, und auch der Karren war mit einem solchen verziert.

Wieder andere riefen nach den Bütteln und schrien, das Bettelvolk solle sich wieder zurück in die Siedlung scheren, wo es hingehöre und unter seinesgleichen wäre.

Es kam zu Übergriffen, zu einer Prügelei und zu Schneeballschlachten, bei denen in die weißen Bälle Steine eingebacken wurden, damit die Würfe richtig schmerzten. Die vornehme Gesellschaft, die in den Häusern der Oberstadt wohnte, war plötzlich keineswegs mehr so vornehm, wie man es gern gesehen hätte. Diese Leute zeigten gegen die Armen ihre Zähne, und nur die Tatsache, dass überraschend Pater Finn auftauchte, sein Stangenkreuz, das er aus der Kirche mit nach oben geschleppt hatte, in den Schnee trieb und sich an die Spitze der Betenden setzte, verhinderte, dass so mancher Ratsherr übergriffig wurde.

Aus einer Stunde Gebet wurden zwei, aus den zweien drei, vier und fünf. Die Dunkelheit senkte sich über Beter und Stadt, und es wurde geraunt, dass man nicht die ganze Nacht hier stehen könne und dürfe, damit einen der Tod nicht hole, bevor er den Regierer des Hauses Fugger gefunden hätte.

Also kam man flüsternd überein, den Pater die ganze Nacht hier stehen zu lassen, ansonsten aber in Gruppen zu wachen. Zuerst die Frauen, dann die Männer, dann wieder die Frauen, bis jemandem einfiel, dass das Sträffingertor über Nacht geschlossen wurde und niemand in die Fuggerei zurück oder zum Weinmarkt hinaufkäme. Und so zerstreuten sich die Betenden nach und nach. Zuerst verschwanden die Alten, dann die Frauen und schließlich die Männer, bis Pater Finn, vollkommen versunken im Gebet, ohne es zu bemerken, allein am Weinmarkt stand und immer wieder mit lauter Stimme die drei Gebete rezitierte.

36. Kapitel

AUGSBURG, SAMSTAG, 30. DEZEMBER 1525

Marx streckte sich auf einem Sessel aus, legte ein Bein hoch auf einen Schemel, lehnte sich zurück und schloss die Augen. Das Möbel stammte noch von Achacius Hutter. Die Babette hatte den Sessel vermutlich stehen lassen – und als sie sich das Genick brach und starb, hatte er als ihr Nachfolger den Hausrat übernehmen können. Es gab keine Erben. Alle Verwandten oder Kinder waren längst weggestorben. Zwei Pestzeiten hatten gründlich aufgeräumt.

»Eine gute Wahl, nicht wahr, Frau?«, murmelte er.

Marie saß auf der Bank am Küchentisch und sah nach draußen. Die Hände hatte sie vor sich auf dem Tisch gefaltet, und eine gewisse Behaglichkeit spiegelte sich in ihrer Miene.

Unten auf der Gasse spielten Kinder mit einem Reifen, und Männer zogen Karren. Frauen schwatzten auf den Türschwellen, und vor dem Holzhaus, das sie von hier aus sehen konnte, standen Frauen und Männer und unterhielten sich. Der Wind trug einen leicht süßlich rauchigen Duft bis zu ihnen. Unterhalb ihrer Wohnung dengelte der Kleinschmied eine Sense auf. Gleichmäßige harte Schläge waren das, die Marie jedes Mal zusammenzucken ließen.

Sie sah sich in der Wohnung um. Obwohl Marx seit gut zehn Tagen hier wohnte, war sie erst gestern zu ihm gezogen. Das Weihnachtsfest hatte sie mit ihrer Gemeinde gefeiert.

Noch waren die Wände kahl, die Möblierung einfach und etwas heruntergekommen. Marx hatte sich nicht die Mühe gemacht, etwas zu säubern oder zu wischen. Nur den Eingangsbereich hatte er gereinigt und die Wand frisch gekalkt.

»Ein schöner Ort, um seinen Lebensabend zu verbringen«, bestätigte sie halbherzig.

Das Hämmern vor der Wohnung unter ihnen störte sie.

»Ich habe Wohnrecht bis an mein Lebensende«, erklärte Marx und streckte sich erneut. »So sieht es die Stiftung vor.« Mit Behagen faltete er die Hände hinter dem Kopf.

Marie nickte zuerst und ließ den Blick wieder auf die Gasse hinaus wandern. Von ihrer Warte aus konnte sie die halbe Stichstraße hinaufsehen und die Menschen beobachten, die im Holzhaus ihre Kranken besuchten oder sie mit nach Hause nahmen.

Sie lächelte bei dem Gedanken, den Rest ihres Lebens hier zubringen zu dürfen, bis sie begriff, was Marx da eben gesagt hatte.

Sie hob den Kopf und sah zu ihrem Mann hinüber. Seine Augen waren weiterhin geschlossen, und seine Miene drückte Zufriedenheit aus.

»Habe ich das jetzt gerade richtig gehört?«, fragte sie. »*Du* hast das Wohnrecht? Und was geschieht mit mir, wenn du nicht mehr sein solltest?«

Marx ließ einige Minuten verstreichen, bis er die Augen öffnete und leise lachte. »Ist es dir aufgefallen? Na, dann solltest du dir Mühe geben, mich am Leben zu halten. Ein klein wenig Pflege schadet schon jetzt nicht. Ich habe Durst!«

Wieder dehnte und streckte sich Marx ausgiebig. Sie wusste, dass er diesen Sessel am heutigen Tag nicht mehr verlassen wollte.

»Was heißt das für mich?«, hakte sie nach. Sie sprach langsam und deutlich.

»Das kann ich dir so genau gar nicht sagen. Ich weiß nur, dass du dann die Fuggersiedlung verlassen musst. Mit Sack und Pack.«

Sie sprang so heftig auf, dass die Bank, wäre sie nicht gegen die Wand gerückt gewesen, vermutlich umgestürzt wäre. »Sag das noch mal!«, fauchte sie. »Das kann und darf doch nicht wahr sein!« Sie war fassungslos.

»Diese kleine Stadt in der Stadt ist ein Ort, an dem man Demut lernen kann, Frau. Demut vor der Gabe, die ein einzelner Mensch, ein einzelner Mann, den Armen hat zuteilwerden lassen. Ist er nicht ein wunderbarer Mensch, dieser Jakob Fugger?«

»Marx Köllin, du glaubst doch nicht selbst, was du da erzählst? Was hast du tun müssen, dass man eine Ratte wie dich hier aufgenommen hat? Hast du jemanden dafür umgebracht?«

Die Krücke fuhr nur eine Handbreit an ihrem Kopf vorbei und krachte in das Fachwerk aus Lehm. Dort blieb ein Loch in der Wand zurück, und der Beinersatz fiel klappernd zu Boden.

»Wag es nicht, mir irgendwas zu unterstellen, sonst könnte deine Vermutung durchaus wahr werden, Weib.«

Marie war vor Schreck wieder auf die Bank geplumpst. Sie

wusste, dass sie einen aufbrausenden Menschen geheiratet hatte, aber noch nie war er derart gewalttätig geworden.

»Wer hat vor uns in dieser Wohnung gelebt?«, fragte sie leise. Sie wollte ihn nicht weiter reizen.

»Die Hutterin, die blinde alte Hebamme der Fugger. Sie ist die Treppe hinabgestürzt. Man brachte kaum die Tür auf, weil sie dagegengefallen war. Ich erzähle das nur deshalb, damit du nicht glaubst, *ich* hätte sie erschlagen. Ich hätte aus dem ersten Stock springen müssen, um von hier wegzukommen. Und jetzt geh an die Arbeit«, befahl er ihr. »Ich will etwas essen und zuvor noch ein Nickerchen machen!«

Marx schloss die Augen wieder und sah das Bild der Alten vor sich, die er die Treppe hatte hinunterpoltern lassen und dann mit Mühe aufrecht gestellt hatte, damit er aus dem Haus kam. Hinter ihm war der Leichnam wieder zusammengesackt. Blut und Wasser hatte er geschwitzt und befürchtet, dass dieser einhändige Schmied auftauchte und ihn zur Rede stellte. Doch der war nicht daheim gewesen oder so taub, dass er nichts gehört hatte. Er rekelte sich vor Zufriedenheit über die gelungene Tat.

Marie betrachtete ihren Mann zuerst argwöhnisch, dann stand sie auf und huschte in die Küche. Sie runzelte die Stirn. Warum hatte er ihr das erzählt? Warum hatte er betont, was offensichtlich war?

Marie entzündete das Holz im Herd, setzte Wasser auf und erhitzte es. Danach würde sie etwas Hirse beimengen und aufquellen lassen. Ein einfaches Abendessen, aber es machte satt. In der Zwischenzeit würde sie in der Schänke noch etwas Dünnbier holen.

Sie ging zurück in die Wohnstube, wo Marx bereits im Sessel schnarchte, und griff nach seinem Krug.

Im Rhythmus des Dengelschlags stieg sie die knarzenden Treppenstufen hinunter. Bevor sie die Tür öffnete, versuchte sie, sich ein Bild der gestürzten Alten vor ihr inneres Auge zu rufen. Deshalb also hatte Marx den Eingangsbereich frisch gekalkt! Viel Platz war nicht zwischen Tür und Treppe. Ihre Fantasie legte ihr den Schrei der Alten ins Ohr und das Poltern, als sie die Treppe herunterfiel und mit dem Kopf gegen das Türblatt schlug. Sie glaubte, sogar das Knacken zu hören, mit dem das Genick der Hutterin gebrochen war und ihr Leben endete. Gänsehaut bildete sich auf den Armen und am Rücken und ließ sie schaudern. Vorsichtig öffnete sie die Tür und trat nach draußen. Eine helle Wintersonne empfing sie. Kurz schloss Marie die Augen, um das Licht zu genießen.

Vor der unteren Wohnung saß der Schmied. Er hatte sich eine Filzgugel übergezogen, aber die Ohren glänzten rot vor Kälte. Neben ihm lagen noch weitere vier Sensenblätter. Er sah kurz hoch, als sie aus der Tür trat, und nickte ihr zu, ohne seine Arbeit zu unterbrechen. Regelmäßig wie ein Pochwerk schlug der Hammer auf die Sensenschneide, die mit kurzen Bewegungen auf dem eisernen Amboss vorwärtsgeschoben wurde.

»Gott zum Gruße«, sagte er. »Marx hat schon gesagt, dass ihr jetzt auch eingezogen seid. Franz, Franz Gelder, Schmied.«

»Marie«, erwiderte sie und wollte ihm zuerst die Hand hinstrecken, doch da der Mann nicht aufhörte zu hämmern, zog sie diese wieder zurück.

Auch sie nickte ihm zu, schenkte ihm ein kurzes Lächeln. Sie wollte die Finstere Gasse zum Ausgang hinaufgehen. Dort gab es einen Brunnen, in dem sie den Krug auswaschen wollte.

Sie hatte es nicht eilig, schlenderte durch die Straße und beobachtete die Menschen. Sichtbar war deren Ärmlichkeit. So viele zerrissene und wieder geflickte Kleidungsstücke hatte sie selten gesehen. Dennoch strahlten alle eine zufriedene Fröhlichkeit aus. Sie waren geschäftig, ohne überhastet zu wirken, sie waren offen und bedachten sie mit neugierigen Blicken. Ihre Gesichter zeugten von einer inneren Sicherheit, die ihnen allein die Tatsache verschaffte, dass sie hier nicht nur unter sich, sondern tatsächlich geschützt waren. Die Armut hatte sie zwar im Griff und zog an ihnen, aber sie hatten ein Fundament, das ihnen einen festen Boden unter den Füßen gewährte. Und auf diesem ließ es sich leben.

Ein Junge kam stracks auf Franz Gelder zu.

»Seid Ihr mit meinem Spaten fertig?«, fragte er den Schmied.

Der blickte erst auf, als der Junge direkt vor ihm stand. Dann nickte er und deutete mit dem Kinn auf einen der am Boden liegenden Holzspaten, der mit einer Metalllippe verstärkt worden war. Der Junge bedankte sich, hob das Werkzeug auf und ging mit einem grüßenden Kopfnicken an Marie vorüber.

Sie hätte ihm kaum Aufmerksamkeit gewidmet, wenn der Schmied geschwiegen hätte.

»Der Bub vom Holzvater«, sagte er. »Barthlen. Ein tüchtiger kleiner Kerl. Haben ein schweres Schicksal, die Holzeltern. Werden von den meisten Bewohnern geschnitten, als hätten sie die Pest. Aber tüchtige Leute.«

Marie blickte dem Jungen die Gasse entlang hinterher. Er ging selbstsicher bis fast an deren Ende, dann sah er sich kurz um, als wolle er sicher sein, dass ihn niemand beobachtete, klopfte am vorletzten Haus und trat sofort ein.

Sie wunderte sich, warum der Junge so geheimnisvoll tat.

»Wer wohnt da unten, im vorletzten Haus?«, fragte sie, aber Franz Gelder antwortete nicht.

Zuerst war Marie verwirrt, schließlich verstand sie. Der Mann war durch seine Arbeit schwerhörig geworden. Also trat sie direkt vor ihn hin, wedelte mit der Hand und machte so auf sich aufmerksam, bis er zu ihr aufsah. Sie deutete auf das Haus am Ende der Gasse. »Wer wohnt dort?«, fragte sie so laut, dass sie das Gefühl hatte zu brüllen.

Der Schmied lächelte wieder, deutete auf seine Ohren. »Ein Segen, solange mein Weib noch lebte. Sie konnte schimpfen, wie sie wollte. Ich hab's nicht mehr gehört. Hat uns beiden gutgetan.« Er grinste wie ein Bub, dann zuckte er mit den Schultern. »Weiß nicht, wer da wohnt. Irgendwelches Pack.«

Marie stutzte. Gesindel? Das konnte doch schlecht sein. Schließlich waren die Menschen hier, wenn sie Marx recht verstanden hatte, handverlesen: Augsburger Bürger, katholisch und unverschuldet in Not geraten. Die allermeisten, wenn nicht sogar alle, waren ohnehin ehemaliges Fuggergesinde. Damit bewahrte sich Jakob Fugger über ihre Dienstzeit hinaus ihr Wohlwollen und ihre Arbeitskraft. Ein geschickter Schachzug. Ein Wort wie Pack hatte dort nichts zu suchen.

Sie nickte dem Schmied zu, der sich schon wieder in seine Dengelarbeit vertieft hatte, und tat so, als schlendere sie mit ihrem Krug die Gasse hinauf. Dabei ging sie auf der nördlichen Seite entlang und versuchte einen Blick ins Innere des vorletzten Hauses zu erhaschen. Doch die Fenster waren verhängt. Sie hörte auch nichts.

Ich kenne mich noch nicht gut genug aus, dachte sie. *Aber die Häuser, die nach Norden zu liegen, haben keinen Garten.* Wozu also trug der Junge einen Spaten mit sich? Wohin ging er, wenn im rückwärtigen Teil des Hauses kein Garten war, den man umgraben konnte? Und schon gleich gar nicht Ende Dezember.

Unschlüssig darüber, wie sie das herausfinden sollte, ging sie weiter und suchte nach dem Brunnen. Er stand keine dreißig Fuß vom Eingang entfernt. Frauen und Mädchen umstanden ihn, die Wasser in ihre Gefäße laufen ließen und sich unterhielten. Manch eine machte den Burschen, die am Rande des Schweinemarkts standen und die Brunnenszene beobachteten, schöne Augen. Der eine oder andere Pfiff ließ ein Mädchen erröten oder führte zu scharfzüngigen Bemerkungen der Älteren.

Insgesamt war es ein fröhliches und entspanntes Geplapper, in das Marie eintauchte. Sofort wurde sie umringt, befragt, musste Rede und Antwort stehen, wo sie wohne, was sie tue, wie es ihr gefiele, und schließlich konnte sie ihre eigene Frage stellen, die ihr auf der Zunge brannte, seit sie an den Brunnen gekommen war.

Der Platz am Kappenzipfel, auf dem der Schweinemarkt abgehalten wurde, war vom Lauterlech, einem der Kanäle der Stadt, durchzogen. Rundum begrenzten Häuser das Platzdreieck. Am Ende der Fuggerei, dort, wo der Saumarkt begann, war ein Gebäude in sich zusammengefallen und gewährte den Blick in den rückwärtigen Teil der Häuser. Dahinter lag eine Streuobstwiese mit halbhohen, jetzt kahlen Bäumen. Barthlen stand mitten auf der Wiese und ebnete mit einem Holzspaten Maulwurfs- oder Wühlmaushügel ein. Von hier aus konnte Marie nicht erkennen, ob eines der Fuggerhäuser einen Ausgang auf dieses Gelände hatte.

»Wem gehört eigentlich der Obstgarten hinter den Häusern?«, fragte sie.

Eine hübsche Kleine antwortete ihr. Sie gab an, in dem Haus gleich neben dem verfallenen Gebäude am Tor zur Fuggersiedlung zu arbeiten. Sie flüsterte ihr zu, dass der Hausherr sie des Öfteren bedränge, aber wegen seiner Körperfülle nicht schnell genug sei. Sie lachte schelmisch. Der Garten dahinter gehöre zum Teil zu diesem Haus.

»Die Fuggerhäuser – haben die auch Gartenanteile?«

Das Mädchen schüttelte den Kopf. Hier im Norden? Nicht dass sie davon wüsste. Sie hätten auch nur einen Zugang.

Während Marie den Bierkrug ihres Mannes auswusch, musterte sie die Häuser.

Vielleicht schnitt der Sohn des Zimmerers dem Handwerker, dem der Obstgarten gehörte, im Sommer das Gras. Auch die Kinder mussten mitverdienen. Einen Gulden im Jahr zu erwirtschaften, um ihn zu Martini als Wohnzins abzugeben, war für Menschen, die gerade so viel Geld verdienten, dass sie davon leben konnten, keine Kleinigkeit.

»Was hattest du in einem Schuppen an der Stadtmauer verloren?«

Eva hatte ihre Tochter endlich für sich allein. Sie zog sie auf die Bank in der Stube und betrachtete Els, die in den letzten Monaten zur Frau herangereift war. Blutungen hatte sie seit mehr als einem Jahr. Ihre Brust war groß und fest geworden, und die Hüften hatten sich gerundet. Immer häufiger ertappte Eva Els dabei, wie sie ins Leere starrte, als befände sich dort etwas, aber sie wusste aus ihrer eigenen Jugendzeit, dass das Mädchen nichts vor sich in der Luft suchte, sondern ihr Blick nach innen gewandt war. Alles drehte sich um einen Jungen und damit um ihr Erwachsenwerden, auch wenn Els das noch nicht recht verstand.

Eva seufzte. Sie hätte schon mit ihr reden sollen, als der Baumeister Krebs im Haus war, hatte es aber versäumt, später nachzuhaken.

»Tut mir leid, dass ich so forsch gefragt habe, Els«, fuhr sie sehr viel sanfter fort. »Erzähl mir alles. Alles, verstehst du? Ich bin deine Mutter, und ich glaube, ich muss dir selbst auch etwas sagen.« Sie rückte den Stuhl so nahe an Els heran, dass sie flüstern konnte, ohne dass Barthlen oder Aennlin etwas davon mitbekamen. »Etwas, das wir Frauen wissen müssen.«

Verlegen blickte Els auf die Tischplatte und hatte die Hände in den Schoß gelegt.

Eva atmete tief durch. Sie verstand das Kind ja. Aber was sie neulich erzählt hatte, war wichtig.

»Nun sag schon«, drängte sie vorsichtig. »Es ist alles gut. Ich kann mir denken, was los war. Schließlich war auch ich einmal jung – und dein Vater damals ein fescher Zimmermannsgeselle.«

Überrascht sah Els auf, und Eva konnte in ihren Augen lesen, dass sie die Situation richtig eingeschätzt hatte.

»Ich … wir …«, stotterte Els.

»Am besten, du sagst mir, wie der Junge heißt, dann können wir besser drüber reden.«

»Jonathan Wolf«, kam es zögerlich aus Els' Mund. »Der Lehrling beim Bäcker und sein Sohn. Er ist richtig nett. Wir haben … haben nur geredet. Bei dem Schuppen an der Stadtmauer, hinter der Fuggersiedlung am Kappeneck. Ehrlich.«

Eva nickte ihrem Mädchen aufmunternd zu, auch wenn sie das ›nur geredet‹ nicht recht zu glauben vermochte. Wenn sie sich an Joss und sich selbst erinnerte, waren da noch andere Dinge gewesen: seine Hände, die sich überall an ihrem Körper zu schaffen machten; seine Lippen, die sie auf den Mund und auf den Hals küssten; seine Wärme, die sich an sie drängte. Sie hatte es damals genossen, solange er nicht zu weit ging.

Offenbar las Els den Zweifel in ihrer Miene. Sie bekräftigte noch einmal, dass sonst nichts gewesen sei, sie könne ihr ruhig Glauben schenken.

Eva hätte es gern getan, aber sie wusste es besser. Sie seufzte, aus der Erinnerung heraus und aus Sorge. »Seit wann kennst du ihn?«, fragte sie dann und legte eine Hand auf Els' Arm. »Es ist schön, wenn man erfahren darf, wie ein anderer Mensch sich zu einem hingezogen fühlt. Es ist das Schönste im Leben.«

Els nickte und lächelte verschämt. »Seit … seit wir um das Feuer getanzt haben. Er hat mir öfters hinterhergepfiffen. Und dann hat er mich endlich angesprochen. Er ist ja immer früh fertig in der Backstube. Wir haben uns dann beim Schuppen getroffen.«

Eva wollte Els nicht ausfragen, wollte vor allem wissen, was dieser Ort mit Marx Köllin zu tun hatte, aber ihre Tochter erzählte so begeistert von ihrem Liebsten. Außerdem war es für Els nicht ungefährlich, mit einem jungen Burschen zusammen zu sein. Schnell wurde mehr daraus als nur ein paar Fingerspiele. Und meist ging es unschön aus für das Mädchen. »Seit wann trefft ihr euch?«, fragte sie.

»Seit zwei Monaten«, gestand Els und senkte den Blick wieder auf die Tischplatte. Sie betrachtete ihre Fingernägel.

Eva schloss die Augen. Zwei Monate waren eine ausreichende Zeit, um mehr zuzulassen als Gespräche und verschämte Küsse. Warum hatte sie so lange nichts davon bemerkt? »Ihr habt also nur geredet … und euch geküsst?«

Zuerst nickte Els, lief feuerrot an, dann schüttelte sie den Kopf. »Er … er hat mich berührt«, flüsterte sie fast tonlos. »Nur berührt. Mehr nicht. Er ist nicht …« Sie stockte, weil Eva energisch den Kopf schüttelte.

»Nur berührt«, beteuerte sie. »Hier … und hier.« Sie deutete auf ihre Brust und an ihren Hals.

Eva atmete durch. Dabei blieb es meist nicht. Vielleicht konnte sie nachher noch mehr erfahren. Außerdem musste sie Els einige Hinweise über Frauendinge geben. Vorerst aber ging es um Marx. »Der ehemalige Scharwächter hat euch also aufgescheucht?«

Wieder lief Els rot an. Sie glühte beinahe. »Wir waren in dem Schuppen. Hatten uns hingesetzt und … und … gekuschelt.«

Das letzte Wort flüsterte sie so leise, dass Eva es beinahe nicht verstanden hätte. Eine Welle der Zuneigung durchflutete sie, als sie bemerkte, wie sehr ihre Tochter offenbar diese Zweisamkeit genoss. Es war einerseits schön für sie, andererseits gefährlich, denn zu viel Zuneigung konnte insgesamt ein Zuviel bedeuten.

Doch Els fuhr fort, mit fester Stimme diesmal. »Er hat plötzlich an die Tür gehämmert und sie aufgerissen. Wir waren zuerst wie erstarrt. Dann sind wir ein Stück weggelaufen und haben ihn aus der Ferne beobachtet.«

»Und was hat er gemacht?«

»Er ist rein in den Schuppen und kam mit vier kurzen Stangen wieder raus. Ich hab sofort erkannt, was das für Hölzer waren. Sie sahen so aus wie die, die Vater aus dem Lagerstadel holt. Es war Guajak. Ganz bestimmt.«

»Woher willst du das wissen?«

Els wurde lebhaft. »Er hatte sich ein krummes Holz unter den Arm geklemmt, einen gegabelten Ast. Er war deutlich zu erkennen. Und als im Haus der Babette Guajakholz gefunden wurde, als sie Vater beschuldigt haben, er hätte nicht recht aufgepasst oder die Hölzer gar selbst unter der Hand an die Babette weiterverkauft, da kam dieser gegabelte Ast zum Vorschein. Ich hab ihn sofort wiedererkannt. Der Baumeister Krebs hatte ihn in der Hand und hat ihn vor den Vater auf den Tisch gelegt.«

Eva hielt die Luft an. Was Els da sagte, wog schwer, auch wenn nichts davon zu beweisen war. »Bist du dir sicher?«

»Wir sind uns sicher«, antwortete Els und nickte. »Jonathan hat ihn auch gesehen. Er war da, als das Holz aus der Wohnung der Hutterin ausgeräumt wurde. Es war das gegabelte Aststück, das der Humpelnde aus dem Schuppen geholt hatte. Wir sind uns sicher, ganz sicher.«

Eva pfiff leise mit gespitztem Mund. »Weißt du, was du da behauptest, Kind?«

Els hob den Kopf und sah sie an. »Ich bin kein Kind mehr, Mutter«, sagte sie leise, aber ernst. »Ich weiß genau, was ich sage.«

Eva hätte über die Ernsthaftigkeit gelächelt, wenn sie es gekonnt hätte. Natürlich war Els mit ihren sechzehn Jahren mittlerweile mannbar, aber manchmal auch noch ein Kind.

»Marx Köllin hat die Finger in dieser Sache drin«, sagte Eva mehr zu sich selbst als zu Els. »Er rührt gewaltig an einem Brei aus Anschuldigungen, der so klebrig ist, dass etwas haften bleiben muss, wenn er damit um sich spritzt.«

Wieder sah sie Els erröten und den Kopf senken. Zuerst war sie verwundert, dann atmete sie tief durch. Hatte sie es doch geahnt, dass hinter dem Schuppen mehr passierte, als nur zu reden und ein wenig zu streicheln. Sie schüttelte den Kopf und konzentrierte sich wieder auf ihre Tochter und den jungen Mann. Es war an der Zeit, dem Mädchen ein paar Wahrheiten zu sagen, die es hoffentlich vorsichtiger werden ließen. Sie wollte Els den Jungen nicht nehmen. Das würde sie vermutlich auch nicht können. Die jungen Leute fanden immer einen Weg, sich zu treffen. Also musste sie ihr erklären, worauf sie zu achten hatte, stets zu achten hatte, damit nicht der Zufall und eine falsch verstandene Liebe ihr Schicksal besiegelten.

Sie seufzte. Schweren Herzens drückte sie Els' Arm. »Ich glaube, wir beiden sollten mal ein Gespräch führen, Els. Von Frau zu Frau.« Sie wollte gerade dazu ansetzen, dem Mädchen zu erklären, was sie am besten zu unterlassen hätte, als von der Gasse herauf ein Lärm zu ihnen in die Stube drang.

Jemand schrie, heulte, weinte. Undeutlich war ein Name zu hören, der immer lauter, immer deutlicher zu verstehen war, je näher die Rufe kamen.

»Fugger ist tot! Fugger ist tot!«, hallte es durch die Gassen.

Eva verstummte und trat ans Fenster. Sie öffnete den Laden und blickte nach draußen. Die Gasse füllte sich mit Menschen, die ihre Arme in die Luft warfen, die die Hände vors Gesicht schlugen, die stumm dastanden oder sich die Haare rauften.

»Wann ist es passiert?«, rief sie den vielen Menschen zu, die sich in der bitteren Kälte draußen versammelten.

»Fugger ist tot. Heute Nacht. Gegen vier Uhr.«

»Mein Gott«, brachte Eva heraus. Dann drehte sie sich zu Els um. »Lauf zu Vater und bring ihm die Neuigkeit. Sofort.«

37. Kapitel

AUGSBURG, FEBRUAR 1526

Eva schöpfte eben Wasser in einen Henkeleimer, als dieser über den Brunnenrand rutschte und zu Boden polterte. Das Holzgefäß kippte, und das eisige Wasser ergoss sich über ihre Füße.

Sie fluchte, weil ihr vor Schreck gleichzeitig die Schöpfkanne aus der Hand glitt und in den Brunnen fiel. Diese war aus Ton und ging mit einem Gluckern unter, bevor sie zugreifen konnte.

Wütend stampfte sie auf. »Warum muss immer alles schieflaufen?«, schimpfte sie und beugte sich zu ihrem Eimer hinunter. Dabei wäre sie beinahe mit dem Kopf gegen den einer Frau gestoßen, die ihr helfen wollte. Es überraschte sie, dass sich überhaupt jemand für sie bückte.

»Es wäre leichter, wenn wir in der Fuggerei selbst Wasser hätten«, sagte die Frau zu ihr. Sie griff nach Evas Eimer, hob ihn auf und reichte ihn ihr. »Ihr solltet rasch nach Hause gehen. Nasse Füße verschaffen uns Frauen Probleme«, sagte sie ernst. »Unten herum.«

Evas Augen verengten sich zu Schlitzen. »Ihr seid das Weib von Marx Köllin, nicht wahr?«

Die Frau nickte. Sie zögerte, dann streckte sie Eva die Hand hin.

»Marie«, stellte sie sich vor. »Marx wohnt schon länger in der Fuggersiedlung. Ich bin erst seit Kurzem hier.«

Eva blickte auf die Hand, die sie ihr hinstreckte, dann in das

Gesicht der Frau, dann wieder auf die Hand. »Seid Ihr sicher, dass Ihr mir die Hand geben wollt? Mir, der Bestatterin des Henkers?«

Marie zuckte nicht zurück oder zeigte auch sonst keine Unsicherheit.

»Dann soll es so sein«, sagte Eva und drückte die Hand. Die Frauen sahen sich in die Augen. Sie getraute sich nicht, die andere zu duzen, also beließ sie es bei der förmlichen Anrede.

»Euer Mann …«, begann Eva. Sie wollte Klarheiten schaffen, bevor die Frau selbst darauf kam, dass es hier Missstimmungen gab.

»… war sturzbetrunken, als er die Treppe an der Wehrmauer hinuntergestürzt ist. Er sollte froh sein, dass er sich dabei nicht das Genick gebrochen hat. Mit Euch und Eurem Mann hat das nichts zu tun«, beendete die Köllin den Satz, während sie Eva half, den Eimer wieder auf den Brunnenrand zu stellen.

Eva stieg auf einen Trittstein und blickte ins Wasser. Die hölzerne Einfassung des Brunnens war völlig vereist, aber sie konnte sehen, dass das Schöpfgefäß etwa in der Mitte des Kastens auf dem Grund lag.

»Hat jemand einen Stock oder Stab?«

Die umstehenden Frauen und Mädchen verneinten. Alle blickten sie in den Brunnen und überlegten, wie sie das Schöpfgefäß herausholen könnten. Im Sommer wäre das eine Kleinigkeit gewesen. Eva wäre ins Wasser gestiegen und hätte es herausgeholt. Der Brunnenkasten war nicht tief. Das Wasser reichte nur bis zur Hüfte. Die Erfrischung hätte sie sich gegönnt. Jetzt aber würde sie sich dabei den Tod holen. Doch ohne Schöpfgefäß kein Wasser, und wenn sie sich eine Stange holte, konnte es sein, dass der Krug bis zu ihrer Wiederkehr verschwunden war.

»Ich bin größer als Ihr«, sagte Marie. »Ich hole ihn Euch.«

Bevor Eva widersprechen konnte, hatte sie den Ärmel ihres Kleides hochgeschoben. Sie trat an den Brunnenrand, setzte sich halb darauf und beugte sich vor. Mit der anderen Hand wedelte sie Eva herbei, die sie halten sollte. »Sonst falle ich noch hinein.« Sie lehnte sich vornüber, und ihr Arm glitt ins Wasser. »Eisig. Brrrr!«

Eva spürte, wie ein Schauder über Maries Haut jagte.

»Noch ein bisschen tiefer«, sagte diese und versuchte, das Gefäß zu fassen zu bekommen. »Ich spüre den Krug, aber meinen Arm bald nicht mehr. Außerdem …« Sie setzte sich auf, blickte kurz in die Runde. Nur Frauen umstanden den Brunnen. Weit und breit war kein Mannsbild zu sehen.

Mit einer schnellen Geste schlüpfte sie mit der rechten Schulter aus ihrem Kleid. Ein Teil ihres Oberkörpers lag frei. Dann beugte sie sich erneut über den Brunnenkasten und griff hinein. Diesmal etwas tiefer.

Eva entfuhr ein Schrei, als sie spürte, dass das Gewicht für sie zu groß wurde. Marie entglitt ihr. Für einen Augenblick konnte sie sie noch festhalten, dann kippte Marie Köllin nach vorn ins Eiswasser des Brunnens.

»Marie!«, schrie Eva, als ihr die Hand der Frau entglitt.

Die tauchte unter, strampelte mit den Beinen, weil das Kleid bereits leicht am Eis des Brunnenrandes festgefroren war. Sie konnte sich nicht aufrichten, aber auch nicht ganz in den Brunnen gleiten. Der Kopf blieb unter Wasser. Das Kleid sog sich voll.

Mit einem Aufschrei stürzten sich die Frauen auf das Weib des ehemaligen Scharwächters. Mit vereinten Kräften zogen sie Marie Köllin aus dem Wasser.

Diese hielt triumphierend den Krug in der Hand. Das Wasser tropfte ihr aus den Haaren, das Gesicht war bleich, ihre Lippen schimmerten bläulich, und sie zitterte am ganzen Körper.

»Rasch ins Holzhaus mit ihr. Dort gibt es warmes Wasser. Und bedeckt ihre Blöße!«

Eva stutzte. Das hätte von ihr kommen müssen. Es hatte aber eine Frau gesagt, die direkt hinter ihr stand. Als Eva sich umdrehte, erkannte sie die Kapuze wieder, unter der sich das Gesicht der Sibylla Fugger verbarg. Die Fuggerin legte einen Finger auf ihren Mund und verpflichtete sie zum Schweigen.

»Könnt Ihr laufen?«, fragte Eva, doch Marie zitterte derart, dass sie nicht antworten konnte.

Dennoch patschte sie vorwärts und hinterließ einen breiten Streifen nassen Bodens. Zwei junge Dinger aus den umgebenden Häusern stützten sie bis zum Eingang der Siedlung. Als sie das Tor durchquerten, sahen sich die Dienstmädchen ängstlich um.

»Wart ihr noch nie in der Siedlung?«, fragte die Fuggerin, der das Verhalten ebenso auffiel wie Eva.

Die Mädchen schüttelten die Köpfe.

»Wovor habt ihr Angst?«, fragte Eva.

Beinahe sofort ließen die beiden jungen Dinger Marie los und machten kehrt.

»Es heißt, Armut sei ansteckend«, rief ihnen die Jüngere über die Schulter zu.

»Krankheit, Leid, Gebrechen. Zu viel Übel auf einem Fleck«, setzte die andere hinzu.

»Unsinn«, rief die Fuggerin ihnen nach. »Bleibt, schaut euch um. Den Menschen wird geholfen.«

Die Mädchen schüttelten energisch die Köpfe. »Wir wollen lieber nicht in diesen Pferch der Armut eingesperrt werden.«

Mit eiligen Schritten verschwanden sie aus der Fuggerei.

»Pferch der Armut!«, schimpfte die Fuggerin. »Wer nur solch einen Unsinn verbreitet.«

Marie Köllin war in der Zwischenzeit weitergegangen, als wäre sie ein sich unablässig drehendes Mühlrad. Eva sprang ihr nach und stützte ihren linken Arm, Sibylla Fugger nahm den rechten. Zu zweit trugen sie die Frau mehr zum Holzhaus, als dass diese auf eigenen Füßen lief.

Eva pochte energisch gegen die Tür und hoffte, Aennlin würde sich zeigen und herunterkommen. Doch diese war wohl oben zu beschäftigt.

Sie halfen Marie bis in die Küche. Eva schürte den Ofen an, setzte Wasser auf den Herd und half der Fuggerin, die tropfnasse Frau auszuziehen.

»Das nasse Zeug muss runter«, sagte Sibylla Fugger ernst. »Habt Ihr etwas zum Abtrocknen?«

Eva eilte ins Schlafzimmer und kam mit einem schon etwas fadenscheinigen Tuch zurück, das mehr Flicken als Stoff aufwies.

»Etwas anderes habe ich nicht«, sagte sie entschuldigend.

Marie setzte sich auf einen Hocker nahe der Feuerstelle und versuchte, sich zu wärmen. Mit dem Tuch rubbelte sie ihre Haare trocken.

Schließlich konnte sich Eva nicht mehr zurückhalten. »Weshalb seid Ihr gekommen, Herrin?«, fragte sie leise.

Die Fuggerin senkte die Stimme zu einem Flüstern. »Ich muss Euch und Euren Mann warnen.«

Eva hob die Augenbrauen. »Wovor?«, fragte sie und sah sich um.

Marie Köllin hatte die Augen geschlossen und döste anscheinend vor sich hin.

»Vor Matthäus Schwarz. Er mag Euch nicht.«

Eva nickte. »Das wissen wir.«

»Seid achtsam. Er wird jede Gelegenheit ausnützen, um Euch zu vertreiben.«

»Warum tut Ihr das?«, hakte Eva nach.

»Mir ist die Siedlung ans Herz gewachsen, aber …«

Die Fuggerin stockte, weil Schritte auf der Treppe zu hören waren, zuerst hinunter, dann wieder hinauf. Offenbar hatte jemand oben etwas vergessen.

»Aber?«, fragte Eva.

»Seit Jakob tot ist, wollen mich die Neffen aus dem Haus haben, vor allem Raymund. Ich werde umziehen müssen«, fuhr die Fuggerin fort. Sie lächelte verlegen.

»Das würde Euch nicht hindern …«

»Doch. Denn ich werde wohl Conrad Rehlinger heiraten. Er wirbt schon länger um mich. Aber er neigt dem lutherischen Glauben zu. Und darin werde ich ihm folgen.«

Eva nickte, weil sie verstand. »Die Fuggerei bleibt wohl katholisch?«, fragte sie.

Sibylla Fugger nickte. Sie senkte die Stimme. »Ich hoffe, Ihr seid mir nicht gram deswegen.« Sie blickte sich in dem Raum um. »Ob katholisch oder lutherisch, der Zweck bleibt derselbe.«

»Schon«, sagte Eva. »Aber ob katholisch oder lutherisch, das Guajakholz hilft nicht. Es ist wirkungslos. Man quält die Menschen – und verdient auch noch Geld damit. Mehr ist es nicht.«

»Es hilft nicht?« Erstaunt sah die Fuggerin Eva an. »Könnt Ihr das beweisen?«

Eva zuckte nur mit den Schultern. »Könnte ich. Aber man müsste mir auch glauben.«

Wieder hörten sie Schritte auf der Treppe. Diesmal lief tatsächlich jemand die Stiege hinunter, und nur einen Augenblick später stand Aennlin in der Tür.

»Ich …«, stotterte sie überrascht, weil drei Frauen die Küche belagerten. »Ich wollte nur den Sud holen.«

Marie Köllin hob den Blick. »Aennlin?«, fragte sie verblüfft.

Die Dienstmagd wirkte wie vor den Kopf gestoßen. »Du?«, fragte sie barsch. »Was machst du hier?«

Marie war ebenso perplex. »Was machst du hier?«, fragte sie beinahe gleichzeitig.

Eva blickte von Marie zu Aennlin und zurück.

»Ich … ich … wusste nicht …«, stotterte Marie, doch Aennlin unterbrach sie scharf.

»Du weißt vieles nicht … Mutter.«

38. Kapitel

AUGSBURG, FEBRUAR 1526

Ich gehe nicht mit!«, erklärte Joss. »Ich hab zu tun.«

»Doch, das wirst du, Joss Neher. Es geht hier nicht um dich und deinen Dickkopf. Es geht um uns und unser aller Wohl.«

Eva stemmte die Hände in die Hüften. Ihr Blick bohrte sich in den ihres Mannes – und dieser gab schließlich nach. Ungern zwar, aber er gab nach.

Auch ihr gefiel es nicht, wie sich die Dinge entwickelten. Matthäus Schwarz hatte kurzfristig die Geschäfte für die Fuggersiedlung übernommen. Und da Jakob Fugger in der Familiengruft in St. Anna begraben worden war, hatte er die Bewohner verpflichtet, ihr tägliches Gebet dort zu verrichten. Obwohl sie fast eine Stunde für den Hin- und Rückweg brauchten, hätte sie das nicht gestört. Das Unbehagen an diesen Bittgängen hatte einen anderen Grund.

Eva schlang sich ein schwarzes Tuch um den Kopf und steckte ein paar lose Haarsträhnen darunter. Joss setzte seinen Zimmermannshut auf, Els und Barthlen kamen hinter ihnen drein, als sie vor die Tür traten. Der Wanderstock, den Joss sich ausbedungen hatte, machte klopfende Geräusche auf der Schwelle.

Auf der Gasse wartete bereits Pater Finn, der aus der Demütigung seines öffentlichen Gebets am Weinmarkt einen Sieg gemacht hatte, schließlich hatte St. Jakob für die Fuggersiedlung an Bedeutung verloren. Nicht mehr in der kleinen Kirche wurden die abendlichen Bittgebete abgehalten, sondern in St. Anna in der Oberstadt. Schon bald nach Jakob Fuggers Beisetzung hatte er den Zug hinauf zu der Karmeliterkirche organisiert und begleitet und sich damit unentbehrlich gemacht. Er zeigte sich als unermüdlicher Geschäftsmann in Sachen Glauben.

Das war ihm umso wichtiger, als der ehemalige Prior der Annakirche, Johannes Frosch, knapp zwei Jahre zuvor von seinem Amt zurückgetreten war und vor nicht allzu langer Zeit geheiratet hatte. Es war ein Skandal gewesen, und die bigotten Bewohner der Siedlung, allen voran Pater Finn, hatten sich das Maul darüber zerrissen, aber Jakob Fugger hatte sich offenbar davon nicht abschrecken lassen und sein Grabmal in dieser lästerlichen Klostergesellschaft behalten.

Eva und Joss hatten den Geistlichen Frosch für seine Tat bewundert, während sie dem Pater von St. Jakob vorwarfen, durch seine Begleitung den Zug nach St. Anna erst zu dem gemacht zu haben, was er war: zu einem Zeugnis der Demütigung der Bewohner der Fuggersiedlung.

Auf der Straße versammelten sich die Bewohner. Die Frauen hatten sich dunkle Tücher umgelegt, die Männer trugen Hüte und Kappen. Niemand sprach ein Wort. Weiße Atemfahnen hüllten die Menschen ein. Alle zitterten in der Februarkälte.

Auf Pater Finns Zeichen hin stellten sie sich in Zweierreihe auf und verließen nach und nach die Fuggerei. Eva fand den Namen passend, weil er sie an die Handelsniederlassungen der Fugger, die Faktoreien, erinnerte. Das traf es genau. Eine Faktorei des Glaubens.

Sie reihte sich mit Joss und den Kindern in den schweigenden Zug ein. Erst seit es diesen gab, hatte Eva so recht begriffen, wie groß die Siedlung war. Sie hatte schon versucht, die Menge zu zählen, die hier allabendlich losmarschierte und ihren Weg hinauf zu St. Anna suchte. Hunderte kamen zusammen, ein geducktes, frierendes, stummes Volk.

Kaum hatten sie sich auf den Weg gemacht, stimmte Pater Finn die Gebete an, und die Gemeinde fiel ein. Nach der ersten Woche versammelten sich an den Straßenrändern die Bewohner Augsburgs, um das Spektakel zu bestaunen. Zuerst begriffen sie gar nicht, was vor sich ging, hielten es für eine der vielen religiösen Besonderheiten, die diese Zeit hervorbrachte, wie die Prozessionen der Flagellanten oder Geißler. Der Zug kam aus dem Tor am Kappenzipfel, passierte das Sträffingertor, querte den Platz vor dem Rathaus, bog zum Rinder- und Heumarkt ab und dann in die Annastraße ein. Dort liefen die Menschen nach Süden weiter, bis sie die Klosterkirche St. Anna erreichten.

Mit jedem Tag versammelten sich mehr Augsburger Bürger an den Straßenrändern, um sich den Zug nicht entgehen zu lassen. Spöttisch grinsende Gaffer, die sich an der Zeremonie ergötzten. Hatten die Menschen in der ersten Woche noch gestaunt und vor Verblüffung und Bestürzung die Hand vor den Mund geschlagen, begannen ab der zweiten Woche die Ersten zu klatschen, wenn die Fuggereibewohner vorüberzogen und laut beteten.

Es hatte ein wenig gedauert, bis Eva begriffen hatte, warum die Menschen das taten. Sie nahmen keinen Anteil an den Armen, die an ihnen vorüberliefen. Diese waren austauschbar. Sie spendeten dem Verstorbenen Beifall, nicht den Vorbeiziehenden für ihre Anteilnahme. Sie ehrten den Gedanken Jakob Fuggers, die Menschen selbst nach seinem Tod noch zu berühren und für sich in Bewegung zu setzen.

Joss, der diesen Zusammenhang schneller begriffen hatte als sie, hasste es, sich am Abend vor das Grab des Stifters begeben zu müssen und dort zu beten.

»Ich bete gern für ihn, aber nicht, wenn mir die halbe Stadt dabei zusieht, wie ich seinem Willen gehorche und in St. Anna vor sein Grab hintrete«, murrte er – und Eva konnte ihn von Tag zu Tag besser verstehen.

Anfangs hatte auch sie gedacht, die Bewohner der Fuggerei würden wenigstens allein in der Kirche sein. Aber die Augsburger versammelten sich auf der Empore, um ihnen zuzusehen. Sie tuschelten. Und wenn dann die drei Gebete gesprochen waren, wenn sie verstummten, dann klatschten die Zuschauer, als wäre es ein Spektakel gewesen, die Vorführung einer Wandertruppe. Und der Widerhall in der Kirche schmerzte doppelt.

»Was hat das mit christlicher Anteilnahme zu tun?«, wagte Joss, öffentlich zu fragen.

»Halt's Maul, Zimmerer«, gab ihm Pater Finn zur Antwort. »Dich von Moral faseln zu hören macht mich wütend.«

Auf dem Nachhauseweg stimmte der Pater erneut die drei Gebete als Litanei an, und die Gemeinde fiel ein. Etwas anderes blieb den Leuten auch nicht übrig, denn jede Zuwiderhandlung wurde an Matthäus Schwarz gemeldet, und der ließ bei den Betroffenen über Boten anfragen, ob ihnen nicht mehr am Wohnrecht in der Fuggersiedlung gelegen sei. Dann könnten sie ihre Wohnung gern zur Verfügung stellen.

»Hier wird einem falschen Götzen gehuldigt, statt das eigene Seelenheil in den Blick zu nehmen. Und was dürfen wir für uns tun?«, fragte Joss bitter, aber leise. »Ist es nicht so, dass Verstorbene im Fegefeuer ihr Verhältnis zu Gott nicht mehr ändern können? Warum also beten wir für diesen Kaufmann?«

Zuerst hatte Eva versucht, ihm diesen Wirrsinn aus dem Kopf zu holen. Schließlich schaufelte sich Joss mit solchen Äußerungen sein eigenes Grab. Wenn sie Schwarz oder Krebs oder sonst wem, wie beispielsweise den neuen Herren der Fuggersiedlung, Raymund und Anton Fugger, zu Ohren kämen, dann hätte es das Ende seiner Arbeit als Holzvater bedeutet.

Auf die Fuggerin konnte sie nicht mehr bauen. Es wurde gemunkelt, die Auseinandersetzung zwischen Sibylla und Raymund hätte dazu geführt, die Witwe aus dem Haus zu treiben. Außerdem sei sie dem Konrad Rehlinger in die Arme gelaufen und liebäugle mit dem lutherischen Glauben, wolle ihn sogar ehelichen, unanständig kurz nach dem Tod ihres Gatten. Eva wusste das alles. Sibylla hatte es ihr ja im Holzhaus anvertraut.

Aber natürlich hatte Joss nicht unrecht. Eva empfand bald genauso. Warum mussten gerade sie sich für Jakob Fugger aufopfern? Hätte er sich nicht für das Geld, das er im Laufe seines Lebens gehortet hatte, von jeglichem Fegefeuer freikaufen können? Warum musste er die Lebenden in die Pflicht nehmen?

»Woher hast du diese Gedanken?«, fragte sie ihn, als sie gemeinsam in ihrem Bett lagen und nach einer der abendlichen Wanderungen in die Oberstadt nicht einschlafen konnten, weil das Stöhnen der Leidenden in den Krankenzimmern rundum überhandnahm, seit die Behandlungen wieder aufgenommen worden waren. Dabei wirkte die Behandlung mit jedem Tag weniger. Nur Doktor Occo glaubte unerschütterlich daran, das Richtige zu tun, obwohl er sich immer seltener sehen ließ.

»Morgen nehme ich dich mit«, sagte Joss leise. »Ich höre mir die Predigten der neuen Lehre von Martinus Luther an. Es sind Gedanken für dich und mich, nicht für das Pfaffengesindel.«

So etwas hatte sie schon geahnt. Seine Hinweise, er gehe in die Schänke, aus der er dann ohne Bierfahne zurückkam, wusste sie zu deuten. Dass er sich keine andere Frau suchen musste, dafür sorgte sie schon.

»Joss, überspann den Bogen nicht«, warnte Eva und rückte ein wenig näher an ihn heran. Ihre freie Hand suchte nach seinem Körper. Ihre Hand legte sich auf seine Brust und spielte dort mit den Haaren.

»Werde ich schon nicht. Es dürfte nicht verboten sein, sich diese neuen Prediger anzuhören.«

Er knabberte an ihrem Ohr, und sie spürte, wie sein Atem sich beschleunigte.

»Wann?«, hauchte sie ihm ins Ohr, noch ganz von der Tatsache betäubt, dass an diesem Tag mehr Bewohner der Oberstadt an ihrem Weg gestanden hatten als je zuvor.

»Morgen Abend, gegen zehn«, flüsterte er zurück und biss ihr ins Ohrläppchen, was sie zu einem kleinen spitzen Schrei veranlasste.

»Lass das, die Kinder!«, mahnte sie in gespieltem Ernst.

Er streichelte ihre Brust. Seine großen Hände konnten unendlich zärtlich sein. Sanft zog er sie an sich und murmelte: »Dann musst du eben leise schreien.«

39. Kapitel

AUGSBURG, FREITAG, FEBRUAR 1526

Die Fuggerei bot nicht alles. Es gab keine Geschäfte, keinen Markt, kein Wasser innerhalb der Mauern. Nur Wohnungen, was zwar ausreichte, aber das alltägliche Leben nicht erleichterte.

Eva schob sich den Henkel ihres Korbs über den Arm und meldete sich bei Joss ab. »Ich muss zum Gänsemarkt, zum Brotmarkt und etwas Fett für die Salbe einkaufen«, rief sie in die Werkstatt. »Außerdem ist Wochenmarkt.«

Sie hätte auch Aennlin schicken können, aber ihr war nach Abwechslung an diesem Freitag, nach ein paar Gesprächen mit den Bauersfrauen und ein wenig Klatsch und Tratsch auf dem Weg. Ärger hatte sie am Vortag genug gehabt. Und die Tatsache, dass Aennlin auf ihre Mutter getroffen war, musste sie erst noch verarbeiten. Was zwischen den beiden geschehen war, wollte sie noch behutsam herausfinden. Aber dafür brauchte sie Zeit und Nerven.

Der Morgen war gerade angebrochen und schickte sein dämmriges Winterlicht schräg in die Gassen. Die Finstere Gasse machte ihrem Namen wieder einmal alle Ehre. Sie war noch dunkel und nass, und der Schnee knirschte unter Evas Schuhen.

Auf dem Weg zum Saumarkt pochte in ihr die Wut über Doktor Occo. Seit Jakob Fugger tot war, plusterte er sich als Leiter des Holzhauses auf wie ein Gockel. Wenigstens der Alte hatte ihn immer noch zügeln können, wenn er über die Wirksamkeit des Guajakholzes schwadronierte. Natürlich war es dem Fugger wichtig gewesen, es als Medizin einzuführen. Aber er behielt immer die Tatsachen im Auge, und auch Fugger war nicht entgangen, dass die Kranken nach ihrer angeblichen Heilung oftmals wieder zurückkamen. Er hatte den Begriff Linderung eingeführt und die Heilung dadurch ersetzt. Aber Doktor Occo war unbelehrbar.

In der letzten Woche war jedoch eine regelrechte Epidemie ausgebrochen: Sieben im November als gesund Entlassene hatten sich wieder gemeldet oder waren von ihren Angehörigen vor das Holzhaus gelegt worden, damit sie bei dem Beginn der Kur in ein paar Tagen einen Platz erhielten. Von weiteren dreien hatte sie die Nachricht erreicht, sie wären zu Hause an der Franzosenkrankheit gestorben.

Eva hatte den Doktor daraufhin persönlich in der nördlichen Stadt im Pfaffenwinkel aufgesucht und zu einer Visite gebeten und dies dadurch unterstrichen, dass sie auch den derzeitigen Verwalter Matthäus Schwarz mit einbezogen und sogar den Baumeister Krebs hinzugeladen hatte.

Adolph Occo war nicht nur wütend geworden, er hatte getobt, hatte sie eine dumme Gans und ein Teufelsweibsstück geheißen.

Er hatte die Kranken, die erneut und auch noch vierzehn Tage zu früh in die Rauchstuben gelegt worden waren, noch nicht einmal angesehen, sondern einfach behauptet, sie hätten keine Franzosenkrankheit, sondern Pocken oder Krätze, und sie wieder entlassen. Das Guajakholz heile. Das wäre sicher.

Keine Stunde nach diesem Auftritt lagen die Sterbenden wieder auf der Straße, und Matthäus Schwarz ordnete an, sie mit dem Karren zu den außerhalb der Stadtmauern liegenden Siechenhäusern von St. Sebastian, St. Servatius und St. Wolfgang zu bringen. Krebs hatte kein Wort dazu gesagt, aber Eva hatte ihm die Erschütterung angesehen.

Diese Niederlage galt es zu verdauen – und der Marktgang sollte ihr dabei helfen. Bewegung tat gut und befreite den Kopf. Eva schritt zügig aus, ließ den Saumarkt hinter sich und stieg zum Metzgerzunfthaus hinauf, um dort den Talg für die Salbe zu besorgen. Der Boden war glatt, und sie rutschte mehr, als dass sie lief. Immer wieder kämpfte sie auf den vereisten Gassen um ihr Gleichgewicht und hoffte, nicht zu fallen. Als sie vor dem Haus stand, schlug ihr der Geruch nach rohem Fleisch, Blut und Gesottenem entgegen, obwohl die Kälte ihn stark milderte. Zwar war sie als Holzmutter einiges an Gerüchen gewöhnt, doch dieser Gestank war auch ihr zu viel. Sie holte noch einmal tief Luft und marschierte dann stracks auf den Verkaufstisch von Marthel Oberer zu, der sie mit einem Handheben grüßte.

»Marthel, wir brauchen wieder zwei mittlere Töpfe Talg. Könntet Ihr sie zu Joss bringen lassen? Aennlin weiß Bescheid. Ich zahle gleich.«

Oberer war einer der wenigen, die ihr etwas verkauften. Sie erinnerte sich noch an das erste Mal, als sie hier am Zunfthaus der Metzger etwas bestellen wollte. Zwei der Metzgermeister hatten so getan, als wäre sie Luft. Sie reagierten nicht auf ihre Anrede, ihre Bitte. Nur Marthel Oberer ließ sich dazu herab, die Bestellung anzunehmen, gab sie ihr aber nicht selbst mit, sondern versprach, sie ins Holzhaus bringen zu lassen. Seither waren sie im Geschäft.

Sie zählte ihm das Geld auf den Tisch. Er ließ die Münzen auf dem Stein klingen, biss in die Silbermünze hinein und nickte dann. »Sie sind unten, bis Ihr vom Einkauf zurück seid«, versprach er und rief sogleich seinen Lehrburschen, der sich hinten im Haus zu schaffen machte.

Eva dankte ihm, lächelte verschämt, weil er sie die ganze Zeit nicht anschaute, als müsse er sich vor ihrem Blick vorsehen, und ging weiter. Der Wochenmarkt war bereits aufgebaut. Sie brauchte diesmal nichts, aber sie unterhielt sich gern mit den Bauersfrauen, die mehr über das Leben wussten als so mancher Kaufmann und Ratsherr. Und wenn eine der Bäuerinnen zufällig eine Gans anbot, konnte sie ja auch handeln und diese kaufen. Bis zum Glockenschlag neun Uhr hatten Hausfrauen ein Vorkaufsrecht. Danach kamen die Gastwirte. Bis dahin musste man das Geflügel erstanden haben, ansonsten war der Markt leer gefegt.

Eva ließ den Blick über das geschäftige Treiben schweifen und sah mit Schaudern, dass manche der Bauersfrauen auf dem blanken Boden saßen oder sich nur ein kleines Strohbündel untergeschoben hatten. Im Weitergehen lauschte sie auf das Geschnatter von Gänsen, als sie vor sich einen humpelnden Mann entdeckte, der sich durch die Menschenmenge drängte. Seine Krücke kam ihr bekannt vor, der Hut ebenfalls. Marx Köllin.

Verwundert fragte sie sich, was der ehemalige Scharwächter auf dem Wochenmarkt zu suchen hatte. Schließlich war das Einkaufen vor allem Frauensache. Die wenigsten Männer konnten handeln. Wenn sie selbst Joss einmal auf den Markt schickte, zahlte er häufig ein Mehrfaches der von ihr sonst ausgehandelten Preise.

Außerdem lief der Mann merkwürdig. Der Schnee, die glatte Pflasterung des Platzes, die Krücke machten ihm natürlich zu schaffen, aber offenbar trug er etwas unter seinem Mantel, was ihn zusätzlich behinderte. Außerdem sah er sich ständig um, als ob er sichergehen wollte, dass er nicht verfolgt würde.

Irgendetwas an seinem Verhalten kam ihr seltsam vor. Sie lief parallel zu ihm in seine Richtung. Er strebte einem bunten Karren zu, der am Rand des Marktes stand. An der Bemalung erkannte sie, dass er zu einem Zahnbrecher und Theriakhändler gehörte, der hier seinen Geschäften nachging. In großen Lettern stand sein Name darauf geschrieben: *Doktor Lubricus*.

Sie konnte Marx verstehen. Man erzählte sich, dass er Schwierigkeiten mit seinem Stumpf hatte. Die Wunde war zwar verheilt, aber immer leicht gereizt. Es hieß, Theriak könne helfen, wovon sie selbst nicht überzeugt war. Dass er sich hier bei dem fahrenden Händler nicht erwischen lassen wollte, wo er doch als Fuggereibewohner von Doktor Occo behandelt werden konnte, war verständlich. Sie wollte sich schon abwenden, als er mit Schwung ein kleines Bündel aus seinem Umhang holte und damit gegen die hölzerne Wand des Karrens schlug.

Eva erstarrte. Sie erkannte das Bündel. Es war Guajakholz. Sie war sich sicher.

Aus dem Karren tauchte ein Schädel auf, der oben völlig kahl war. Von den Ohren abwärts bis zum Hals lag ein Ring aus roten Zotteln, sodass es aussah, als strecke der Mann den Kopf aus einem Meer aus Haaren. So, wie er schaute, hatte er schon eine kräftige Erwiderung auf den Lippen, als er Marx entdeckte.

Er nickte ihm zu und kroch ganz aus dem Karren, weil der Einbeinige nicht zu ihm hochklettern konnte. Der Theriakhändler nahm die drei kurzen Stangen auf, roch daran, rieb mit seinem Finger über das Holz und nickte. Dann kramte er in seinem Geldsack und zählte Marx einige Münzen in die Hand. Der schüttelte den Kopf und griff wieder nach dem Holz. Der Quacksalber legte zwei Münzen obendrauf. Wieder verneinte Marx. Diesmal erwischte er das Holzbündel und riss es dem Mann aus der Hand.

Der Rothaarige beschwerte sich, gestikulierte wild, griff noch einmal in seinen Ledersack und legte erneut nach. Jetzt schien Marx zufrieden zu sein. Er nickte, überließ ihm das Holz und steckte die Münzen ein.

Dann entspann sich ein weiteres Gespräch, in dem der Theriakhändler mehrmals den Kopf schüttelte. Offenbar wollte Marx etwas von ihm, was er nicht herausrücken wollte. Marx kramte in seinem Beutel und hielt dem Mann eine Münze hin, deren Wert Eva nicht erkennen konnte. Es musste aber eine durchaus bedeutende Summe sein, denn der Quacksalber wehrte sich nicht mehr. Er zögerte zwar noch, aber dann nickte er und griff sich die Münze, die Marx ihm jedoch blitzschnell entzog.

Doktor Lubricus nickte mürrisch, verschwand in seinem Karren und erschien kurz darauf wieder mit einem Beutel, den er Marx aushändigte. Der schnürte ihn auf und roch daran. Angewidert verzog er das Gesicht und steckte ihn in sein Wams. Auch die Münze wechselte ihren Besitzer, und dann kam Marx durch den Wochenmarkt direkt auf Eva zugehumpelt.

Sie drehte sich um und suchte nach einer Gesprächspartnerin, um nicht den Anschein zu erwecken, sie hätte ihn beobachtet. Die Gans, die laut zu ihren Füßen schnatterte, weil sie auf irgendeine Weise wusste, dass es mit ihrem Leben zu Ende gehen würde, kam ihr gerade recht.

»Was soll sie kosten?«, fragte Eva die Bäuerin, zu der der Vogel gehörte. »Ist wohl von Martini übrig geblieben und hat als Weihnachtsgans auch nicht getaugt.«

Die Frau, deren rosa Wangen wie gemalt wirkten, blickte zu ihr hoch.

»Für Städter genügt sie allemal. Die können gemästete Gänse ja nicht mal von Hühnern unterscheiden, geschweige denn von Enten.«

Während sie sich zu der Gans hinunterbückte, linste Eva zur Seite und beobachtete, wie sich Marx Köllin dem Fischmarkt zuwandte. Wer unter der Hand Guajakholz verkaufte, konnte sich einen Freitagsfisch oder bei den Metzgern ein Stück Fleisch oder sogar ein ganzes Huhn leisten. Er humpelte beinahe in Reichweite an ihr vorüber und pfiff ein Liedchen. Anscheinend war er mit seinem Verkauf zufrieden.

»Wollt Ihr nun die Gans oder nur die Daunen?«, fragte die Bäuerin nach.

»Die Gans. Und wenn Ihr sie mir rupft, dann dürft Ihr die Daunenfedern behalten.«

Sie warf der Frau eine Münze zu, die diese auffing und prüfte. Dann nickte sie.

»Ich komme gleich wieder«, sagte Eva. »Ich habe noch etwas beim Theriakhändler zu tun.«

Die Bäuerin sah kurz auf und lachte sie an. »Statt das teure Zeug zu kaufen, solltet Ihr eine Knolle Sellerie mitnehmen. Die erfüllt denselben Zweck. Gebt sie Eurem Mann zu essen – und sie wird auch Euch guttun. Wollt Ihr wissen, wie man sie zubereitet?«

Die beiden Frauen lachten einander an. Sie hatten ihren Spaß mit diesen Sticheleien und Anspielungen.

Eva wandte sich um, den Korb in der Armbeuge, und schlängelte sich durch die Menschen hindurch bis vor den Karren des Quacksalbers. Der Wagen schaukelte, und von drinnen war ein Klopfen und Schaben zu hören. Wahrscheinlich bereitete der Mann irgendeine Arznei zu.

Bevor sie energisch gegen den Karrenaufbau klopfte, sah sie sich nach Marx um. Doch der war nicht mehr zu sehen.

Die Geräusche im Inneren verstummten – und der Kopf mit dem auffälligen roten Haarkranz tauchte aus einem durch einen Vorhang abgetrennten Teil des Wagens hinter dem Kutschbock auf. Sie konnte einen kurzen Blick ins Innere erhaschen. An der Zeltwand baumelten Dutzende Tonfläschchen in unterschiedlichen Farben.

»Euer Begehr?«, flötete der Mann.

Aus der Nähe konnte sie erkennen, dass ihm vier Vorderzähne fehlten. Er musterte sie von oben bis unten, als müsse er einschätzen, wie viel er ihr an Geld abnehmen konnte.

Eva senkte den Blick, als wäre sie verunsichert, dann flüsterte sie: »Habt Ihr ein Mittel gegen …« Sie stockte und sah dem Mann direkt in die Augen. Sie konnte erkennen, dass sie seine Aufmerksamkeit geweckt hatte. »… ach, vergesst es«, beendete sie den Satz und drehte sich weg.

»Liebe Frau!«, setzte der Quacksalber nach. »Ihr habt Euren Wunsch noch gar nicht ausgesprochen. Wie soll ich wissen, ob ich das habe, was Ihr begehrt?«

Eva unterdrückte ein zufriedenes Lächeln. Sie hatte seinen Geschäftssinn anstacheln wollen, und es war gelungen.

»Was braucht Ihr? Einen Liebestrank? Einen Trank, der Euch den Mann fernhält? Das wohl eher, denn ich kann mir nicht vorstellen, dass ein Mann bei Eurem Anblick nicht in Versuchung gerät. Doktor Lubricus hat für alle Angelegenheiten alles. Das kann ich Euch versichern.«

Er hob kurz die Vorhangplane, die den Kutschbock vom Inneren abtrennte, und Eva konnte das Sammelsurium an kleinen Fläschchen aus Ton genauer betrachten. Sie steckten alle in Lederbeuteln mit unterschiedlichen Farben, wie Rot, Grün und Schwarz.

Sie hob die Hand an den Mund, als wäre sie überrascht und verlegen. Gespielt schüchtern wandte sie den Kopf ab. Natürlich war das, was er ihr anbot, das übliche Sortiment für Frauen: Tränke, welche die Leidenschaft des Mannes anfachten oder aber ihn schwächten, damit sein Eheweib endlich einmal Ruhe vor ihm hatte.

»Habt Ihr etwas gegen ...« Sie zog den Ärmel ihres Hemdes leicht hoch. Ihr Unterarm war übersät von roten Pusteln. Zwei Tage zuvor hatte sie die Brombeersträucher hinter ihrem Haus ausgerissen, damit Barthlen und Els eine kleine Rutsche aus Schnee bauen konnten. Dabei hatte sie sich verletzt. Für den Unbedarften konnte es aussehen, als hätte sie »... die Franzosenkrankheit«, flüsterte sie.

Der Theriakhändler sah kurz auf die Pusteln, dann wurde sein Ton sachlich und geschäftsmäßig. »Habe ich. Wirksamste Medizin. Wirksamer als Salbe und Tee.« Er sah sich vorsichtig um. »Aber nicht hier und nicht jetzt. Wenn Ihr vor zwölf wiederkommt, kurz bevor der Markt hier oben schließt ...«

Der Quacksalber zögerte. Er stand kurz davor, ihr anzuvertrauen, wo er sein Holz verkaufte.

Eva nickte. »Kurz bevor die Glocke das Marktende einläutet.

Das ist zwar spät, und ich weiß nicht sicher, ob ich das noch schaffe. Aber – einverstanden. Wie viel?«

Der Kopf des Quacksalbers hatte sich schon zurückgezogen. Doch sofort steckte er ihn wieder durch den Vorhang.

»Die Salbe drei Schillinge, der Teesud vier Schillinge Silber.«

Eva schnaubte. Die Preise waren saftig. Joss gab die Salbe für einen Bruchteil des Geldes her.

»Es mag etwas teuer erscheinen«, versuchte Lubricus, sie zu beschwichtigen. »Aber die Medizin und der Tee sind aus südamerikanischem Guajakholz. *Echtem* Guajakholz.«

Eva legte den Kopf schief und legte die Stirn in Falten, dann schüttelte sie energisch den Kopf. »Jetzt schwindelt Ihr aber. Wie wollt Ihr an Guajakholz kommen?«

Doktor Lubricus kletterte jetzt ganz aus dem Wagen und stellte sich in Positur. Theatralisch schlug er mit der Faust gegen die Brust. »Glaubt Ihr mir etwa nicht? Mir, dem berühmtesten Doktor hier im Süden des Heiligen Römischen Reiches?«

Jetzt hatte sie ihn dort, wo sie wollte.

»Warum sollte ich Euch Glauben schenken, da Ihr den Menschen sonst das Blaue vom Himmel zu versprechen pflegt? Auch Ihr seid nur ein Scharlatan!«

Er schlug die Hände über dem Kopf zusammen. »Wie kann ich Euch beweisen, dass ich die Wahrheit sage? Doktor Lubricus arbeitet ohne Netz und doppelten Boden und verabscheut Unwahrheiten.«

Natürlich, dachte Eva. *Und ich bin eine Tochter des Papstes*. Laut sagte sie: »Zeigt mir das Holz. Das wäre Ehrlichkeit genug für mich.«

Lubricus stutzte, dann sah er sich vorsichtig um, kroch ins Innere seines Wagens und holte eine der Holzstangen daraus hervor, die er unter einem Tuch verbarg, und reichte sie ihr. »Hier. Damit Ihr zufrieden seid.«

Eva nahm sie und hob den Stoff an. Tatsächlich ähnelte das Holz sowohl von der Länge als auch vom Aussehen her den Stangen, die

Fugger aus Südamerika einführte. »Sieht mir aus wie ein gewöhnliches Stück Holz«, sagte sie.

Der Quacksalber beugte sich zu ihr vor. »Ihr müsst daran riechen. Macht mit Eurem Fingernagel eine kleine Kerbe und schnuppert daran. Und?«

Ständig sah er sich um und beäugte die Umgebung, ob sie jemand beobachtete. Offensichtlich wusste er um die Unrechtmäßigkeit seines Vorgehens und den Diebeswert seiner Ware.

Sie tat, wie ihr geheißen. Und wirklich nahm sie den herbsüßen Duft des Guajakholzes wahr.

»Ich rieche nichts«, behauptete sie.

Wieder schlug der Doktor die Hände über dem Kopf zusammen. »Habt Ihr Euer Riechvermögen verloren? Seid Ihr krank? Glaubt mir, das Holz duftet und wirkt. Es kommt direkt aus dem Land hinter dem Meer. Ich kann mich dafür verbürgen.«

Wie der Kerl sich ins Zeug legte, um ein Geschäft zu machen! Es war geradezu lächerlich. Aber sie hatte genug gesehen.

Eva nickte. »Eine Dose Salbe und Tee für einen Gulden.«

Die Miene des Quacksalbers hellte sich auf. »Bis kurz vor der Marktglocke. Ihr findet mich an dieser Stelle.« Er zeigte auf den Platz, auf dem er stand, und deutete eine Verbeugung an. »Aber ich verkaufe meine Mittel nicht hier, sondern unten beim Kuhloch am Lueginsland. Dort steht dann mein Wagen, weil meine Schwester … Halt. Für wen darf ich die Arznei reservieren?«

Doch Eva hatte sich bereits umgedreht und war davongegangen. Ihren Namen brauchte der Kerl nicht zu wissen. Er würde noch früh genug erfahren, mit wem er es zu tun hatte.

Viele Gedanken schwirrten ihr durch den Kopf. Sie hatten weniger mit dem Guajakholz zu tun als mit ihr selbst, Joss und Els. Während sie sich durch die Menge der Menschen schlängelte, die den Markt bevölkerten, konnte sie feststellen, dass die Ablehnung, die sie noch vorletztes und letztes Jahr erfahren hatten, geschwunden war. Die meisten Menschen vergaßen schnell.

Sie atmete kurz durch und streckte sich. Nichts, was sie getan hatte, musste sie bereuen. Sie versuchte, die Marktbesucher anzuschauen – und blickte bei den allermeisten in gleichgültige oder lächelnde Gesichter. Nur bei wenigen verdüsterten sich die Mienen, und sie sahen weg oder hoben die Augenbrauen, was so viel bedeuten konnte wie: Was tut diese Person auf dem Markt?

Doch sie ließ sich nicht beirren. Sie wandte sich zum Brotmarkt. Sie hoffte darauf, den Bäcker Wolf zu treffen. Von ihm sollte sie Brot bekommen, auch wenn die anderen sie ablehnten. Vielleicht würde sie ja auch den Liebsten ihrer Tochter kennenlernen und mit ihm ein Wort unter Erwachsenen wechseln können. Danach würde sie den Judenberg hinuntergehen und mit Aaron reden. Wenn Marx das Holz dem Quacksalber anbot, war es möglich, dass er es auch an andere verkaufte, beispielsweise an den Juden.

Sie ging an einem der Stände für Bänder und Schals vorbei, als sie auf Sibylla Fugger stieß. Diese hatte sich einen Schal aus schimmernder meerblauer Seide umgelegt und drehte sich eben um.

»Er steht Euch«, sagte Eva.

»Eva!«, sagte Sibylla erfreut. Dennoch schaute sie betreten um sich. Offenbar war es auch der Fuggerin nicht recht, mit ihr gesehen zu werden. »Was führt Euch auf den Markt?«, fragte sie. »Wollt Ihr einen Schal kaufen?«

»Wollen? Natürlich. Aber der Preis ist … wie soll ich sagen … weit außerhalb dessen, was ich mir leisten kann. Joss wird das Geld in einem Jahr nicht verdienen – und wir müssen ja noch den einen Gulden für den Mietzins zurücklegen.«

Sibylla winkte ab, drehte sich um und sagte ein paar Worte zu dem Händler, der ihr zunickte. Den Schal in der Hand ging sie auf Eva zu und legte ihn ihr um. »Er hat genau die Farbe Eurer Augen. Er gehört Euch, wenn Ihr ihn annehmt.«

»Aber … das kann ich … das darf ich … doch nicht«, stotterte Eva. Sie nahm den Stoff zwischen Daumen und Zeigefinger – es war die weichste Faser, die sie je berührt hatte.

»Verschwinde, Weib!«, zischte es plötzlich neben ihr.

Eva fuhr herum und blickte in die verzerrte Fratze einer älteren

Frau. Sibylla wich erschrocken zurück. Evas Hand krallte sich in den Schal.

Zwei Dominikaner bauten sich vor ihnen auf. Den Körben nach zu schließen, die sie über dem Arm trugen, waren sie ebenfalls zum Einkaufen auf dem Markt unterwegs. Sie starrten Eva mit finsteren Mienen an und wiesen mit den Fingern zur Unterstadt hin. Wenn es nicht so ernst gewesen wäre, hätte sie laut aufgelacht. Wie Zwillinge standen die Priester da und zeigten in dieselbe Richtung.

»Was willst du hier?«, keifte ein Jugendlicher. »Bist du nicht das Weib, das den Henker berührt hat?«

Hilfesuchend blickte Eva sich um, doch die Fuggerin war verschwunden.

Was als Beleidigung begonnen hatte, weitete sich mehr und mehr zu einem kleinen Aufstand aus. Ein Eselführer, der schon begonnen hatte, sein Tier zu beladen, drohte ihr mit der Haselnussgerte.

Eva wich zurück und wurde von der immer größer werdenden Menschenmenge in Richtung Perlach getrieben.

Was war nur geschehen? Niemand hatte zuvor Anstoß an ihrer Anwesenheit genommen. Sie war gar nicht aufgefallen. Außerdem war es ihr gutes Recht, am Freitag auf dem Wochenmarkt einzukaufen.

Dann spürte sie die ersten Knuffe in die Seite, musste den Arm heben, um einen Gertenschlag abzuwehren – und eine Ohrfeige traf sie unvermittelt von hinten. Sie war umzingelt von Menschen, die sie hier nicht haben wollten. Eva duckte sich und versuchte, den Ring zu durchbrechen, was ihr auch gelang. Sie rannte in Richtung Fischmarkt, in der Hoffnung, daran vorbei den Berg hinab zum Sträffingertor zu gelangen. Vor Wut konnte sie nicht richtig atmen. Stoßweise presste sie die Luft in sich hinein und aus den Lungen heraus. Seit Monaten war es das erste Mal, dass sie wieder so angegangen worden war. Das konnte kein Zufall sein.

Und dann sah sie ihn. Marx. Er lehnte an einer Bude beim Fischmarkt und grinste zu ihr herüber. Eine Frau sprach ihn an. Er antwortete, ohne Eva dabei aus den Augen zu lassen. Schließlich zeigte er auf sie, und die Frau schloss sich der brüllenden und keifenden Meute an.

Fahrig blickte sie sich um und entdeckte die Fuggerin. Sie stand an der Treppe zur Handwerkerstadt, dort, wo man zum Richtplatz hinabsteigen konnte, und winkte. Für lange Überlegungen war es zu spät. Eva hob ihren Rock und rannte über den vereisten Platz auf Sibylla zu. Zwei stämmige Männer begleiteten die Fuggerin. Kaum hatte Eva die Treppe erreicht, ließen die Männer sie durch und stellten sich dem wütenden Pöbel in den Weg. Eva sprang an Sibyllas Hand die Treppen hinter St. Peter hinab. Sie rutschten mehr über die glatten Stufen, als dass sie liefen. Unten angekommen, war sie zu sehr außer Atem, als dass sie sich lange hätte bedanken können. Außerdem wütete oben die Menge. Sie musste weiter. »Habt Dank«, keuchte sie nur.

Sibylla Fugger drückte ihr die Hand. »Ich schaue bei Euch vorbei«, sagte sie. »Und jetzt eilt Euch. Und fallt nicht!«

Eva ließ sich das nicht zweimal sagen, schon deshalb, weil die ersten Eier über die Brüstung oben geflogen kamen und vor ihren Beinen aufschlugen.

»Schade um das schöne Essen«, sagte sie bedauernd, nickte der Fuggerin zu und lief, was ihre Beine hergaben. Gleichzeitig schwor sie sich, diese Schmach nicht auf sich beruhen zu lassen.

40. Kapitel

AUGSBURG, FREITAG, FEBRUAR 1526

Kein Brot?«

Joss sah hoch. Seine Augen waren von der Sudbereitung und den Dämpfen des Holzes gerötet. In seinem Bart hatten sich Holzspäne verfangen. Er sah sie fragend an, während er weiterarbeitete. Neben seinen Händen standen Salbentöpfe und Mörser für die grobe und die feine Bearbeitung des getrockneten Holzes. Er hustete, weil ihm der Staub bitter in die Nase stieg. »Warum schnaufst du so?«

Eva berichtete Joss ausführlich, was sie auf dem Markt gesehen hatte und was ihr dort widerfahren war. Sie erzählte ihm auch, dass Marx die Menschen gegen sie aufgestachelt hatte. Viele hatten die Sache mit dem Scharfrichter inzwischen vergessen, und so etwas wie Normalität war in ihrer Beziehung zu den Menschen eingekehrt. Leute wie Marx jedoch hielten die Erinnerung wach und hetzten gegen sie. Sie würde mit Marie reden müssen.

Bedächtig legte Joss seine Werkzeuge aus der Hand. Mit einem Ächzen stand er auf und ging auf Eva zu. Er nahm sie in den Arm und drückte ihren Kopf an seine Brust. Auf diese Geste hatte sie gehofft. Joss hielt sie, und vieles, was sich sonst in der Welt zutrug, fiel leichter. Aber dann sagte er etwas, das ihr nicht behagte.

»So etwas wird er nie wieder tun. Das verspreche ich dir.«

Eva drückte sich von ihm weg. Sosehr sie diese Nähe genoss, sie wollte nicht der Grund dafür sein, dass ihr Mann Dummheiten machte.

»Nicht, Joss. Denk an mich und die Kinder!«

Joss hielt sie an den Oberarmen und sah ihr in die Augen. »Die Marktbesucher gegen dich aufzuhetzen ist schlimm genug. Aber dich kein Brot kaufen zu lassen, darf man ihm nicht durchgehen lassen.«

Mit einer energischen Drehung befreite sie sich. »Ich hätte vielleicht auch so keines bekommen.«

»Unsinn. Sie haben uns zwar nicht verziehen, aber sie tragen es uns nicht mehr nach. Das Gedächtnis der Menschen ist kurz.«

Eva sagte nichts. Einerseits hatte Joss recht, andererseits war die Kirche noch immer ihr größter Feind. Der Beweis dafür waren die beiden Dominikaner. Sie waren unter den Ersten gewesen, die sie auf dem Markt verdammt hatten. Alle anderen waren dem Beispiel der Mönche nur gefolgt, davon war sie überzeugt.

»Außerdem gibt's da noch was, das geklärt werden …«, sagte Joss.

»Ich hole das Brot«, unterbrach ihn eine Stimme von der Tür her.

Els stand auf der Schwelle. Ihr Kopf war rot vor Verlegenheit. Sie sah ihre Mutter an, und in ihren Augen lag eine Bitte, die Eva ihr kaum abschlagen konnte.

Sie seufzte. »Gut, Kind. Hol Brot. Geh zum Bäcker Wolf. Und richte dem Gesellen aus, dass er nicht gerade das dunkelste heraussuchen soll.«

Joss sah zuerst Els an, dann Eva, dann wieder Els.

»Sag dem Bäcker, dass ich morgen komme und zahle. Rasch jetzt«, bedeutete sie ihrer Tochter und winkte sie aus dem Raum.

»Aber …«, wollte Joss einwenden, doch ein gezielter Tritt auf seine Zehen ließ ihn verstummen.

Els sah ihre Mutter freudestrahlend an, nickte und wollte sich schon zum Gehen wenden, als Eva sie zurückhielt.

»Pass auf dem Rückweg auf das Brot auf, Els. Renn nicht zu schnell. Du hast Zeit. Und jetzt ab mit dir.«

Nachdem das Mädchen aus der Werkstatt gestürmt war und das Haus verlassen hatte, nahm Joss seine Frau wieder an beiden Oberarmen und brachte sein Gesicht nahe an das ihre. Er zog die Brauen so hoch, dass sich seine Stirn in Falten legte. Aber sein Mund lächelte.

»Hab ich da etwas verpasst? Oder habt ihr beiden ein Geheimnis vor mir?«

»Deine Tochter wird erwachsen, Joss. Das sollte dir als Mann am ehesten auffallen.«

Er holte tief Luft und deutete nach draußen, dann wieder auf Eva. »Soll ich sie etwa in die Fänge dieses … wie heißt der Geselle noch mal? Ich werde ein Wort mit ihm reden müssen. Ein kräftiges! Und … und wenn er dann noch alle Zähne …«

»Joss!«, fuhr Eva entrüstet dazwischen und trat einen Schritt zurück. »Du wirst nichts dergleichen tun. Kümmere du dich um Marx. Ich kümmere mich um unsere Tochter.« Sie baute sich vor ihm auf und stemmte die Hände in die Hüften. »Solltest du Jonathan auch nur ein Haar krümmen, ohne dass ich es verlangt habe, dann kannst du die nächsten Jahre hier in der Werkstatt schlafen. Haben wir uns verstanden?«

Eva funkelte ihn an, und Joss nickte belustigt. »Irgendwie erinnert mich das …«

»… an uns beide? Ist es das? Ja, so hat es mit uns auch angefangen. Weißt du noch? Ich sollte Hobelspäne besorgen. Und du hast die schönsten Hobelspäne gemacht, die ich kannte, obwohl ich nicht mehr weiß, ob ich wirklich auf die Späne geachtet habe.«

Joss sah sie an, und sie erkannte, dass auch er diesen Erinnerungen nachhing. Sie ging einen Schritt auf ihn zu, und er nahm sie in die Arme und küsste sie. »Jung sein hat etwas. Findest du nicht?« Er schob sie wieder ein Stückchen von sich. »Ich habe mich damals gefragt, wozu du all diese Hobelspäne brauchtest. Es war mir ein Rätsel.«

Eva lachte. »Dann soll es so bleiben. Ich weiß, wozu sie nütze waren. Und sie haben ja ihren Zweck erfüllt. Auch wenn mein Vater mit dir sprechen wollte und gedroht hat, dem Kerl, der mich anrührt, alle Zähne … Aber Mutter, Gott hab sie selig, war entschieden dagegen.«

Joss runzelte die Stirn, dann lachte er. »Vor lauter Schwelgerei in der Vergangenheit sollten wir die Gegenwart nicht vernachlässigen. Woher hatte Marx das Guajakholz … und woher hast du diesen Schal?«

Eva lächelte ihn an. »Das mit dem Schal ist eine längere Geschichte … und ich werde dir meine Verehrer nicht verraten.«

Doch dann beugte sie sich vor und erzählte ihm im Flüsterton all das, was Els ihr anvertraut hatte: vom Liebesnest der beiden in der Hütte an der Stadtmauer, von Marx, der das Holz darin versteckt hatte, und davon, dass Els und ihr Liebster ihn beobachtet hatten.

»So weit sind sie also schon!«, fuhr Joss auf. »Und ich hab nichts bemerkt.«

Eva legte ihm eine Hand auf den Arm. »Alles ist gut. Wir haben eine verantwortungsvolle Tochter«, beruhigte sie ihn. »Außerdem bekommen Männer oft nichts mit.«

»Dass meine Tochter vernünftig ist, weiß ich. Aber ist es der junge Kerl auch? Also ich damals ...«

Eva kicherte. »Ich habe dir eins auf die Finger gegeben, und unzufrieden bist du auch nicht zurückgeblieben, oder?«

Joss wiegte den Kopf. »Also gut. Sprechen wir von Marx. Sollen wir nachsehen?«

»Wo, in der Hütte?«

»Natürlich. Wenn er dort das Holz gelagert hat, dann stammt es vermutlich aus dem Diebstahl.«

»Beweisen kannst du es ihm nicht.«

»Wenn er die Schnürstricke ausgetauscht hat, dann nicht. Aber das müsste ich überprüfen. Die Knoten, aber auch die Art der Stricke sind ganz eigen.«

»Also dann, prüfen wir es nach«, sagte Eva.

Plötzlich wurde die Tür aufgerissen, und Aennlin stand im Raum. Sie sah zuerst zu Joss, dann zu Eva. Ihr Gesicht war angstverzerrt, und sie zitterte am ganzen Leib.

»Schnell«, rief sie und rannte schon wieder davon.

Joss und Eva sahen sich bestürzt an.

»Was hat sie?«, fragte Eva.

»Finden wir es heraus«, entgegnete Joss und lief los.

Eva raffte die Röcke und eilte hinter den beiden her.

Aennlin stand vor dem Behandlungszimmer, als Joss und Eva die Treppe heraufkamen.

Ein Röcheln war zu hören, als bekäme jemand kaum noch Luft. Aennlin war in der offenen Tür stehen geblieben. Joss schob sie beiseite und trat, gefolgt von Eva, in den Raum.

Die ersten fünf Männer waren diese Woche eingetroffen und wurden mit den Dämpfen des Guajakholzes behandelt. Eva hatte sogar zwei wieder zurückgeholt, die Doktor Occo vor die Tür gesetzt hatte, weil bei ihnen die Krankheit wieder ausgebrochen war. Gleichzeitig machten sie eine Trinkkur. Jeder hatte noch einen Holzbecher mit Teesud neben sich auf einem kleinen Tischchen stehen. Zwei der Becher waren umgestoßen. Alle Kranken rangen nach Atem. Bei manchen hatten sich schon die Gesichter blau verfärbt. Sie starrten Joss an, als wollten sie ihm etwas sagen, aber sie brachten keinen Ton heraus, weil ihre Lungen versagten. Nur ihre Augen waren ungewöhnlich klar und voller Bewusstsein.

Joss band sich ein Sacktuch um den Mund, packte den Ersten und schleppte ihn aus dem Raum. Aennlin und Eva nahmen den Nächsten und legten ihn neben dem verrauchten Zimmer auf die Holzdielen. Joss öffnete das Fenster, ließ den Rauch abziehen.

»Was haben sie nur?«, jammerte Eva.

»Sie bekommen keine Luft«, sagte Aennlin. »Als würden sie ersticken. Aber es kann nicht am Rauch liegen. Den atmen sie doch immer ein.«

»Das Holz kann es auch nicht sein«, keuchte Joss, der den dritten Kranken aus dem Zimmer holte.

Er kniete sich neben den Mann, der ihn ansah, als wolle er reden. Er versuchte, Silben zu bilden, aber nur seine Augen rollten, der ganze Körper zitterte, aber er bewegte sich nicht mehr. Joss ließ ihn zu Boden gleiten und sprang wieder in den Raum hinein.

»Habt Ihr den Sud getrunken?«, fragte er den dritten Mann, den er heraustrug. Auch er war offenbar bei Bewusstsein. Sein Blick war völlig klar. Er sah Eva an, als blicke er über den eigenen Tod hinaus in ihre Seele.

»Es hilft nichts. Sie sterben«, murmelte Eva.

Joss zog die beiden letzten Männer aus dem Raum. Eva und Aennlin starrten auf die beiden ersten, die ganz vorn an der Tür lagen. Sie atmeten schon nicht mehr, und ihr Blick war gebrochen. Eva befühlte den beiden Erstarrten den Hals, doch sie spürte keinen Puls mehr. Sie waren tot.

»Was ist nur geschehen?« Eva war fassungslos. Abrupt drehte sie sich zu Aennlin um und fixierte sie mit zusammengezogenen Brauen. »War jemand im Haus?«, fragte sie barsch.

Zuerst zögerlich, dann energisch schüttelte Aennlin den Kopf. »Nein, niemand!« Ihre Brust wogte auf und ab, als solle die Oberweite bestätigen, was sie sagte.

Auch Joss, der den beiden anderen Männern den Puls fühlte, konnte nur noch deren Tod feststellen. »Verdammt«, fluchte er lautstark. »Ich habe nichts anders gemacht als in den Wochen und Monaten zuvor.« Er ging noch einmal in die Kammer, schnupperte – und runzelte die Stirn. »Es riecht, als hätte eine Herde Mäuse in den Raum gepisst.« Er nahm einen der Becher und roch daran. Angewidert wandte er sich ab. »Grauenhaft. Seit wann sammeln wir Mäusepisse?« Er stellte den Becher neben den Toten ab. »Es kann nicht das Holz sein. Sie sind … sind vergiftet worden!«, sagte er düster.

»Du glaubst wirklich, sie wurden vergiftet?« Evas Stimme klang zweifelnd.

»Denkst du das nicht?«, fragte Joss und sah sie erstaunt an.

»Zwei von den Männern waren schon mal hier und sind als geheilt entlassen worden. Als sie wiederkamen, war ihre Krankheit schlimmer ausgebrochen als zuvor. Auch wenn Doktor Occo anderer Ansicht ist: Das Guajakholz hilft nicht, Joss. Ich kann es bewei…«

»Still jetzt. Es hat nichts mit dem Holz zu tun«, unterbrach er sie barsch. »Es muss einen anderen Grund geben.« Er winkte Aennlin zu sich her. »Denk nach, Aennlin! Hast du etwas anders gemacht als vorher?«

Die junge Krankenwärterin zitterte am ganzen Leib. Sie starrte ihn mit angstvoll aufgerissenen Augen an. »Nein, Herr. Ich … ich mache jeden Tag das, was Ihr oder die Hausmutter mir auftragt …. Mehr nicht.«

Eva glaubte ihr, obwohl ihr etwas an dem Verhalten der jungen Frau merkwürdig vorkam. Sie war ehrlich, aber vielleicht nicht ganz.

»Denk nach!«, sagte Joss streng. »War jemand hier, während ich in der Werkstatt und Eva auf dem Markt war?«

Wieder schüttelte Aennlin den Kopf. »Niemand.« Sie verschränkte die Hände vor der Brust und ließ sie gleich darauf wieder sinken.

Auf der Treppe waren Schritte zu hören. Barthlen streckte den Kopf über die letzte Stufe. »Geht es ihnen nicht gut?«, fragte er. »Sind sie … tot?«

»Barthlen!«, rief ihm Eva zu. »Geh nach unten und bleib in der Stube. Bitte. Sofort.«

Mit weit aufgerissenen Augen musterte er seine Eltern, Aennlin, die toten Männer, die mit ihren blau angelaufenen Gesichtern im Flur lagen. Ein bitterer Geruch lag darüber und der nach Fäkalien.

Langsam drehte der Junge sich um, doch Joss ließ ihn noch nicht gehen.

»Barthlen, sag. War heute jemand im Haus, während deine Mutter auf dem Markt war? Hast du jemanden gehört oder gesehen?«

Der Junge antwortete nicht, sah aber zu Aennlin, die verlegen zu Boden blickte.

»Allerdings …«, sagte er zögerlich. »Ich glaub …«

»Was war?«, drängte Eva. »Jede noch so kleine Beobachtung könnte uns helfen.«

»Der Eingang war schmutzig und …«, begann Barthlen.

Weiter kam er nicht, denn Aennlin fiel ihm ins Wort.

»Ich habe vermutlich aus dem Hof Erde mit hereingetragen«, sagte sie mit gesenktem Kopf, »und nicht aufgewischt. Ich war … ich musste …«

Eva nickte. Der Abort lag hinter dem Haus. Sie verstand, was Aennlin sagen wollte.

Barthlen ließ nicht locker. »Die Fußspur war aber ganz anders als deine.«

Eva sah ihn ernst an. »Was heißt das, Kind?«

»Da war nur ein einzelner Schuhabdruck«, erklärte Barthlen. »Aber auf der anderen Seite fehlte er. Dafür …«

Wieder unterbrach ihn Aennlin.

»Unsinn«, fuhr sie dazwischen. »Ich bin aus dem Frauenraum hinunter in die Küche, um den Teesud zu holen, und hab mit meinen Filzüberschuhen schon mal den gröbsten Schmutz weggewischt. Bin aber dann nicht weitergekommen.«

Eva sah von Barthlen zu Aennlin, der die Furcht ins Gesicht geschrieben stand. Irgendetwas stimmte hier nicht.

Eva packte das Jagdfieber. »Was war denn auf der anderen Seite?«

»Jetzt red schon, Barthlen!«, herrschte Joss seinen Sohn an, und Aennlin zuckte zusammen. Eva warf ihrem Mann einen scharfen Blick zu.

»Es war ein Bocksfuß!«, sagte Barthlen.

»Ein Teufelszeichen?« Joss sah ihn entgeistert an. Offenbar konnte er nicht glauben, was sein Sohn ihm da für eine Geschichte auftischte. »Ein Bocksfuß?«

»Ja. Kein richtiger Fußabdruck, sondern nur ein runder Huf. Der Bocksfuß des Teufels.« Mit jedem Wort, das Barthlen sagte, war er leiser geworden.

Aennlin begann hysterisch zu lachen. »Der Teufel! Er holt uns«, wimmerte sie.

Barthlen wartete, bis sich alle wieder beruhigt hatten. »Kein Teufel«, erklärte er. »Ich habe den humpelnden Scharwächter gehört und gesehen.« Er wandte sich um und ging langsam die Treppe hinunter. »Er war kurz im Haus und ist dann wieder gegangen, weil Mutter nicht da war«, sagte er über die Schulter.

Joss sah von Aennlin zu Barthlen, dann zu seiner Frau und wieder zurück zu Aennlin.

»Unsinn«, rief die junge Frau. »Das hätte ich gemerkt. Barthlen hat eine blühende Fantasie.«

Eva kratzte sich am Kopf. Was war hier los? Einerseits tat ihr die am ganzen Körper zitternde Magd unendlich leid. Sie hatten sie aus den Fängen des Priesters gerettet, und jetzt war sie in ein Mordhaus geraten. Andererseits war da etwas, was sie stutzig machte. Sie konnte aber nicht mit Bestimmtheit sagen, was es war. Es war zu offensichtlich. Und Barthlen hatte zwar tatsächlich viel Fantasie, aber das, was er sagte, klang glaubwürdig.

»Hatte er etwas bei sich?«, fragte Joss.

Barthlen zuckte mit den Schultern und ging weiter nach unten.

»Er hat etwas in sein Wams gesteckt«, rief er nach oben. »Aber ich weiß nicht, was.«

Eva kaute auf ihrer Lippe. »Ich weiß, was wir tun müssen«, sagte sie und stand auf. »Lass die Toten so, wie sie sind, Aennlin. Ich komme gleich wieder. Joss, du musst mich begleiten. Und du, Aennlin …« Mit spitzem Finger zeigte sie auf die Krankenwärterin. »Du lässt in der Zwischenzeit keine Menschenseele ins Haus – von Els einmal abgesehen.«

41. Kapitel

AUGSBURG, FEBRUAR 1526

Joss konnte sich nicht denken, was Eva vorhatte. Als sie am Haus des ehemaligen Scharwächters vorübergingen, versuchte er, durch genaue Beobachtung festzustellen, ob Marx zu Hause war. Zwar stand das Fenster offen, doch dahinter war nur ein schwarzes Loch zu sehen. Niemand, der sich hinauslehnte oder dahinter hervorsah. Es war schneidend kalt, und Joss wunderte sich, warum Marx das Fenster nicht geschlossen hatte. Ein besonderer Geruch kitzelte ihn in der Nase: Fleisch.

»Riechst du das auch?«, fragte er Eva, die schon zwei Schritte vor ihm lief.

»Hühnersuppe. Kann man sich leisten, wenn man Diebesgut verkauft«, schimpfte sie.

»Nicht so laut.«

»Soll er es nur hören. Er muss wissen, dass wir wissen, woher sein Fleisch kommt. Er glaubt sonst, er käme ungeschoren davon.«

Ihre Wut war ihr anzuhören. Joss konnte sich nicht daran erinnern, wann er zum letzten Mal ein Stück Fleisch zwischen den Zähnen gehabt hatte. Musste man unehrlich sein, um leben zu können wie die Herren? Seine Überlegungen hatten ihn langsamer gehen lassen. Eva war jetzt schon die halbe Gasse hinaufgelaufen, und er war zurückgeblieben. Er schloss zu ihr auf.

»Hör zu, Eva. Ich renne zwar mit, aber ich weiß nicht, was das soll.«

»Wirst du noch sehen. Ich brauche dich«, sagte sie beiläufig.

Sie eilten die Gasse hoch zum Markt vor dem Rathaus. Knöchelhoch lag schmutziger brauner Schnee in den Gassen. Der Berg war steil, der Weg glatt. Drei Schritte vorwärts ließen sie immer einen zurückrutschen, und sie kamen dabei gehörig außer Atem. Oben angelangt, mussten sie erst einmal eine Pause einlegen. Weiß hing die Atemfahne vor ihrem Gesicht.

Eva zog ihr Kopftuch tiefer über Stirn und Wangen, schlang den neuen Schal um ihren Hals und drehte sich zu Joss um. »Du bringst den Quacksalber zu uns in die Räucherstube. Er wird sich wehren. Du darfst ihn nicht entkommen lassen. Hörst du?«

Ohne eine Antwort abzuwarten, bahnte sie sich einen Weg durch die Menge und steuerte direkt auf den Karren von Doktor Lubricus zu. Der hatte sein Maultier bereits vor den Wagen gespannt. Er war dabei, seine Tinkturen zusammenzupacken und in den hinteren Teil seines Karrens zu räumen, als Joss ihn mit eisernem Griff am Arm packte und beinahe vom Karren zog. Überrascht hob er den Kopf. Der Doktor wehrte sich nicht, sah ihm aber verstört und ängstlich ins Gesicht.

»Was … wollt Ihr … von mir?«, stammelte er.

»Ich? Gar nichts. Aber meine Frau hätte da eine Frage.«

Verunsichert blickte der Mann in die Richtung, in die Joss zeigte, und seine Miene entspannte sich etwas, als er Eva erkannte.

»Ach, Ihr seid es. Ihr wollt die Salbe und den Tee doch jetzt schon abholen? Sehr gern. Ich muss die Dinge nur aus dem Karren …«

»Unnötig«, herrschte ihn Eva an. »Wir haben mehr Guajakholz, als Ihr kaufen könnt. Aber die Stangen, die Ihr hier erstanden habt und die bei Euch im Karren liegen, gehören in unser Lager, das heißt, in das Lager Jakob Fuggers. Ihr habt sie, wenn ich das recht sehe, unrechtmäßig in Euren Besitz gebracht.« Sie blickte den Quacksalber mit versteinerter Miene an.

»Nein … ich«, stotterte der Wanderdoktor los. »Ich habe es rechtmäßig gekauft. Ich habe … habe gutes Geld dafür bezahlt«, beteuerte er. »Es wurde mir angeboten. Frei. Nicht etwa unter der Hand.«

Evas Augen blieben hart. »Das ist uns gleich. Ihr werdet uns jetzt kurz begleiten.«

»Aber der Wagen …«, protestierte der Doktor.

»Den nehmen wir mit. Damit geht es ohnehin leichter als zu Fuß. Außerdem müsst Ihr nach dem Läuten der Glocke den Platz geräumt haben. Da empfiehlt es sich, den Karren mitzunehmen.«

Joss verstärkte den Druck auf den Arm des Doktors, und dieser nickte beflissen. Trotz der Kälte standen ihm Schweißperlen auf der Stirn.

»Natürlich komme ich mit Euch«, säuselte er mit schmerzverzerrtem Gesicht. »Aber nur unter Protest …«

Joss lächelte und drückte noch etwas fester, was Lubricus leicht in die Knie zwang. Da das Maultier bereits eingespannt war, zerrte Joss den Quacksalber von der Rückseite des Wagens und setzte ihn neben sich auf den Kutschbock. Eva kletterte nach hinten.

»Wohin … bringt Ihr mich?«

»Ihr werdet noch ein gutes Geschäft machen«, versprach Joss. »Wir fahren in die Fugger'sche Armensiedlung. Und dort müssen wir erst einmal etwas klären.«

Er ließ die Zügel schnalzen, doch ein Bauer, der die kleine Entführung mitbekommen und alles mit angesehen hatte, griff in die Zügel.

»Haltet ein«, fuhr er Joss an und an den Theriakhändler gewandt, fragte er: »Doktor, soll ich die Marktaufsicht rufen?« Misstrauisch beäugte er den Zimmerer und spähte nach hinten zu Eva.

Die schaute um die Plane herum, um festzustellen, wer die Abfahrt verhinderte. Sie erkannte im zweifelnden Gesichtsausdruck des Bauern die Ahnung, dass etwas nicht mit rechten Dingen zuging.

Sie zerstreute dessen Bedenken, indem sie von hinten vor rief: »Wir haben einen Notfall in der Fuggerei unten. Wir müssen uns beeilen.«

Der Bauer sah zu dem Quacksalber. »Stimmt das, Doktor? Ich hab gesehen, wie …«

»Jetzt haltet uns nicht auf, Kerl«, griff Joss ein. »Oder Ihr verantwortet bei Raymund Fugger, dass wir zu spät kommen. Wollt Ihr das?«

Eva sah, wie der Name einen ganz eigenen Zauber entfaltete. Sofort nickte der Mann ehrerbietig. »Ihr seid im Namen des Hauses Fugger unterwegs? Verzeiht, mein Herr.« Er ließ die Zügel fahren, trat einen Schritt beiseite und senkte den Blick, als wolle er verhindern, dass sich jemand an ihn erinnerte.

Eva konnte nicht fassen, was allein der Name Fugger bewirkte. Er war ein Türöffner, ein Fessellöser. Die Menschen fragten nicht einmal nach, ob das, was in diesem Namen getan wurde, auch rechtens war. Es genügte das Wort »Fugger«, und die Menschen verfielen in eine Art Schockzustand, der sie lähmte und eigenständige Handlungen ausschloss.

Das Anrucken des Karrens holte sie aus ihren düsteren Gedanken. In keinem Land, in keinem Staat durfte es sein, dass ein Name mehr zählte als alles andere. Sie klammerte sich an die kleine Balustrade, welche die Ladefläche des Karrens hinten umgab. Schwankend, als würde sich der Wagen bei starkem Wind über Land bewegen, ruckelten sie in Richtung der Fuggersiedlung.

Den Berg beim Perlach rutschte der Wagen beinahe ungebremst auf dem Schnee nach unten. Die Fahrbahn war glatt und das Maultier nicht imstande, das Gewicht des Karrens zu bremsen. Dennoch schafften sie es mit mehr oder minder großen Schwierigkeiten hinunter in die Jakobervorstadt und hinein in die Fuggerei.

Bevor Lubricus noch etwas sagen konnte, hatte ihn Joss schon wieder vom Wagen gezerrt und in die Stube geschleppt.

»Hört zu«, sagte Joss, sichtlich bemüht, seinen Zorn zu bändigen. »Mir ist es gleich, ob Ihr mit dem ehemaligen Scharwächter Geschäfte macht und gestohlenes …«

»Ich habe nichts gestohlen!«, rief der Doktor empört.

»... und gestohlenes Guajakholz erwerbt«, fuhr Joss unbeirrt fort. »Aber ich habe etwas dagegen, dass Ihr nebenbei auch noch das Handwerk von Mördern unterstützt.«

Der Quacksalber wurde blass. »Aber ... das habe ich nicht. Ganz gewiss nicht!«

Eva winkte Joss und den Doktor die Treppen hoch. Auf dem Flur waren die Leichen der Männer aufgereiht.

Lubricus schlug die Hände vor den Mund. »Mein Gott!«, entfuhr es ihm. Sein Gesicht wurde noch eine Spur blasser, und seine Lippen begannen zu zittern. »Damit hab ich nichts zu tun«, flüsterte er. »Ihr müsst mir glauben.«

»Gut«, sagte Eva. »Dann wollen wir Euch vor den Folgen des Guajakholzes warnen, das Ihr eingekauft habt. Diese Männer haben vor ihrem Tod einen Sud davon getrunken.«

Auf der Stirn des Wanderdoktors bildeten sich tiefe Falten. »Unmöglich«, sagte er langsam und schnupperte. Dann gewann seine Neugier Oberhand. Er trat in den Behandlungsraum und schnüffelte auch dort. »Sie haben einen Sud getrunken?«, fragte er. »Habt Ihr noch etwas davon?«

Eva nickte und brachte eine Zinnkanne aus der Krankenstube. Nur noch ein Rest Flüssigkeit schwappte darin hin und her.

Lubricus nahm das Gefäß und roch daran, dann wandte er rasch den Kopf ab und verzog das Gesicht. »Mäusepisse!«, erklärte er. »Es riecht eindeutig nach Mäusepisse.«

Joss nickte.

Aennlin, die bislang alles stumm mitverfolgt hatte, stemmte die Hände in die Hüften. »Das kann nicht sein. Ich wasche die Kannen täglich mehrmals aus.«

Der Theriakhändler zuckte nur mit den Schultern. »Riecht selbst an dem Gebräu«, forderte er sie auf und reichte ihr die Kanne. »Aber trinkt es um Himmels willen nicht.«

Aennlin überzeugte sich selbst davon, wie merkwürdig der Trank roch, und rümpfte ebenfalls die Nase.

»Aber woher kommt die Verunreinigung?«, hakte Eva nach.

Lubricus sah sich die Leichen genauer an. Er kniete sich hin und hielt seine Nase an die im Todeskampf entsetzlich weit aufgerissenen Münder.

»Sie haben mich angesehen, als wüssten sie, dass sie sterben mussten«, sagte Eva leise. »Aber sie konnten nichts mehr sagen. Waren völlig verstummt. Sie sind, glaube ich, erstickt.«

Der Quacksalber stand auf und nickte, als müsse er sich selbst etwas bestätigen. Dann sah er Eva in die Augen. »Schierling«, sagte er. »Sie sind an einem Schierlingstrank gestorben. Ein grausamer Tod.«

Alle starrten ihn an, als habe er gerade verkündet, die Pest wäre ausgebrochen.

»Das kann doch nicht sein«, murmelte Eva.

Unten im Haus wurde die Tür aufgerissen, und schwere Schritte knallten auf die Holzdielen. Dann rief jemand nach Joss, und schließlich knarrten die Stufen unter dem Gewicht eines schweren Mannes.

Mit schreckgeweiteten Augen blickten alle auf die Gestalt, die zu ihnen heraufkam.

Es duftete in der gesamten Wohnung, und Marx hatte das Gefühl, der Geruch würde durch seine Lungen bis hinein in seinen Magen strömen. Hühnersuppe mit Fleischstücken und eingerührtem Ei aus dem Rest der Einlage für die Schenkel. Eine Sonntagsmahlzeit mitten in der Woche! Noch dazu an einem Freitag. Frevelhaft gut.

Marie hatte die beiden Schenkel extra gebraten. Sie hatte etwas Brot zerrieben und sie in Bröseln aus altem Brot gewälzt. Das Ei, das sie als Bindemittel benötigte, hatte er in der Tasche seines Wamses mitgebracht, immer mit der Furcht, es zu zerbrechen.

Heute war ein guter Tag, und Marie hatte sich mit ihm ausgesöhnt. Marx überlegte, ob er sich nicht schon nach dem Essen in die Schänke begeben sollte. Er wusste, dass dort Michl Jordan vor einem Krug Bier auf ihn wartete. Und er musste wissen, ob er seine Aufgabe erledigt hatte.

Der Zunftobere war nur noch ein Schatten seiner selbst, seit die Zunft erfahren hatte, dass ihn seine Frau regelmäßig verprügelte. Er hatte nicht herausfinden können, wer das Gerücht in die Welt gesetzt hatte, aber es schadete seinem Ansehen und seiner Stellung in der Zunft. Marx war ihm vor Kurzem begegnet, und da hatte er ein blaues Auge mit sich herumgetragen. Seither war der Zunftobere immer häufiger in der Schänke vor dem Wertachbrucker Tor anzutreffen. Nach dem Essen, beschloss Marx, würde er sich auf die Suche nach seinem Geschäftspartner begeben. Jetzt aber hatte er genug vom Duft und von den Fantasien. Jetzt wollten die Zähne etwas zu beißen und der Magen etwas zu verdauen.

Bewusst hatte Marx das Fenster in der Stube offen stehen lassen, damit jeder auf der Straße riechen konnte, dass es bei Köllins nicht so ärmlich zuging wie bei den meisten Bewohnern der Fuggerei, die nicht einmal den halben Gulden im Halbjahr aufbrachten, wie er allenthalben hörte.

Als Marie jetzt mit der Terrine hereinkam, schimpfte sie sofort los. »Ja, du verdammter Hundsfott, du schlechter! Was fällt dir ein, die Winterkälte in die Stube zu lassen? Mach das Fenster zu, und schieb zwei Holzscheite nach. Soll ich vielleicht frieren, dass mir der Löffel vor Zittern aus der Hand fällt?«

Marx hörte gar nicht zu. Er schloss das Fenster dennoch. Jetzt, da die Straße wusste, dass es bei Köllins Hühnerfleisch auf dem Teller gab, wurde es auch ihm zu kalt. Nachschüren sollte sein Weib gefälligst selbst, wenn es sie fror. Er schob ihr seinen Teller hin, holte den Löffel vom Haken unter dem Tisch und zog sein Messer aus dem Gürtel.

»Keinen Bissen gibt's, bevor nicht ein Holzscheit nachgelegt ist!«, keifte Marie. »Lieber schütte ich den Inhalt der Terrine auf die Straße! Bin ich vielleicht dein Dienstmädchen?«

Marx verkniff sich angesichts der Mahlzeit eine Bemerkung.

Widerwillig rutschte er aus der Bank und trottete hinüber in die Küche. Er nahm zwei Scheite aus dem Weidenkorb, klemmte sie sich unter den Arm und fütterte den Ofen damit. Als er zurück in die Stube kam, war sein Teller gefüllt. All das Geschimpfe und Gekeife war vergessen. Neben dem Teller lag ein Kanten Brot. Alt zwar und hart, aber man konnte ihn ja in der Suppe aufweichen.

Ohne ein weiteres Wort machte sich Marx über die Suppe her. Er löffelte sie in einer Geschwindigkeit, als wollte ihm jemand das Essen streitig machen. Erst als der letzte Tropfen aus der Holzschale geschöpft war, bemerkte er, dass Marie die ihre nicht angerührt hatte.

»Warum isst du nichts?«, fragte er.

»Wo ist das Huhn her?«

Marx schleckte den Löffel ab, während er sich überlegte, wie viel er Marie erzählen sollte und konnte. »Vom Markt, Weib. Das Ei übrigens auch.«

Marx lugte zum Teller seiner Frau und in den Topf, ob noch ein Rest übrig war.

»Wenn du deinen Teil nicht essen willst …«, begann er, da Marie ihn schweigend musterte. Die Stille stand zwischen ihnen wie eine Mauer. Nur ihr beider Atem war zu hören.

»Niemand gibt einem einbeinigen Krüppel ein Huhn und ein Ei als Almosen, Marx«, sagte sie endlich. In ihren Augen lag ein unausgesprochener Vorwurf. Aber Marx dachte nicht daran, das Schweigen zu brechen, das sich ausgebreitet hatte.

»Hast du das Essen gestohlen?«, fragte Marie.

Marx musste kurz auflachen, es war ein hartes, unversöhnliches Lachen. »Das traust du mir zu?«

»Ich traue dir alles zu, Mann. Leider. Und seit deinem Unfall mehr denn je.«

Sie sah ihm in die Augen, blinzelte nicht und hielt seinem Blick stand. Im Grunde bewunderte er seine Frau, weil sie nie mit ihrer Meinung hinterm Berg hielt. Bei ihr wusste man immer, woran man war. Dennoch war es nicht ihre Aufgabe, ihn zu maßregeln. Als sein

Weib sollte sie ihn unterstützen, ihm den Rücken freihalten, nicht ihm ein Messer hineinstechen.

»Ich habe beides rechtmäßig gekauft. Nicht gebettelt, nicht gestohlen. Zufrieden?«

Sie zuckte nicht einmal mit der Wimper. »Woher hattest du das Geld?«, fragte sie kühl. »Gib es mir, wenn noch etwas da ist, sonst versäufst du es nur.«

Sie streckte die Hand aus, aber Marx hatte nicht vor, ihr von dem Rest, den er noch im Wams stecken hatte, auch nur einen Pfennig abzugeben. Die Batzen würden den ganzen Monat reichen und zugleich für den einen oder anderen Besuch der Schänke genügen.

»Da du es eben erwähnst«, sagte er forsch. »Ich treffe mich nachher noch mit Michl Jordan.«

»Warum machst du dich mit diesem Schlappschwanz gemein?«, herrschte sie ihn an.

»Den Hühnerschenkel, Weib. Sofort! Damit mir das Bier nachher nicht zu sauer aufstößt wegen deines Gekeifes!« Er hob eine Hand zum Schlag.

Marie ließ ihn nicht aus den Augen, als sie aufstand und zur Durchreiche ging, wo die Pfanne mit den gebratenen Hühnerschenkeln stand.

»Und iss, Herrgott noch mal, sonst nehm ich mir den Rest. Dann hältst du wenigstens irgendwann deine Schnatter.«

Er machte sich über den Schenkel her, den ihm Marie in den Teller gelegt hatte. Er griff mit beiden Händen zu, löste das gebratene Fleisch vom Knochen und nagte diesen ab, bis er blank war. Köstlich! So ein gutes Essen hatte er lange nicht mehr gehabt.

Als er fertig war, wischte er sich die Finger an der Hose ab, fuhr sich mit dem Ärmel über den Mund und rülpste ausgiebig. »Ein Mann braucht einfach ab und zu ein bisschen Fleisch«, tönte er zufrieden.

Langsam schob er sich aus der Bank, zog seine Krücke zu sich heran und humpelte zur Tür. Auf dem Weg dorthin schnappte er sich den zweiten Schenkel aus der Pfanne und biss ein Stück davon ab. Kurz zögerte er, ob er das Hühnerbein für Marie zurücklegen sollte, entschied sich dann aber dagegen.

»Da du nichts isst, soll wenigstens das Fleisch nicht verderben«, sagte er mit vollem Mund. »Wart nicht auf mich. Es wird spät.«

Marie erwiderte nichts. Doch als er nach Schaube und Hut griff, sagte sie leise: »Die Siedlung schließt um zehn Uhr, vergiss das nicht.«

Marx brummte nur vor sich hin und hinkte hinaus.

42. Kapitel

AUGSBURG, FEBRUAR 1526

Doktor Occo brüllte, dass die Türen wackelten. Sein Gesicht war rot wie eine wild wachsende Himbeere im Sommer. Hätte er nichts gesagt und beim Anblick der fünf Leichen auf dem Durchgang Ruhe bewahrt, hätte Eva sich Sorgen gemacht. So aber breitete sich Gelassenheit in ihr aus.

Lubricus dagegen wurde blass wie die Wand und sah sich nach einer Fluchtmöglichkeit um. Doch es gab nur diesen einen Abgang – und den versperrte Occo.

»Wie könnt ihr es wagen, ihr Gesindel, euch so einen Scharlatan ins Haus zu holen? Dieser Mann hat keine medizinischen Kenntnisse, betreibt irgendwelchen Zauber und bringt gleichzeitig meine Patienten um! Und ihr hirnlosen Kreaturen helft ihm dabei! Ich fasse es nicht. Da studiert man in Bologna Medizin, und die Holzeltern in dieser Siedlung haben nichts Besseres zu tun, als sich dem nächstbesten hergelaufenen Pfuscher anzuvertrauen!«

Adolph Occo musste Luft holen und sich vor Erregung und Zorn am Geländer der Treppe festhalten.

»Seid Ihr fertig?«, herrschte Eva ihn an. »Bevor Ihr weiter herumtobt, hört einfach nur zu. Ich weiß nicht, ob Ihr dazu imstande seid, aber wenn nicht, schließt Euch Joss den Mund … und dann werdet Ihr zuhören müssen.«

Der alte Arzt riss die Augen auf ob dieser Frechheit. »Wie … wie redet Ihr mit …?«

Joss trat einen Schritt auf ihn zu und hob seine Faust, aber Occo hatte sich wieder gefasst und schwieg. Abwehrend hob er die Hand.

»Ich habe zwei Dinge zu sagen«, begann Eva. »Danach könnt Ihr weitertoben, wenn es Euch erleichtert. Erstens werden die Menschen durch die Behandlung mit Guajak nicht gesund. Sie sind also ohnehin dem Tode geweiht. Und zweitens wurden diese Menschen hier vergiftet. Mit Schierling. Dazu brauchte ich jemanden, der sich damit auskennt. Ihr, Doktor Occo, seid ein Arzt, der in den Buchwissenschaften gebildet ist, aber vom wirklichen Leben, von den Krankheiten selbst, habt Ihr nicht den geringsten Dunst. Um zu erkennen, dass man die Männer hier vergiftet hat, braucht es ein Auge, das dies erkennen kann. Doktor Lubricus ist dazu in der Lage.«

»Lubricus«, schnaubte Occo. »Was für ein alberner Name!«

Der Angesprochene trippelte unruhig auf der Stelle, als versuchten seine Beine die Flucht, die ihm durch die massige Gestalt des Arztes unmöglich gemacht wurde.

Doktor Occo stapfte die Treppe ganz hinauf und schob dabei Joss aus dem Weg, der unwillig zur Seite trat. Langsam kniete er sich neben den ersten Toten, besah ihn sich genau, ohne ihn anzufassen.

Ein Arzt berührte seine Kranken nicht, wusste Eva. Das war Aufgabe des Baders. Ein Arzt beschaute sie und versuchte so zu ergründen, welche Säfte im Ungleichgewicht waren, um sie wieder auszugleichen und in Harmonie zu bringen. Es war jedoch offensichtlich, dass Doktor Occo mit der Vergiftung nichts anzufangen wusste und völlig überfordert war. *Außer es handelt sich um junge Frauen*, dachte Eva bitter. *Bei denen hatte er seine Finger überall.*

Die Männer hier waren nicht gestorben, weil sie nicht ausreichend gläubig waren und dadurch ihre Zuversicht verloren hatten und vor Gott kein Gehör mehr fanden oder weil die Reinigung, die den Körper von den schlechten Säften durch Aderlass, Purgation, Schröpfen, Wickel oder Schwitzkuren befreien sollte, nicht erfolgreich war. Sie waren bewusst ermordet worden – und das stand nicht in den Lehrbüchern der Medizin.

Als der Arzt sich aufrichtete, wurde deutlich, dass er ein alter Mann war, der den Zenit seines Lebens längst überschritten hatte. Nur mühsam kam er auf die Beine und schnaufte und stöhnte, als müsste er den Perlachturm bei St. Peter erklimmen.

»Was habt Ihr mit ihnen gemacht?«, fragte er müde.

»Wir?«, fuhr ihn Eva an. »Wir? Nichts. Sonst hätten wir nicht Doktor Lubricus geholt. Wir hätten die Männer einzeln getötet und die Leichen verscharrt. Niemandem wäre aufgefallen, dass uns im Holzhaus die Menschen wegsterben wie die Fliegen, weil die Holzkur unwirksam ist. Versteht Ihr: unwirksam! Auch Euch nicht, da Ihr Euch nur alle heilige Zeit hier sehen lasst.« Eva hätte gern weitergeschimpft, aber sie hielt inne. Ihr letzter Satz hatte sie gedanklich um die Ecke blicken lassen. »Ist es ein Zufall, dass Ihr hier seid, Doktor Occo? Oder hat Euch jemand benachrichtigt?«

Verblüfft wandte sich der Arzt zu ihr um. »Aber Ihr wart es doch, der mir eine Nachricht geschickt hat.«

»Ich? Nein. Niemals. Wie kommt Ihr darauf?«

»Es ist jemand in meinen Behandlungsräumen erschienen, der mich zu Euch geschickt hat. Es gäbe ungewöhnliche Vorkommnisse, die einen Arzt nötig machten, sagte er.«

Eva war ebenso erstaunt wie der Doktor. Sie suchte in seinem Gesicht nach Lüge und Täuschung, doch seine Verblüffung schien echt. Occo runzelte die Stirn.

»Wer? Sagt mir nur, wer?«, fragte Eva. »Nein, lasst mich raten: Marx Köllin!«

Die Stirnfalten wurden tiefer, aber der Arzt schüttelte den Kopf.

»Nein. Es war, lasst mich überlegen, wie er hieß … Er leitet den Bau einiger Häuser hier in der Siedlung. Der Zunftobere der Zimmerer …«

»Michl Jordan!«, rief Joss.

»So hieß er. Michl Jordan«, bestätigte Occo.

Evas und sein Blick trafen sich. Was zum Teufel hatte Michl Jordan mit alldem hier zu tun?

»Hat er erklärt, woher er von dieser … dieser Sache weiß?«, fragte sie.

Adolph Occo zuckte mit den Schultern. »Er sagte, sie seien bei der Errichtung eines Dachstuhls darauf aufmerksam geworden, dass im Holzhaus etwas nicht mit rechten Dingen zuginge. Hätten ein Geheul und Geflenne gehört und Schreie.«

Eva schüttelte ungläubig den Kopf. »Hier in der Straße wird nicht mehr gebaut. Allerdings gibt es beim Ausgang der Mittleren Gasse nach Westen hin eine Erweiterung. Es sollen noch eine Stallung und zusätzliche Häuser errichtet werden. Da sind Zimmerer der Zunft beschäftigt. Sie können unmöglich hören, was hier vor sich geht.« Die letzten Sätze hatte sie leise und eher zu sich selbst gesagt.

»Er war betrunken«, sagte der Arzt, als wäre das eine Erklärung. »Mit einem blauen Auge, offenbar aus einer Schlägerei. Ich hätte ihm fast nicht geglaubt, wenn er nicht der Zunftobere der Zimmerer gewesen wäre …«

Joss spuckte auf die Holzdielen. »Was machen wir jetzt mit ihnen?« Er deutete auf die Toten, deren blasse Körper auf den Dielen im Durchgang lagen. Steif und starr. Die ersten Fliegen begannen, um sie herumzuschwirren.

»Sie müssen beerdigt werden«, sagte Lubricus, der sich langsam wieder gefasst zu haben schien. Sein unsteter Blick hatte sich beruhigt, sein nervöses Getrippel aufgehört.

»Pater Finn wird sich freuen, wenn er fünf Männer beerdigen darf – und er wird sich seine Gedanken machen«, gab Eva zu bedenken. »Und diese Gedanken laut herausposaunen. Er wird das Holzhaus und die Ereignisse hier in den Schmutz ziehen … und die Holzkur ist beendet.« Doch dann hellte sich ihre Miene auf, und sie zwinkerte Joss zu. »Ich habe eine Lösung. Pater Finn wird nichts dergleichen verlauten lassen und schön den Mund halten. Denn ich weiß etwas über ihn, das ihm die Lust nimmt, solche Dinge auszuplaudern.«

Alle sahen sie erwartungsvoll an, Doktor Occo, der Quacksalber, Aennlin und Joss, aber sie lächelte nur und schüttelte den Kopf.

»Wenn ich ihn dazu zwingen will, die Toten ohne große Gegenrede und ohne Aufsehen unter die Erde zu bringen, dann darf ich sein Geheimnis nicht verraten. Was fünf Menschen wissen, das weiß die ganze Stadt.«

»Doktor«, bat sie Occo. »Ich muss Euch dennoch bitten, Pater Finn zu sagen, dass er fünf Beerdigungen auszurichten hat. Gebt ihm zu verstehen, dass absolute Geheimhaltung nötig ist und dass ich sonst sein Geheimnis an die große Glocke hängen werde. Und zwar an die ganz große Glocke.«

Plötzlich hatte sich die Situation umgekehrt. Statt zu brüllen und sich auszutoben, nickte Occo ihr zu und wollte schon die Treppe hinuntersteigen, aber Eva hielt ihn zurück.

»Eines muss noch geklärt werden. Wie ist der Schierling in die Kanne gekommen?«

Aennlin schluchzte auf. »Ich hab sie nur vom Herd genommen. Alles war wie immer. Ich habe das geraspelte Holz in die Kanne gefüllt und sie auf den Herd gestellt. Dann bin ich nach oben gegangen und habe angefangen, die Frauenbetten zu machen. Danach bin ich wieder runter, habe den heißen Sud in die kleinere Kanne abgefüllt und zu den Männern hochgebracht. Er hat so bitter gerochen wie immer.«

»Dabei war er bereits mit Schierling versetzt«, sagte Eva und sah Aennlin an. Was sie nicht aussprach, war, dass Aennlin der Geruch hätte auffallen müssen.

»Aber wer hat das Gift in die Kanne gegeben?«

Die Treppe knarrte, und aus dem Dunkel des Aufgangs kam Els' Haarschopf zum Vorschein. Sie drückte das Brot, das sie besorgt hatte, vor ihre Brust. Ihr zuvor glatt gebürstetes Haar war zerzaust, und ihre Lippen schimmerten blutrot.

Ihre Augen weiteten sich, als sie die Toten entdeckte und die besorgten Gesichter der Erwachsenen sah. Ihr bis dahin rosig erhitztes Gesicht wurde weiß wie die Wand. Ein spitzer Schrei löste sich aus ihrem Mund.

»Was ist geschehen?«, fragte sie, ohne eine Antwort zu erhalten.

Stattdessen wiederholte Eva ihre Frage. »Wer hat den Schierlingssaft in die Kanne getan?«

»Was für einen Saft?«, fragte Els.

»Offenbar ist die Kanne mit Guajaksud mit einem Gift versetzt worden«, erklärte Lubricus.

»Das von Euch gekauft wurde, nicht wahr?«, warf Eva ein.

»Ja. Aber auch hier macht die Dosis das Gift. Kleine Mengen helfen bei Reißen und anderen Beschwerden.«

Doktor Occo nickte, als habe er schon davon gelesen.

»Aber die Dosis für die Männer hier war zu hoch«, sagte Eva. »Viel zu hoch. Es hat sie rasch umgebracht. Deshalb frage ich noch einmal, wie ist das Gift in die Kanne gekommen?«

Els bekam große Augen, die plötzlich in einem Tränensee schwammen, und ihre Unterlippe zuckte und zitterte unkontrolliert. Das Brot, das sie vor ihrer Brust gehalten hatte, fiel zu Boden. Sie sah Aennlin an, die blass wurde.

❦

Nur noch eines war zu tun. Er durfte es nicht aufschieben. Gerüchte mussten verbreitet werden, wenn der Boden, auf dem sie gediehen, noch warm und fruchtbar war. Gerüchte waren der Dolch und das Schwert des gemeinen Mannes. Wenn er in der Stadt schon keine Pike mehr tragen durfte, dann wollte er wenigstens an den Gerüchten schleifen und sie scharf und spitz bekommen.

Er begann damit, nachdem er Michl Jordan in der Schänke getroffen und vom Erfolg seines Plans gehört hatte. Schließlich hatte er ihn weggeschickt, damit er nicht mitbekam, wie er weiter vorging. Der Suffkopf hätte ihn womöglich im Bierrausch verraten.

Es war ein Leichtes, bei den bierseligen Gestalten nachzufragen, ob sie schon von den Toten in der Fuggerei gehört hätten. Nicht von denen, die eines natürlichen Todes starben, weil der Herrgott seine Seelen zu sich rief, sondern von dem Ereignis, das sich im Holzhaus zugetragen hatte. Er habe davon ja auch nur gehört, aber die Toten, die habe er gesehen. Man müsse sich schließlich fragen, ob nicht vielleicht die Pest in der Stadt zurück sei. Schließlich käme wegen der Holzkur viel ungebetenes Volk aus dem Umland nach Augsburg.

Langsam rückten die Männer in der Schänke zusammen. Immer enger wurde der Kreis, immer verschwörerischer der Ton. Und dann zündete das Gerücht beinahe von selbst.

Der kahle Mattheis gab die Entdeckung zum Besten, dass seine Magd, die er neben seiner Frau beschlief, plötzlich einen Ausschlag bekommen habe. Und da habe er sich von ihr ferngehalten, und kurz darauf sei sie gestorben.

»Wer hat von den beiden Toten nördlich der Stadt gehört? Die sind angeblich ertrunken. Es heißt, sie hätten Holzkohle geschmuggelt. Völliger Blödsinn! Auch sie hatten Flecken am ganzen Körper«, steuerte der beinahe ständig betrunkene Metzger Hannes Mader bei.

Marx war zufrieden. Er lehnte sich zurück und lauschte, wie seine Geschichte plötzlich nur noch eine von vielen war, wie sich das Gerücht verselbstständigte, wie beim Bier Neues dazuerfunden und miteinander verknüpft wurde wie bei einem dicht gewebten Teppich.

Seine Geschichte wurde immer unwichtiger. Langsam trank er aus und wartete nur noch auf die Gelegenheit, unauffällig einen letzten Stachel zu setzen.

Alle wussten etwas über Flecken, Male und Aussatz zu berichten, als wäre tatsächlich eine neue Seuche ausgebrochen. Jeder steuerte ein Gerücht bei, das so wenig der Wahrheit entsprach wie Marx' eigenes. Niemand kümmerte es mehr, ob all die Gräuel, die erzählt wurden, stimmten oder nicht. Die Tatsache, dass sie am Stammtisch erzählt wurden, bezeugte ihren Wahrheitsgehalt.

»Man müsste sich überlegen, wie man einer solchen Seuche Einhalt gebieten kann. Schließlich sollte sie sich nicht über die gesamte Stadt ausbreiten. Ich finde es schlimm genug, dass niemand aus dem Holzhaus die Stadtoberen informiert. Als gelte in dieser Fuggersiedlung ein anderes Recht als im Rest Augsburgs«, setzte Marx seine nächste Boshaftigkeit in die Welt.

Mader, der betrunkene Metzger, hieb mit der flachen Hand auf den Tischbohlen. »So kann man mit uns nicht umspringen!«, lallte er. »Nein, so nicht.«

Ob er so recht verstand, was er da sagte, wagte Marx zu bezweifeln, aber Mader hatte eine Stimme in der Gruppe, und seine Meinung galt etwas am Biertisch.

»Mader hat recht, man müsste etwas unternehmen.« Marx nahm einen letzten Schluck, bevor er sich verabschiedete. Zwar hatte der Metzger nichts dergleichen gesagt, aber es zählte, woran die Meute hier sich erinnern konnte. »Man müsste wirklich etwas gegen dieses Gesindel im Holzhaus unternehmen, das uns über die Toten im Dunkeln lässt.« Er stellte seinen Krug ab und angelte sich seine Krücke.

Die Männer nickten ihm zu, einmal, um ihn zu verabschieden, zum anderen, weil sie ihm zustimmten.

»Die haben doch den … den Mei… Meister Hans … Unehrliches Gesindel …!«, stotterte Mader.

Im Hintergrund rülpste einer der Älteren, der aussah wie ein Bauer von außerhalb der Stadt, und musste wohl einen Schluck Bier, der ihm hochgekommen war, zuerst wieder hinunterwürgen.

»Sie …«, begann der Alte. »Sie haben meine … meine Tochter, die Afra, nach Hause … geschickt. Sie haben gesagt, sie wäre geheilt … gesund. Dabei war sie krank … wie eh und je. Das arme Ding … es hat ihnen geglaubt. Aber … dann … dann wurde es schlimmer. Ich hab sie zurückgebracht. Und dann, dann … haben sie sie … sterben lassen. Das Zeug, mit dem sie die … diese Franzosenkrankheit angeblich heilen. Es taugt nichts.«

Der Mann hatte langsam gesprochen, mit vielen Pausen und

Stocken, bis er schließlich zu einem Ende kam. Der Lärm, der geherrscht hatte, war allmählich verstummt. Jeder im Raum lauschte gebannt der Geschichte des Bauern.

Marx hatte schon zum Ausgang gehen wollen. Sie brauchten ihn nicht mehr. Das Gerücht würde sich verbreiten, da war er sich sicher. Aber was der Alte da von sich gab, das konnte er so nicht zulassen. Seine Geschichte mochte der Wahrheit entsprechen. Aber eine solche Wahrheit durfte nicht bekannt werden. Wenn niemand mehr an das Guajakholz als Heilmittel glaubte, wäre sein schöner Verdienst dahin.

Er trat an den Mann heran. »Da will der Bauer wieder gescheiter sein als die gelehrten Doctores!«, sagte er spöttisch.

»Aber ich hab's doch …«

»Du kennst dich bei deiner Kuh aus, vielleicht noch bei deiner Frau. Aber von dem Holz hast du keine Ahnung«, widersprach Marx, ohne ihn ausreden zu lassen. »Deine Tochter war eine Hure. Das war das Problem. Nicht einmal eine Beichte konnte die Unreinheit auswaschen, die sich in ihrem Körper angesammelt …«

Der Alte holte aus und schlug zu. Aber Marx hatte etwas Derartiges erwartet und war kurz einen Schritt beiseitegetreten. Der Schlag ging ins Leere. Der Bauer drehte sich um seine Achse, verlor den Halt am Tisch und krachte zu Boden. Dort blieb er liegen.

»Hab selten solch einen Unsinn gehört!«, brummte Marx.

»Aber was ist, wenn er recht hat?«, nuschelte der Metzger.

Er schien jetzt nüchterner als noch vor ein paar Minuten. Marx verfluchte den Bauern und seinen Einwand, der sein schönes Gebäude ins Wanken brachte.

»Wie einfältig seid ihr eigentlich? Glaubt einer von euch, Jakob Fugger würde das Holz mit viel Geld aus der Neuen Welt holen lassen, wenn er auch nur vermuten würde, es würde nicht wirken?«

Die Männer starrten ihn an. Mader war der Erste, der den Kopf schüttelte.

»Wenn er es aber nicht besser weiß?«, warf ein anderer ein.

Es war ein junger Zimmermann, der nun das Haus des Joss Neher bewohnte. Marx versuchte, sich an den Namen zu erinnern. Melchior hieß der Kerl. Melchior Gross.

»Das sieht dir Säufer ähnlich, Melchior. Du würdest natürlich im Land hinter dem Ozean einfach ein paar Bäume schlagen und sie für viel Geld hierherbringen lassen, statt zuerst ihre Wirksamkeit zu überprüfen. Warum, glaubst du, hat der Fugger auf Säcken voller Gold gesessen, und du hockst als armer Hund in dieser Schänke? Richtig: Weil er mehr Grips im linken Ellenbogen hatte als du in deinem ganzen verdammten Schädel. Natürlich hat er sich zuvor versichert, dass das Holz heilt.«

Stimmengewirr erfüllte den Raum. Es wurde heftig darüber disputiert, wer wohl recht hatte, der Bauer oder Marx.

Langsam kam der Alte wieder zu sich. »Es ist … eine Lüge«, murmelte er. Aber es war so leise, dass es in dem Stimmengewirr unterging, nur Marx hörte ihn.

Er reichte dem Bauern seine Krücke, damit er sich daran hochziehen konnte. Dann legte er den Arm um ihn und führte ihn nach draußen. Die Kerle am Stammtisch der Schänke beachteten sie nicht mehr. Zu sehr waren sie in ein bierseliges Streitgespräch vertieft, ob die Pusteln das Anzeichen der Franzosenkrankheit oder der Pest seien und ob das Guajakholz tatsächlich helfe.

Die Tür der Schänke schloss sich hinter den beiden Männern. Die frostige Luft fuhr dem Alten in die Beine, und er sackte wieder zusammen. Kaum dass Marx ihn halten konnte.

Es war eiskalt. Hoffentlich würde es nicht weiter schneien. Alle warteten darauf, dass es milder wurde.

»Wir gehen noch einen Schritt, mein Freund«, murmelte Marx und schleppte den Bauern hinter den Abtritt. Ihre weißen Atemfahnen begleiteten sie.

Marx sah sich um, ob jemand sie beide beobachtete. Doch keine Menschenseele war auf der Gasse. Hinter dem Abtritt, von der Gasse her nicht einsehbar, ließ er den Bauern los. Der stolperte noch zwei Schritte weiter und fiel dann kopfüber in den Ablauf der

Seichrinne. Marx kümmerte sich nicht mehr um ihn. Die Kälte und der kleine Teich aus Urin würden das Ihre tun.

Dann humpelte er weiter.

43. Kapitel

AUGSBURG, FEBRUAR 1526

Eva schreckte auf. Das Wummern und Klingeln drang bis in ihren Bauch. Sie hatte das Gefühl, eben erst eingeschlafen zu sein. Die Toten und die Vorwürfe Doktor Occos hatten sie den ganzen Tag auf Trab gehalten und zerrten an ihren Nerven. Sie brauchte eine ganze Weile, bis sie begriff, dass jemand unten gegen die Tür hämmerte und an der Glocke zog. Sie langte nach links, um Joss zu wecken, doch ihr Mann war nicht da.

Sofort saß sie aufrecht im Bett. Eine eisige Kälte griff nach ihr. Offenbar waren in der Nacht die Temperaturen noch weiter gefallen. Es war seit Langem wieder ein richtiger Winter.

»Joss?«, rief sie in die Dunkelheit hinein, ohne Antwort zu erhalten.

Wo war ihr Mann? Sie war nicht aufgewacht, als er das Bett verlassen hatte. Sie schwang die Beine über den Bettrand und suchte nach ihren Holzschuhen. Auf einem Stuhl lag ihr Kleid. Schnell schlüpfte sie hinein und stand auf. Es klopfte ununterbrochen.

Sie ging zur Tür und rief: »Was ist denn? Es ist mitten in der Nacht.« Das Wummern erstarb.

»Holzmutter? Ihr solltet Euch das anhören«, vernahm sie eine dumpfe Stimme, die sie zu kennen glaubte, aber nicht zuordnen konnte.

Eva entriegelte die Tür und trat hinaus. Der Störer war verschwunden, aber ihre Aufmerksamkeit wurde von etwas anderem angezogen.

Die Gasse war mit Lichtern gefüllt, Fackeln und Talglichter, die von Menschen getragen wurden, die aus ihren Häusern traten und alle in Richtung Finstere Gasse und Tor liefen. Was war da los?

Eva holte sich eine Schaube, suchte aber vorher noch nach Joss. Im Haus war keine Spur von ihm zu finden. Auch in der Werkstatt war er nicht. Langsam bekam Eva es mit der Angst zu tun. Eine Gänsehaut überzog ihren Körper, und diese stammte nicht von der Kälte, sondern von dem Unbehagen, das sie überfiel.

Sie ging kurz ins Zimmer der Kinder – und erstarrte. Auch deren Betten waren leer. Weder Barthlen noch Els lagen unter ihren Decken.

Entsetzen packte sie. Wo war ihre Familie?

Sie wickelte sich Lappen um die Füße, warf sich die Schaube über und band sich ein Kopftuch um, dann lief sie nach draußen und folgte dem Strom der Bewohner.

Sie lief durch die Finstere Gasse. Beinahe in jedem Haus hatten die Bewohner Talglichter in die Fenster gestellt, damit der Weg einigermaßen beleuchtet war. Dieser Menschenauflauf verwirrte sie. Begann der Jüngste Tag? Holte der Herr die Seinen, um sie in Gute und Böse zu trennen? Die Antwort ließ nicht lange auf sich warten. Vor dem Tor brüllte eine nächtliche Schar Herumtreiber deutlich die Worte: »Holzhaus-Eltern weg! Werft sie in den Lech.«

Immer und immer wieder ertönte das Geschrei. Einige hieben mit Fäusten im Rhythmus gegen das geschlossene Tor. Andere traten mit den Füßen dagegen.

Die Angst schrieb den Bewohnern der Fuggerei, die hinter dem Tor standen, Furchen ins Gesicht. Ihre Augen flackerten panisch im Schein der Fackeln. Mütter drückten ihre Kinder an sich, und die Männer schüttelten die Fäuste.

Doch die Bedrohung von außen wurde ernster und die Menge lauter.

Plötzlich rief einer der Fuggereibewohner: »Haut ab!«

Andere stimmten in den Ruf ein – und in kurzer Zeit warfen sich die Gruppen hüben wie drüben Schimpfwörter an den Kopf, schrien und krakeelten, dass man das eigene Wort nicht mehr verstand. Wörter wie Saubeutel, Nachtschächer, Irrwitzer, Brackhunde, Unwirsche und Lasterbälger flogen hin und her. Sie wurden immer wieder im Chor wiederholt. Einer begann, die anderen setzten ein, bis man des Begriffs müde war und einen anderen fand. Manche Beschimpfungen kannte Eva gar nicht. Sie klangen bedrohlich, aber sie bewirkten, dass das Wummern am Tor nachließ, damit man sie besser verstand. Die direkte Bedrohung nahm ab.

Mit einem Mal aber wurde ein Wort über das Tor in die Siedlung hineingeworfen, das Eva erschaudern ließ.

»Seuchenpfuhl! Seuchenpfuhl! Seuchenpfuhl!«, schrien die Bewohner vor dem Tor – und nur Eva war sich bewusst, was die Menschen dort draußen damit sagen wollten.

Sie waren vorsichtig gewesen, hatten nichts verlauten lassen, und doch war das Wissen um den Vorfall im Holzhaus offenbar bis an die Ohren der Stadtbürger gelangt. Ein gefährliches Wissen.

»Das geht gegen Euch«, sagte eine Frau neben ihr leise.

Eva blickte zur Seite und sah, dass Marie Köllin neben ihr stand.

»Woher wollt Ihr das wissen?«, wisperte Eva.

Die Frau drehte sich zu Eva um. Das Flackern der Fackeln zeichnete wüste Schatten in ihr Gesicht. »Marx spricht, wenn er schläft. Meist unzusammenhängend und wirr, aber das habe ich diesmal verstanden. Aufruhr anzetteln. Wegjagen.«

»Das hat er gesagt?«

Marie nickte. »Mehr kann ich nicht dazu beitragen. Aber er will … mehr … mehr als nur eine Wohnung in der Fuggerei.«

»Zumindest wissen die Bewohner, was sie an der abendlichen Schließung der Tore haben. Jederzeit könnte ein Aufruhr gegen sie losbrechen, weil sie es zu gut haben, weil sie Schmarotzer sind, weil sie wohnen dürfen, wo andere auf der Straße hocken …«

Eva richtete ihren Blick wieder auf das Tor. Marie hatte recht.

Als sie es der Nachbarin sagen wollte, war diese wie vom Erdboden verschluckt. Verwirrt sah sie sich um, konnte aber nicht einmal einen Zipfel ihrer Haube entdecken.

Plötzlich fühlte sie eine Hand auf ihrer Hüfte und drehte sich um. Joss stand hinter ihr, neben ihm Els und Barthlen.

»Wo zum Teufel wart ihr?«, herrschte sie Joss an. »Ich bin fast vergangen vor Angst um euch.«

»Pst«, flüsterte Joss ihr ins Ohr. »Ich sag es dir, wenn der Spuk hier vorüber ist.«

»Warum waren die Kinder nicht mehr in ihren Betten, Joss Neher?«, fauchte Eva.

Ihr Mann küsste sie flüchtig auf den Hals und drückte ihre Hüfte. »Alles ist gut«, sagte er nur.

Doch Eva konnte sich nicht beruhigen. Er sollte ruhig merken, wie es war, nachts allein im Bett aufzuwachen und niemanden der Familie mehr um sich zu haben. »Nichts ist gut. Wir gehen jetzt nach Hause. Ihr wart bei Rieger, nicht wahr?« Sie funkelte ihn an. »Was alles noch schlimmer macht.«

Joss legte einen Finger auf den Mund. »Still!«, zischte er. »Nicht hier.«

Sie wandte sich ab, auch deshalb, weil der unflätige Chor draußen nachgelassen hatte und die Männer vor dem Tor entweder ebenfalls nach Haus gingen oder betrunken vor dem Tor eingeschlafen waren. Man hörte sie röchelnd schnarchen. Der Begriff »Seuchenpfuhl« ging Eva nicht aus dem Kopf.

»Zum ersten Mal war ich froh, dass man uns eingesperrt hat«, kam es ihr als Seufzer von der Seele. »Hast du gehört, was sie gerufen haben?«

Sie wandte sich um, nahm mit dem Arm Els an der Taille und zog mit der anderen Hand Joss mit sich fort, der Barthlen an der Hand hielt. Sie liefen im Dunkeln die Finstere Gasse wieder hinauf.

»Glaubst du, sie wissen von dem Vorfall im Holzhaus? Wenn ja, wer hat es ihnen gesteckt?«, flüsterte Joss.

Eva wollte laut keinen Namen nennen, doch Maries Hinweis ließ nur einen Namen zu. Der Kerl, der vermutlich den Sud aus Guajakholz mit Schierling versetzt hatte, war Marx Köllin.

Die Lichter wurden weniger. Manche Bewohner löschten ihre

Fackeln und Lichter, weil sie ja wussten, wo sie wohnten, und die Klingelzüge am untersten Ende unterschiedliche Formen aufwiesen. Man musste nur an den Klingelzügen entlanggehen, dann traf man irgendwann auf sein Haus. Es war am besonderen Handgriff zu erkennen.

Eva hatte das Gefühl, als hätte sich der Himmel noch mehr verdunkelt, und tatsächlich war vom Mond nichts mehr zu sehen. Schwere Wolken zogen auf, und von einem Augenblick auf den anderen begann es zu schneien.

Sie kamen an dem Eingang vorbei, durch den sie Barthlen schon mehrmals hatte verschwinden sehen, und Eva war es, als würde sie die Gestalt des Mannes dort im Türrahmen lehnen sehen, der immer vor ihrer Haustür wartete.

Also waren sie doch bei Rieger gewesen und hatten seiner Predigt gelauscht.

Kurz blieb sie stehen, aber Joss zog sie mit sich. Sie spürte seine Anspannung. »Nicht stehen bleiben. Bitte!«, zischte er wieder.

Die Städter klatschten und johlten wie stets, während sich die Bewohner der Fuggersiedlung am Sonntag ihren Weg durch die Stadt beteten. Sie mussten durch hohe Wehen stapfen, und Eva hatte das untrügliche Gefühl, als hätten die Anrainer ihnen den Schnee vor ihrer Haustür absichtlich in den Weg geschippt. Es war ein mühsames Laufen, das alle Kräfte kostete, vor allem deshalb, weil sie seit den Morgenstunden nichts gegessen hatten.

Joss war im Holzhaus zurückgeblieben, weil er arbeiten wollte. Außerdem konnten sie die Kranken nicht allein lassen. Nicht mehr, seit die Vergiftungen aufgetreten waren.

Eva war noch mit ihrem Mann über Kreuz, denn er hatte ihr erzählt, wo sie gewesen waren. Bei Rieger natürlich. Er hatte Els und Barthlen mitgenommen, ohne ihr etwas zu sagen. Es war ganz einfach gefährlich, für ihn, für sie und insbesondere für ihre Kinder.

Vor allem Letzteres konnte sie ihm nicht verzeihen. Sie hätte ihm das nicht zugetraut.

Als sie in Richtung Sträffingertor und Annakirche abbogen und in die Oberstadt wollten, begannen die Beschimpfungen.

»Was suchen die Aussätzigen hier in der Oberstadt?«, fauchte einer am Straßenrand und zeigte auf die Beter.

»Weg mit euch!«, wurde gerufen. »Verschwindet!«, »Pack!«, »Pestilenz!«, »Seuchenbeutel!« und immer wieder »Pestilenz!«.

Die Bewohner rückten zusammen. Dann kamen die ersten Schneebälle geflogen. Aus den oberen Fenstern ergoss sich der Inhalt von Nachttöpfen auf ihre Köpfe.

Plötzlich sah Eva Joss aus der Tür des Hauses herauskommen, die an der Straße lag, die den Perlachberg hinaufführte. Es war das Gebäude, das sie betreten hatten, als sie den Prediger Rieger aufgesucht hatten. Sie war ebenso verblüfft wie wütend und beschloss, ihn zur Rede zu stellen. Er reihte sich am Ende der Schlange ein, und Eva ließ sich mit den Kindern langsam zurückfallen. Die Schneebälle trafen vor allem die Voranmarschierenden. Auch Pater Finn bekam sein Fett weg, schimpfte wie ein Rohrspatz und verfluchte jeden einzelnen der Werfer.

»Wie lange willst du dir das noch gefallen lassen?«, fragte Joss, als sie bei ihm angelangt waren. »Die Bürger hassen uns. Sie bewundern allenfalls Jakob Fugger.«

Er spuckte bei dem Namen Fugger aus.

»Aber er hat dir eine Unterkunft und Arbeit gegeben«, erwiderte Eva.

»Was ihn nicht zu einem besseren Menschen macht«, gab Joss zurück. »Immerhin haben wir eine Gegenleistung zu erbringen.«

»Was wir gerne tun, solange wir in Ruhe in seiner Siedlung leben können.«

Sie zischten leise vor sich hin, immer in der Angst, von den anderen gehört und verraten zu werden.

»Gestern sind drei Angehörige des neuen Glaubens aus der Siedlung verbannt worden. Katholisch heißt es, muss man sein. Katholisch und arm«, gab Joss zurück. »Wer sich dem neuen Glauben zuwendet, wird aus der Siedlung gewiesen. Wo bleibt da der christliche Gedanke der Nächstenliebe?«

Drei Schneebälle kamen geflogen. Einer davon traf Eva am Kopf. Offenbar hatte auch hier jemand einen Stein eingebacken, denn ein Stich durchfuhr sie, und als sie auf die schmerzende Stelle langte, waren ihre Fingerspitzen blutig.

»So viel zum Thema friedlich leben!«, sagte Joss und zog sie aus der Menge heraus. Els und Barthlen folgten ihnen. Sie schützten ihre Köpfe mit den Händen, denn immer dichter fielen die Geschosse, und immer lauter wurde das Geschrei. Kurz vor dem Tor wurde der Zug gestoppt. Stadtbewohner verstopften den Weg, und ein Hagel aus Schneebällen prasselte auf die Siedlungsbewohner nieder.

Joss zerrte Eva und die Kinder hinter sich her und durchbrach nach hinten hinaus den Ring, den die Bürger um die Gruppe der Marschierenden gebildet hatten. Ein Weber stellte sich ihnen in den Weg, ein schmächtiger, hagerer Mann, dem man die Schwindsucht an den eingefallenen Wangen und Augen ansah. Er warf sich in die Brust, doch Joss hob kurz die Fäuste und verschaffte sich mit einem Schlag gegen das Kinn des Mannes die Lücke, die sie benötigten. Dahinter wurde es ruhiger, sicherer. Ein Blick zurück genügte Eva, um zu erkennen, dass Joss richtig gehandelt hatte. Die Menge begann, sich mit den Betenden zu vermischen. Handgreiflichkeiten setzten ein, plötzlich artete der Bittgang in eine Schlägerei aus. Stöhnen und Keuchen erfüllten die eisige Luft. Eva war froh, aus dem Kessel entkommen zu sein.

»Was suchst du bei Urban Rieger?«, fragte sie unvermittelt, das eine Auge auf Joss geheftet, das andere auf die sich prügelnden Männer, Frauen und Kinder gerichtet. »Ich habe dich aus dem Haus kommen sehen.«

Sie wollte ihn nicht so scharf anfahren, aber sie brauchte jetzt endlich Antworten.

»Komm mit«, sagte er. »Ich zeige es dir.«

»Was machen wir mit Barthlen und Els?«

»Sie gehen mit. Sie kennen bereits alles«, erwiderte er zu ihrer Verwunderung.

»Ach?« Eva war beleidigt. Warum hatte er die Kinder eingeweiht und sie nicht?

Joss nahm sie wortlos an der Hand und zog sie einfach mit sich.

»Wir müssen verschwinden«, sagte Els, und Eva fand, dass sie nicht unrecht hatte.

Mit fliegenden Schritten eilten sie zu der Tür, aus der Joss getreten war. Er klopfte einen raschen, komplizierten Rhythmus. Sie flog kurz darauf auf, und sie wurden rasch ins Innere gezerrt.

Zuerst umfing sie Dunkelheit. Das Innere des Hauses war unbeleuchtet – und als sich die Tür schloss, war es völlig finster.

»Was wollen wir hier?«, fragte Eva.

»Warte, ich hab's gleich«, sagte Joss, der sich offenbar durchs Zimmer tastete. Sie hörte, wie er einen Funken zu schlagen versuchte. Bald darauf glomm eine Flamme auf, und schließlich brannte der Docht einer Kerze.

Sie standen in einem Raum, der völlig kahl war: kein Möbelstück, keine Sitzgelegenheit, kein Kerzenhalter mehr. Im Gegensatz zu ihrem ersten Besuch hier war alles ausgeräumt worden. Es war beim ersten Mal schon nicht üppig bestückt gewesen, aber jetzt war der Raum völlig leer.

»Wo sind die Möbel hin?«, fragte sie leise.

»An Bedürftige verschenkt«, entgegnete Joss.

Vor der Tür hörte man das Toben der Prügelei. Männer brüllten, Frauen kreischten, Kinder heulten. Wütende Beschimpfungen flogen ebenso wie die Schneebälle über die Menge hinweg und schlugen in die Fassaden der Häuser ein.

»Folgt mir«, sagte Joss, durchquerte das Haus und trat in einen Garten hinaus, der vom Schnee der letzten Tage unter einer weißen Decke lag. Mitten hindurch lief ein dunkler Pfad, der bis zur Mauer am gegenüberliegenden Ende führte, die in der Dämmerung aber nicht mehr zu sehen war.

Eva wusste, dass dort diese kleine Hütte stand, das Predigthaus der Gemeinde des neuen Glaubens.

»Dort hinüber«, befahl Joss. »Rasch!« Er packte Eva am Arm und zog sie hinter sich her.

Sie flogen regelrecht durch den Garten, und als sie die Tür zu dem Häuschen öffneten, schlug ihnen eine Wärme und Behaglichkeit entgegen, die Eva nicht erwartet hätte.

Mindestens zehn Kinder und Jugendliche im Alter von Barthlen bis Els hockten auf Holzbänken in dem Raum. Ihnen gegenüber in einem Lehnstuhl saß Urban Rieger. Eva erkannte ihn sofort wieder. Diesmal trug er nicht die Kleidung eines normalen Bürgers, sondern den Talar des Predigers. Auf seinem Schoß lag ein Buch: die Bibel. Im Hintergrund stand eine Frau, die Eva erst spät auffiel, da sie ganz in Schwarz gekleidet war und ihre Kapuze über den Kopf zog, als sie durch die Tür traten, als wolle sie nicht erkannt werden. Eva wusste dennoch sofort, wer dort stand. Sibylla.

Rieger blickte kurz auf, als er die Familie sah, nickte ihnen zu und bedeutete mit einem Wink der Augen, sie sollten sich setzen.

Joss drückte Evas Hand, dass ihr der Schmerz bis in den Oberarm fuhr, und fügte sich, obwohl sie zu gern etwas gesagt hätte.

Offenbar hatten sie Urban Rieger dabei unterbrochen, wie er den Kindern aus der Bibel vorlas. Eva wunderte sich, denn um sie her saßen nur Sprösslinge aus Handwerkerfamilien. Keines der Kinder hatte eine Lateinschule besucht. Die Bibel war aber auf Latein. Wozu ihnen also vorlesen? Sie verstanden ohnehin nichts.

Doch Urban Rieger las nicht nur. Zuerst trug er einen Satz auf Latein vor, wie er in der Bibel stand, dann begann er, diesen zu übersetzen.

Eva sperrte den Mund auf. Was da passierte, war ungeheuerlich. Niemals hätte ein Pater Finn es zugelassen, das Wort des Herrn in deutscher Sprache zu verkünden. Das Wort war heilig und hatte damit in Latein verkündet zu werden. Der *lingua sacra* durfte die *lingua vulgaris* nicht entgegengestellt werden, sonst verlor das heilige Wort seine Wirkung, schon gar nicht die *lingua barbarica* des

Deutschen, so jedenfalls hatte sie es von den Predigten in St. Anna und aus dem Munde Pater Finns im Ohr.

Rieger dagegen trug die Übersetzung in einem Tonfall vor, der nichts hatte von der Verachtung und Abscheu vor der Mundart, die Pater Finns Predigten kennzeichneten.

»So lauten die Sätze der Bergpredigt: Als er aber das Volk sah, ging er auf einen Berg und setzte sich; und seine Jünger traten zu ihm. Und er tat seinen Mund auf, lehrte sie und sprach: Selig sind, die da geistlich arm sind; denn ihrer ist das Himmelreich. Selig sind, die da Leid tragen; denn sie sollen getröstet werden. Selig sind die Sanftmütigen; denn sie werden das Erdreich besitzen. Selig sind, die da hungert und dürstet nach der Gerechtigkeit; denn sie sollen satt werden.«

Eva war fasziniert von den Worten des Predigers, aber der letzte Satz war zu viel. Sie musste lachen, konnte sich ihr Prusten nicht verkneifen, und Urban Rieger unterbrach seine Ausführung.

Mit einem keineswegs vor Zorn sprühenden Blick, sondern völlig offen und neugierig wandte er sich ihr zu.

»Was bringt dich zum Lachen, Neherin?«, fragte er. »Ist dir das Herz aufgegangen? Erzähl uns nur offen, was dich bewegt.«

Nervös sah sich Eva um. Alle Augen waren auf sie gerichtet. Aber auch dort las sie keine Ablehnung, nur echte Neugier.

»Wird uns nicht die Welt durch solche Sätze genommen und alle Belohnung auf das Jenseits verschoben? Für mich klingt es so, als würde man sagen: Haltet still, solange ihr lebt, nach dem Tod werdet ihr Genugtuung erfahren. Wir müssen doch diese Welt ändern, nicht auf das Jenseits warten. Gerade eben prügeln sich die Menschen vor der Haustür zu Eurem Anwesen, und niemand von denen hat auch nur die Zeit, sich dem Jenseits anzuvertrauen. Sie wollen im Hier und Jetzt Genugtuung.«

Der Prediger nickte. »Etwas weiter unten im Text heißt es: Selig sind die Friedfertigen; denn sie werden Gottes Kinder heißen. Man sollte sich also nicht prügeln, um seine Ziele erreichen zu können, aber sich auch nicht ducken, denn der Herr unser Gott will starke

Menschen mit reinen Herzen, die für ihre Überzeugungen eintreten.«

Eva hob das Kinn, und etwas trotziger, als sie es vorgehabt hatte, fragte sie: »Ist es nicht ein Frevel, Gottes Wort in dieser derben Sprache zu hören und nicht in der heiligen Sprache?«

Der Prediger setzte sich etwas zurecht und lächelte Eva milde an. Kein Zorn, kein Unverständnis sprach aus seiner Miene, nicht der Furor eines Paters Finn, wenn er glaubte, die Gemeinde müsse mit dem Wort des Herrn zurechtgewiesen und diszipliniert werden.

»Ist es nicht gleich, in welcher Sprache es ausgesprochen wird? Gottes Wort ist immer Gottes Wort, und alle Menschen sollten es hören können«, erklärte er mit sanfter Stimme. »Und wenn es so verständlich ist, dass es in die Herzen der Menschen Eingang findet, kann es dann falsch sein?«

»Wenn das Wort so stark ist, dass es den Glauben trägt, kann man darauf vertrauen«, mischte sich Sibylla Fugger im Hintergrund ein und schob ihre Kapuze zurück.

»Was macht Ihr hier?«, fragte Eva.

»Ich habe nie die Schule besucht. Ich kann kein Latein. Ich möchte wissen, was der Herr uns verheißen hat. Ist das von Übel?«

»Die Neugier ist uns Menschen eigen von Geburt an und daher von Gott«, sagte Urban Rieger. »Wie soll sie von Übel sein?«

Eva senkte den Kopf. Das klang einleuchtend und entsprach in etwa dem, was sie sich auch dachte. Doch so leicht gab sie sich nicht zufrieden.

»Seid mir nicht böse, wenn ich jetzt etwas sage, das auf mich ebenso zutrifft wie auf Euch oder diese Kinder hier. Ist es nicht so, dass der ungebildete Mensch mit seinem eingeschränkten Horizont die Worte falsch verstehen kann und missdeutet? Braucht es nicht jemanden, der uns einfachen Menschen die Bedeutung der Sätze erklärt?«

Langsam schüttelte der Prediger den Kopf. Eva bemerkte sehr wohl, wie sich die Köpfe der Kinder und Jugendlichen von ihr zu Sibylla Fugger und zu Urban Rieger und wieder zurück drehten, wie sie gebannt dem Wortwechsel folgten. Sie hatte das Gefühl, als wäre für jeden von ihnen das, was sie vorbrachte, bekannt und bereits ausgesprochen und geklärt. Das verunsicherte sie etwas. Aber Riegers gelassene Art, die keinerlei Ungeduld, keine Anspannung und keine Verärgerung erkennen ließ, beruhigte sie.

»Warum muss das Wort des Herrn erklärt werden?«, erwiderte er. »Wir verstehen. Deshalb hat der Herr sein Wort an die Menschen gerichtet und es aufschreiben lassen. Damit wir verstehen. Unmittelbar. Damit wir niemanden benötigen, der zu uns spricht, was wir zu sagen haben.« Er wandte sich an alle im Raum. »Sprecht mit Gott, wie Euch der Schnabel gewachsen ist, aber sprecht selber. Keiner braucht einen Mittelsmann dafür. Keinen Priester, keinen Bischof, keinen Papst. Wir sprechen direkt mit unserem Herrn, denn dazu hat er uns aufgefordert.«

Eva musste schlucken, das war neu. »Damit schafft Ihr die Kirche ab!«, entfuhr es ihr.

Zum ersten Mal wurde Urban Rieger ernst. Sein Gesicht verdüsterte sich.

Nur die Fuggerin kicherte und sagte etwas, das niemand verstand.

»Ihr sprecht ein wahres Wort gelassen aus, Neherin«, erwiderte der Prediger. »Und ich hoffe, dass dieses Wort nicht von einem der Häscher der katholischen Kirche gehört wird, denn das ist die Folge. Kein Mensch braucht eine Kirche, wenn der Mensch direkt mit Gott sprechen kann.«

Eva sah zu Barthlen und Els. »Das ist der Grund, warum ich möchte, dass Ihr vor unserer Tür verschwindet und meine Kinder in Ruhe lasst. Ich will sie nicht in diese Auseinandersetzung hineingezogen sehen. Dazu sind sie noch zu jung.«

Urban Rieger streckte sich. Seine bislang so sanften Züge strafften sich, und seine Augen bekamen nun doch noch den fiebrigen Glanz, der Eva vor Weihnachten und um die Osterzeit herum oder wenn wieder eine schwere Pestilenz die Lande heimsuchte, an den Fanatikern abstieß.

»Man muss den Samen in Erde legen, die noch fruchtbar ist«, fuhr Rieger fort. »Wenn die Seelen erst gebrochen sind, wenn sie unter der Furcht vor Strafe im Diesseits und Jenseits ausgedörrt sind, dann ist es zu spät. Jung müssen sie sein, um einen freien Geist entfalten zu können. Jung und willig.«

Mit aller Energie, die sie aufbrachte, versuchte Eva, den nächsten Satz zurückzuhalten. Aber es gelang ihr nicht. Sie sah den Prediger fest an.

»Also seid Ihr nicht besser als Pater Finn. Auch er versucht, die Menschen möglichst früh in Angst und Schrecken zu versetzen, damit sie nicht auf andere Gedanken kommen. Warum könnt Ihr und Euresgleichen nicht einfach den Menschen Mensch sein lassen? Damit wäre allen gedient.« Sie stand auf und nahm Barthlen und Els an der Hand. »Wir gehen!«, sagte sie und zog ihre Kinder hinter sich her. »Geht es dort in die Fuggersiedlung hinein?«, fragte sie.

Joss wollte sie aufhalten, aber sie ließ ihn einfach stehen und ging zu der Tür, die auf die Streuobstwiese hinausführte, die Barthlen im Sommer gemäht hatte.

Die Fuggerin folgte ihr nicht.

44. Kapitel

AUGSBURG, ENDE FEBRUAR 1526

Es war für Marx ein mühsamer Weg den Berg hoch zur alten Stadtmetzgerei. Doch er würde sich lohnen, auch wenn er ihn zuerst in die entgegengesetzte Richtung führte. Er kaufte dort acht Sudwürste bei den verwitweten Metzgerinnen, die vor der Halle ihre Würste aus Schlachtabfällen verkaufen durften. Acht Stück würden genügen. Die Weiber waren ihm dankbar, und er hatte billig erstanden, was er brauchte. Was wollte er mehr.

Mittlerweile hatte sich seine Achsel an die Krücke gewöhnt und war nicht mehr wundgescheuert nach so einem Gewaltmarsch. Man passte sich an. An alles.

Danach humpelte er zurück. Er hatte es nicht eilig. Die Mittagszeit reichte aus für seine Pläne. Niemand scherte sich um diese Zeit um einen Krüppel wie ihn. Die Bürger saßen beim Mittagessen und schlugen sich ihre Wänste voll.

Er verbrachte ein wenig Zeit im Thorbräu am Wertachbrucker Tor, unterhielt sich mit Michl Jordan, der hier offenbar eingezogen war, seit ihn seine Frau mit den Fäusten und dem Rohrstock traktierte wie nie zuvor, wenn er von der Schänke nach Hause kam. Folglich ging er besser nicht nach Hause.

Dann stieg Marx hinunter in die Jakobervorstadt.

Der Schuppen lag so abseits, dass kaum jemand sich in dessen Nähe sehen ließ. Allerdings wunderte sich Marx, dass die Fugger-Neffen ihn nicht bewachen ließen. Zweimal umrundete er den Holzbau, um sicher zu sein. Auch konnte er erkennen, dass der Raum von außen mit einer Kette verschlossen war. Es befand sich also niemand im Stadel.

Die Bretter beiseitezuschieben und einzusteigen war eins.

Zwar hatte der Holzvater den alten Zugang mit Nägeln und zusätzlichen Latten verschlossen, aber er hatte nicht mit Marx und Michl Jordan gerechnet. Noch bevor Marx den Stadel verlassen hatte, hatte er sich einen weiteren Zugang geschaffen und die Kisten so gestellt, dass niemand ihn entdecken konnte. Der Einstieg lag nun so, dass er auf der inneren Seite nicht nur von Kisten verborgen wurde, sondern auch vor dem Hund schützte, der dort wieder Wache hielt.

Marx musste lachen: Wache halten! Der neue Bluthund, den er mittlerweile »Kleiner Engel« getauft hatte, hielt nicht Wache – er suchte nach etwas zu fressen.

Manchmal musste Marx den Kopf schütteln, wenn er das Verhalten der Menschen betrachtete, die angeblich höheres Wissen erlangt hatten, weil sie in einer fremden Stadt im Süden studiert hatten. Sie wussten zwar, dass Hunde den Besitz ihrer Herren besser bewachten, wenn man sie nicht verwöhnte, damit sie scharf blieben. Dass dieselben Hunde aber jedem um das Bein gingen, der sie freundlich behandelte und ihnen etwas zu fressen gab, das bedachten sie offenbar nicht.

»Engelchen!«, rief Marx in den Raum hinein.

Er hörte ein Schnaufen und das Kratzen der Krallen auf dem Lehmboden, dann stand das Tier vor ihm, das den Stadel bewachte. Es sah ihn im eindringenden Licht durch den Spalt, den die Kisten offen ließen, mit Augen an, die trotz der Vertrautheit, die zwischen ihnen gewachsen war, etwas Heimtückisches an sich hatten.

»Hast du Hunger, Engelchen?«, fragte Marx und wunderte sich selbst, zu welchen Flötentönen er fähig war.

Als eine Art Antwort schmatzte das Tier vor ihm, und Speichel floss ihm aus dem Maul. Er schleckte sich den breiten Kiefer – und als Marx ihm eine der Sudwürste durch den Spalt hinhielt, schnappte er zu und verschlang sie mit einem Mal.

»Ist dir eigentlich klar, mein Freund«, redete Marx drauflos, »dass du eben das tägliche Essen einer ganzen Familie verschlungen hast? Damit du hier Wache halten kannst, müssen etliche Familien hungern.«

Der Hund bellte nicht, knurrte nicht, er rührte sich aber auch nicht von der Stelle. Sein braungraues Fell ließ ihn mit den Säcken und Kisten beinahe verschmelzen. Wie eine steinerne Statue stand er da und wartete darauf, weiter gefüttert zu werden.

Eine zweite und dritte Wurst verschwand im Maul des Tieres, bevor Marx die Kiste beiseiteschob und sich zwischen den eng stehenden Kasten hindurch in den Raum vorwagte. Das eigentliche Problem war nicht der Hund, es war dieses trübe Dämmerlicht, das einen kaum die Hand vor Augen erkennen ließ. Marx überlegte, wo die Holzbündel lagerten, während er gleichzeitig mit einem Ohr auf den Hund horchte. Für seinen Plan würde ein einziges Bündel genügen. Aber das zu holen war schwer genug. Kaum hatte er den geschützten Raum verlassen und sich in den Stadel hineinbegeben, knurrte es hinter ihm.

»Ja, mein Freund, du hast es begriffen. Ich habe noch etwas für dich. Aber erst muss ich bis zu dem Holzstapel. Dann gibt's wieder was zu fressen.«

Es war gewagt, was er da tat. Der Hund hätte ihn von hinten anfallen, ihm die fünf Würste aus dem Leinensack holen und ihn am Genick packen können. Hätte. Aber er hatte ihn jetzt über gut zwei Wochen angefüttert – und das musste ihm die Zeit verschaffen, um an sein Ziel zu gelangen. Ihm ging das Geld aus, weil er sich hier nicht mehr bedienen konnte. Langsam wurde es Zeit, Nägel mit Köpfen zu machen.

Er stakste weiter, ohne sich um das immer lauter werdende Kollern hinter seinem Rücken zu kümmern. Während er mit der einen Hand seine Krücke umfasste, streckte er die andere vor sich aus, um nicht gegen ein Hindernis zu laufen. Endlich roch er das Holz. Er sah die Bündel und ... gleichzeitig langte er in den Leinensack und warf die vierte Wurst hinter sich. Das Knurren endete. Er hörte ein Schmatzen und Lecken.

Marx suchte den Stapel ab, griff sich eines der Bündel und wandte sich wieder dem Ausgang zu. Irgendwo vor ihm musste der Hund stehen oder liegen.

Jetzt kam der schwierigste Teil. Mit seiner freien Hand packte er die schweren Stangen. Mit der anderen griff er in den Leinensack. Vier Würste lagen noch darin. Sie müssten genügen, um ihn auch wieder aus dem Stadel hinauszubringen. Gleichzeitig musste er seine Krücke halten. Schon beim ersten humpelnden Schritt war er trotz der Kälte nass geschwitzt.

Er kam bis etwa zur Hälfte. Dort versperrte ihm der Hund den Weg. Marx hielt das Bündel vor sich und versuchte, das Tier wegzuschieben. Doch es wich keinen Fußbreit zurück.

»Verfluchter Köter!«, schimpfte Marx. »Sollen dir die Würste im Hals stecken bleiben.«

Mit der freien Hand warf er die fünfte Wurst hinter den Hund. Doch dieser drehte sich nicht um, rührte sich nicht von der Stelle.

Marx musste sich selbst zur Ruhe rufen. Wenn er jetzt seinen

Verstand verlor, war er verloren. Warum reagierte das Tier nicht? Er wollte eben noch eine Wurst opfern, als ihm auffiel, dass der Hund nicht knurrte.

Mit fliegendem Atem, aber ohne sich seine Furcht anmerken zu lassen, ließ er das Bündel zu Boden gleiten und langte vor sich, um das Tier zu streicheln. Dabei griff er an einen Holzbalken.

Zuerst war er verwirrt, dann dämmerte es ihm: Vor ihm war kein Hund, sondern eine der Holzstützen, die das Dach hielten. Deshalb bewegte sich hier nichts. Der Hund stand einfach daneben und wunderte sich vermutlich, warum Marx nicht weiterging.

Er nahm sein Bündel wieder auf, drehte sich etwas nach links und konnte jetzt den Weg fortsetzen. Er vernahm das Hecheln des Tieres, das offenbar seine Wurst entdeckt hatte und laut schmatzend fraß. Marx humpelte vorwärts und stieß erneut gegen einen Gegenstand. Er versuchte, ihn zu ertasten. Es war ein Tongefäß, das in Stroh und Weidenzweige eingepackt war. Er konnte sich nicht erinnern, an einem solchen Gegenstand vorbeigekommen zu sein. Als er um sich griff, ahnte er, dass er den falschen Weg zurückgenommen hatte, irgendwo falsch abgebogen war. Jetzt verfluchte er den Umstand, keine Kerze oder Laterne mitgenommen zu haben. Er schloss die Augen und versuchte, sich zu konzentrieren, was ihm aber nur schwer gelang. Einmal überforderte ihn das Gewicht des Holzes, dann die spürbare Anwesenheit des Hundes und letztlich seine Orientierungslosigkeit in diesem verschwommenen Dämmer. Er fühlte, wie sein Herz schneller schlug und seine Atmung sich beschleunigte.

Er musste umkehren, koste es, was es wolle. Sonst würde er entweder erfrieren oder von diesem Köter gefressen werden – oder eben beides.

Marx wandte sich wieder in Richtung der Holzstütze, aber er fand sie nicht mehr. Er begann noch mehr zu schwitzen und fror gleichzeitig. Er hatte sich in diesem verdammten Stadellabyrinth verlaufen. Das Guajakbündel hatte ihn eine falsche Abzweigung nehmen lassen.

Plötzlich kam ihm eine Idee. Das Holz. Es roch. Er würde das Bündel, das er geholt hatte, liegen lassen. Wenn er sich weit genug davon entfernte, würde er den Stapel wieder riechen können. Von dort aus würde er dann mit einem neuen Bündel wieder zurückfinden.

Schweren Herzens legte er das Holz ab und lief einfach geradeaus weiter. Nach zehn humpelnden Schritten hielt er inne. Seiner Orientierung nach musste der Stapel links von ihm liegen. Er schnupperte, drehte den Kopf, schnupperte weiter. Der stärkste Geruch kam von rechts.

Er wollte es nicht glauben, musste sich aber von seiner Nase eines Besseren belehren lassen. Er wandte sich nach rechts – und das bekannte Kollern ließ sich wieder hören.

»Scheiß Köter, geh mir aus dem Weg!«, fluchte er, griff er in seinen Beutel und warf dem Hund die sechste Wurst zu. Er versuchte, auf einem Bein zu stehen und sich mit der Krücke einen Weg freizumachen. Schwankend stolperte er vorwärts, bis er gegen den Stapel stieß. Er tastete die Guajakpyramide ab, entdeckte die Lücke und versuchte herauszufinden, wie er beim ersten Mal auf diesen Stapel zugegangen war.

Rasch zerrte er ein Bündel zu sich und hielt sich an sein Gedächtnis. Jetzt musste er es nur noch bis zu der Lücke zwischen den Kisten schaffen. Zwei Würste war er vom Erfolg seiner Diebestour entfernt, zwei Würste von der Rettung für sich und seine Frau.

Mit der Krücke tastete er den Gang ab, in den er hineingehen wollte. Holzregale links und rechts. Offenbar war er richtig. Kaum hatte er den ersten Schritt getan, knurrte es vor ihm im tiefsten Bass.

Marx fingerte wieder eine Wurst aus dem Sack – und sogleich wurde sie ihm aus der Hand gerissen. Die Bestie von Hund drückte ihn seitwärts gegen das Regal, als sie an ihm vorbeischoss, und Marx kam ins Taumeln. Er begann so sehr zu zittern, dass er das Bündel um ein Haar hätte fallen lassen. Doch er behielt die Nerven und schwang es auf die andere Seite, um sich vor dem Hund zu schützen.

Das Knurren in seinem Rücken setzte unmittelbar darauf wieder ein. Die Wurst, die letzte, die übrig war, musste ihn retten!

Marx fing sich wieder, hastete humpelnd vorwärts, zog das Bündel hinter sich her und erreichte die Lücke zwischen den Kisten. Aber der gefährlichste Teil seines Ausflugs kam erst jetzt. Wenn er das Holz durch den Spalt schob, war er schutzlos. Er hörte Knurren, das schließlich in ein heiseres Bellen überging.

Er hob die Holzstangen an und schob sie durch den Spalt. Dann griff er in den Leinensack – und erstarrte vor Schreck. Der Beutel war leer. Irgendwann musste er versehentlich zwei Würste herausgezogen haben. Eine Wurst lag vermutlich irgendwo an der falschen Strecke, die er genommen hatte – oder bereits im Magen des Köters.

Marx griff nach den beiden Kisten links und rechts, um sich durch die Lücke zu ziehen. Doch da fühlte er, wie ihn der Hund ansprang, wie er sich in seinen Leinensack verbiss und daran zerrte. Vermutlich roch der Beutel noch nach Fleisch. Marx warf sich nach vorn, der Sack riss, und Marx fiel durch die Lücke in den Zwischenraum. Hastig versuchte er, sich aufzurichten, indem er sich an den Kisten hochzog. Es gelang ihm nur mit Mühe. Mit letzter Kraft schob er die Lücke zu, indem er die Kisten verschob, damit ihn dieser Höllenhund nicht mehr erreichen konnte. Er war gerettet.

Er befühlte seine Hand, ob ihn dieses Vieh bei seinem Angriff gebissen hatte. Aber alles war heil geblieben. Nur der Sack war zerrissen und im Stadel zurückgeblieben.

Das Guajakbündel stach in sein gesundes Bein.

Die Witwe Jakob Fuggers, die jung vermählte Rehlingerin, setzte sich Eva gegenüber.

»Ich habe nur etwas Kräutertee und ... und zwei harte Kekse. Wir können mit nichts sonst aufwarten. So viel zahlt ...«

Sibylla wischte die vorgetragenen Bedenken mit einer Hand beiseite und sah sich um. Eva folgte ihrem Blick zum Kreuz im Winkel zwischen Fenster und der Wand gegenüber der Tür. Er wanderte über einen kleinen Schrank, aus dem Eva zwei Becher entnahm, und tastete sich zum Ofen vor. Das Sträußchen über der Tür musterte Sibylla mit einem Stirnrunzeln des Unverständnisses und blieb schließlich bei einem Heiligenbild neben dem Türöffner hängen.

»Ihr denkt Euch sicher: wie ärmlich und bescheiden«, versuchte Eva in Worte zu fassen, was ihrem Gast vermutlich durch den Kopf ging. »Ihr seid umgeben von schönen Dingen und Schmeicheleien für die Augen. Damit können wir hier unten nicht dienen, Herrin.«

Sibylla räusperte sich. »Lasst das ›Herrin‹, Eva. Ich könnte zwar so nicht wohnen, aber ich freue mich darüber, dass die Menschen hier in der Siedlung nicht nur ein Dach über dem Kopf haben, sondern wenigstens einigermaßen würdig leben können.«

Eva blies Luft aus der Nase. »Jeder kann so leben, wenn er es muss. Jeder, ohne Ausnahme.« Sie sprach nun leiser. »Manchmal frage ich mich, welchem Ratschluss Gottes es zu verdanken ist, dass manche in den Himmel gehoben und andere in den Schmutz getreten werden. Ob es womöglich nicht einen einfacheren, irdischen Grund dafür gibt als den unergründlichen Rat unseres göttlichen Herrn.«

Sibylla suchte einen Halt für ihren Blick in den wenigen Gegenständen der Stube und fand ihn schließlich in einem langen, beinahe nagelbreiten Riss in der Tischplatte aus Holzbohlen, der sich in der Mitte von einem Ende zum anderen zog.

Als Eva sah, wie die Besucherin den Spalt betrachtete und ihn mit den Fingerspitzen befühlte, klärte sie sie auf, dass zwei Querbohlen unter der Tischplatte diese daran hinderten auseinanderzubrechen.

Wieder räusperte sich Sibylla. Sie strich sich eine blonde Strähne hinter das Ohr und blickte endlich auf. »Kommen wir zum eigentlichen Grund meines Besuchs. Ihr fragt Euch sicherlich, was ich hier will?«

»Nun«, antwortete Eva und stellte zwei Becher und eine Kanne nach Minze duftenden Tees auf den Tisch. Letztere hatte sie von der Durchreiche genommen. »Wenn Ihr so fragt. Ja, das tue ich.«

»Wie lange ist es her, dass Jakob ...?«, begann sie, und ihr schien tatsächlich der Zeitraum seit dem Ableben ihres ersten Mannes abhandengekommen zu sein.

Eva rechnete rasch nach. »Etwa acht Wochen, Herrin.« Sie schlug sich auf den Mund, weil sie wieder »Herrin« gesagt hatte.

Sibylla Fugger nickte, als müsse sie sich erst wieder darüber klar werden. Schließlich sah sie Eva in die Augen. »Ihr wisst, dass ich wieder geheiratet habe?«

Eva nickte.

»Stimmt es, dass dieses Guajakholz nicht hilft?«, fragte Sibylla unvermittelt.

Eva hob bestürzt die Augenbrauen. Was sollte diese Frage? War sie vielleicht ...

»Keine Sorge. Ich leide nicht an der Franzosenkrankheit«, sagte Sibylla. »Aber mein neuer Ehemann, Konrad Rehlinger, erwägt, in dieses Geschäft einzusteigen.«

Langsam erhob sich Eva und suchte unter der Bank nach dem Fach, in das sie die Kladde mit ihren Notizen gesteckt hatte. Sie legte sie auf den Tisch und drehte sie so, dass Sibylla einen Blick hineinwerfen konnte.

»Hier habe ich alle Fälle der Franzosenkrankheit aufgenommen. Fälle, die ich mit meinem Mann behandelt habe, aber auch solche, die ich nur vom Hörensagen kenne. Seht Euch die letzte Spalte an. Diese Menschen sind alle an Zeichen der Krankheit gestorben, nachdem sie als geheilt entlassen worden waren. Nur der Vorwurf, unzüchtig gewesen zu sein oder dass Gebet und Beichte nicht aufrichtig waren, um alles Übel abzuwaschen, hindert die Menschen daran, zurückzukehren und die Behandlung anzuprangern.«

Stumm nahm Sibylla die Kladde und zog sie näher. Ihre Finger liefen die Tabellen entlang. Die letzte Spalte enthielt nur Kreuze in roter Farbe.

»Keine Überlebenden?«, fragte sie ungläubig.

»Ich sagte doch, das Mittel ist unwirksam. Das Guajakholz hierherzuholen ist Geldverschwendung. Die Menschen damit zu behandeln ist Täuschung.«

»Sehr erhellend. Also wird Konrad das Angebot Raymund Fuggers ablehnen müssen«, murmelte Sibylla.

Eva zuckte verlegen mit den Schultern. »Ich bin kein Arzt. Ich habe nur aufgeschrieben, was ich beobachtet habe. Doktor Occo lacht mich aus.«

»Er weiß davon?«

»Ich habe es ihm gesagt, aber er hat meine Warnungen in den Wind geschlagen.«

»So zerrinnen Träume«, sagte Sibylla. »Es war mein Herzenswunsch, die Frauen vor dieser Krankheit zu schützen. Deshalb habe ich Jakob gedrängt, das Holzhaus zu bauen. Aber jetzt haben seine Erben mir die Verantwortung aus der Hand genommen.«

»Und Ihr?«, fragte Eva.

Sibylla hob den Becher an den Mund und nahm einen kräftigen Schluck.

»Ich habe einen Lutherischen geheiratet. Auch auf lutherische Art und Weise.«

Eva schluckte. »Das wird Auswirkungen haben auf die Satzung der Fuggerei.«

»Fuggerei? Ein schöner Name für die Siedlung. Von Euch?«

Eva schüttelte den Kopf. »Sie wird von den Bewohnern heimlich so genannt. Man gewöhnt sich rasch daran. Aber niemand getraut sich, den Namen laut zu sagen.« Eine Pause entstand. »Dann hängt Ihr wirklich den Lutherischen an?«

Sibylla sah Eva an. »Das kann man so leicht nicht sagen. Ich fand Eure Fragen und Antworten im Haus des Urban Rieger sehr beeindruckend. Woher habt Ihr diese Gedanken nur?«

Jetzt war es an Eva, erstaunt zu sein. »Ich … weiß es nicht. Ich finde sie in meinem Kopf und muss sie aussprechen.«

Mit einem Kopfnicken quittierte Sibylla Evas Ausführungen. »Ich dachte mir so etwas. Ihr gehört eigentlich nicht hierher, Eva

Neher. Mein Mann, der selige Jakob Fugger, der Herr helfe seiner Seele aus dem Purgatorium, hat schon von Euch und Eurem Sinn für die Dinge dieser Welt gesprochen. Ich werde Euch weiterempfehlen. Ihr seid ein kluger Kopf.«

Eva verstand nicht ganz, was sie damit meinte.

»Mit meiner Heirat bin ich aus allen Belangen der Fugger'schen Stiftungen herausgefallen. An meine Stelle sind Anton und Raymund Fugger getreten. Ich werde mich nun wohl oder übel aus allen Angelegenheiten heraushalten müssen. Aber ich werde Anton einen Bericht von Euren Fähigkeiten und Euren Kenntnissen geben. Er ist der Vernünftigere der beiden Brüder.«

Eva nickte zögerlich. »Mir wäre es lieber, jemand würde diesen Matthäus Schwarz zurückpfeifen. Er macht uns Ärger.«

Sibylla lachte laut auf, fuhr sich aber sofort an den Mund. Aus dem Lachen wurde ein Glucksen. Eine Hand ging zu Eva hinüber und legte sich auf die ihre. »Seid unbesorgt. Der Mann ist ein Geck. Mode ist dem Kerl allemal wichtiger als das Geschehen in der Fuggerei. Anton hat ihn bereits durchschaut. Er lässt ihn nur noch dort arbeiten, wo es um Zahlen geht.«

»Geht es nicht immer nur um Zahlen?«, fragte Eva.

Zwischen den Frauen breitete sich eine Stille aus, die nicht bedingt war durch eine Missstimmung, sondern durch ein Einvernehmen, das nicht ausgesprochen werden musste. Schließlich stand Sibylla auf und streifte sich ihre Kapuze über.

»Wahrscheinlich werde ich nicht mehr herkommen können«, sagte sie. »Aber Ihr werdet von Anton hören.«

45. Kapitel

AUGSBURG, ENDE FEBRUAR 1526

Eva stand hinter Els und kämmte ihr das Haar. Während sie selbst dunkle Locken hatte, die leicht ins Rötliche spielten, war Els blond wie ihr Vater.

»Habt ihr Marx wiedergesehen?«, fragte Eva, während der Kamm mit langsamen, gleichmäßigen Bewegungen durch die glatten Strähnen fuhr. Je älter ihre Tochter wurde, desto lieber erduldete sie diese schmerzhafte Prozedur. Immerhin entfernte Eva Knoten und Verfilzungen, damit das Haar sich wie flüssiges Gold über ihre Schultern ergießen konnte.

Sie hatte bewusst das Wort »ihr« gewählt, um Els zu verstehen zu geben, dass sie nichts gegen den Bäckerlehrling einzuwenden hatte, mit dem zusammen sie Marx beobachtet hatte.

Zuletzt nahm sie den Läusekamm und zog einige wenige Nissen aus dem Haar.

»Er verkauft mehr Holz denn je«, flüsterte Els. »Jonathan hat ihn schon öfter dabei gesehen.«

»Ich hoffe, ihr haltet euch von der Hütte fern«, setzte Eva ernst hinzu – und dann konnte sie es doch nicht lassen. »Und sieh zu, dass dein Jonathan seine Finger von dir lässt.«

Els schloss kurz die Augen, und Eva wusste sofort, dass ihre Warnung vergebliche Liebesmüh war. Joss hatte sich damals auch nicht zurückhalten können. Und ihr selbst war es recht gewesen.

»Sei vorsichtig, Kind«, drängte sie. »Ich weiß, was er macht, wohin er langt. Mehr darfst du nicht zulassen, wenn er dich nicht entehren soll. Verstehst du?«

Els nickte, dann schüttelte sie den Kopf. »Was ist Schlimmes daran, wenn er …«

Eva seufzte. Sie hatte natürlich erwartet, mit Els irgendwann einmal dieselben Gespräche führen zu müssen, die ihre Mutter mit ihr geführt hatte. Aber sie hatte sich nicht vorstellen können, wie schwer es war. Ihr Herz schlug bis in den Hals.

»Männer versprechen dir alles, um zwischen deine Beine zu kommen – und wenn sie erst einmal dort waren, bist du für sie nicht mehr rein genug, nicht mehr keusch genug. Keine Frau, die man heiraten möchte. Also, sieh dich vor.« Sie räusperte sich und senkte die Stimme. »Aber ganz abweisen darfst du die Männer auch nicht, sonst bleiben sie nicht bei dir. Es ist gefährlich für uns Frauen. Sehr gefährlich.«

Els saß ganz starr da und sagte nichts. Eva fühlte sich wieder in ihre eigene Jugend zurückversetzt, als sie selbst vor Scham am liebsten durch den Stuhl hindurch in die Erde versunken wäre.

»Er ist so zärtlich«, flüsterte Els. »Es ist …«

»Ja«, sagte Eva. »Ich weiß.«

An der Stelle hatte die Mutter ihr von der Erbsünde und von der Versuchung des Teufels erzählt, der man nicht erliegen solle, aber das wollte sie nicht. Sie wollte ihrer Tochter nicht die Angst einflößen, die sie selbst verspürt hatte, wenn sie und Joss zusammen waren und seine Hände zu wandern begannen.

»Ja, es ist schön. Aber sei vorsichtig. Geh nicht zu weit. Er darf nicht – hörst du! – er darf nicht mit seiner … seiner Männlichkeit in dich eindringen. Das Zeugen von Kindern ist der Ehe vorbehalten. Nur der Ehe!«

Während ihr Kamm gleichmäßig durch die blonden Haare glitt, spürte sie, wie ihre Tochter nach Luft schnappte.

»Habt ihr etwa schon …?«, fragte Eva rasch und hätte sich am liebsten geohrfeigt für diese hastige Frage, die zu überfallartig gewesen war.

Els schüttelte energisch den Kopf. Etwas zu energisch, wie Eva fand. Sie wollte nachhaken, wollte wissen, wie weit die beiden Verliebten wirklich gegangen waren, als ein markerschütternder Schrei erscholl: »Feurio, Feurio!«

»Es brennt!« Eva ließ den Nissenkamm fahren, sprang an das Fenster zur Gasse und spähte hinaus.

»Siehst du etwas? Brennt es in der Siedlung, Mutter?«

Eva hätte es nicht gewundert. Die Häuser hockten zu eng aufeinander. Sie waren durch und durch aus Holz und selbst in die Zwischenwände aus Lehm war viel Stroh eingearbeitet, das bei einem Brand schnell Feuer fing.

»Wo brennt es?«, fragte Els noch einmal.

»Lass uns nachsehen«, sagte Eva.

Sie gingen auf den Gang hinaus. Während sie zur Tür eilten, stürmte Joss herein.

Trotz der Kälte rann ihm der Schweiß von der Stirn. Sein Gesicht glühte und war voller schwarzer Rauchschlieren. Am Arm hatte er eine blasige Wunde.

»Wo sind die Eimer?«, schrie er.

Völlig verdattert zeigte Eva nach hinten in die Küche. »Einer … einer ist noch halb voll Wasser«, stotterte sie. »Was ist los? Was ist dir passiert?«

»Gut«, sagte Joss nur und stürzte an ihr vorbei. Er riss die beiden Eimer an sich und rannte wieder hinaus. Auf der Schwelle drehte er sich noch einmal kurz um.

»Jemand hat das Gebetshaus angesteckt. Es brennt lichterloh.«

Dann spurtete er weiter.

Eva musste schlucken. Es war das geschehen, was sie schon immer befürchtet hatte. Man war den Zusammenkünften des neuen Glaubens auf die Schliche gekommen.

Die beiden Frauen rissen ihre Schauben von den Haken und zogen ihre Mützen auf.

»Was ist los?«

Die Stimme kam aus dem hintersten Zimmer. Barthlen war bereits im Bett gewesen. Jetzt stand er völlig verschlafen und mit kleinen Augen vor ihnen.

»Zieh dich an, rasch. Es brennt. Wir müssen raus aus dem Haus. Wenn das Feuer um sich greift, müssen wir hier weg.«

»Ich will aber schlafen!«, maulte Barthlen.

»Lass ihn doch, Mutter«, sagte Els. »Das Feuer ist weit weg.

Wenn es um sich greift, kommen wir noch immer rechtzeitig hierher.«

Eva ließ sich nicht überzeugen. Feuer waren tückisch.

Sie wollte Barthlen packen, aber der wehrte sich mit Händen und Füßen. Schließlich gab Eva nach.

»Aber du schläfst nicht im Zimmer hinten. Leg dich auf die Eckbank in der Stube.«

Es war ihr nicht recht, nur war Barthlen zu schwer, als dass sie ihn hätte tragen und mitnehmen können. Also holte sie eine Decke, warf sie ihm über und brachte ihn in die Stube. Dort legte sie ihn auf die Bank. Zur Not konnte man ihn durch das Fenster nach draußen holen. Dann eilte sie mit schlechtem Gewissen aus der Tür.

Sie stolperte mit Els den Weg hinunter und hinein in die Finstere Gasse. Eine Traube von Menschen hatte sich vor dem Haus versammelt, das den Durchgang zum Gebetshaus bildete. Evas Blick blieb jedoch nicht an der Menschenmenge hängen, sondern an dem triumphierenden Blick, den der ehemalige Scharwächter ihr zuwarf. Im Geflacker sah es aus, als hätte Marx sich am Löschen beteiligt, jedenfalls liefen schwarze Schlieren über seine Stirn.

Marx stand am äußersten Eck der Straße unter seinem Haus und beobachtete die Szene. Mit einem Schulterzucken und einer Geste, die auf seine Krücke verwies, entledigte er sich der Verantwortung, gegen das Feuer ankämpfen zu müssen. In dieser Verfassung konnte er keinen Eimer tragen, wenn er nicht wollte. Eva fiel auf, dass unter seinem fehlenden Bein ein in Wachstuch eingeschnürtes Bündel lag.

Sie spuckte aus, als sie den Kerl so überlegen und hoheitsvoll dort stehen sah. Langsam ging sie mit Els an der Hand auf den Brandherd zu. Sie rochen das verkohlende Holz, die ausglühenden Lehmwände, die sich zu Ziegelstein verhärteten. Doch kurz bevor sie in den Garten der Anwohner schlüpfen konnten, wurden sie zurückgehalten.

»Nichts für Frauen und Kinder.«

»Aber Joss, mein Mann, ist da drin!«

»Ein Held«, sagte der Mann. »Er hat einen Mann aus dem Gartenhaus gerettet.«

Der Sprecher senkte die Stimme und flüsterte: »Es heißt, den Prediger. Um den wär's nicht schade gewesen.«

Marx triumphierte. Er hatte alles richtig gemacht. Die Menschen rannten an ihm vorbei zu dem Sündenpfuhl dieser Abtrünnigen, allen voran der Holzvater und jetzt auch seine Frau und die Tochter. Es war ein wildes Hetzen, das gespeist war von der Angst. Man konnte sie förmlich riechen, diese Furcht vor dem Feuer, vor den Flammen. Und es war die Gier, das Entsetzliche mit den eigenen Augen zu sehen, ihm nahe zu sein, es auf der eigenen Haut brennen zu spüren. Er sah das Glitzern in den Augen der Leute, das vom matten Widerschein der hochschlagenden Feuer stammte und das gleichzeitig ein Echo war aus der Hölle, die immer auch Teil des menschlichen Wesens bildete.

Als sie an ihm vorbei waren und er das Gefühl hatte, die Bewohner dieser Siedlung achteten vor allem auf den Brand und nicht auf ihn, packte er sein Bündel und humpelte auf das Holzhaus zu. Kurz darauf stand er vor der Tür. Er schnupperte – und der süßliche Geruch des Guajakholzes schlug ihm entgegen. Ohne anzuklopfen, öffnete er die Tür, schaute sich um und vergewisserte sich, dass niemand ihn beobachtete. Er kannte sich aus, wusste, wo die Küche war, wo der Tee aufgegossen wurde, schaute auf die geschlossenen Türen, die zu Stube und Schlafzimmer führten, wusste auch, dass das Holzhaus ein Kellerloch besaß. Er schlüpfte ins Haus, schloss die Tür hinter sich, lehnte sich von innen dagegen und legte das Bündel ab. Er schwitzte nicht nur vor Anstrengung.

Zuerst musste er sich sicher sein, dass sich außer den Kranken im ersten Stock niemand mehr im Haus befand. Zwar hatte er Els gesehen, aber Barthlen war nicht dabei gewesen. Der konnte allerdings schon vorgelaufen sein.

Marx packte sein Bündel und trug es in die Mitte des Flurs. Dann stapfte er mit seiner Krücke nach hinten ins Kinderzimmer, öffnete die Tür und spähte hinein. Niemand war dort. Offenbar war dieser kleine Teufel tatsächlich vorneweg gelaufen. Umso besser. Ein rascher Rundumblick sagte Marx, dass alle Türen geschlossen waren, bis auf das Elternschlafzimmer. Ein kurzer Blick in den Raum ließ ihn die Nase rümpfen. Es roch nach Schweiß und Frau. Er ließ die Tür offen.

Jetzt kam der schwierigste Teil seines Plans. Die Klappe über dem Abstieg in den Keller musste geöffnet werden. Die hölzerne Abdeckung war schwer, und für einen Einbeinigen war sie noch schwerer. Zwar war sie mit einem Gegengewicht versehen, aber eigentlich brauchte es zwei gesunde Beine und Arme, um sie zu öffnen. Dennoch gelang es Marx, den Lukendeckel hochzustemmen.

Er nahm das Holz und warf es die Leiter hinunter. Eine ganze Weile blieb er oben stehen und überlegte, ob er es dabei belassen sollte. Doch ein achtlos hinabgeworfenes Bündel musste verdächtig wirken. Er musste hinuntersteigen und es irgendwo verstecken.

Marx hielt sich am Rand fest und ließ sein gesundes Bein auf die erste Leitersprosse hinab. Dann griff er nach den Holmen und hüpfte eine Sprosse tiefer. Das war anstrengend, und wie er wieder hinaufgelangen sollte, war ihm noch nicht recht klar. Mit jeder Sprosse begann er heftiger zu schwitzen. Jetzt durfte niemand zufällig zurückkommen.

Es war stockfinster in dem Keller. Marx tastete umher, fand sein Bündel und trug es in die hinterste Ecke. Dabei stützte er sich an der feuchten Mauer ab. Die rechte Seite war, soweit er dies im Dunkel ausmachen konnte, mit Regalen vollgestellt, auf denen Krüge mit eingelegten Früchten und Gemüse standen. Beinahe hätte er ein Sauerkrautfass umgestoßen, konnte es aber noch rechtzeitig festhalten. Dahinter fand er im Dunkeln eine Lücke für sein Bündel. Er stopfte es hinein und kehrte um.

Ein bitterer Zug umspielte seine Mundwinkel. Das Versteck würde seine Geschichte noch glaubhafter machen.

Er lachte leise, als er an diese zweite Überraschung dachte, die er Joss und seinem Weib bereiten würde. Eine kleine Entschädigung für sein verpfuschtes Leben.

Der Aufstieg war leichter, als er es erwartet hatte, da er sich schon nach der ersten Sprosse an der Kante des Fußbodens festhalten konnte. Er schob sich gerade aus der Öffnung der Kellerluke und griff nach seiner Krücke, als es unerwartet klickte und sich die Außentür öffnete. Marx erschrak.

Er hatte so schnell niemanden zurück erwartet. Wenn man ihn entdeckte, war er geliefert. Dann konnten er und seine Frau Sack und Pack schultern und nicht nur die Siedlung, sondern auch die Stadt verlassen, jetzt, wo er endlich hatte einziehen können.

Lärm drang durch den offenen Spalt, das Prasseln eines Feuers, die Rufe der Männer, die löschten, und Schreie, Schreie von Menschen, die sich verbrannt hatten, verletzt worden waren.

Er verharrte, halb im Kellerloch, halb auf die Diele gelegt, und wartete. Sein Herz schlug so stark, dass ihm schwindlig wurde und er beinahe in die Öffnung zurückgestürzt wäre. Er runzelte die Stirn. Warum hörte er niemanden an der Tür rütteln? Hätte jemand ins Innere kommen wollen, hätte er versucht, die Tür aufzustoßen, und diese wäre gegen den Lukendeckel geprallt. Aber das geschah nicht. Sie war nur aufgegangen – und Marx atmete durch. Offenbar hatte er es versäumt, die Tür richtig zu schließen.

Er schluckte und feuchtete seine Lippen mit der Zunge an. Ein kehliges Lachen entrang sich seiner Brust, mehr aus Verlegenheit und Erleichterung. Er stemmte sich ganz aus der Öffnung, nahm seine Krücke und zog sich an ihr hoch. Dann ließ er die Klappe langsam zufallen. Ein knallendes Geräusch, das sicherlich die eine oder andere Kranke oben aufweckte, aber das war ihm gleich.

Er horchte kurz, aber im Haus blieb es still.

Eine Kleinigkeit fehlte noch. Er langte in eine Tasche seines Wintermantels. Ein kleines Tonfläschchen in einem roten Lederbeutel befand sich darin, dessen Hals mit einem Lederriemen umwickelt war, der eine Schlaufe bildete. Vorsichtig nahm er es heraus, humpelte in die Küche und öffnete es. Er suchte nach der Kanne mit dem Guajaksud, fand jedoch weder einen Eimer mit Wasser noch den Krug mit dem Sud.

Zuerst fluchte er leise, dann zuckte er mit den Schultern. Das war ohnehin nicht seine Sache. Er stöpselte das Fläschchen zu und steckte es weg. Es wurde Zeit zu verschwinden, und er wandte sich um. Aber dann kam ihm eine andere Idee. Er gluckste, als er daran dachte, was sich daraus entwickeln könnte, und humpelte zur Herdstelle.

Jeder Rauchfang hatte im Inneren einige Haken, an denen man Fleisch aufhängen konnte, um es zu räuchern. Marx langte hinein und hätte beinahe laut gejauchzt, als er sofort einen leeren Haken erspürte. Er nahm das Fläschchen und hängte es daran.

Marx drehte auf der Stelle um und humpelte nach draußen. Als er an der Tür zur Stube vorbeikam, stutzte er. Sie stand einen Spalt weit auf, ebenso wie die Haustür. Er erinnerte sich nicht, die Stubentür offen gesehen zu haben. Er zögerte, dann drückte er mit der Krücke die Tür ganz auf und schaute in den Raum.

Wärme schlug ihm entgegen. Offenbar hatten die Hausleute die Tür geschlossen gehalten, um diese Wärme einzufangen. Umso merkwürdiger war es, dass sie jetzt offen stand. Er drückte die Tür ganz auf und betrat die Stube.

Auf der Eckbank lag eine zerknüllte Decke. Auf dem Tisch lagen ein Handspiegel und eine Bürste. Der Raum war ansonsten dunkel und, soweit Marx erkennen konnte, hielt sich niemand darin auf.

Dennoch kam es ihm so vor, als hätte er etwas übersehen. Langsam ließ er den Blick durch das Zimmer gleiten. Es gab nichts, was ihm merkwürdig vorkam, also drehte er sich zum Flur um und schloss die Tür hinter sich. Womöglich war sie aufgesprungen, als er die Kellerluke hatte zufallen lassen. Dann verließ er das Haus.

Draußen empfingen ihn das Brüllen des Feuers und Schreie, ohne dass er eine Menschenseele erkennen konnte. Marx grinste und schüttelte so das Gefühl ab, das sich seinem Nacken aufgehuckt hatte. Er hatte alles richtig gemacht.

Nur einmal sah er sich um, weil er glaubte, im Rücken einen Blick zu spüren. Doch die Fenster waren dunkle Pupillen in einem ausdruckslosen Hausgesicht.

Er brauchte ein Bier. Er sah wohl langsam Gespenster. Wenn ein abgetrenntes Bein solche Auswirkungen hatte, war es Zeit, seinen Geist wieder ins Lot zu bringen. Und das schafften nur einige Humpen Bier und eine zotige Unterhaltung in der Schänke.

46. Kapitel

AUGSBURG, MÄRZ 1526

Die Gemeinschaft war es, was die Siedlung am Leben erhielt. Man gehörte dazu, oder man musste die Siedlung wieder verlassen. Dazwischen gab es nichts. Allerdings waren die Menschen geduldig.

Das Feuer unter Kontrolle zu bringen dauerte einen halben Tag. Da der Lauterlech in der Nähe vorüberfloss und die Eimerketten durch die Bewohner der Siedlung daher lückenlos besetzt werden konnten, gelang es, die Flammen einzudämmen. Auch die Tatsache, dass das Gebäude mitten in einem großen Gartengelände und von den Häuserzeilen der Straße weit entfernt stand, war hilfreich.

Erst als das Feuer herabgebrannt und nur noch glühende Balken zu sehen waren, löste sich die Hilfskette auf, und die Eimer wanderten zurück in die Küchen und Keller.

Als Eva nach Joss Ausschau hielt, trat einer der Siedlungsbewohner dicht an sie heran. Er roch nach Rauch und Feuchtigkeit. Eva wollte schon einen Schritt ausweichen, um ihm Platz zu machen, doch er packte sie am Arm und hielt sie fest.

»Warum bemüht sich Euer Mann derart, das Feuer zu löschen?«, fragte er.

Eva war überrascht. Feuer war in einer Stadt, die aus Holz gebaut war, immer gefährlich. In einer Siedlung, die noch nach dem

Harz der frisch geschlagenen Stämme roch, umso mehr. Ein Funke genügte, und alles brannte lichterloh.

»Was soll die Frage? Lasst mich los!«

»Ich weiß, was er getrieben hat!«, sagte der Mann, ohne sie anzublicken.

Sie musste sich drehen und zu ihm hochsehen, weil er außergewöhnlich groß war. Sie kannte ihn. Er hatte in der Hinteren Gasse zusammen mit seiner Frau und vier Kindern eine Wohnung bezogen. Ihm fehlte ein Auge, und an der rechten Hand besaß er nur noch den Daumen. Er hatte sich zum Sprecher der Fuggereibewohner ernannt, ohne dazu gewählt worden zu sein. Oft sah sie ihn mit Pater Finn zusammenstecken.

»Was? Was meint Ihr damit?« Eva schluckte.

»Ihr wisst genau, was ich meine. Vier Menschen waren in dem Haus, und Euer Mann schleppt den Prediger als Ersten ins Freie.«

Jetzt wusste sie Bescheid. In den Gottesdiensten war immer wieder davor gewarnt worden, dass die Stadt übersät war mit Spitzeln. Männer und Frauen suchten nach den Anhängern Luthers. Jedes zweite Wochenende wurden diese aus der Stadt ausgewiesen. Die alte Kirche wollte das »Gesindel« nicht zwischen den Mauern wissen.

»Er lag vermutlich dem Ausgang am nächsten«, erwiderte Eva, um einen Moment zum Nachdenken zu gewinnen.

Der Mann brummte etwas, das Eva nicht verstand. »Haltet mich nicht für dumm, Holzmutter«, sagte er dann. »Er hat regelmäßig die Predigten dieses Urban Rieger besucht. Ich habe diesen Abtrünnigen noch als Domprediger gekannt. Ein guter Redner. Überzeugend. Feurig. Dass er die Seiten gewechselt hat, kann man ihm nicht mal verübeln, denn diese Lutheranhänger wollen Predigten hören, wollen das Wort Gottes hören – aus dem Mund eines Menschen und in der Sprache der Gosse.«

Eva musste wieder schlucken. Auch sie hatte ja schon Predigten Riegers gelauscht – und er war überzeugend. »Es ist nicht die Sprache der Gosse, es ist das Wort Gottes. Versündigt Euch nicht.«

Der Riese schüttelte nur den Kopf. »Glaubt Ihr wirklich, Holzmutter, Jesus hätte wie der Schweinemäster auf dem Saumarkt geredet?«

Eva hatte schon eine Erwiderung auf der Zunge, musste jedoch achtgeben. Sie konnte dem Satz zwar von sich aus zustimmen, niemals aber durfte sie laut Ja sagen. Das wäre Gotteslästerung gewesen. »Er hat auch nicht Latein gesprochen!«, sagte sie stattdessen.

Der Riese fuhr herum, und sein Daumen schnellte hoch und zwischen die Knochen ihres Unterkiefers, sodass es ihre Zunge nach oben schob.

»Ich ahne, dass Ihr auch der neuen Lehre anhängt. Gnade Euch Gott, dass es nicht stimmt. Es ist besser, die Predigthäuser brennen, als dass die Seelen wegen dieses Unglaubens im Purgatorium verglühen.«

»Dann ... ha... habt Ihr ... d... das Haus ab...ge...fackelt?« Sie war stolz auf sich, denn sie fand ihre Frage ziemlich dreist, obwohl der Daumen unter ihrem Kiefer ihr kaum erlaubte, die Worte hervorzubringen.

»Wir haben Euch«, drohte der Riese. »Ihr könnt Euch nicht mehr verstecken.«

»He, lasst sofort meine Frau los!«

Joss kam herbeigeeilt, während Eva sich nur mühsam auf den Zehenspitzen hielt, damit sich der Daumen des Kerls nicht von unten ganz in ihren Mundraum bohrte.

Der Riese sah Joss seelenruhig an, dann warf er sie mit einer kurzen Armbewegung in Joss' Arme.

»Ihr werdet brennen ... wie das Haus des Predigers!«, verkündete er, bevor er in der Dämmerung verschwand.

Joss hatte Eva aufgefangen. »Wer war das?«, fragte er. »Hat er dir wehgetan?«

»Ich kenne ihn nur vom Sehen«, bemühte sich Eva, klar zu sprechen, aber ihre Zunge war noch immer leicht gelähmt von dem Druck. »Er weiß vom Predigerhaus.«

»Urban Rieger lebt«, sagte Joss und sah dem Kerl nach. »Er wird die Stadt verlassen und sich in Sicherheit bringen. Wenn er Glück hat, kommt er noch durchs Gögginger Tor.«

»Sie wissen von uns«, sagte Eva. »Sie wissen, dass wir ihm beim Predigen zugehört haben. Sie wissen, dass wir Luthers Ideen näherstehen als dem strafenden Gott Pater Finns.«

Joss streichelte ihr über den Kopf und drückte sie an sich. »Wo sind die Kinder?«, fragte er.

»Els steht dort drüben, und Barthlen ist zu Hause. Er war zu …«

»Du hast ihn alleingelassen?«, fuhr Joss sie an.

»Ich konnte ihn nicht tragen, und er hat sich mit Händen und Füßen gewehrt.«

Sie konnte spüren, wie Joss sich verkrampfte.

»Das Feuer wurde gelegt. Keine umgefallene Kerze, kein Funke aus der Wärmeschale. Jemand hat unter der Tür Stroh aufgeschüttet, es mit Öl getränkt und angezündet. Außerdem wurde ein Zaubermittel beigemischt«, erzählte Joss. »Die Gläubigen, die zum Gebet kamen, haben zuerst versucht, das Feuer mit Schnee zu löschen. Als sie die ersten Hände voll hineingeworfen haben, sind die Flammen erst recht hochgeschossen und haben auf die Holzfassade übergegriffen. Ein Jahrmarktstrick, der furchtbare Folgen hatte. Das gesamte Gartenhaus ist niedergebrannt. Gott sei Dank ist es kalt, und es liegt am Abend Reif auf den Dächern. Deshalb hat der Funkenflug nichts weiter angerichtet. Anderenfalls stünde vermutlich von der Fugger'schen Siedlung nichts mehr.« Joss wirkte niedergeschlagen. »Lass uns nach Hause gehen«, sagte er und zog Eva mit sich. Für Els ließ er einen Pfiff hören – und das Mädchen kam sofort herbeigelaufen.

»Ist jemand umgekommen?«, fragte Eva und rieb sich fröstelnd die Arme.

»Nein. Sie haben nur ein wenig Rauch abbekommen. Vier Menschen waren in der Kapelle. Urban Rieger wollte durch die Tür nach draußen und kam mit einer der Explosionen durch diese Zauberei in Berührung. Er hat sich einige Verbrennungen zugezogen. Aber alles harmlos. Sibylla ist nichts passiert. Sie war wie durch ein Wunder kurz zuvor in die Stadt zurückgekehrt.«

Sie bogen in die Gasse des Holzhauses ein. Abrupt blieb Joss stehen, dann begann er zu rennen.

»Hast du die Tür aufgelassen?«, fragte er sie über die Schulter.

Els, die hinter ihren Eltern lief, hatte mitgehört. »Nein, ich hab sie fest zugemacht.«

Jetzt beschleunigte auch Eva ihre Schritte.

»Barthlen«, flüsterte sie, weil sie ihren Jungen weinen hörte.

Beinahe hätte Joss den Mann umgerannt, der direkt hinter der Tür stand. Er stieß die Eingangstür ganz auf und dem Kerl in den Rücken. Dem entwich hörbar die Luft aus den Lungen, und er taumelte vorwärts.

Eva betrat den Flur hinter ihrem Mann. Sie sah, wie Barthlen am anderen Ende auf dem Boden kniete und weinte. Sein Atem ging stoßweise, und er brachte nur unverständliche Worte hervor. Über ihm hatte sich ein zweiter Mann aufgebaut, ganz in Loden und Pelz gekleidet, und schrie ihn an.

»Jetzt sag schon, Bursche. Es war dein Vater, stimmt's? Wir wissen es doch!«

Joss fuhr unter die beiden Männer wie ein Berserker. Bevor Eva »Nicht, Joss!« rufen konnte, hatte er den, der in den Gang gestolpert war, gepackt und gegen die Wand des Schlafzimmers geworfen und den anderen, dessen Gesicht in der Dunkelheit kaum zu erkennen war, in die Kniekehlen getreten und zu Boden gedrückt. Die beiden waren offenbar zu verblüfft, als dass sie lautstark protestieren konnten.

»Joss, hör auf!«, rief Eva. Ihr Blick war nicht vor Zorn vernebelt. »Es sind Matthäus Schwarz und Thomas Krebs.«

»Scheiß drauf!«, schrie Joss. »Niemand macht meinem Sohn Angst.«

Die Entschlossenheit, mit der er den Satz ausstieß, ließ in Eva einerseits ein warmes Gefühl aufsteigen, andererseits bekam sie Angst.

Joss hatte Schwarz zu Boden gedrückt und war ihm mit dem Knie auf den Rücken gestiegen. So hielt er den Hauptbuchhalter des verstorbenen Jakob Fugger fest. Der bekam keine Luft mehr und japste in seiner Robe.

»Barthlen, komm her«, befahl Joss seinem Sohn und streckte ihm seine freie Linke entgegen. Der völlig verwirrte Junge rappelte sich auf und lief einfach los. Sein Schuh traf seinen Peiniger mitten ins Gesicht. Barthlen sprang seinem Vater in die Arme. Joss packte ihn, stand auf und zog sich hinter Eva zurück.

»Was habt ihr hier zu suchen?«, fauchte sie die beiden Männer an.

Mühsam und unter fortwährendem Ächzen erhoben sich die Eindringlinge. Kaum stand Schwarz auf den Füßen und hatte sich geschüttelt, als er auch schon auf Joss losging. »Seid Ihr verrückt? Wisst Ihr, mit wem Ihr es zu tun habt, Zimmerer?«

Joss hielt den Mann am ausgestreckten Arm von sich fern. »Mit Einbrechern, Dieben und Sittenstrolchen«, antwortete er ungerührt. »Ich bin mir nicht bewusst, Euch eingeladen zu haben, Matthäus Schwarz.«

Langsam hatte sich der Buchhalter wieder gefangen, hatte sich ausgeklopft, gesäubert und warf sich sofort in Pose. »Ihr sprecht mit dem Buchhalter des bedeutendsten …«

»Ich weiß, wer Ihr seid«, fiel ihm Joss barsch ins Wort und trat einen Schritt näher an Schwarz heran, sodass dieser sich hastig nach einer Fluchtmöglichkeit umsah. »Ich weiß auch, mit wem Ihr gesprochen habt: mit meinem Sohn. Ohne mein Beisein. Außerdem seid Ihr in mein Haus eingedrungen.«

Der Baumeister, der auch wieder zu sich gefunden hatte und sich hochrappelte, lachte. »Euer Haus? Ihr … Ihr überschätzt Euch wohl.« Er wischte sich einen Blutfaden vom Mund. »Ihr habt Wohnrecht, mehr nicht. Und auch das nur als Anhänger des rechten Glaubens.«

Joss blieb vor dem Ausgang stehen und verschränkte die Arme vor der Brust.

»Ihr *hattet* Wohnrecht«, sagte Matthäus Schwarz.

Eva erstarrte. Was meinte er damit?

Ihr Blick traf auf den von Thomas Krebs – und in dessen Augen stand eine deutliche Warnung.

»Was ist los? Warum seid Ihr hier?«, fragte sie. »Doch nicht, weil Ihr Euch das Holzhaus ansehen wollt.«

Schwarz pflügte durch den Gang auf sie zu. Joss streckte den Arm aus, und er lief wie gegen eine Wand.

Wieder war der Buchhalter zu verblüfft, um sofort zu handeln. Er hielt inne. Diese Zeit nutzte Joss, um Barthlen sanft am Kinn zu fassen und sein Gesicht zu sich zu drehen.

»Erzähl, was wirklich geschehen ist, Junge«, sagte Joss und legte so viel Liebe und Verständnis in seine Worte, dass Eva die Tränen kamen.

»Ihr habt gestohlen, Hausvater!« Plötzlich stand der Satz im Raum, und weder Joss noch Eva konnten ausmachen, woher er gekommen war.

Behutsam setzte Joss Barthlen ab und streichelte ihm über den Kopf. Er blieb neben ihm auf den Knien, damit sein Kopf und der seines Sohnes gleichauf waren.

Eva erkannte erstmals, dass sich auch Barthlen langsam zu einem Jugendlichen entwickelte.

»Was hast du gesehen, Barthlen?«, fragte er und ließ dabei den Hauptbuchhalter nicht aus den Augen. »Du weißt, du kannst mir alles sagen.«

»Ein böser Mann war hier«, sagte Barthlen und stellte sich näher an Joss' Seite.

Eva musste schlucken. Noch nie hatte ihr Sohn den Ausdruck »böser Mann« gebraucht.

»So ein …«, begann Schwarz, doch Joss schnellte hoch und auf ihn zu.

»Haltet Euren Mund, oder ich schließe ihn!«, fauchte er den Stellvertreter Anton Fuggers an.

Eine Träne rollte über Evas Wange. Mit einem solchen Verhalten würde Joss nur anecken. Aber sie konnte ihn nicht warnen. Außerdem wollte sie unbedingt wissen, wer dieser »böse Mann« gewesen war.

Schwarz' Augen sprühten Blitze, aber er blieb ruhig.

»Weiter, Barthlen«, ermunterte ihn Joss, und der Junge begann stotternd zu erzählen.

»Da war ein Mann im Haus. Er hat alles durchsucht«, sagte er. »Ich hab die Tür aufgemacht, damit er rausgeht, aber das ist er nicht. Er hat mir Angst gemacht.«

Joss biss die Zähne zusammen. »Hast du ihn erkannt? War es einer von den Männern hier?«

Jetzt wurde es Schwarz zu viel. »Was bildet Ihr Euch ein, Kerl? Mich beschuldigen, Euren Bankert zu bedroh…«

Weiter kam er nicht. Joss hatte mit einer kurzen Bewegung ausgeholt und dem Hauptbuchhalter mit dem Handrücken ins Gesicht geschlagen.

Schwarz stand da wie versteinert. Eva holte tief Luft und musste dann husten. Els schrie kurz auf, und der Baumeister schnappte nach Luft.

Langsam hob Matthäus Schwarz seine Hand an die Wange und verzog kurz das Gesicht bei der Berührung. »Packt Eure Sachen!«, zischte er.

»Das habt Ihr nicht zu entscheiden«, widersprach Joss finster. »Der Regierer des Hauses heißt Anton Fugger, nicht Matthäus Schwarz.«

»Wenn Ihr Euch da mal nicht täuscht«, entgegnete Schwarz. Er zog seine Pelzschaube enger. Die rechte Wange war gerötet und schwoll bereits an. »Lasst die Wohnung durchsuchen«, sagte er an Krebs gewandt. Dann drängte er sich an Joss vorbei zur Tür. Auf der Schwelle rief er in die Dunkelheit hinein: »Wache!«

Von gegenüber tauchten aus dem tiefen Nachtschatten der Gebäude drei mit Piken bewaffnete Männer auf. Ihr Anführer senkte kurz den Kopf. »Herr?«

»Werft das Gesindel mit seinen Bälgern aus dem Haus. Und

dann schaut euch genau um. Genau. Ich will wissen, welche Geschäfte der Kerl unter der Hand macht.«

Der Mann nickte. Mitleidslos wanderte sein Blick zu Joss und Eva, die wie zu Salzsäulen erstarrt im Flur standen.

»Der Baumeister wird euch die entsprechenden Anweisungen erteilen.«

»Wo sollen wir sie hinbringen?«, fragte der Anführer der Wachleute.

»Heraus aus der Fuggersiedlung, in die Gosse. Alles andere ist mir gleich«, sagte Schwarz kalt wie der Wind, der langsam zunahm und die Flammen im Garten erneut anfachte. Hinter den Gebäuden auf der anderen Seite der Gasse hörte man es prasseln. »Ich hab euch nie als Holzeltern gewollt«, flüsterte er über die Schulter, so leise, dass nur Joss und Eva es hören konnten.

»Ich habe einen Vertrag, der von Jakob Fugger unterschrieben ist!«, sagte Joss trotzig, doch Eva spürte, dass seine Selbstsicherheit dem Entsetzen gewichen war. »Das könnt Ihr nicht machen.«

Ohne sich umzudrehen, legte der Buchhalter den Kopf in den Nacken und sah hinauf in den Himmel über der Stadt.

»Jakob Fugger ist tot«, sagte er. »Und ihr habt gnädigerweise Zeit bis zum Morgen!« Er wandte sich an den Pikenier. »Ihr bleibt hier, damit bis Tagesanbruch nichts verschwindet.«

47. Kapitel

AUGSBURG, MÄRZ 1526

Sie kamen tatsächlich im Morgengrauen.

Eva hörte das Pochen oben im Frauenraum. Sie verabreichte den Kranken eben den Sud, der noch vor dem ersten Essen getrunken werden musste. Sie blieb neben dem Bett stehen, eine Schüssel in der Hand. Meist konnten die Frauen die ersten Bissen nach dem

Trunk nicht bei sich behalten. Also musste sie mit der Schüssel helfen. Es war für sie und die Mädchen und Frauen im Raum jedes Mal eine Tortur. Das wünschte sie nicht einmal ihrem ärgsten Feind.

Aennlin schaute sie fragend an, als das Pochen unten lauter wurde. Auch die Kranken sahen sie neugierig an. Eva zuckte nur mit den Schultern.

»Els oder Joss werden die Tür öffnen«, sagte sie und gab der nächsten Kranken ihren Trank, hielt ihr ein Brot hin und die Schüssel unter das Kinn. »Oder der Pikenier.«

Dann hörte sie, wie draußen gebrüllt wurde, wie Waffen klirrten. Sie unterbrach ihre Arbeit, trat ans Fenster und erschrak.

Drei Waffenknechte mit den Fuggerwappen auf der Kleidung standen vor der Tür. Und das waren nur die, die sie von oben erkennen konnte. Schwarz hatte also Wort gehalten.

Rasch übergab sie ihre Schüssel und den Krug mit dem Sud an Aennlin und eilte die Treppe hinunter. Sie konnte den Flur nicht betreten. Die Klappe zum Keller stand auf. Zwei Männer der Schar stiegen eben hinunter.

Els hatte sich in die Ecke gekauert und schluchzte, Barthlen starrte entgeistert auf das, was geschah.

»Was wollt ihr da unten?«, schrie Eva die Männer an. Doch die taten so, als hätten sie sie nicht gehört.

Von oben war zu hören, wie in dem Kellerloch gewaltsam Regale ausgeräumt wurden, wie Töpfe umfielen und zerbrachen.

Eva stiegen Tränen in die Augen. Das waren ihre Wintervorräte: eingelegte Früchte und saures Gemüse, Kraut und Wein. Es klirrte und schepperte, als bereite es den Kerlen einen Höllenspaß, alles zu zerstören.

»Hört auf, alles kaputt zu schlagen!«, schrie sie.

Sie fragte sich, wo Joss war, und rief nach ihm, aber er zeigte sich nicht.

Eva rüttelte an der Luke zum Keller, wollte sie zuschlagen, als ein Schrei von unten sie aufhorchen ließ.

»Da ist es!«, rief einer der Männer aus dem Loch nach oben.

»Was soll da sein?«, fragte Eva verblüfft.

Sie konnte nicht recht sehen, weil Tränen ihren Blick trübten. Doch sie erkannte, wie ein Bündel durch die Öffnung nach oben gereicht wurde. Sie wischte sich mit dem Ärmel ihres Kleides über die Augen.

Einer der Männer schlug das Wachstuch auseinander. Darin war ein Bündel Guajakholz. Einige der Spitzen waren mit Farbe markiert.

»Es ist eines von denen, die kürzlich aus dem Lagerhaus verschwunden sind«, sagte ein Bärtiger, den sie schon einmal mit Matthäus Schwarz zusammen gesehen hatte.

Er trug keinen Harnisch, sondern eine Schreibtafel aus Schiefer, auf der er mit einem quietschenden Stift mitnotierte.

»Da ist noch was. Hinter dem Krautfass!«, rief es dumpf von unten hoch.

Wieder hörte man, wie etwas umfiel. Es klatschte und platschte. Offenbar hatten sie das Krautfass umgeworfen. Eva blieb vor Entsetzen der Mund offen stehen, bis ein durchdringender Schrei aus ihrer Kehle drang. »Seid ihr wahnsinnig?«

Erneut wanderte ein Bündel nach oben. Wieder waren es Stangen aus Guajakholz.

Eva fröstelte es bis ins Mark. »Das kann nicht sein!«, murmelte sie zu sich selbst, dann rief sie laut: »Das kann nicht sein! Joss lagert das Holz nicht in dem Kellerloch. Das ist nicht von meinem Mann.«

Die beiden Männer stiegen wieder die Leiter empor. Sie brachten einen Geruch von Gärung und Schimmel mit. Sorgsam schlossen sie die Luke. Erst jetzt konnte Eva die Treppe ganz herunterkommen.

»Wer hat euch geschickt?«, schrie sie die Männer an, die sie mit ausdruckslosen oder mitleidigen Blicken bedachten. »Wer hat gesagt, dass ihr alles zerschlagen dürft?«

»Ich«, sagte eine Stimme von der Wohnstube her.

Eva fuhr herum. Matthäus Schwarz stand im Türrahmen. Es

sah aus, als stecke er darin fest, weil sein Pelz die Lücken zwischen Mann und Holz vollständig ausfüllte.

Seine dunklen Augen lagen auf Eva, und um seine Mundwinkel spielte eine Verachtung, die unübersehbar war.

»Euer Mann hat gestohlen. Seit Monaten verschwindet Holz aus den Lagerräumen. Und jetzt wissen wir, wo es landet: bei Joss Neher hier im Kellerloch. Offenbar treibt er einen regen Handel damit.«

Eva schüttelte heftig den Kopf. »Nein, das tut er nicht. Er muss die Bündel doch holen. Er raspelt nur Holz für den Sud. Das Holz, das er holt, lagert er in der Werkstatt.«

»Wir haben die vorderen Bündel markiert. Er hätte nur die hinteren zu nehmen brauchen, wie es ihm aufgetragen wurde.«

»Joss ist kein Dieb«, zischte Eva jetzt. »Außerdem wäre es widersinnig, die Bemalten zu nehmen, wenn er Unbemalte haben konnte. Er wusste schließlich davon.« Sie hatte sich gefangen und war jetzt angriffslustig. Von so einem Lackaffen und Kleiderständer würde sie sich nicht einschüchtern lassen.

»Der klügste Dieb macht mal einen Fehler!«, entgegnete Schwarz. Er wandte sich an den Mann neben sich. Seiner Kleidung nach zu schließen, war er der Hauptmann der Schar. Er trug als Einziger ein Kettenhemd unter seinem Wams. »Habt Ihr den Mann schon gefunden, Caspar?«

»Nein, Herr, der Joss Neher ist flüchtig. Das Fenster stand auf.«

Entgeistert sah Eva den Schergen an. Schwarz aber verzog keine Miene.

»Joss flieht nicht. Er sitzt in seiner Werkstatt …«

»Zweifelt Ihr an den Aussagen meines Hauptmanns?«, fuhr Schwarz sie an. Er zog seinen Pelz enger, damit das Holz der Zarge diesen nicht zerriss, dann trat er aus der Tür und wandte sich wieder dem Hauptmann zu. »Sucht ihn. Vermutlich verhökert er gerade Guajakholz auf dem Markt.«

Eva blieb die Luft weg. Was nahm sich dieser Schönling und Buchhalter heraus? Joss war unschuldig, und das mit den Bündeln im Keller würde sich klären, wenn man ihn nur fragen würde. Was sollte er auf dem Markt? Doch dann kam ihr eine Idee. Der Markt. Der Theriakhändler und Quacksalber. Wenn einer wusste und sagen konnte, wer das Holz unter der Hand vertrieb, dann Doktor Lubricus.

»Ich begleite Euch auf den Markt. Dort kann ich Euch den Mann zeigen, der den wirklichen Schwarzhändler kennt und ihn entlarven kann.«

Der Buchhalter zog die Augenbrauen hoch und musterte sie in einer anzüglichen und unangemessenen Art, als wäre sie auf einer Fleischbank ausgelegt. Mit einer kaum wahrnehmbaren Kopfbewegung deutete er an, dass sie mitkommen könne. »Ihr kennt ihn? Woher?«

Mit einem Blick, der ihm eine Dolchklinge ins Herz getrieben hätte, wenn das möglich gewesen wäre, sah sie Schwarz an. »Weil ich den wirklichen Dieb schon einmal bei einem Verkauf beobachtet habe.«

»Und das habt Ihr uns verschwiegen? Merkwürdig. Wie heißt er denn?«

Herausfordernd trat Eva näher zu ihm. »Würdet Ihr es mir glauben, Schwarz, wenn ich es Euch verraten würde?«

»Nein«, sagte Schwarz und verzog keine Miene.

»Also sollt Ihr es aus dem Mund dieses Mannes hören«, sagte Eva. Die Schlinge, die Matthäus Schwarz um sie gelegt hatte, schien sich immer enger um sie und Joss zuzuziehen.

»Auf, zum Markt«, sagte der Buchhalter.

»Die Kinder bleiben hier«, bestimmte Eva.

Schwarz zuckte gleichgültig mit den Schultern.

»Els, Barthlen, ihr wartet hier. Ich bin bald wieder da«, befahl sie leise.

Schwarz wandte sich an den Hauptmann. »Caspar, lasst zwei Mann hier, falls der Neher zurückkehrt. Die anderen kommen mit.« Schließlich drehte er sich zu Eva um und nickte ihr zu. »Gehen wir.«

Sie traten auf die Straße, und Eva sah sich um. Sie fragte sich, wo Joss geblieben war. Er hatte heute in der Früh sein Bett verlassen und war in die Werkstatt gegangen. War er gewarnt worden? Von wem und wie?

Es schneite leicht. Dennoch waren die Türen der Wohnungen geöffnet, und Männer wie Frauen waren auf die Straße getreten. Sie alle hatten die Waffenknechte gehört und warteten gespannt darauf, zu wem sie unterwegs waren.

Schwarz lief vorneweg. Dahinter kamen Eva und die Schergen. Blicke trafen sie, und Eva las aus ihnen eine gewisse Genugtuung über ihr Schicksal. Die Leute gönnten es der Frau, die den Henker begraben hatte. Und zum ersten Mal spürte Eva wieder, dass diese Siedlung nicht nur ein Hort des Rückzugs und der Sicherheit für Arme war, sondern auch ein Brutnest für falsche Ansichten, falsche Frömmigkeit und falsche Sicherheit.

Sie liefen in raschem Tempo über den Zugang am Saumarkt in die Stadt und hinauf auf den Platz vor dem Rathaus. Die Glocke läutete eben den Markt ein. Ein Geschrei erhob sich. Jeder versuchte noch lauter als der Nachbar, seine Waren feilzubieten. Als sie den kleinen Hügel erreichten, auf dem der Perlachturm stand, überblickten sie die Szene. Tisch stand an Tisch. Wer es sich leisten konnte, hatte sich aus Stoffplanen eine Art Zelt gebaut, das von drei Seiten geschlossen war und so die Kälte etwas abhielt.

Eva ließ ihren Blick über die Händler schweifen. Ein leichter Wind, der die Schneeflocken vor sich hertrieb und tanzen ließ, machte aus dem Gewimmel der Zeltbuden einen sich bewegenden See. Sie suchte nach dem bunten Wagen des Quacksalbers. Doch sie fand ihn nirgends. Er war nicht da.

»Wo ist Euer Käufer?«, fragte Schwarz.

Eva zuckte zusammen. »Er war nicht unser Käufer. Und er ist offenbar nicht da. Vielleicht kommt er ja noch«, sagte sie leise. Man musste wissen, wann man gewonnen und wann verloren hatte. Diesmal hatte sie verloren.

»Das habe ich mir fast gedacht«, sagte Schwarz. »Nehmt sie mit. Sie bekommt ein paar Tage, um nachzudenken.«

Caspar hatte Eva beinahe gleichzeitig gepackt und zerrte sie nun mit sich fort. Sie wehrte sich nicht.

»Sorgt für meine Kinder«, bat sie den Hauptmann, doch der brummte nur etwas Unverständliches und stieß sie vorwärts.

Joss hatte alles aus einiger Entfernung beobachtet und ballte die Fäuste. Seine neuen Glaubensbrüder hatten ihn gewarnt. Sie hatten die Waffenmänner und Schwarz vom Sträffingertor herkommen sehen und waren durch das Haus und vorbei an der noch schwelenden Ruine zu ihm gelaufen. Die Männer mussten vor dem Tor zur Fuggersiedlung warten, bis dieses geöffnet wurde. Das hatte ihm die Zeit verschafft, sich aus dem Staub zu machen.

Allerdings hatte er Eva und die Kinder nicht mehr warnen können. Er war durch das Fenster gestiegen, in die Gärten hinter dem Haus geflohen, hatte sich in wilder Hast durch eine Hecke gezwängt und war schließlich zum Ochsenlech hinaus entwichen.

Er bedauerte jetzt, dass er sich Matthäus Schwarz nicht gestellt hatte. Dann wäre Eva nicht in dessen Fänge geraten. Er fühlte, wie er vor Wut und Angst zitterte, während er den Männern hinterherstarrte, die in Richtung Weinmarkt weitergingen.

Wollten sie Eva etwa dort einsperren? Warum nur? Was hatte sie getan? Was hatte *er* getan, das dies rechtfertigte?

Dass die Schergen ihn und seine Familie aufsuchen würden, war seit der Auseinandersetzung mit Schwarz zu erwarten gewesen. Der Buchhalter hatte ihnen verboten weiterzuarbeiten und sie stattdessen aufgefordert, am nächsten Morgen das Haus zu verlassen. Er, Joss, hatte sich nichts vorzuwerfen. Dennoch war er davongelaufen, weil ihn ein Gedanke nicht losließ: Er musste bei Anton Fugger oder bei dessen Bruder Raymund vorsprechen. Schwarz konnte und durfte hier nicht einfach schalten und walten, wie er wollte.

Joss war hin- und hergerissen zwischen der Überlegung, zurück ins Holzhaus zu gehen oder sofort einen der Fuggerneffen aufzusuchen. Schließlich waren die Kinder allein zu Hause. Nein, Aennlin war zurückgeblieben. Er atmete tief durch. Sie würde sich um Barthlen und Els kümmern, da war er sich sicher.

Er entschied sich also für Letzteres. Während Schwarz und die Schergen zum Weinmarkt unterwegs waren, hielt er auf den Rindermarkt zu. Anton Fugger war, wenn er in Augsburg weilte, sicherlich in seinem Kontor.

Diesmal wollte Joss allerdings nichts überstürzen. Zuerst überlegte er, warum Eva den Buchhalter hierher auf den Markt geführt hatte. Er kam nicht sofort drauf, schließlich boten hier trotz der winterlichen Kälte und des lockeren Schneefalls Dutzende von Bauern und Händler ihre Ware feil. Aber Eva kannte niemanden, mit keinem hielt sie besonderen Kontakt oder machte mit ihm Geschäfte …

Bis auf einen. Joss' Blick schweifte über die Zeltplanen. Er fand ihn nicht.

Ruhig und aufmerksam schlenderte er zwischen den Buden und Tischen umher und streifte durch die matschigen Gassen. Er schaute zu jedem Stand, bis er schließlich den Mut fand und einen Mann ansprach, der auf seinem Tisch kleine Glasfläschchen verkaufte. Offensichtlich ein örtlicher Apotheker.

Beiläufig erkundigte sich Joss, ob der Quacksalber, dieser Doktor Lubricus, endlich wieder verschwunden sei.

Der Mann lachte, während er Joss' Hände beobachtete, wie sie zwischen den Fläschchen wühlten. »Ihr meint den selbst ernannten Doktor und Zahnbrecher?«, fragte er und zog das Tuch von seinen Arzneien ab, damit Joss sie besser begutachten konnte.

»Seht Euch ruhig um«, lud ihn der Mann ein. »Nur das Beste vom Besten!« Den letzten Begriff betonte er so, dass er doppeldeutig wirkte: die beste Arznei oder der beste Apotheker.

»Er war also gar kein Doktor?«, hakte Joss verwundert nach. Er hatte im Wagen des Theriakhändlers die Urkunde gesehen, und sie schien ihm echt gewesen zu sein.

»So viel, wie ich Zimmermann bin, nur weil ich eine Axt in der

Hand halten kann. Obwohl ich das bisschen Holzbearbeitung nicht wirklich für eine Kunst halte. Wer ein gutes Auge und eine sichere Hand hat, wie ich, der ...«

»Ein guter Vergleich«, stimmte Joss zu, dem die Überheblichkeit des Mannes allmählich auf die Nerven ging. Er wühlte ein wenig in den Fläschchen und Tiegeln, nahm das eine heraus, legte es zurück, begutachtete etwas anderes.

»Wer teures Geld ausgibt, der sollte auch gute Medizin dafür bekommen«, sagte der Apotheker und leckte sich die Lippen, weil er wohl ein Geschäft witterte.

»Hat er nicht mit Guajakholz gehandelt? Zu gemäßigten Preisen?«

Joss gab sich interessiert, hob wieder eines der Fläschchen an und hielt es gegen das Licht.

»Vermutlich seine einzige Medizin mit Wirkung.« So viel gestand ihm der Apotheker zumindest zu. »Er hatte da eine sichere Quelle.«

»Ach ja? Wer hat ihn denn beliefert? Schließlich dürfte die Fugger'sche Unternehmung die einzige sein, die in Augsburg über dieses Holz verfügt.«

Inzwischen hatten sich weitere Besucher um den Stand versammelt. Neugierige zogen Neugierige an. Das war ein ehernes Gesetz. Von daher hatte der Apotheker nichts gegen das Gespräch mit Joss einzuwenden.

»Letzte Woche war er noch da«, sagte er. »Heute ist er nicht gekommen. Vielleicht ist ihm der Boden zu heiß geworden.« Er beugte sich vor. »Man munkelt, das Holz hätte aus der Lagerscheune des alten Fuggers gestammt. Gestohlen und unter der Hand ... aber von mir habt Ihr das nicht.«

Ein Kunde am anderen Ende des Tisches wandte sich mit einer Frage an den Apotheker. Der drehte sich zu dem Mann um und ging ein paar Schritte auf diesen zu. Joss nutzte die Ablenkung und tauchte in der Menge unter.

Ohne weitere Zwischenaufenthalte lief er hinüber zum Anwesen der Fugger am Rindermarkt.

Er musste über den schlammigen Abfluss der Mettlochquelle springen, die im Winter hin und wieder zufror und eine spiegelnde Eisfläche bildete. Doch der Winter war mild und das Schlammloch noch offen.

Dahinter erhob sich das Geschäftshaus der Familie Fugger. Der dunkle Holzerker der Goldenen Schreibstube ragte ins Mettlochgässchen hinein. Joss sah Kerzenlicht flackern, bemerkte huschende Schatten hinter den verwischten, ein wenig staubigen Scheiben.

Glasscheiben. In der ganzen Stadt gab es nur wenige, und die meisten saßen in den bunten Bilderfenstern der Kirchen. Der Geschäftssitz der Gebrüder Fugger und Neffen besaß Scheiben. An solchen Kleinigkeiten zeigte sich, wer zu den reichsten Bürgern dieser Stadt gehörte.

Joss hatte keine Vorstellung davon, wie er bis in das Kontor vordringen, wie er es anstellen sollte, Anton oder Raymund Fugger zu sprechen. Sie waren so weit weg, so fern von seiner eigenen Welt, dass sie wie Götter über den Dingen zu schweben schienen, allgegenwärtig und dennoch nicht ansprechbar.

Allein das Eingangstor zu dem Haus war so groß und hoch, dass er nicht – wie in der Siedlung – den Kopf einziehen musste. Er stand vor dem gewaltigen Portal, als dieses aufging und zwei Patrizier heraustraten. Sie nahmen ihn nicht wahr, sondern wären fast durch ihn hindurchgelaufen.

Ihre Art, ihn zu übersehen, half ihm. Er schlüpfte an ihnen vorbei und stieß seinen Fuß in den Türspalt. Allerdings hatte er nicht mit dem Gewicht des massigen Torflügels gerechnet. Um ein Haar hätte er aufgeschrien, als dieser ihm den Rist eindrückte und beinahe die Mittelfußknochen gebrochen hätte. Rasch stemmte er sich mit der Schulter dagegen und schob das Tor mit Mühe auf.

Der Eingangsbereich war größer als seine Wohnung im Holzhaus. Ein rascher Blick genügte Joss, um festzustellen, wie sicher Jakob Fugger sich fühlte: Es gab keine Wachen. Entweder war der Mann geizig gewesen, oder er hatte tatsächlich keinen Anschlag auf sein Leben gefürchtet. Dabei hätte Joss wetten können, die größte

Furcht reicher Männer sei es – neben der Gefahr, Geld zu verlieren –, das eigene Leben für dieses Geld hingeben zu müssen. Er hätte sich nicht gewundert, wenn es selbst für die Bewachung Lakaien gegeben hätte.

Mit schnellen Schritten jagte Joss die breite Treppe hoch, die mit flachen Stufen nach oben führte. Man hätte leicht auf einem Pferd in den ersten Stock hinaufreiten können. Er gelangte auf einen Flur, von dem mehrere dunkle Türen zu den dahinterliegenden Räumen abgingen. Aber welche führte zur Goldenen Schreibstube? Er horchte, ob er Stimmen vernehmen konnte, aber die Türen waren so schwer und dicht, dass kein Laut nach außen drang.

Joss versuchte, den Erker außen mit dem Inneren des Hauses in Übereinstimmung zu bringen. Schließlich nahm er all seinen Mut zusammen, klopfte an einer Tür, drückte die Klinke herunter und spähte hinein: Drinnen war niemand.

All die Anspannung, die Furcht, die Angst davor, hinausgeworfen zu werden, entluden sich in einem erschreckten Ruf und ließen seine Beine weich werden, sodass er in den Raum, der mit Büchern, Papieren, Papierstapeln, Gefäßen mit Federkielen angefüllt war, hineinstolperte. Über allem lag ein Geruch von Tinte, der ihm in der Nase kitzelte. Offenbar war es eine Tür zu früh gewesen. Die Goldene Schreibstube befand sich nebenan.

Er musste niesen.

»Ich wünsche Euch Gesundheit«, kam es aus einer Ecke hinter der Tür.

Joss erschrak und wollte schon rückwärts hinausrennen und die Flucht ergreifen. Aber es ging nicht um ihn, es ging um seine Frau.

Er konnte den Sprecher nicht sehen, wagte es aber auch nicht, die Tür zu schließen.

»Danke, der Herr«, antwortete er mit brüchiger Stimme, nachdem er sich mehrmals geräuspert hatte. Gleichzeitig suchte er hinter den Stapeln von Büchern und Schriften nach dem Unsichtbaren, der ihn angesprochen hatte.

»Was begehrt Ihr?«, fragte dieser.

Joss hörte ein Kratzen und vermutete den Mann mit einer Gänsefeder an einem Schreibpult, der vom offenen Türflügel verborgen wurde. »Ich …« Er stockte und musste sich räuspern. »Entschuldigt, es ist die Trockenheit hier. Ich möchte in die Goldene Schreibstube und einen der hohen Herren sprechen. Anton oder Raymund Fugger. Wenn es denn möglich ist.«

Der Mann schien weiterzuarbeiten, als hätte er seine Bitte nicht gehört. Dann setzte er hörbar einen Punkt auf sein Papier.

»So, so. Anton oder Raymund. Warum nicht den Kanzler des Heiligen Römischen Reiches oder gar den Kaiser?«

Die Stimme klang keineswegs spöttisch oder verletzend. Sie stellte fest. Nüchtern. Sachlich.

»Weil mir nur die beiden Fugger weiterhelfen können. Zumindest einer von ihnen. Der Kaiser ist zu weit weg.«

Die Aussage schien den Unbekannten zu amüsieren. Er lachte leise. Joss wollte vortreten und um die Tür herumschauen, doch er hatte das Gefühl, dass ihm die unfreiwillige Trennwand mehr Mut gab. Er musste sein Gegenüber nicht ansehen und hoffte, sein Anliegen so besser vortragen zu können. Wenn er dann später einem der Fuggerneffen gegenüberstand, würden ihm schon die richtigen Worte einfallen.

»Warum das? Weil er in Innsbruck weilt und die Fugger in Augsburg sind?«

»Nein«, gestand Joss ein, zunehmend selbstsicherer. »Weil es um die Fuggersiedlung in der Jakobervorstadt geht.«

»Ein gewaltiges Anliegen«, bemerkte der Mann hinter der Tür.

»Mein Weib und ich sind dort die Holzeltern. Aber der Buchhalter Jakob Fuggers, Matthäus Schwarz …«

»Er ist auch der Buchhalter der Neffen. Und ein tüchtiger Mann obendrein«, unterbrach ihn der Mann.

»Das will ich nicht bestreiten. Das stünde mir nicht zu«, gab Joss demütig zurück.

Wieder begann der Unbekannte, mit einer Feder zu kratzen, und

Joss hatte das Gefühl, als würde er sich Notizen machen. »Was also ist mit ihm?«

»Er hintergeht seine Herren. Er wirft mich und meine Frau für ein Vergehen aus dem Haus, das wir nicht begangen haben. Und ich glaube, er will …«

»Was Ihr glaubt, was Ihr glaubt. Glauben ist etwas für die Schwarzkittel«, sagte die körperlose Stimme.

»Aber es ist die Wahrheit!«

»Dann ist es kein Glaube, sondern eine Tatsache. Was werfen sie Euch und Eurem Eheweib vor?«

Joss zögerte. »Ich weiß nicht, ob ich Euch das anvertrauen darf.«

Joss hörte, wie eine Feder wieder zurück in die Ablage gesteckt wurde. Es klickte leise, als der Mann offenbar einen Verschluss aus Glas auf ein Fässchen Tinte legte. Der Mann stand auf, schob einen Stuhl zurück. Die Absätze seiner Schuhe knirschten auf den Bodendielen, als er auf Joss zuging. Die Tür schwang vor Joss zu – und vor ihm stand niemand anderer als Anton Fugger persönlich.

»Herr!«, flüsterte Joss und ging auf die Knie.

48. Kapitel

AUGSBURG, MÄRZ 1526

Diese Kaufleute liefen sogar anders als gewöhnliche Menschen. Joss versuchte, mit Anton Fugger Schritt zu halten, doch schien dieser über dem Boden zu schweben – und das mit einer Geschwindigkeit, die ihn außer Atem kommen ließ.

»Ihr habt einen stolzen Gang, Herr!«, keuchte er.

Hinter ihnen trabten vier Bewaffnete in leichtem Laufschritt. Sie trugen Kettenhemden und eine Pike sowie einen Helm, der nur den Nacken, nicht aber die Schläfen bedeckte. Als wären sie römische Gladiatoren.

Obwohl die Luft frostig war, schwitzte Joss. Was er niemals erwartet hatte, war eingetreten. Einer der Fuggerneffen hatte ihm zugehört. Er hatte zudem einen Boten in die Häuser am Weinmarkt geschickt und Joss überdies aufgefordert, ihn zum Holzhaus zu führen.

Sie rannten regelrecht. War das die Grundlage für den Erfolg dieser Familie? War es der Hausspruch Jakob Fuggers – »Nutze die Zeit« –, der ihn so vorangetrieben hatte? Wer so vorwärtshastete, der wurde zwar nicht alt, aber er bewältigte doppelt so viel in diesem halben Leben.

Auf der teils vereisten, abschüssigen Straße neben dem Perlachturm, die auf das Sträffingertor zulief, musste Joss mehrmals mit den Armen rudern, um nicht auszugleiten. Anton Fugger dagegen schritt dahin, als hätte er sommerlich trockenen Boden unter den Füßen.

Sie durchquerten das am Vormittag unbewachte Tor, liefen noch eine Strecke geradeaus bis zu St. Jakob und bogen dann nach Süden ab. Das Tor der Siedlung, das zum Saumarkt hinausführte, stand offen, und so mussten sie sich nicht lange mit irgendwelchen Formalitäten herumschlagen. Der Fugger stürmte regelrecht in die Finstere Gasse hinein.

An deren Ende entdeckte Joss die Gestalt Marx Köllins, der mit dem Rücken gegen die Hauswand lehnte und die Ankommenden neugierig betrachtete, sich aber ansonsten nicht rührte.

Am Holzhaus angekommen, pochte Anton Fugger mit der Faust gegen die Tür.

Ein grimmig dreinschauender Waffenknecht öffnete, stellte seine Pike quer, damit sie nicht vorbeikonnten. »Haut ab, Pack!«, knurrte er.

»Getrau dich, Kerl!«, fauchte der Fugger zurück. »Der Hund aus einer Meute, der seinen Herrn nicht erkennt, wird erschlagen.«

Der Waffenknecht wollte schon etwas erwidern, als er begriff, wen er da vor sich hatte. Seine Augen weiteten sich. Er zog seine Waffe beiseite und machte den Weg frei.

Gefolgt von Joss eilte Anton Fugger ins Haus, blieb im Flur stehen und sah sich um. Sein Blick wanderte über die Decke, die Wände, die Holzbretter des Treppenkastens, die Türzargen, Türen, Bodenfliesen. »Ihr haltet das Haus gut in Schuss«, sagte er anerkennend.

»Wir bemühen uns, Eurem Vertrauen zu entsprechen«, entgegnete Joss und neigte den Kopf. Er hasste dieses Kriechen, aber im Augenblick war es besser, als aufzumucken.

Der Fugger schien die Bemerkung gar nicht gehört zu haben. »Mir ist zu Ohren gekommen, dass es Todesfälle gegeben hat«, fuhr er fort. »Ungewöhnlich? Aber es gibt ja immer Todesfälle bei der Franzosenkrankheit.« Er wandte sich nach rechts zur Schlafstube, drückte die Tür auf und ließ seinen Blick über die wenigen Möbel darin schweifen.

»Herr, das war nicht unsere Schuld. Jemand hat ein Mittel in den Sud gegeben, ohne dass wir es bemerkt haben. Alle Kranken des Männerraums sind verstorben.«

»Ach so. Kinder?«

Joss nickte beflissen. »Einen Jungen und ein Mädchen. Sie müssten beide …« Joss wollte sich an Fugger vorbeidrängen, doch der hielt ihn fest.

»Hier kocht Ihr den Sud?«, fragte er und betrat die Küche. Er schaute sich genau um.

»Ja, Herr. Die Kinder sind hoffentlich im hinteren Zimmer. Sie sind sehr artig.«

Neugierig steckte Anton Fugger den Kopf in den Abzug der Esse und blickte nach oben. War seine Visite bis zu diesem Zeitpunkt unvoreingenommen gewesen, so änderte sich dies jetzt schlagartig. Er runzelte die Stirn, sein Blick wurde hart, er schnippte mit den Fingern – und sofort stand der Kerl mit der Pike mitten im Raum.

Fugger zeigte den Kamin hinauf. »Was ist das?«, fragte er barsch.

Joss sah ihn entgeistert an. »Was denn? Wir hängen nur Fleisch in den Rauchfang!«, beteuerte er. »Aber derzeit … da kann nichts sein.«

»Außer, es darf nicht gefunden werden.« Der Fugger wandte sich an den Pikenier. »Jetzt steht hier nicht rum und glotzt wie ein Schaf. Holt mir das Teil dort heraus.«

Der Waffenmann drängte sich nach vorn, legte seinen Helm ab und steckte den Kopf in die Öffnung. Mit seiner lederbehandschuhten Hand fingerte er in die Esse, holte ein kleines Fläschchen hervor und reichte es seinem Herrn.

»Schau an«, sagte Fugger, blickte zuerst auf das in einem roten Lederbeutel steckende Tonfläschchen, dann auf Joss. »Und schon sind wir nicht mehr die Unschuld höchstpersönlich.« Er entstöpselte es und hielt ihm das Fläschchen unter die Nase. »Was ist das?«

»Ich weiß es nicht«, sagte Joss, der das Gefäß zum ersten Mal sah. Ihm schwante nichts Gutes.

Der Waffenmann verzog das Gesicht zu einem höhnischen Grinsen, wagte aber nicht, etwas zu sagen.

»Ich schätze …«, begann Anton Fugger und hielt das Fläschchen in die Höhe, um es zu prüfen.

»Es ist Schierlingssaft«, sagte da eine Stimme vom Gang her.

Joss fuhr herum. »Ihr?«, herrschte er den Mann an, der dort stand und versuchte, sich einigermaßen aufrecht zu halten.

»Wir hier in der Siedlung vermuten schon länger, dass er die Menschen … sagen wir … nicht nur gesunden lässt, sondern nachhilft, weil seine Frau glaubt, das Guajakholz helfe nicht gegen die Franzosenkrankheit. So ein Toter ab und an kann Wunder bewirken.«

Joss' Gesichtsausdruck verfinsterte sich. »Was wollt Ihr, Marx?«, flüsterte er.

»Seid Ihr da sicher? Und woher wisst Ihr das?« Anton Fuggers Stimme klang streng.

Marx zuckte mit den Schultern. »Woher ich das weiß? Wir hier in der Siedlung wissen so manches. Die Häuser sind hellhörig, und wir hocken eng genug aufeinander. Da bleibt kaum etwas verborgen.«

»Das ist kein Schierlingssaft. Ich habe das Fläschchen dort nicht in die Esse gehängt. Ich weiß nicht, woher das Zeug stammt. Habt Ihr es uns untergeschoben?«, zischte Joss und wollte auf Marx losgehen.

Anton Fugger ging dazwischen. »Was tobt Ihr so, Zimmerer, wenn es kein Gift ist? Wir könnten es ja ausprobieren.«

Joss fühlte, wie das Blut aus seinem Gesicht wich und die Knie zu wackeln begannen. Sollte er etwa …

»Aber … das könnt Ihr nicht tun, Herr.«

In diesem Augenblick spürte Joss, wie die Katze um seine Beine strich, das Tier, das er um Evas Willen aus der Mauer hatte herausholen müssen. Sie buckelte und schnurrte. Offenbar hatte sie es sich in der Küche am Ofen bequem gemacht und war von den Männern überrascht worden.

»Nehmt die Katze!«, befahl Anton Fugger dem Pikenier.

Der bückte sich und ergriff das überraschte Tier am Genick. Es versuchte, sich zu wehren, streckte alle viere von sich, fuhr die Krallen aus, fauchte und schrie. Doch der Griff des Mannes war unerbittlich.

Währenddessen entkorkte der junge Fugger das Fläschchen, packte den Kopf der Katze, drückte ihn zurück und tropfte etwas von dem Saft in das halb offene Maul. Das Tier schluckte und leckte und nieste, aber ein Gutteil des Extrakts musste im Magen gelandet sein.

Es geschah nichts.

»Seht Ihr«, sagte Joss. »Harmlos. Das ist kein Schierlingssaft. Woher sollte ich so was auch haben?«

»Ich habe ihn heute auf dem Markt gesehen, wie er beim Apotheker Orth eingekauft hat. Orth verkauft solche Fläschchen«, mischte sich Marx ein.

Keiner ließ die Katze aus den Augen, die sich mittlerweile ihrem Schicksal ergeben hatte.

»Ihr wisst gut Bescheid«, sagte Anton Fugger.

Marx zuckte die Achseln. »Man sieht und hört so einiges, wenn man Augen und Ohren aufhält. Nicht alle Bewohner hier sind froh und dankbar dafür, hier aufgenommen worden zu sein.«

»Interessant. Wenn dem Menschen zu wohl ist, begibt er sich aufs Eis«, murmelte der Fugger.

Plötzlich begann die Katze in der Faust des Waffenmannes zu zittern. Eine Art Krampf schien sie zu schütteln. Die Gliedmaßen erschlafften, krampften, erschlafften wieder. Das Tier keuchte. Man hörte, wie es Luft einsog, wie es schwer atmete. Die Augen weiteten sich, und schließlich sackte es in der Hand des Mannes zusammen, und es sah aus, als hielte er nur noch einen Beutel Fleisch und Knochen darin. Allein die Augen blickten noch klar in die Welt und schienen nach einem »Warum« zu fragen.

Angewidert ließ der Pikenier das Tier fallen. Es klatschte regelrecht auf den Boden.

»So viel zum Thema: kein Schierlingssaft!«, sagte Anton Fugger tonlos. Es war dem sonst so kühlen Mann anzusehen, wie nahe ihm dieser Tod gegangen war.

»Was ist mit Maximilian? Warum liegt er so da? Warum rührt er sich nicht mehr? Ist er tot?«

Das dünne Stimmchen kam von unten. Barthlen stand neben Els in der Tür. Er drängte sich an seine Schwester, die fassungslos auf den leblosen Körper der Katze starrte.

Joss sah verzweifelt auf seine Kinder. Nicht einmal sie konnte man vor dieser Welt schützen. Sie waren ihr ausgeliefert und wuchsen zwischen Tod und Gewalt auf, als wären es die natürlichsten Dinge der Welt. Dabei bräuchte es nur ein Nachdenken, eine kleine Rücksichtnahme, ein kurzes Verständnis für ihre noch jungen und offenen Seelen.

Anton Fugger ignorierte Barthlens Fragen. Er wandte sich an Marx, der immer wieder hin und her hüpfte, um sein Bein und die Achseln zu entlasten.

»Ihr habt ihn gesehen? Beim Apotheker?«

»Kann ich beschwören«, behauptete Marx.

»Er lügt«, sagte Barthlen leise.

Niemand schien seinen Einwurf zu hören, weder Joss noch der Waffenmann noch Anton Fugger.

»Legt ihn in Eisen!«, befahl der Fugger. »Bringt ihn auf den Weinmarkt.«

Die Hand, die sich eben noch um das Genick der Katze geschlossen hatte, packte jetzt Joss am Arm und zog ihn mit sich.

»Was ist mit meinen Kindern?«, schrie Joss. »Ich habe doch nichts getan.«

Der Fugger sah Els und Barthlen an, die verängstigt und zitternd in der Diele des Hauses standen, ein geballtes Häufchen Elend. Er musterte sie von oben bis unten, verzog die Mundwinkel und leckte sich über die Lippen. Dann schien er das Interesse an ihnen zu verlieren und wandte sich ab. »Ihr habt Kenntnisse von Arzneien?«, fragte er wie beiläufig Marx, der sich an die Wand drückte, um Joss und den Schergen mit seiner Pike vorbeizulassen.

»Durchaus«, bestätigte dieser.

Joss fuhr herum. »Einen Scheißdreck an Kenntnissen hat er«, keifte er. »Er kennt nichts und niemanden. Aber er handelt schwarz mit Guajakholz und ...«

Der Pikenier stieß Joss vorwärts und unterbrach so seinen Ausfall. An der Schwelle hielt er inne. Ob er den Zimmerer hören lassen wollte, was Fugger jetzt zu sagen hatte, oder ob er nur deswegen stehen bleib, weil er erwartete, sein Herr würde ihm einen Befehl geben, wie er weiter verfahren sollte, wusste Joss nicht.

»Ich brauche einen tüchtigen Holzvater«, sagte Anton Fugger und trat dicht an Marx heran. »Seid Ihr verheiratet?«

Marx nickte. Er konnte sich ein Grinsen nicht verkneifen. Seine Mundwinkel verzogen sich zu einer falschen Mischung aus Fröhlichkeit und Überraschung. Eine Unterwürfigkeit, wie er sie bei Joss gesehen hatte, als der Fugger an ihm vorübergegangen war, versuchte er erst gar nicht. »Mein Weib würde sich in die Arbeit schicken«, sagte er stattdessen und reckte sich. »Sie ist fleißig.«

Anton Fugger zögerte, sah auf seine Schuhspitzen hinunter und nickte. »Der Vorwurf des jetzigen Holzvaters ...«

»Verleumdung«, zischte Marx zu Joss hin, der noch immer unter dem Türstock stand.

»Nun, dann sei es. Ihr könnt als Holzvater hier einziehen.« Mit einer Kopfbewegung schickte er den Schergen und Joss voraus. »Die Bälger könnt Ihr aus dem Haus werfen!«, gestand er Marx beiläufig zu, als er aus der Tür trat, ohne sich umzusehen. Dann setzte er sich an die Spitze der kleinen Prozession.

Hinter den Fenstern der Siedlung waren schattenhafte Bewegungen zu erkennen. Nichts blieb in dieser kleinen Gemeinschaft verborgen. Alle beobachteten unablässig das Geschehen auf den Gassen. Aber einzugreifen wagte keiner. Die Angst, selbst etwas zu verlieren, packte auch diejenigen, die nichts mehr zu verlieren hatten.

Joss schrie wie ein Verzweifelter und wehrte sich, doch der Pikenier war stärker.

Eva stolperte ins Freie. Man hatte sie für ein paar Stunden in einen der Keller gesperrt und dort sitzen lassen. Es hatte nach Zimt und Nelken gerochen, nach Safran und Muskat. Ihr war von den starken Düften schlecht geworden, die den leeren Raum noch immer füllten – und wäre sie nicht aus dem niedrigen Gelass befreit worden, hätte sie sich erbrechen müssen.

Der Kerl, der sie aus dem behelfsmäßigen Kerker holte, hing mehr an seinem Spieß als am Leben, denn er schlug so heftig damit in dem engen Raum hin und her, dass sie schon fürchtete, er würde sie erstechen. Grob legte er ihr Fesseln um die Handgelenke und schob sie nach draußen.

»Je mehr Ihr Euch wehrt, desto schmerzhafter wird es, Weib«, sagte ein Mann, der dort so gegen die winterliche Sonne stand, dass sie blinzeln musste, um ihn zu erkennen. Sie sah nur seine Umrisse.

»Was wollt Ihr? Ihr habt kein Recht, mich einzusperren.«

Der Mann wiegte den Kopf, als müsse er erst entscheiden, ob ihre Aussage eine Bedeutung habe. »Da sagen die einen so und die anderen so«, entgegnete er. »Aber vielleicht seid Ihr ja Eures Gatten überdrüssig und daher froh, ihn nicht wiederzusehen.«

Eva fuhr auf. Bislang hatte sie das Licht und die Kälte, die Stimme und die Zumutung, wie er mit ihr umging, hingenommen. Jetzt war das Maß voll. Sie fuhr auf und versuchte gewaltsam, ihre Fesseln zu lösen. »Was ist mit Joss?«, stieß sie hervor.

Der Mann schwieg. Er zupfte an seiner Kleidung herum, schien sich unwohl zu fühlen, und endlich fand er seine Sprache wieder.

»Nichts. Aber er sagte etwas von einem Handel mit Guajak. Habt Ihr den betrieben?«

»Was?«, rief Eva verblüfft.

»So stimmt es nicht, dass Ihr das Holz unter der Hand verkauft habt?«

»Was?«, entfuhr es Eva wieder. »Nein. Niemals. Aber das habe ich Matthäus Schwarz bereits gesagt. Ich hätte ihm auch gern den Theriakhändler gezeigt …«

»… mit dem Ihr Geschäfte gemacht habt?«, führte der Mann ihren Satz ungerührt fort.

»Unsinn. Nein. Er könnte Euch erzählen, wer ihm das Holz gebracht hat und ihn noch weiter beliefert. Vielleicht würdet Ihr ihm glauben, wenn Ihr mir schon nicht glaubt.«

»Aber wie erklärt Ihr Euch … nun, die Bündel in Eurem Kellerschacht?«

»Seid Ihr mein Richter?«, schleuderte sie ihm entgegen.

»Gewissermaßen.«

Langsam trat er in ihr Blickfeld und aus der Sonne. Eva sah einen Mann im besten Alter mit schmalem Kopf und asketischen Zügen vor sich, der in feinste Pelze gehüllt war. Allein die weichen, ledernen Schuhe kosteten mehr, als Joss in einem Leben verdienen konnte. Der schwere Siegelring an der rechten Hand zeugte von seinem Stand als Kaufmann. Aber auch sonst trug er Ringe und Ketten, wie sie nur Adlige hätten tragen dürfen.

Sie erkannte ihn an der ausgeprägten Nase und seinem außergewöhnlichen Bart. Es war Jakob Fuggers Neffe und Nachfolger, Anton Fugger. Ob der gewaltige Zinken gut fürs Geschäft war oder nicht, konnte sie nicht entscheiden, aber er war ein unübersehbares

Merkmal. Ebenso wie die beiden nach links und rechts unten abstehenden langen Strähnen seines Oberlippenbartes. Sie verdeckten einen eher weichen, weiblichen Mund mit leuchtend roten Lippen. Der nach unten abgeeckte Vollbart sollte wohl ein männlicheres Kinn modellieren. Als Nachfolger Jakob Fuggers hatte er die Oberaufsicht über die Fuggerei und war damit Herr über seine Bewohner.

Unwillkürlich starrte Eva in dieses merkwürdig zusammengeschusterte Gesicht, bis sich Anton Fugger wegdrehte und sie zu umrunden begann.

»Ich weiß nicht, wie das Holz dort hineingeraten ist«, sagte sie wahrheitsgemäß und versuchte es mit einer festen und überzeugenden Stimme. »Weder mein Mann noch ich haben es dort gelagert. Joss, also mein Mann, bewahrt es in seiner Werkstatt auf, wo er die Späne für den Sud herstellt.«

Anton Fugger blieb hinter ihr stehen, was sie völlig verunsicherte. Was sah er dort oder glaubte er zu sehen? Mit einem Ruck drehte sie sich zu ihm um.

In seinem Blick lag etwas Lauerndes. Er langte in eine Tasche an seinem Gürtel und zog ein kleines irdenes Gefäß in einem roten Lederbeutel daraus hervor. »Was wisst Ihr darüber?« Er zeigte ihr das Fläschchen, indem er es zwischen Daumen und Zeigefinger hielt.

»Was ist das?«, fragte sie.

»Ich dachte, das könntet Ihr mir sagen. Wir haben es in Eurer Küche gefunden.«

Eva lachte auf und schüttelte energisch den Kopf. »In der meinen sicher nicht. Ich verwende das … dieses … ich weiß ja nicht einmal, was das ist.«

Anton Fugger hielt die kleine Flasche gegen das Licht und musterte sie genauer. Sie war mit einem Stopfen aus Wachstuch verschlossen. Eva hatte solche Gefäße schon einmal gesehen. Aber wo? Sie musste sich nur erinnern … und dann ging es ihr auf. Der Theriakhändler hatte sie in seinem Planwagen hängen. Zu Dutzenden in Schwarz, Rot, Grün. Jede Farbe eine andere Mixtur und eine andere Bedeutung: Liebestränke, Schmerzmittel, Gifte … Plötzlich ahnte Eva, wie alles zusammenhängen könnte.

»Was wollt Ihr mir und Joss anhängen? Was?« Sie funkelte den Kaufmann böse an.

Er steckte das Fläschchen wieder weg und setzte seine Wanderung um Eva herum fort. »Erzählt mir etwas über die Toten. Das gesamte Männerzimmer auf einen Schlag … keine Frauen?«

»… Schierling!«, fuhr Eva dazwischen. »Jemand hat Schierlingssaft in den Sud gegeben.«

»Warum nur bei den Männern?«

Eva sah dem Fugger in die Augen. Sie waren nicht so klar und weiß wie bei seinem Onkel, sondern dunkel und warm.

»Ich weiß es nicht.«

»Wer hat das getan?«

Eva blickte zu Boden. »Ich werde niemanden beschuldigen, obwohl ich … obwohl wir … jemanden im Verdacht haben … und es beinahe beweisen können. Aber Verleumdung ist nicht meine Sache. Meine Familie und ich haben zu sehr unter übler Nachrede zu leiden, als dass ich jemanden bezichtigen würde.«

Überrascht sah Anton Fugger sie an. Erwartet hatte er wohl eine Unmenge Vorwürfe gegen alle möglichen Leute. »Oho, Weib. Ihr steigt in meiner Achtung.«

»Und Ihr sinkt in meiner, weil Ihr mich hier festhaltet. Ihr habt doch Schwarz den Befehl gegeben, mich hierherzuholen!«

»Habe ich das?«, fragte der Fugger.

Eva machte zwei Schritte von ihm weg, aber der Pikenier trat ihr in den Weg, indem er seine Waffe quer stellte und sie so aufhielt. Offenbar hatte er Anordnung, sie nicht fliehen zu lassen.

»Lasst mich spekulieren«, fuhr Anton Fugger ungerührt fort. »Ihr braucht nur zu nicken oder den Kopf zu schütteln, wenn ich falsch liegen sollte. Ihr wisst also, wer es gewesen sein könnte – oder vermutet es zumindest.«

Eva nickte.

»Ihr wollt ihn aber nicht anschwärzen, denn es könnte sich als falsche Behauptung herausstellen.«

Wieder nickte sie.

»Demnach seid Ihr nicht sicher.«

»Ja, doch«, sagte sie. Dieses Spiel ging ihr gehörig auf die Nerven.

Während Anton Fugger seine Gedanken entwickelte, umrundete er Eva erneut. Sie drehte sich mit, sodass sie ihm immer ihr Gesicht zuwandte.

»Was wollt Ihr?«, fragte sie endlich.

»Wer ist dieser Theriakhändler, und warum sollte er etwas wissen, was niemand sonst weiß?«

»Weil er …« Sie zeigte auf die Tasche, in der das Fläschchen steckte. »Weil er dieses … dieses Zeug verkauft hat.« Sie deutete auf das Fläschchen, das Anton Fugger wieder hervorgezogen hatte. »Und er hat das Guajakholz angekauft. In gutem Glauben, wie er mir versichert hat.«

»In gutem Glauben«, spuckte Anton Fugger aus. »Natürlich. Weil alle Welt mit diesem Holz handelt und es vom Himmel fällt. Er wusste sehr wohl, dass es gestohlen war, oder etwa nicht?«

Eva seufzte und behielt den Pikenier im Auge. Die Waffenknechte, die für die Fugger arbeiteten und ihnen Schutz gewährten, wurden gut bezahlt. Sie würden alles für ihre Herren tun. Also war an Flucht nicht zu denken. Sollte sie Anton Fugger jetzt vom Schuppen an der Mauer erzählen? Würde er ihr glauben, wenn zur Sprache kam, dass ihre Tochter und ihr Freund sich dort aufgehalten hatten und von Marx Köllin aufgescheucht worden waren? Es war ein Grund, sich an dem Mann zu rächen, und damit wären sie unglaubwürdig. Außerdem würde es nicht beweisen, dass der ehemalige Scharwächter sich am Schuppen zu schaffen gemacht hatte. Sie brauchte eine andere Lösung. Und die einzige, die ihr einfiel, bestand darin, den Quacksalber selbst aufzusuchen.

»Ich finde für Euch den Theriakhändler, Herr«, sagte Eva. »Ich bringe ihn dazu, seinen Lieferanten zu verraten.«

Anton Fugger verzog keine Miene und schwieg.

Eva ahnte, was ihm durch den Kopf ging. Verrat war etwas, das niemandem wirklich nützte. Verrat schuf Ungleichgewichte und verursachte Wunden, die oft über Jahrzehnte nicht heilten. Aber eine Familie wie die Fugger rechnete nicht in Jahrzehnten, sie rechneten auch nicht in Jahrhunderten. Die Fugger rechneten mit dem Morgen und dem Übermorgen. Und dann erst begaben sie sich in die Zeit und in die Spekulation. Wer sich für das Morgen absicherte, der konnte auf das Übermorgen reagieren. So hatte es der Alte gehalten, so würde es auch Anton Fugger halten.

»Wie wollt Ihr das anstellen, Neherin?«, fragte er neugierig und der Idee anscheinend durchaus zugeneigt.

»Lasst das meine Sorge sein. Aber ich will …« Eine heftige Handbewegung ließ sie verstummen.

»Bedingungen? Ihr wollt Bedingungen stellen?« Wieder begann er damit, sie zu umrunden. »Euer Mann Joss hat sich mit dieser neuen Bewegung verbunden, diesen Lutheranern. Er hört heimlich die Predigten des Urban Rieger. Er ist vermutlich für den Brand des Gartenhauses hinter der Finsteren Gasse mit verantwortlich, weil es das Bethaus dieser Lutheranhänger war. Die Bibel in deutscher Sprache. Wo würde das hinführen?« Mittlerweile redete er nur noch mit sich selbst, nicht mehr mit Eva. »Statt die Gebote Gottes von den geistlichen Herren erläutert zu bekommen, will der Pöbel sie selbst auslegen, als wüssten diese Leute, was unser Herr und Gott gesagt hat. Was für ein Unsinn! Das würde …«

»Aber die hohen Herren wissen es, schließlich besitzen sie Geld genug, um diese Auslegung zu ihren Gunsten zu wenden«, fiel ihm Eva trotzig ins Wort.

Fast unmerklich begann Anton Fuggers Bart zu zittern. Er war es offensichtlich nicht gewohnt, unterbrochen zu werden – und schon gar nicht von einer Frau. Er sah sie mit einem unergründlichen Blick an.

»Langsam beginne ich zu begreifen, was mein Onkel so an Euch geschätzt hat. Die Frau hat die Wohnung bekommen, nicht der Mann, hat er zu mir gesagt.« Er machte eine Pause, offenbar, um zu entscheiden, was er weitergeben durfte und was nicht. »Mein Onkel Jakob kannte jeden, den er in die Siedlung gelassen hat. Jeden Einzelnen.«

»Warum habt Ihr uns dann der Siedlung verwiesen?«

»Weil Ihr und Eure Familie gefährlich seid. Nicht für uns, sondern für die Siedlung. Solche Elemente muss man entfernen, bevor sie ihre nähere Umgebung verderben.«

»Ich helfe Euch bei der Aufklärung der Sache, wenn wir weiter hier wohnen bleiben können«, erklärte Eva.

Anton Fugger nickte. »Das dachte ich mir. Ich wüsste auch schon, wie.«

Eva sah ihn überrascht an. »Ich auch«, entgegnete sie entschlossen.

Mit einem Wink der Augen wies Fugger den Pikenier an, Evas Fesseln zu lösen. Sie liefen beide in einem Hof der Fuggerhäuser am Weinmarkt auf und ab und schmiedeten einen Plan. Zuletzt gaben sie sich die Hand, und Eva eilte auf die Straße hinaus.

TEIL III

SCHMACH UND GERECHTIGKEIT

Es sollen diese Häuser Frauen, armen Tagelöhnern und Handwerkern und Bürgern und Einwohnern dieser Stadt Augsburg, die es nötig haben und bei denen es guttut, um Gottes Willen geliehen und weder als Geschenk noch als Almosen angesehen werden. (…)
Dagegen soll jedes Hausvolk alle Jahr einen Gulden nämlich auf Michaeli einen halben und auf Georg einen halben Gulden zur Aufrechterhaltung der Gebäude geben und dazu muss ein jeder das, was er zerbricht, wieder machen, auch jeder Mensch, jung oder alt, so er es vermag, ein Paternoster, Ave Maria und ein Glaubensbekenntnis sprechen für die Mutter meines Vaters, auch für Ulrich Jörg Fugger, meines und aller unserer Geschwisterkinder und Nachkommen Seelen als Hilfe und Trost.[3]

49. Kapitel

AUGSBURG, MÄRZ 1526

Natürlich hatte Eva nur eine ungefähre Ahnung, wo sich der Theriakhändler aufhalten mochte. Als sie mit ihm geredet hatte, um ihre Salbe zu bekommen, hatte er es ihr gesagt: das Kuhloch am Lueginsland. Sie kannte den Ort.

Das Kuhloch führte unter der Stadtmauer hindurch in den trockenen Stadtgraben hinaus und wurde dazu benutzt, Vieh dort hinauszutreiben und weiden zu lassen, um den Graben vor Überwucherung zu schützen. Es war ein dunkler, gruseliger Weg. Allein der Gedanke daran trieb ihr noch jetzt eine Gänsehaut über den Rücken. Als sie ein Kind war, hatte es als Mutprobe gegolten, den langen Gang zu durchqueren. Als Jugendliche hatten sie dann den Schlupf dazu benutzt, die Stadt tagsüber ungehindert zu verlassen und die Scharwächter mit Steinwürfen und Schleuderkieseln zu ärgern. Natürlich war diese Lücke in der Mauer einem Schlitzohr wie Doktor Lubricus bekannt – vor allem, wenn seine Schwester dort lebte. So konnte man sich dem Zugriff der Stadtwache entziehen.

Eva hastete die Straße zum Dom hoch. Sie wollte durch die Domstadt hindurch, doch dann besann sie sich eines Besseren. Sie bog am Berg der Schmiede ab und nahm den Weg unten herum, den die Bürger eingerichtet hatten, um der Willkür der Torschließungen am Schwalbeneck und Frauentor zu entgehen.

Trotz der Kälte war die Stadt ein einziges Ameisennest. Eva rieb sich mit den Händen über die Oberarme – sie trug ja nur ihr Kleid und hatte keine wärmende Schaube. Frierend eilte sie voran. Neben der Suche nach dem Theriakhändler sorgte sie sich um Joss und um die Kinder. Sie waren mit Aennlin allein im Haus.

Der Anstieg zum Lueginsland kostete sie die letzten Kräfte. Der Sebastianfriedhof kam in Sicht. Sie umrundete ihn und, vor dem

Kuhloch angelangt, entdeckte sie hinter der Westmauer des Gottesackers den Grabhügel für Meister Hans, den sie aufgeschüttet hatten. Sie trat durch das Gatter, mit dem das Gebiet um den Lueginsland abgesperrt war, aber nirgends entdeckte sie den Wagen von Doktor Lubricus. Hatte sie sich verhört? Das Herz schlug ihr bis zum Hals und schnürte ihr den Atem ab. Sie hielt sich an dem Gatter fest und ließ sich zu Boden sinken, um Luft zu schöpfen.

Wenn sie den Theriakhändler nicht finden würde, dann wäre ihr ganzer Plan dahin. Sie und die Kinder würden der Stadt verwiesen, und Joss ... Sie durfte nicht einmal daran denken.

Sie riss sich zusammen und zwang sich, ernsthafter nachzudenken. Der Quacksalber musste nach dem Markttag eigentlich die Stadt verlassen, so wie alle anderen Bauern und Händler auch – es sei denn, er fand eine Unterkunft in der Stadt. Für einen Händler war das kein Problem, für einen angeblichen Arzt schon. Occo würde ihn also nicht aufnehmen.

Sie schlug sich an die Stirn. Hatte er nicht von einer Schwester geredet, die hier irgendwo wohnte? Also dorthin geblickt, wo im Süden des Friedhofs Häuser standen.

Der Doktor konnte seinen Wagen aber auch nicht einfach so in einer Ecke abstellen. Dazu war der Inhalt zu wertvoll. Er brauchte ...

Eva drehte sich mehrmals um ihre eigene Achse, musterte alle Gebäude und Verschläge, die sie erkennen konnte. Schließlich entdeckte sie am Rande des Obstbaumhains, der an den Friedhof anschloss, zwischen der Friedhofsmauer und einer Häuserreihe das Dach eines Schuppens, der die nötige Größe hatte, um einen Wagen darin unterzustellen. Eben war sie daran vorbeigelaufen, ohne ihn zu beachten.

Eva seufzte, weil sie quer über den Hain laufen musste, der knöchelhoch von jungfräulichem Schnee bedeckt war. Allerdings bot ihr dieser Weg die Möglichkeit, ungesehen bis zu dem Stadel zu kommen. Sie hastete zwischen dem kahlen Obstgehölz hindurch, schlich an der Friedhofsmauer entlang. Noch nie war sie dem Grab des Henkers so nahe gewesen, seit sie ihn dort unter die Erde gebracht hatten. Sie schlug ein Kreuz, murmelte ein kurzes Vaterunser und lief weiter.

Als sie an dem Schuppen anlangte, blitzte durch die Lücken zwischen den Brettern der farbige Aufbau des Wagens hindurch. Eine Welle der Erleichterung überlief sie. Sie hatte richtiggelegen!

Vorsichtig schlich sie um den Schuppen herum zur Tür. Sie war verschlossen, und ein Schloss hing davor. Eva war wie vom Donner gerührt. Wenn die Hütte von außen versperrt war, dann befand sich auch kein Theriakhändler darin.

Sie prüfte das Schloss, rüttelte an der Kette und dem Riegel. Nichts bewegte sich. Tränen stiegen ihr in die Augen.

»He, was macht Ihr da?«, rief jemand hinter ihr.

Eva drehte sich um. Eine alte Frau stand auf der Schwelle ihres Hauses und blickte zu ihr herüber. Kurz überlegte Eva, ob sie die Wahrheit sagen oder lügen sollte. Doch in Lügen verstrickte man sich zu rasch, also entschied sie sich für die Wahrheit, einen Teil der Wahrheit zumindest.

»Ich suche Doktor Lubricus. Er hat mich hierherbestellt zu seiner Schwester. Ich soll eine Salbe …«

»Ach, der Kerl. Wisst Ihr denn nicht, dass seine Schwester mittlerweile in der Fuggerei lebt? Hat er Euch das verschwiegen? Sauberer Kerl. Will nur, dass es ihn nicht am Hintern friert. Passt bloß auf, Frau, dem kann man nicht trauen. Seine Schwester ist aber eine nette. Hat nur den falschen Mann geheiratet. Einen Sackpfeifenspieler.«

Evas Herz machte einen Sprung.

»Einen Sackpfeifenspieler?« Es gab in der Fuggerei nur einen Sackpfeifenspieler, und das war … »Womöglich Hänsel Fricks? Dann ist die Vroni seine Frau und die Schwester …«

»… dieses Quacksalbers!« Die Alte nickte. »Aber lasst Euch von dem nichts andrehen. Das ist alles unwirksam. Da könntet Ihr ebenso in die Bretter des Schuppens da beißen. Schaut mich an. Schon viermal hat er mir eine Salbe gegen das Reißen angerührt. Aber die Hände sind zu nichts mehr zu gebrauchen.«

Sie streckte Eva ihre knotigen, krummen Finger entgegen, die wie Baumgeschwüre aussahen.

»Ich danke Euch …«, rief Eva und wandte sich um. Bevor die Alte noch etwas erwidern konnte, was sie auch schon wieder in Richtung Fuggersiedlung unterwegs.

Hänsel Fricks, welch ein Zufall! Damit schlug sie zwei Fliegen mit einer Klappe. Eva konnte Lubricus sprechen – und ihre Kinder sehen. Sie hastete den Weg entlang zu den Hennastäpfala, hinüber zum Sträffingertor.

Ein unbestimmtes Gefühl trieb sie dazu, sich noch einmal umzudrehen, bevor sie hindurchtrat. Doch sie sah nichts außer einer Gestalt mit vier Beinen, die eine Decke um sich geschlungen hatte. Der merkwürdige Vierbeiner trat eben oben am Perlachberg auf den Markt hinaus und verschwand aus ihrem Blickfeld. Natürlich waren es zwei Menschen gewesen, die sich eine Decke teilten.

Sie schüttelte kurz den Kopf und eilte weiter. Völlig außer Atem kam sie vor dem Häuschen an, in dem Hänsel Fricks mit seiner Frau wohnte. Sie hatten eine der letzten Wohnungen in der Ochsengasse erhalten.

Sie atmete tief durch, dann betätigte sie den Klingelzug.

Wie durch Zauberhand öffnete sich die Tür. Rasch ging Eva hinein und trat in die Stube. Lubricus, der auf der Eckbank saß, sprang auf. Vroni, die am Fenster stand, wandte sich um.

»Eva! Ihr?«, entfuhr es ihr.

»Bleibt sitzen, Quacksalber«, fuhr Eva den Mann an. »Ich muss mit Euch reden. Gott zum Gruße, Vroni. Euer Mann ist nicht zu Hause?«

Vroni schüttelte den Kopf. Langsam sank Lubricus wieder auf die Bank.

Eva sah seine Schwester an und deutete auf den Theriakhändler. »Euer Bruder?«

Vroni nickte. »Mein Zwillingsbruder, Mertin.«

Die Stube glich der ihren im Holzhaus. Ein Tisch, eine Eckbank, ein Stuhl, der Ofen, der von der Küche aus mit Holz beschickt wurde, die Durchreiche. Für eine Armenunterkunft eine reiche Ausstattung.

»Was wollt Ihr?«, fragte Vroni. Ihr Blick wanderte zwischen Mertin und ihr hin und her.

»Nicht das, was Ihr denkt«, entgegnete Eva ruhig. »Euer sauberer Bruder verkauft Ware, die andere gestohlen haben. Er ist ein Hehler. Außerdem hat er Gift verkauft, das im Holzhaus fünf Menschen den Tod gebracht hat.«

»Sie lügt!«, zischte der Quacksalber.

Vroni hieb mit der Hand auf den Tisch. »Sei ruhig und lass sie ausreden!«

Eva sah Lubricus an. »Ihr habt Euch mit Marx Köllin eingelassen, dem ehemaligen Scharwächter. Ein Fehler, den Ihr wiedergutmachen könnt, wenn Ihr mir genau zuhört. Dann, und nur dann, behaltet Ihr Eure Zulassung für den Augsburger Wochenmarkt und womöglich sogar Euer Leben. Anton Fugger bürgt dafür.«

Eva sah, wie sich Vronis Augen weiteten und Mertin schlucken musste. Verlegen starrte er auf die Tischplatte und verknotete seine Hände.

Plötzlich sprang er wieder auf. »Ich muss sofort weg!«, keuchte er.

»Mertin, nicht!«, flehte Vroni. »Hör dir an, was Eva zu sagen hat. Ich könnte es nicht ertragen, dich nie mehr zu sehen.«

Halb im Stehen, halb im Sitzen rang er mit sich und ließ sich schließlich wieder auf die Bank sinken.

»Ihr solltet ein bisschen schauspielern können«, sagte Eva.

Vroni klopfte ihrem Bruder grinsend auf die Schulter. »Wenn er etwas kann, dann das!«

Mertin nickte mit unglücklicher Miene.

Eva zog ihren Stuhl näher an den Tisch. »Hört zu, Mertin …«, begann sie.

50. Kapitel

AUGSBURG, MÄRZ 1526

Els hatte in aller Hast ein kleines Bündel geschnürt – das restliche Brot aus der Küche, eine kleine Speckseite, einen Krug für jeden, etwas Mehl in einem kleinen Beutel. Außerdem holte sie aus der Werkstatt des Vaters ein Messer und einige Stangen Guajakholz und steckte alles unter ihren Umhang. Sie hatte Barthlen Schuhe angezogen und ihm eine Schaube sowie eine Decke übergeworfen, obwohl er sich gewehrt und geschimpft hatte, es sei ihm alles zu warm und viel zu groß. Handschuhe hatte sie keine gefunden, dafür aber Fußlappen mitgenommen, die man sich auch um die Hände wickeln konnte. Sie selbst hatte sich ebenfalls eine zusätzliche Decke aus dem Schlafzimmer der Eltern geholt.

Sie hatte keine Zeit gehabt, darüber nachzudenken, was weiter geschehen würde. Sie wusste nur, dass sie sich beeilen und verschwinden mussten, bevor Marx mit seiner Frau hier auftauchte, um die Arbeit im Holzhaus zu übernehmen. Noch jetzt, kurz bevor sie aufbrachen, zitterte sie am ganzen Körper. Aber vor ihrem Bruder wollte sie ihre Angst nicht zeigen, wollte die starke ältere Schwester sein, vielleicht ein Ersatz für die Mutter.

Wohin sollten sie beide gehen? Sie kannte nur Jonathan, doch der würde ihnen wohl nicht helfen können. Er war nur ein Lehrling und bewohnte im Hause seines Meisters, der zugleich sein Vater war, eine kleine Kammer unterm Dach. Von daher war es noch schwieriger, auf ihn zu hoffen.

»Fertig?«, fragte sie Barthlen und zog ihm noch eine Gugel aus Filz über, die ihm fast in die Augen fiel. »Wir müssen los.«

Barthlen wehrte sich weiter und streifte die Gugel ab, und Els wurde ärgerlich. Sie stülpte ihm die Kopfbedeckung wieder über, nahm ihn bei den Schultern und schob ihn vor sich her zum Ausgang.

»Herrgott, du blöder Sturkopf! Begreifst du denn nicht, wie kalt es draußen ist?«

Aennlin hatte sich nicht mehr sehen lassen, seit der Fugger Eva und Joss aus dem Haus gewiesen hatte. Els verstand nur wenig von dem, was da vor sich ging. Sie begriff nicht, warum sich Aennlin nur noch oben bei den Kranken aufhielt und sich nicht mehr um sie kümmerte wie sonst. Aber sie würde genügend Zeit haben, darüber nachzudenken, was es zu bedeuten hatte, dass sich Marx und Aennlin, nachdem der Vater fortgebracht worden war, umarmt hatten, als würden sie sich freuen. Jetzt mussten sie fort.

Es war nicht die Kälte, die sie zittern ließ, sondern die Angst, gleich auf der Türschwelle auf Marx Köllin zu treffen.

Sie öffnete die Tür und spähte hinaus. Niemand war auf der Gasse. Die Menschenansammlung, die durch den Auftritt Anton Fuggers verursacht worden war, hatte sich verlaufen. Sie schulterte ihr kleines Bündel und trat mit Barthlen aus dem Haus. Dann nahm sie ihn an der Hand und befahl ihm zu rennen.

Die Gasse war eine Falle.

Keine zwanzig Schritte hatten sie gemacht, als der neue Holzvater zusammen mit seiner Frau um die Ecke bog.

Wäre Els nicht abrupt stehen geblieben, hätten sie an den beiden vorbeiwischen können, so aber lief sie direkt in Marx' Arme.

»Was haben wir denn da für Vögel?«, rief er, balancierte auf einem Bein und streckte seinen Stock aus, sodass Barthlen darüber stolperte und in den Matsch fiel.

Els versuchte, ihrem Bruder aufzuhelfen, doch Marx war bereits über ihnen.

»Verfluchtes Pack, wolltet ihr das Haus ausräumen? Die Decken gehören euch nicht. Sie sind Eigentum des Holzhauses!«

Marx' Frau war schneller bei ihnen, als es Els lieb war. Sie zerrte Barthlen die Decke von den Schultern, als er sich hochrappelte. Hilflos stand sie da, die Decke in der Hand. Els erkannte, dass sie ihnen eigentlich nichts tun wollte, aber nicht anders konnte, weil ihr Mann dabei war.

»Sie gehören uns«, wehrte sich Els und wollte die Decke an sich ziehen, aber Marx hieb mit der Krücke auf ihre Hand, und sie ließ los.

Seine Frau wäre beinahe hintenübergefallen, als Els die Decke freigab.

»Los, Weib, pack sie!«, schrie Marx. Er keifte wie ein Rohrspatz, weil er nicht so schnell reagieren konnte. Schaum sprühte ihm vom Mund.

Seine Frau versuchte umständlich, Barthlens Decke grob einzurollen, um sich nicht um die zweite kümmern zu müssen, als Els wieder bei ihr war. Obwohl Els die Hand von dem Schlag schmerzte, griff sie erneut zu. In diesem Moment trafen sich ihre Blicke, und in den Augen der Frau lag ein unbestimmter Schmerz. Sie ließ die Decke sofort los.

»Lauft«, flüsterte sie.

Marx wollte gerade wieder ausholen. Der Schlag hätte Els sicherlich den Unterarm gebrochen, aber Barthlen war wieder auf den Beinen und stieß mit der Schulter und seinem ganzen Gewicht gegen den Mann. Marx brachte seine Krücke nicht rechtzeitig als Stütze unter den Körper und verlor das Gleichgewicht. Mit einem Aufschrei stürzte er seitlich zu Boden und begrub dabei Barthlens Decke unter sich. Els nutzte die Gelegenheit, packte ihre Decke unter den Arm, nahm Barthlen bei der Hand und zog ihn hinter sich her. Sie wichen der Krücke aus, mit der Marx wie wild um sich hieb. Barthlen hatte endlich begriffen, dass sie in Gefahr waren, und ließ sich willig von der Schwester fortzerren.

Sie waren Marx entkommen, doch eine der beiden Decken hatten sie verloren. Überall waren die Fenster aufgegangen, hatten sich Köpfe in den Öffnungen sehen lassen, aber niemand wagte sich auch nur einen Schritt aus seinem Haus, um den Kindern zu helfen. Alle blieben im sicheren Geviert ihrer Wohnungen. Wer so arm war, dass es gerade so für den eigenen Magen, für das eigene Wohlbefinden reichte, der hatte wenig übrig für andere. Jeder, dem man vom Boden aufzuhelfen versuchte, zog einen nur selbst tiefer hinunter.

Einmal hatte sie mit Jonathan darüber gesprochen. Er hatte ihr gesagt, es schmerze ihn, dass er in seinem Leben nie aus dieser Vorstadt herauskommen würde. Ein Umstand sei es, der ihn immer wieder zum Nachdenken bringe, nämlich der, den lieben langen Tag zu arbeiten und zu schuften – und am Ende dieses Tages mit ehrlicher Arbeit gerade so viel in die Tasche zu bekommen, dass es für ein Abendessen reiche. Nie für mehr. Wie solle es gehen, sich ein Vermögen zu ersparen? Gar nicht. Also waren die Vermögen der reichen Augsburger Familien, der Fugger und Welser, der Rehlinger und Höchstetter, der Imhoff, Hirschvogel und Gossembrot und wie sie noch alle hießen, nicht mit ehrlicher Arbeit verdient, sondern mit Lumpengeld. Geld, das durch unehrliche Arbeit angesammelt worden war. Aber damit konnten sie sich den unbequemen Fragen derer entziehen, die nichts hatten – ja, ihnen diese Fragen sogar zurück in die Mäuler stopfen, indem sie ihnen Anlagen wie die Fuggersiedlung vor die Nase setzten. Wer stellte schon Fragen, wenn er nachts bequem schlafen konnte?

Els schrie ihre ganze Wut, ihre Enttäuschung und Angst die Gasse entlang und legte sie in immer denselben Satz: »Warum helft Ihr uns nicht?«

Als wäre der Teufel hinter ihnen her, rannten sie den Weg entlang, bogen in die Finstere Gasse ein und verließen schließlich über den Saumarkt die Siedlung. Erst nachdem sie das Sträffingertor hinter sich gelassen hatten, verlangsamten sie völlig außer Atem ihre Schritte.

Els haderte mit dem, was passiert war. Hätten sie das Haus nur einen Lidschlag früher verlassen, wären sie den beiden Nachfolgern im Holzhaus nicht begegnet und hätten noch zwei Decken. Aber jetzt war es eben passiert. Wohin sie sich wenden sollte, wusste sie nicht. Sie spürte, wie die Kälte bereits durch ihre Schaube drang und sie zittern ließ. Auch Barthlen, der keuchend neben ihr herlief, hatte schon blaue Lippen.

»Wohin willst du?«, fragte er. »Warum müssen wir weg? Wo ist Mutter?«

Els schnaubte ärgerlich. »Jetzt halt den Mund«, fauchte sie. Sie hatte zwar Vorwürfe wegen seines Wehrens und Trödelns auf der Zunge, doch sie brachte es nicht über sich, ihn damit zu überhäufen. »Wir suchen Mutter!« Sie nahm die letzte verbliebene Decke und legte sie dem Bruder um die Schultern.

Sie gingen den Berg vor dem Perlach hoch und erreichten den Markt. Els' Überlegung war einfach gewesen: Sie mussten sich zuerst in der Menge verstecken, falls Marx sie verfolgte. Obwohl sie vorsichtig gewesen war und sich ständig umgeschaut hatte, um sicherzugehen, dass der ehemalige Scharwächter nicht hinter ihnen herkam, hatte sie noch immer große Angst.

Doch auch der Markt bot ihnen keinen Schutz. Überall begegneten sie misstrauischen Blicken und bösen Worten. Niemand wollte sie an seinem Stand oder in dessen Nähe haben. »Diebsgesindel« wurden sie gerufen. Alle befürchteten, dass sie etwas stehlen wollten, und scheuchten sie weiter. Els kam es vor, als liefen sie durch einen Garten voller schäckernder Elstern. Die Leute zeterten und schimpften. Schließlich gaben die beiden Kinder auf und ließen sich von den Käufern an den Rand der Marktstände treiben, wo sie sich erschöpft und zitternd in eine Ecke verkrochen.

»Ich hab Hunger«, sagte Barthlen leise. »Und mir ist kalt.«

Mit einer verzagten Geste zog Els ihn an sich. Sie ahnte, was ihnen bevorstand. Noch war es Tag, noch konnten sie sich in der Stadt bewegen, noch waren sie Bewohner wie alle Bewohner. Aber wenn es dunkel wurde, wenn sich die Menschen in ihre Häuser und an ihre Feuerstellen zurückzogen, dann wurden sie zu Gesindel, zu Streunern und verdächtigen Gestalten, rechtlos und vogelfrei.

»Können wir nicht zu Urban?«, fragte Barthlen verzweifelt. Er drückte seinen Kopf an ihre Brust. Sein freies Ohr war rot vor Kälte.

»Du meinst Urban Rieger, den Prediger?«

Barthlen nickte. »Vater hat mich immer zu ihm geschickt, damit ich was lerne. Lesen und Schreiben und die Bibel.« Er senkte die Stimme. »Es gibt sie in deutscher Sprache. Von Luther.«

Els hatte es geahnt, hatte geahnt, dass ihr Vater Barthlen heimlich unterrichten ließ. Sie hätte auch gern lesen und schreiben gelernt. Aber für ein Mädchen schickte sich das nicht.

»Dann müssten wir wieder in die Jakobervorstadt hinunter. Was, wenn wir dem neuen Holzvater begegneten?« Ein Schauder überlief sie, als sie an das Klacken seiner Krücke auf den Pflastersteinen vor dem Tor oder in den Gassen der Fuggersiedlung dachte. »Dann komm«, sagte sie zu Barthlen und zog ihn auf die Beine.

Sie schlichen am Rand des Marktes entlang und nahmen einen Nebenweg, auch wenn er düster war. Hinter dem Rathaus führte ein Weg abwärts zur Richtstätte für die kleine Gerichtsbarkeit. Es roch nach Blut und Verwesung, weil hier Nasen und Ohren abgeschnitten und Hände abgeschlagen wurden. Das Blut wurde nur mit einem Schwall Wasser aus Eimern beseitigt.

Obwohl es Els würgte und sie Barthlen vor dem Blutgestell die Augen zuhielt, gelangten sie die Treppen hinunter in die Lechvorstadt. Unten an der Klessingsmühle mussten sie wieder den Hauptweg nehmen, der zum Sträffingertor hinabführte. Els spähte mit verengten Augen hinein, bevor sie einen Fuß darauf setzte. Marx konnte sie nirgends entdecken.

Barthlen schmiegte sich eng an sie. Sie spürte, wie er trotz der Decke zitterte. Er hatte keine Angst mehr, dafür fror er inzwischen zu sehr. Sie mussten irgendwo unterkommen, sonst würde er die Nacht nicht durchhalten. Aber auch sie brauchte eine geheizte Stube. Sie war zwar wärmer gekleidet, doch es machte sich langsam bemerkbar, dass sie keine Decke mehr hatte. Das Haus des Predigers war da so gut wie jedes andere.

Sie schlüpften durch das Tor in die Vorstadt. Die Wachen waren nachlässig, weil es nur noch in den Abendstunden geschlossen wurde. Tagsüber musste man nur verhindern, dass die Pilger, die zu St. Jakob unterwegs waren, nicht in die eigentliche Stadt gelangten. Die Angst vor Krankheiten saß tief.

Niemand achtete auf die beiden Kinder.

Els und Barthlen huschten den Weg entlang, bis sie vor dem Haus standen. Els wollte eben mit der Faust gegen die Tür schlagen, als Barthlen sie zurückzog. Ihre Hand glitt an dem rauen Holz entlang, und sie riss sich die Knöchel auf. »Sag mal, spinnst du? Was soll …«

Barthlen hatte sich in ihren Rock verkrallt und zog sie mit aller Kraft von dem Haus weg. Els musste ihm folgen, weil er sie rückwärtsbewegte und sie sonst unwillkürlich hingefallen wäre.

»Jetzt hör aber auf«, schimpfte sie und leckte sich die Wunden an den Fingern. »Was ist denn los?«

»Das Zeichen ist verwischt«, flüsterte Barthlen. »Das Zeichen an der Tür ist verwischt.«

»Was denn für ein Zeichen?« Els folgte ihrem Bruder jetzt freiwillig, weil er sie neugierig gemacht hatte. An einem Handwerkerhaus gegenüber machten sie halt, und Barthlen zog sie in den Eingang zum Hof. Es stank nach Abtritt.

»Hier bleib ich nicht«, schimpfte Els.

Barthlen sagte nur: »Schau hinüber.«

Die Tür von Riegers Haus hatte sich geöffnet, und ein Mann, der den Helm eines Stadtschergen trug, streckte den Kopf heraus.

»Die rote Kreidezinke neben der Tür …«, begann Barthlen. Er suchte nach Worten.

»Was für eine Kreidezinke?«, fragte Els verwirrt. Sie verstand Barthlens Aufregung nicht.

»Sie war … weg … verwischt«, stotterte er.

Els seufzte und sah den Bruder an.

»Sie machen eine Zinke an die Tür«, flüsterte er.

»Aus Kreide. Das weiß ich jetzt.« Els versuchte, geduldig zu sein.

»Gefahr. Es zeigt Gefahr an!«, erklärte ihr Barthlen. »Wenn die Tür aufgeht, und es erscheint jemand Böses, wischt man sie weg.«

Langsam begriff Els, was er ihr sagen wollte. »Und wenn sie weg ist oder verwischt, dann muss man aufpassen, ja? Ist es so?«

Barthlen nickte. »Es bedeutet, man soll das Haus beobachten!«, sagte er zufrieden und drehte sich wieder um. Er musste sich unter ihr durchzwängen, um etwas zu sehen.

Beide spähten sie aus sicherer Entfernung zu Riegers Haus hinüber.

Zwei Stadtschergen traten auf die Straße, ein dritter stieß Urban Rieger vor sich her. Die drei Männer nahmen den Prediger in ihre Mitte und führten ihn ab.

Nur zehn Atemzüge später und sie wären diesen Männern direkt in die Arme gelaufen.

»Woher wussten sie, wo er wohnt?«, fragte Els mehr sich selbst.

»Der Zündler hat ihn verraten«, sagte Barthlen. »Der Urban wollte die Stadt verlassen. Gestern schon. Er dürfte gar nicht mehr hier sein.«

Els kam es vor, als wäre ihr kleiner Bruder durch die Geschehnisse reifer und selbstsicherer geworden. Verschwunden waren das Zittern und das weinerliche Hungerjammern.

»Ich hab ihn gesehen«, sagte er unvermittelt.

»Wen? Urban Rieger?«

»Nein. Den Kerl, der das Predigthaus angezündet hat!«

»Was?« Els sah ihn verblüfft an. Ihr Bruder wusste, wer der Feuerteufel war? »Jetzt sag schon!«

Doch Barthlen stupste Els nur an und zeigte nach vorn. Die drei Stadtschergen stießen Urban Rieger weiter vorwärts. Sie trugen einen Helm und eine leichte Brünne, waren nicht stark bewaffnet, sondern hatten nur einen Spieß in der Hand und ein Messer in ihrem Gürtel stecken.

Rieger ließ sich ohne große Gegenwehr abführen. Die Männer dachten offenbar schon, ein leichtes Spiel mit ihm zu haben, als aus dem Tor, der Seitenstraße und aus dem Nebenhaus unvermittelt Männer auf die Straße stürmten. Es waren vielleicht zehn oder zwölf Gestalten, die mit Holzlatten auf die Gruppe um Rieger losgingen. Die Stadtschergen drehten sich zu den Angreifern um. Einen der Männer traf ein Stoß in den Rücken, sodass er strauchelte und auf die Knie fiel. Durch die so entstandene Lücke sprang Urban Rieger und tauchte im Gewirr der Straßen und Menschen unter.

Die Angreifer warfen ihre Latten beiseite und waren ebenso schnell verschwunden, wie sie gekommen waren. Die Schergen fluchten. Der Gestürzte rappelte sich auf, und die drei rannten hinter Urban Rieger her, der durch die Jakobervorstadt flüchtete.

Els und Barthlen drückten sich in die Toreinfahrt, als einige der Angreifer an ihnen vorbeiliefen. Eng aneinandergepresst warteten sie.

»Weg jetzt«, sagte Els. »Bevor sie zurückkommen.«

Sie zog Barthlen in den Innenhof des Anwesens. Dort trafen sie auf einen Tischler, der sich eben wieder an seine Arbeit setzte und die beiden Kinder misstrauisch beäugte.

»Haut ab!«, knurrte er.

Els dagegen lächelte und machte einen Knicks. Rasch sah sie sich um. Sie entdeckte, dass der Hof einen zweiten Ausgang nach hinten auf die nächste Straße hatte, gerade so hoch, um gebückt hindurchlaufen zu können.

Sie huschten weiter. Der Tischler warf ein Stück Holz nach ihnen, doch da stolperten die beiden Kinder bereits auf die andere Straße hinaus.

Els war völlig außer Atem, obwohl es nur eine kurze Strecke zu laufen gewesen war. Sie lehnte sich gegen die Mauer.

»Sind sie weg?«, fragte sie. Ihr Herz schlug wie wild. Sie getraute sich nicht, ihre Augen zu öffnen.

»Ja«, sagte Barthlen. »Los, gehen wir in das Haus des Predigers.«

Els schüttelte den Kopf. »Bist du verrückt? Da wird es in den nächsten Stunden nur so vor städtischen Schergen wimmeln. Weil Rieger geflohen ist, nehmen sie alles auseinander, was einen Hinweis auf ihn und seinen Aufenthalt geben könnte.« Sie ging in die Hocke, nahm Barthlen an beiden Oberarmen und drückte ihn an sich. »Ich weiß nicht, wo wir hingehen sollen«, sagte sie leise.

»Das Holz tut mir weh!«, beschwerte sich Barthlen. »Das ist was wert, oder nicht?«

Els sah auf. Ja. Das Holz war etwas wert. Natürlich! Sie mussten das Holz verkaufen. An einen Menschen, der ihnen nicht nur Geld dafür zahlen würde, sondern ihnen auch eine Unterkunft gewähren konnte. Und da kannte sie nur einen.

»Jetzt weiß ich, wohin wir gehen«, sagte sie. »Und auf dem Weg dorthin erzählst du mir, wer das Gebetshaus angezündet hat.«

Sie stand auf, wickelte die Decke fester um Barthlen, nahm ihn an die Hand und marschierte los. Am Tor gaben sich die beiden so unbefangen wie möglich und erreichten unbehelligt die Lechvorstadt.

»Also«, drängte Els. »Wer war es?«

51. Kapitel

AUGSBURG, MÄRZ 1526

Eva zog die Kapuze ihres Umhangs tiefer ins Gesicht. Schließlich wollte sie von niemandem erkannt werden. Ihr Herz pochte in den Schläfen und verursachte ihr Kopfschmerzen. Doch sie konnte und durfte sich nicht darum kümmern. Els und Barthlen waren jetzt das Wichtigste. Die Gassen der Fuggerei waren voller Leben. Kinder spielten in der Kälte Fangen, Männer saßen mit roten Nasen und fingerlosen Wollhandschuhen vor den Türen über ihrer Arbeit. Frauen strickten oder nähten bei Licht am Fenster. Überall lärmte es, und es dauerte, bis Eva begriff, was sich geändert hatte. Zwar warfen die Bewohner ihr noch immer misstrauische Blicke zu, aber sie verstummten nicht. Sie redeten weiter, lachten, hämmerten, sägten, klopften. Wenn sie als Holzmutter durch die Gassen gegangen war, um die Kübel zu entleeren oder Wasser zu holen, waren die Gespräche verebbt, hatten Männer und Frauen ihre Tätigkeiten eingestellt und sie angestarrt. Sie war stets durch eine Stille gelaufen, die sie wie eine Blase umgeben und begleitet hatte, während jetzt das Geplapper der Frauen und das Hämmern und Sägen der Männer weiterging. Sie musste sich durch diesen Lärm regelrecht hindurcharbeiten.

Sie alle waren auf der untersten Stufe der Stadt angekommen, aber dieses Schicksal vereinte die Menschen keineswegs. Sie versuchten selbst im Dreck liegend, auf dem Rücken anderer noch Tritt zu fassen. Und die kleine Welt der Fuggerei bot ihnen dafür eine überschaubare Möglichkeit.

Eva machte einen Umweg, um nicht in der Finsteren Gasse an Marx' Wohnung vorübergehen zu müssen. Sie nahm eine Straße weiter und schritt so forsch aus, als wüsste sie genau, wohin sie unterwegs war. Schließlich bog sie auf den Weg zum Holzhaus ein. Sie wollte, ohne gesehen zu werden, zu Els und Barthlen. Anton Fugger hatte ihr versichert, dass die Kinder noch im Haus weilten.

Zuvor jedoch hatte sie noch etwas zu erledigen – eine heikle und gefährliche Mission. Franz Gelder wohnte direkt unterhalb der Wohnung der Köllins. Nach dem Tod der Hutterin war das Ehepaar dort eingezogen. Eva zog ihre Gugel noch tiefer über ihr Gesicht, als sie vor die Haustür des alten Schmieds trat und an der Schelle zog. Wenn von oben jemand heruntersah, sollte er sie nicht erkennen.

Alles, was Eva vorweisen konnte, war die Hoffnung, dass sie Meister Franz richtig eingeschätzt hatte. Er war der Einzige, der sich um die Babette gekümmert hatte. Auch hatte er sich nicht daran gestoßen, was sie und Joss getan hatten. In seiner mürrischen und forschen Art war er zwar unnahbar gewesen, aber sie hatte einen guten Kern in ihm entdeckt, der nur durch lange Einsamkeit und schwere Schicksalsschläge verdeckt worden war. Beim Weintrinken mit ihr und Sibylla hatte er seine weiche Seite gezeigt. Außerdem mochte er Marx ebenso wenig wie sie. Auch er war der Überzeugung, dass es bei dem Tod der beiden Hutters nicht mit rechten Dingen zugegangen war.

Sie läutete noch einmal. Franz Gelder war vermutlich taub wie eine Nuss. Jahrzehntelange Arbeit vor einem Amboss forderten ihren Tribut. Ein drittes Mal zog sie an der Schelle, diesmal energischer und stärker. Tatsächlich rührte sich etwas hinter der Tür.

»Ja?«, rief es ihr entgegen.

Eva getraute sich nicht, laut zurückzurufen, schließlich wohnten oben die Köllins. Schließlich läutete sie ein viertes Mal. Diesmal öffnete sich die Tür einen Spalt weit, und ein Gesicht erschien.

»Meister Franz?«, fragte sie leise.

»Wer will das wissen?«

»Ich habe ein Problem mit einem Schlüssel. Fertigt Ihr auch Schlüssel?«

»Schlüssel. Doch, doch. Kommt rein. Schlüssel«, murmelte er.

Das mit dem Schlüssel hatte sich Eva ausgedacht, damit ihr Meister Franz nicht die Tür vor der Nase zuschlug. Sie trat in den Flur. Die Stube lag wie bei ihnen links davon. Der Schmied ging voraus, setzte sich zu seinem Krug Dünnbier und sah sie an.

»Was wollt Ihr wirklich, Neherin?«

Im ersten Augenblick war sie verblüfft.

»Haltet mich ruhig für einen abgehalfterten alten Mann, aber glaubt nicht, einen solchen vor Euch zu haben. Ich habe Euch sofort erkannt und in Eurer Vermummung einen Zweck vermutet. Liege ich richtig?«

Sie hatte ihn unterschätzt. Obwohl er aussah, als könne er nicht zwei Steine aufeinanderlegen, durchschaute er sie.

»Erklärt Euch!«, forderte er sie auf.

Eva streifte ihre Gugel ab und befreite ihre dunklen Locken. Sie schüttelte sie kräftig, erst dann fühlte sie sich einigermaßen wohl, und ihre Kopfschmerzen ließen etwas nach.

»Ich möchte Euch bitten, mir zu helfen, Marx dingfest zu machen.«

Franz Gelder sah sie unverwandt an. In seinem Gesicht spiegelte sich weder Freude noch Vorsicht, weder Offenheit noch Verschlossenheit. »Was genau wollt Ihr?«

Eva setzte sich auf den Hocker nahe der Eingangstür. Dann begann sie, Franz Gelder ihren Plan auseinanderzusetzen. Sie sah ihn an und erwartete, dass er entweder nicken oder den Kopf schütteln würde. Doch seine Miene war und blieb unergründlich.

Dennoch ließ Eva nicht locker. Sie schloss mit den Worten, dass sie jetzt zu den Kindern müsse, damit alles in guten Bahnen verlaufen könne.

Er warf ihr einen mitleidigen Blick zu. Sie überlegte bereits, wen sie noch in der Fuggersiedlung ansprechen konnte, als er ihr plötzlich die Hand entgegenstreckte.

»Abgemacht. Diesem Schwein muss ein Bein gestellt werden.«

Eva besah sich die schwielige Hand. Bevor sie einschlug, musste sie noch etwas loswerden. »Überlegt es Euch gut. Wenn ich falschliege, kann es Euch schlecht ergehen.«

Meister Franz winkte ab. »Was soll schon Schlimmeres kommen? Meine Frau lebt nicht mehr, die Hutter Babette, die mir eine Freundin war, hat dieses Schwein auf dem Gewissen, und auch den Achacius, mit dem ich das eine oder andere Dünnbier getrunken habe, hat dieser Kerl über die Klinge springen lassen, ohne dass er dafür zur Rechenschaft gezogen wurde. Meine Unterstützung habt Ihr.«

Das waren mehr Sätze, als sie bisher überhaupt aus seinem Mund gehört hatte.

»Es könnte gefährlich werden«, betonte sie noch einmal. »Marx ist nicht zimperlich. Wenn wir versagen, dann wird er sich rächen.«

»Jetzt ziert Euch nicht so, Mädchen. Schlagt schon ein, bevor ich es mir anders überlege. Gefährlich ist nur Feuer, alles andere ist Nervenkitzel.«

Eva spürte, wie ihre Wangen vor Freude glühten. Und doch schlich sich dieser Kopfschmerz wieder den Nacken hoch. »Ich muss weiter, zu meinen Kindern. Ich komme und berichte Euch, was zu tun ist.«

Damit schlug sie ein. Als er zudrückte, hätte sie fast aufgeschrien. Einen solchen Händedruck hielt kein Mensch aus.

»Dann ist es besiegelt«, erklärte Meister Franz.

Im ersten Stock über ihnen rumpelte und krachte es.

Fragend sah Eva den Schmied an. Als sie den Blick an die Decke hob, fuhr ihr der Stich wieder über den Nacken in die Schläfe.

»Sie sind dabei auszuziehen.«

»Sie verlassen die Fuggerei?«

»Fuggerei?«, fuhr Franz Gelder auf. »Netter Begriff für diese Siedlung. Aber nein. Sie ziehen ins Holzhaus.«

Die Neuigkeit erschreckte Eva nicht übermäßig. Sie hatte sich mittlerweile daran gewöhnt, den ehemaligen Scharwächter überall auftauchen zu sehen. »Da wird der Bock zum Gärtner gemacht. Aber nicht lange. Der Fuchs lässt das Mausen nicht.« Sie stand auf. »Ich danke Euch, Meister Franz. Ich komme wieder«, sagte sie und drehte sich zum Ausgang um. Auf der Türschwelle blieb sie kurz stehen und blickte zurück. »Danke.«

Mit einem kurzen Blick nach oben vergewisserte sie sich, dass niemand sie gesehen hatte, und schritt dann kräftig aus. Kurz darauf stand sie vor dem Holzhaus und blickte die Fassade hoch. Sie konnte es sich nicht vorstellen, Marx an ihrer Stelle zu sehen.

Der Schmerz in den Schläfen war zu einem fast unerträglichen Stechen geworden. Sie nahm ihren Kopf in beide Hände und drückte ihn, als müsste sie ihn daran hindern zu bersten. Auch schwoll ihre Furcht an wie ein Fluss bei starkem Regen. Sie wollte eben zum Schellenzug greifen, als die Tür wie von selbst aufging.

Eva erschrak, aber dann dachte sie an Barthlen und seine Freude, als er den Mechanismus entdeckt hatte, wie sich die Tür von der Stube aus öffnen ließ.

»Barthlen«, flüsterte sie, drückte die Tür auf und wandte sich nach links zur Stube.

Sie trat ein, ohne ihre Gugel abzustreifen. Doch nicht Barthlen saß dort am Tisch, sondern Marie Köllin, Marx' Frau.

Sofort senkte Eva den Blick.

»Ah, wieder ein unzüchtiges Weib!«, begrüßte Marie sie und zwinkerte ihr zu.

Eva war verwirrt, blieb aber stumm. Wenn sie jetzt redete, war alles verloren. Wo um alles in der Welt waren die Kinder?

»Ihr habt die Franzosenkrankheit? Seid nicht so schamhaft, in diesem Haus bleibt nichts verborgen.«

Eva musste schlucken. Sie war erschüttert, mit welcher Unverschämtheit diese Frau über die Kranken redete. Andererseits war sie verwirrt über deren Mimik. Marie hob die Augenbrauen und verdrehte die Augen nach oben, als wolle sie Eva auf etwas aufmerksam machen. »Falls Ihr euch wundert, dass Euch hier nicht dieses Weibsstück Neher begrüßt, wisst, ich bin die neue Holzmutter.« Sie lachte hell und kreischend, als hätte sie einen schönen Scherz gemacht.

Eva gab es einen Stich ins Herz, weil aus dem Verhalten, aus dem Reden dieser Frau so wenig Mitleid sprach.

Marie stand auf und näherte sich Eva. »Habt Ihr gebeichtet? Habt Ihr bereut?« Eva schüttelte den Kopf. »Dann seid Ihr hier falsch. Geht zu Pater Finn in St. Jakob. Bereut von Herzen, und dann kommt wieder zu uns.«

Eva drehte sich auf dem Absatz um und wollte gehen, doch Marie griff nach ihrem Handgelenk. »Es hat sich etwas geändert«, flüsterte sie. Sie blickte sich um, ging zur Tür und spähte hinaus.

»Was?«, wollte Eva wissen und biss sich auf die Zunge, weil sie etwas gesagt hatte. Ihre Stimme konnte sie verraten.

Laut verkündete Marie: »Ihr seid bereit, für die Behandlung zu bezahlen?«

Jetzt blieb Eva die Luft weg. Bezahlen? Nein, sie würde nichts bezahlen. Bezahlen würden diese Wucherer. Sie wollte nur erfahren, wo sich ihre Kinder aufhielten.

»Aber …«, wollte sie einwenden.

Marie legte einen Finger auf ihre Lippen. »Sie hört mit«, flüsterte sie. »Sie steckt mit meinem Mann unter einer Decke.« Laut sagte sie: »Nichts aber. Seit die Neher-Bälger das Haus leer geraubt haben, müssen wir Gerätschaften nachkaufen. Ihr wollt gut liegen? Ihr wollt saubere Bezüge? Ihr wollt einen Krug mit Holzwasser? Dann solltet Ihr die Dinge mitbringen oder aber bei uns kaufen. Nichts wird mehr gestellt.«

Die neue Holzmutter sprach in einem harten Ton, der unangemessen war und unbarmherzig. Eva war sich sicher, dass ihre Kinder nichts gestohlen hatten. Wenn jemand unrechtmäßig etwas an sich genommen hatte, dann Marx und offenbar seine Frau, deren Verhalten sie verwirrte. Waren sie nicht Freundinnen geworden?

»Els und Barthlen haben gewiss nichts gestohlen …«

Marie schüttelte heftig den Kopf. »Leise«, flüsterte sie. »Sie hört alles mit.«

»Wer hört mit?«, flüsterte Eva zurück.

»Aennlin. Marx' Tochter.«

Evas Augen weiteten sich. »Seine Tochter? Nicht Eure?«

Marie schüttelte traurig den Kopf. »Ich konnte keine Kinder kriegen«, wisperte sie. »Sie sagt zwar Mutter zu mir, aber sie hasst mich.« Dann wurde sie wieder laut, wanderte in der Stube umher und sagte laut: »Matthäus Schwarz lässt in der ganzen Stadt nach den Bälgern suchen. Sie werden sie sicher finden, wenn sie Augsburg nicht verlassen haben.«

Eva hielt es beinahe nicht auf den Beinen. Sie musste sich festhalten. Endlich begriff sie. Marie hatte ihr mit ihrer forschen und spöttischen Art mitgeteilt, dass ihre Kinder bei dieser Kälte auf die Straße geworfen worden waren. Sie hätte es nicht tun müssen. Und sie hatte Angst davor, dass Aennlin sie hörte. Aennlin. An die Magd hatte Eva noch gar nicht gedacht. Marx hatte immer Bescheid gewusst, was im Holzhaus gerade geschah.

Sie schüttelte die Gedanken ab und gab Marie die Hand, die sie drückte. Jetzt galt es, die Kinder zu suchen und ihren Plan in die Tat umzusetzen.

»Erleichtert zuerst Eure Seele, dann schaut wieder vorbei, wenn die Reue Eure Schuld überdeckt!«, sagte Marx' Frau laut und begleitete Eva nach draußen.

Ihr Klopfen war zaghaft. Els wusste das, aber sie wollte die Bewohner hinter diesem Tor nicht gegen sich aufbringen. Sie wusste nämlich auch, wie sehr Aaron darauf bedacht war, nicht aufzufallen.

Barthlen neben ihr schlotterte am ganzen Leib. Seine Lippen waren blau gefroren, und seine Hände krampften sich um die übergroße Schaube.

Wieder klopfte Els gegen die Holzfassung des Tors, in der Hoffnung, dass es sich endlich öffnete. Aaron musste da sein. Wenn sie sich nicht täuschte, war Samstag und damit der Sabbat der Juden. Wenn er nicht gerade in der Synagoge weilte, konnte er sich nur hinter diesem Tor aufhalten.

Auch sie zitterte. Das Kleid, das sie trug, war zwar warm, aber sie hatte vergessen, sich eine Wäschehose überzuziehen, wie sie sie trug, wenn ihre Tage kamen. Jetzt griff die feuchte Kälte nach ihr, und sie fühlte, wie ihr Körper von unten her auskühlte.

»Bist du dir sicher, dass er zu Hause ist?«, fragte Barthlen mit flatternden Lippen.

»Er muss da sein!« Els war kurz angebunden. Sie hoffte es inständig, wissen konnte sie es nicht. Hatte Aaron nicht erzählt, er sei immer wieder gezwungen, die Stadt zu verlassen, weil die Obrigkeit den Juden nicht mehr erlaubte, sich anzusiedeln? Und dennoch brauchte man sie. Els hob die Hand, um erneut zu klopfen, als ein Riegel zurückgeschoben wurde und sich das Tor einen Spalt weit öffnete.

»Was macht ihr für'n Lärm? Weckt ja die ganz Nachbarschaft. Was wollt ihr?«, fragte jemand, und Els seufzte vor Erleichterung. Die Stimme gehörte dem Juden Aaron.

»Bitte, wir brauchen einen Unterschlupf. Mein Bruder und ich. Für ein paar Tage, bis wir wissen, was …«

Das Tor schlug wieder zu.

Els erschrak, und Barthlen fing an zu weinen.

»Nicht«, entfuhr es ihr. »Bitte nicht. Wir können bezahlen. Helft uns.«

Von innen hörten sie ein abweisendes Gemurmel, konnten aber nichts verstehen.

»Ich … wir haben … Guajakholz … als Bezahlung.«

Plötzlich ging das Tor wieder einen Spalt auf. »Guajakholz? Echtes? Zeig her, Kindchen.«

Im Spalt zwischen Mauer und Tor sah man ein Auge, das neugierig herausspitzelte.

»Nicht hier auf der Straße. Zu viele Augen, zu viele Ohren«, sagte Els.

Wieder brummte es misstönend, doch dann öffnete sich der Spalt weiter, und die beiden Kinder konnten hindurchschlüpfen.

»No, ihr friert ja wie zwei Entchen auf 'nem gefrorenen Teich. Kommt rein.« Er winkte ihnen ungeduldig und ging vorneweg in Richtung Haus. Auf halbem Weg drehte er sich um und fragte eindringlich. »Echtes Guajak? Seid ihr sicher?«

Els nickte.

Er führte sie in die Stube. Das Gemäuer war jetzt im Winter klamm. Ein leichter Schimmelgeruch lag über allem. An den Wänden schlug sich die Feuchtigkeit nieder, die die Körper von draußen mitbrachten. Aber es war sicherer und wärmer als vor dem Tor. Ein großer Teppich gegenüber der Feuerstelle zeigte eine alte Ritterszene. Offenbar hatte der Jude ihn von jemand anderem übernommen, vermutlich als Sicherheit. Er wirkte fadenscheinig und war von Motten zerfressen, aber er verlieh dem kalten Raum ein wenig Heimeligkeit.

Aaron hieß sie, sich zu setzen, und nahm eine Kanne vom Feuer. Er schenkte den Kindern eine warme Flüssigkeit ein.

»Wasser, ein bisschen Wein und ein bisschen Honig mit ein paar Gewürzen. Schmeckt, wärmt und macht gute Stimmung«, sagte er und lächelte.

Misstrauisch besah sich Els die Flüssigkeit. Sie roch verführerisch. Aber ihr war zu viel von den Schreckenstaten der Jesusmörder erzählt worden, als dass sie das Getränk sorglos hätte genießen können. Sie rührte den Becher nicht an. Barthlen war in diesen Dingen unbedarfter. Er griff zu, blies hinein und schlürfte einen ersten Schluck. Ein Gefühl der Glückseligkeit breitete sich auf seiner Miene aus. »Schmeckt wirklich gut!«

»No, was wollt ihr, Kinder? Wo ist das Holz? Zeig's mir, Mädchen.« Aaron streckte die Hand aus.

Els kramte unter ihrer Schaube in der Rockschürze. Sie hielt ihm das kleinste Stück Holz hin.

Der Jude deutete an, sie solle es an den Rand des Tisches legen. Er zuckte bedauernd mit den Schultern. »Schabbes«, erklärte er ihr. »Arbeiten ist verboten.« Allerdings brachte er seine Nase in die Nähe des Holzes und schnupperte daran. »Guajakholz«, sagte er. »Echtes.« Er zögerte, bevor er fortfuhr. »Aus dem Lager Anton Fuggers, oder irre ich mich?«

Els bestätigte seine Vermutung. »Ich biete es Euch heute an, weil wir eine Unterkunft brauchen.«

»Es ist gestohlen, nit wahr?«, fragte Aaron.

Els nickte.

»Es gehört Anton Fugger?«

Wieder nickte das Mädchen.

»Ihr habt's mitgehn lassen … warum auch immer.«

Erneutes Nicken.

»Na gut, ich kaufe es euch ab, das Buchenholz.«

Barthlen hatte bislang nichts gesagt. Jetzt mischte er sich ein. »Das ist kein Buchenholz, das ist echtes Guajakholz und wertvoll«, widersprach er heftig.

»Kind, mir ist es ganz egal, wie das Buchenholz heißt. Aber ich nehm's halt.«

Els nickte, machte jedoch keine Anstalten, mehr Holz herauszugeben. »Drei Tage, bis Mutter uns geholt hat?«

»No, ein bisschen viel für ein kleines Stück Holz.«

Sie langte noch einmal unter ihre Schaube, zog ein weiteres Holz hervor. Man sah dem Stück an, dass ihr Vater es bereits bearbeitet hatte. Ein Ende war abgeschabt und ausgefranst. Aber das tat dem Wert keinen Abbruch.

Aaron sog überrascht die Luft ein. »Man kriegt's bloß unter der Hand. Alles Guajak kommt vom Fugger.« Er leckte sich über die Lippen. »Also drei Tage.«

»Mit Essen, zweimal am Tag.«

»Aber das Essen …«

»Und zwei Decken«, fuhr Els tapfer fort.

»Ho, ho, ho, Mädchen. Jetzt wird's ein bisschen sehr viel.«

Els griff sofort nach den beiden Holzstücken und wollte sie wieder zurückstecken, als Aaron einlenkte. »No, du hast gewonnen. Mit Essen, einer warmen Stube und zwei Decken.«

Els löste den Griff um die beiden kurzen Stangen und schob sie wieder zu Aaron hinüber. »Abgemacht«, sagte sie und streckte ihm die Hand hin. Sie wusste sehr genau, wie Verträge geschlossen wurden: mit Handschlag.

Der Jude verzog das Gesicht, weil er offenbar nicht damit gerechnet hatte. Dann aber ergriff er Els' Hand und schlug ein. »Abgemacht, Mädchen.«

Els schloss die Augen. Alle Anspannung fiel von ihr ab. Sie würde Aaron die letzte Stange, die sie noch bei sich trug, ebenfalls geben. Am Ende, wenn alles vorüber war.

Barthlen fielen bereits die Augen zu, und auch Els spürte, wie ihr zumindest die Wärme des Kamins Brust und Gesicht erhitzten. Dennoch fühlte sie ein inneres Frieren, eine eisige Hinterlassenschaft des Tages in der Mitte ihres Körpers, die nicht auftauen wollte.

»Legt euch ein wenig hin. Ich werd ein bisschen lesen und beten. Es ist Schabbes, und selbst ein Zweifler wie ich will den Herrn nit herausfordern. Wenn's ihn gibt, hab' ich vorgebaut, wenn's ihn nit gibt, hab ich am Schabbes meine Ruhe gehabt.«

Eine sehr sachliche Art, mit den Dingen umzugehen. Aber Els interessierte das alles nicht. Sie war ebenso müde wie Barthlen und wollte sich nur irgendwo hinlegen und die Augen schließen.

»Trink, Mädchen. Ich will dir nix Böses. Es wärmt, und ich seh dir an, wie du frierst.«

Aaron lächelte sie an, und Els suchte in diesem Gesicht nach etwas Falschem, wie sie es immer in Marx' Zügen entdeckte, fand jedoch nichts. Sie nahm den Becher und führte ihn zum Mund. Das Getränk roch süß und duftete nach den Pfefferkuchen der Weihnachtszeit. Sie nahm einen Schluck, und die Wärme der Flüssigkeit durchströmte ihren Körper und löste den Eisknoten in ihrem Inneren auf.

Bevor ihr die Augen zufielen, sah sie nur die leuchtenden Augen des Juden Aaron und ein Lächeln, das ihr gar nicht gefiel. Sie wollte gegen ihre Müdigkeit ankämpfen, aber es gelang ihr nicht. »Was habt Ihr uns in das Getränk getan?«, fragte sie matt.

»Was?«, der Jude schien erstaunt zu sein. »No, nichts, außer Wein.«

»Mir ist so … elend«, sagte sie.

Barthlen war bereits eingeschlafen und hatte seinen Kopf auf ihren Schoß gelegt. Sie hörte ihn so leise schnarchen, als käme es von fern her. Mit Gewalt versuchte Els, sich wach zu halten, was ihr kaum gelang. Die Lider fielen ihr immer wieder zu. Dann sank ihr Kopf auf den Tisch vor ihr. Das Einzige, was sie noch vernahm, war ein Klopfen am Tor. Ein Rhythmus, der ihr bekannt vorkam, den sie kennen musste. Doch sie hatte nicht mehr die Kraft, sich zu wehren. Sie nahm nur wahr, wie Aaron zuerst ihren Bruder nahm und irgendwohin brachte. Sie wollte aufbegehren, aber sie brachte keinen Ton heraus. Dann spürte sie, wie er sie ebenfalls packte, sich über die Schulter warf und zu einem Bett brachte, in das er sie legte.

Über allem schwebte dieses rhythmische Klopfen, das nicht endete und sie bis in ihre Träume hinein verfolgte. Dies und das merkwürdig triumphierende Lächeln, das sie nicht deuten konnte. Dann verschwamm alles, und sie sank weg in eine Finsternis, in der sie nichts sah, nichts hörte und nichts fühlte.

52. Kapitel

AUGSBURG, ENDE MÄRZ 1526

Marx wünschte alle Teufel auf diese Hexe herab und hoffte gleichzeitig, dieser würde auch gleich sein Weib mitnehmen und dort dörren lassen, wo die Hölle am heißesten brannte.

Einmal hatte die Neherin es tatsächlich gewagt, sich dem Holzhaus zu nähern. Also hatte sie den verfluchten Fugger, diesen Schwächling Anton, bezirzen können. Und dann hatte Marie sie auch noch gehen lassen. All das war jetzt drei Tage her, und seitdem ging alles schief. Wie viel Unglück vertrug ein Mensch an einem Tag? Wie viel an dreien?

Diese Zahl Drei schien ihn auch noch zu verfolgen. Schon dreimal war er zum Markt und an die Tore gelaufen, um den Theriakhändler zu finden. Auch das ein Kummer, den er dieser Neher-Hexe zu verdanken hatte. Seit sie Doktor Lubricus ins Holzhaus geschleppt hatte, war er wie vom Erdboden verschluckt. Marx' ganzer Handel mit Guajakholz war zum Erliegen gekommen. Das nette Zubrot, das er sich damit hatte verdienen können, war verloren. Und sein Eheweib machte ihm Feuer unterm Hintern von wegen standesgemäßer Kleidung und passender Schuhe. Schließlich wäre sie jetzt nicht mehr eine Bewohnerin der Fuggerei, sondern seit dem Einzug ins Holzhaus eine angesehene Bürgerin, die mehr für die Gemeinschaft täte als jeder andere. Dreimal hatte sie ihm gedroht, sich beim Zunftmeister der Weber auf seinen Namen zu verschulden. Er hatte jedoch das Geld nicht. Anton Fugger hatte ihm zwar gleich beim Einzug ins Holzhaus einen Monatslohn zukommen lassen, aber es reichte hinten und vorne nicht, um die plötzlichen Ansprüche seiner Frau und seiner Tochter aus der ersten Ehe zufriedenzustellen. Die Frauen interessierten sich nur dann für ihn, wenn es darum ging, ihm den Geldbeutel zu öffnen.

Er fluchte. Der Schmied schellte nun schon zum dritten Mal an seiner Tür. Bislang hatte Marx es vermieden, ihm zu öffnen. Franz Gelder hatte unter der Hutter Babette gewohnt. Er hatte ihn im Verdacht, etwas mitbekommen zu haben – und er befürchtete, der Schmied wollte jetzt, nachdem alles seinen Weg gegangen und bei Marx finanziell alles in trockenen Tüchern war, seinen Anteil dafür erpressen, dass er den Mund hielt.

Zweimal hatte er ihn weggehen lassen. Er hatte in der Stube hinter dem Fenster gestanden und den alten Mann dabei beobachtet, wie er erwartungsvoll nach oben geblickt hatte. Der Einhändige hatte offenbar keine Eile mit seinem Anliegen. Irgendwann war er wieder abgezogen, ohne sich umzusehen.

Er war einer der wenigen, die in der Siedlung ihrem Handwerk mehr schlecht als recht nachgingen, und verdiente sich mit dem Schleifen von Messern, dem Dengeln und Kaltschmieden ein Zubrot. Ein Schmiedefeuer in der Fuggerei zu unterhalten war ihm verboten worden. Dieser Gelder war ein unscheinbarer Mensch, der wenig sprach, aber zu jedem in der Siedlung Beziehungen unterhielt. Er kam in jeden Haushalt, saß bei allen am Tisch in der Stube und wusste über alles Bescheid. Kein Familienkrach, keine Ohrfeige, keine Prügelei entging dem gewitzten Alten. Zwar war er angeblich taub wie eine Nuss, aber man musste sich dennoch vor seinen Ohren hüten – und hatte doch kaum etwas zu befürchten, denn er behielt sein Wissen für sich. Er kannte alle Schwächen der Bewohner und war trotzdem ein Hort des Schweigens. Jedenfalls bislang.

Jetzt stand er also zum dritten Mal vor der Haustür. Das Schellen der Glocke gellte Marx in den Ohren. Dreimal. Verfluchte Zahl.

Marx polterte aus der Stube und öffnete. Er wollte den Zug nicht betätigen, weil er mit seiner Krücke nicht schnell genug gewesen wäre.

»Ja, Meister Franz. Wo brennt der Schuh?«

Der ehemalige Schmiedemeister war gut eineinhalb Köpfe kleiner als Marx, gedrungen und muskulös, trotz seines Alters. Er legte den Kopf schief und blickte zu Marx hoch.

»Was habt Ihr Witziges gefrühstückt, Marx?«, fragte er ernst zurück.

Der Holzvater stutzte und war im ersten Moment verwirrt. Hatte der Schmied geglaubt, er mache einen Spaß?

»Ich meine, was kann ich für Euch tun?«, verbesserte sich Marx und versuchte, in ein ernsthafteres Fahrwasser zu steuern.

»Für mich? Nichts!«, sagte der Schmied und lächelte dabei sanft, als könne er kein Wässerchen trüben.

»Und was tut Ihr dann bei mir?« Marx war verwirrt.

»Ihr könnt etwas für Euch tun«, sagte der Schmied.

Marx wusste nicht mehr, was er mit all diesen Wortspielereien anfangen sollte. »Jetzt erklärt mir einfach, was Ihr mit all diesen Andeutungen sagen wollt.«

»Müssen wir das hier draußen besprechen?« Er sah sich um. »Alle Welt könnte zuhören.«

Wieder war Marx befremdet, diesmal jedoch von der forschen Art des Mannes. Etwas mehr Demut, etwas mehr Zurückhaltung hätte er schon erwartet.

Er zögerte so lange, bis Meister Franz ihm schon wieder achselzuckend den Rücken zukehren wollte. »Wartet, kommt mit in die Stube. Einen Schluck Bier wird es geben.«

Der Schmied schien hocherfreut und drückte sich an Marx vorbei in das Haus und nach links in die Stube. Dort setzte er sich auf den Stuhl, die Durchreiche im Rücken. Er ließ den Blick von links nach rechts schweifen, musterte den Raum genau, bis sich Marx gesetzt und die Krücke verstaut hatte.

»Habt Ihr Euch eingelebt in den wenigen Tagen? Kommt Ihr zurecht mit dem Guajaksud und den Räucheranwendungen?« Franz Gelder schnupperte, denn über dem Haus lag ein leicht bitterer Geruch. »Riecht so Guajakholz?«, fragte er unvermittelt, bevor Marx antworten konnte.

»Sicher doch. Ihr habt mit beidem recht. Ja, wir haben uns eingelebt, und ja, so riecht das Holz.« Marx drehte sich etwas. Auf einem Beistelltisch stand ein Krug mit frischem Bier. Er nahm von einem Tablett daneben zwei Becher, stellte sie auf den Tisch und schenkte ein.

»Wohl bekomm's«, prostete er dem Schmied zu, der den Spruch mit einem Kopfnicken erwiderte.

»Nur zum Biertrinken seid Ihr aber nicht gekommen.« Marx gähnte verstohlen.

Doch Meister Franz ließ sich Zeit. Er nahm einen zweiten kräftigen Schluck, dann erst stellte er den Becher ab. »Ich habe eine Botschaft für Euch.«

Jetzt war es an Marx, große Augen zu machen. Unsicher lachte er. »Wer schickt mir eine Botschaft?«, sagte Marx mehr zu sich selbst.

»Vor drei Tagen war ein merkwürdiger Kerl bei mir«, erzählte der Schmied. »Schwafelte ununterbrochen irgendwelches Zeugs, als wüsste er bestens über Medizin Bescheid. Hatte aber keine Ahnung, kann ich nur sagen. Ein Scharlatan, wie man sie üblicherweise auf Jahrmärkten antrifft …«

»Auf Jahrmärkten?« Plötzlich war Marx wieder hellwach.

Gelder hob den Krug, prostete ihm zu und nahm einen ordentlichen Schluck. Dann wischte er sich den Schaum von der Oberlippe. »Ein Quacksalber, der auf jedem Markt seine Arzneien verkauft. Wenn man sie überlebt, wirken sie, wenn nicht, liegt es an der falschen Einnahme, am abnehmenden Mond oder an der flachen Brust der Ehefrau. Wirres Zeugs eben«, fuhr der Schmied ungewöhnlich redselig fort.

»Auf Jahrmärkten, sagt Ihr. Auch auf dem Augsburger Wochenmarkt?«

»Kenne ich alle Quacksalber dieser Welt? Was weiß denn ich?«, konterte Meister Franz und schaute wieder in seinen Becher. Mit einem lauten Seufzer hob er ihn an. »Was habt Ihr hier nur für Becher, bei denen man bis auf den Grund sehen kann?«

Marx verdrehte die Augen. Wollte der Kerl ihn auf den Arm nehmen? Wenn er in dieser Geschwindigkeit weitertrinken würde, wäre er in kurzer Zeit besoffen. »Erst die Botschaft, dann etwas zu trinken.«

Der Schmied ließ sich nicht beirren. Er langte sich an die Kehle und schüttelte den Kopf. »Trocken«, krächzte er gespielt. »Kein Ton … kein Wort … kein …«

»Schon gut. Ich hab verstanden«, brummte Marx.

Er musste sich zurückhalten. Am liebsten hätte er dem Alten die Information aus dem Leib geprügelt. Aber dazu war er nicht mehr kräftig und wendig genug. So musste er gute Miene zum bösen Spiel machen.

Franz Gelder streckte ihm seinen leeren Becher hin, und Marx füllte ihn zähneknirschend.

»Ihr seid die Freundlichkeit in Person, Marx Köllin«, lobte ihn der Einhändige, schon mit einem leisen Zungenschlag. Er nahm einen weiteren kräftigen Schluck, setzte den Becher ab, wischte sich über den Mund und sah Marx erwartungsvoll an. »Na, was sagt Ihr dazu?«

Verblüfft beugte sich auch Marx vor. »Wozu?«

Der Schmied runzelte die Stirn und schien ehrlich erstaunt zu sein. »Hab ich das nicht gesagt?«

Marx knirschte mit den Zähnen. »Nein«, stieß er hervor.

»Seht Ihr, das meine ich mit Eile. Wenn man etwas überhastet tut, dann tut man es unvollständig. Manche Dinge brauchen eben etwas Zeit und Muße. Dann werden sie schon.«

Beinahe hätte es Marx zerrissen, wenn nicht im selben Moment seine Frau die Stube betreten hätte. Sie sah von einem zum anderen. Allein ihre Anwesenheit rettete Meister Franz vor einer Tracht Prügel mit der Krücke.

»Was will der hier? Unser Bier wegsaufen?«, schimpfte Marie.

»Ah. Gott zum Gruße, Holzmutter. Ich komme wegen einer Botschaft zu Eurem Mann.«

Marx verdrehte die Augen. Wenn der Kerl nur irgendwann auf den Punkt kommen würde!

»Dann lass ich euch allein.« Marie blickte zu ihrem Mann hinüber, der nur leicht mit den Schultern zuckte. Er wusste auch nicht, was für eine Botschaft das sein sollte.

Sie verließ den Raum. Kurz darauf bemerkte Marx aus den Augenwinkeln, dass sich die Klappe der Durchreiche leicht bewegte. Er prostete Franz Gelder zu – und endlich rückte dieser mit seinem Geheimnis heraus.

»Er war bei mir«, verkündete er geheimnisvoll. »Kurz bevor die Siedlung geschlossen wurde. Er fragte mich, ob ich den neuen Holzvater kennen würde. Ich nannte Euren Namen. Offenbar kannte er Euch, und er versicherte mir, dass Ihr ihn ebenfalls kennen würdet.«

Marx' Ungeduld hatte eine kritische Schwelle erreicht. »Wer ist ›er‹?«, zischte er.

Der Schmied hob die Augenbrauen. »Woher soll ich das wissen? Er sagte, Ihr wüsstet schon, wer Euch ausrichten lasse, der neuen Kur fehle es an Holz.«

Marx war sofort so erregt, dass er sich kaum auf dem Stuhl halten konnte. Der Theriakhändler brauchte Nachschub. Endlich meldete er sich, endlich gab es wieder Geld. Er schluckte mehrmals trocken und musste husten. »Was hat er noch gesagt?«, wollte Marx wissen. Er fühlte, wie sein Kopf zu glühen begann.

»Was er noch gesagt hat? Ah ja, das Wichtigste natürlich …«

Hätte er noch beide Beine besessen, wäre Marx aufgesprungen. So aber rutschte er einfach bis an den Rand des Stuhls vor. »Was? Jetzt sagt schon!«

»*Ts, ts, ts*, Marx. Habt Ihr zu kleine Becher, oder ist es zu warm in der Stube? Schon wieder alles verdunstet. Einfach so, dabei hab ich kaum etwas getrunken. Habt Ihr heimlich …?«

Marx war zu sehr auf die Lösung gespannt, als dass er sofort begriff, was der Besucher verlangte. Zwar zitterte er am ganzen Körper, als er erneut einschenkte. Seine Selbstbeherrschung war bis an die Grenzen ausgereizt. Er füllte nur ein wenig nach, wartete, bis Franz Gelder getrunken hatte, und hielt dann eine Hand auf den Becher seines Gastes. »Wenn Ihr jetzt nicht augenblicklich zu Potte kommt, dann schlag ich Euch mit diesem zu kleinen Becher den Schädel ein. Dafür ist er groß genug.«

Mit wässrigen Augen blickte der einhändige Schmied Marx an, dann nickte er. »Weil Ihr so großzügig wart«, versprach er. »Er faselte etwas von einem Turm beim Kappeneck. Dort warte er bis zum ersten Morgenläuten. Zwei Bündel. Das Doppelte, soll ich ausrichten.«

Marx jubilierte innerlich. Zwei Bündel, das war so viel, wie er sonst in einem Dreivierteljahr verkaufte!

»Einverstanden. Wann?«

»Wann? Ach ja. Wann nur?« Meister Franz sah aus, als müsse er scharf nachdenken. »Morgen früh. Er erwartet Euch morgen früh gegen sechs. Ihr sollt allein kommen.« Unsicher stand der Alte auf. »Das war's. Mehr habe ich nicht für Euch. Danke für das Bier.«

Marx war schon nicht mehr richtig bei dem Schmied. »Ja, ja, schon gut. Gehabt Euch wohl.«

Morgen früh, überlegte Marx. Herzlich wenig Zeit, um sich das Holz zu besorgen. Aber sechs Uhr war gut, da war es um diese Zeit noch dunkel.

Franz Gelder stolperte mehr nach draußen, als dass er lief. Kaum war die Tür hinter ihm zugeschlagen, als Marie die Stube betrat.

»Was wollte er? Dich aushorchen?«

»Nein. Er hat mir eine Botschaft des Theriakhändlers überbracht«, sagte Marx nachdenklich. »Es hat ein wenig gedauert.«

»Das könnte ebenso gut eine Falle sein«, sagte Marie.

Marx lachte. »Eine Falle. Unsinn. Niemand weiß, dass ich mit dem Mann Geschäfte mache. Also, wer sollte mir hier eine Falle stellen?« Unter Stöhnen und Keuchen rappelte er sich auf und humpelte an seiner Frau vorbei in die Werkstatt. »Zwei Bündel«, flüsterte er ihr dabei zu. »Zwei Bündel. Deine standesgemäße Kleidung. Verstehst du?«

»Hältst du mich für einfältig?«, hörte er seine Frau hinter sich zischen.

In der Werkstatt ließ er sich auf dem Hocker nieder, auf dem Joss Neher offenbar immer gesessen hatte, wenn er das Holz schnitzelte. Ein halbes Bündel lag vor ihm. Ein anderes halbes Bündel hatte er im Kellerloch versteckt. Fehlte also noch ein ganzes Bündel. Sollte er Michl Jordan mitnehmen? Wenn sie die Bündel aus dem Lager der Fugger holten, würde das nicht weiter auffallen – und diesmal musste er es sogar nicht einmal stehlen. Er holte es offiziell. Allerdings, fiel ihm ein, musste er nicht in den Stadel. Im Holzschuppen an der Mauer lagerte mindestens ein weiteres Bündel, und der lag in unmittelbarer Nähe des Kappenecks. Er musste sich nicht in Gefahr begeben. Es war sicher gut, wenn in den Guajakhandel für eine längere Zeit Ruhe einkehrte.

Er strich sich mit der Zunge mehrmals über die Lippen. Es war verlockend, dieses Angebot. So verlockend, dass es einen Beigeschmack besaß. Seine Frau hatte nicht unrecht. Musste er vorsichtig sein? Aber dann war da der Ort. Beim Turm am Kappeneck. Niemand würde vermuten, dass er seine Geschäfte dort abwickelte.

Er schüttelte die Bedenken ab wie Regenwasser von seiner Schaube. Zwei Bündel hießen doppelter Preis. Die Ware war gefragt. Dieser Doktor Occo hatte gute Arbeit geleistet. Sein Lob hatte aus einem schlichten Holz ein Wundermittel gemacht. Der Preis stieg unaufhörlich, und die Nachfrage war riesig. Selbst im Haus hier würde er das Holz stangenweise verkaufen können, wenn er erst einmal Fuß gefasst hatte. Aber das war Zukunftsmusik. Jetzt brauchte er etwas Geld.

»Weib«, rief er in die Stube. »Hilf mir. Ich muss etwas aus dem Keller holen.«

»Wollt ihr mich ewig hier festhalten?«, schrie Joss und hämmerte gegen die Bohlen der Tür.

Selten hatte er sich so hilflos gefühlt wie jetzt. Immer hatte er sich irgendwie selbst aus dem Schlamassel befreien können, aber diesmal sah es so aus, als wäre er Anton Fugger auf Gedeih und Verderb ausgeliefert. Und Matthäus Schwarz hatte Eva in seiner Gewalt.

Es war so finster, dass er das Gefühl hatte, im Leeren zu schweben. Kein Boden, keine Decke, keine Begrenzung. Nur wenn er die Bohlen der Tür berührte, gewann er ein wenig Sicherheit, nicht im Irgendwo zu hängen, sondern in einem Raum unter der Erde gefangen zu sitzen. Außerdem atmete es sich schwer. Seine Lungen schrien nach Luft, und ihn überkam ein leichtes Schwindelgefühl, wenn er sich rasch bewegte oder sich aufregte. Vielleicht war ja auch das ein Ziel des Fuggers: ihn hier unten langsam ersticken lassen.

Aber er war noch immer Bürger dieser Stadt und hatte als solcher das Recht, vor dem Rat gehört zu werden. Was nahm sich dieser Fugger heraus?

Wieder schlug Joss gegen die Tür, doch dahinter hallte es nur dumpf. Nicht einmal eine Wache hatten sie für nötig gehalten. Aus diesen Lagerräumen gab es kein Entrinnen. Joss fühlte, wie er wankte und nach Luft rang, und setzte sich vorsichtig wieder auf den Lehmboden. Er legte den Kopf in beide Hände. Die kühle Feuchtigkeit unter seinem Hintern machte den Raum fassbarer und half etwas gegen den Schwindel.

Was hatte er in diesem Leben falsch gemacht, dass Gott ihn derart bestrafte? Oder war es nur die Folge seines Glaubenswechsels, weil er die Lügen und Täuschungen der Amtskirche nicht mehr ertrug und den Lehren Luthers folgte? Aber auch diese stützten sich auf das Wort Gottes, mehr noch sogar als die Priester aus Rom. Hatte ihnen nicht der Herr ein Neues Testament gegeben und damit ein neues Kapitel zwischen sich und den Menschen aufgeschlagen? Wer sich daran hielt, konnte doch nicht fehlgehen. Allerdings fußten viele der Aussagen der Kirche nicht auf der Heiligen Schrift, sondern auf den Wünschen und Forderungen der Menschen, welche die Bibel verkündeten. Menschen aber waren fehlbar, das Wort Gottes nicht. Warum also sollte der Herr ihn strafen wollen, wenn er sich an sein Wort hielt?

Schritte näherten sich durch den Gang hinter der Tür. Joss sah auf.

Die Tür wurde entriegelt und geöffnet. Ein matter Lichtschein fiel herein. Der Pikenier, der ihn hierhergebracht hatte, betrat sichernd als Erster den Raum, seinen Spieß in der einen, einen nur schwach glimmenden Kienspan in der anderen Hand. Aber dieser Kienspan war für Joss wie das Licht am Ende eines langen, dunklen Ganges, ein Hoffnungsschimmer.

»Auf. Unser Herr will Euch sehen.«

Joss blieb sitzen, wo er saß. »Habt Ihr Euch schon mal gefragt, ob ich ihn sehen will?«, erwiderte er mürrisch.

Dabei war er zufrieden, seinen Augen wieder eine sichtbare Begrenzung bieten zu können. Gefangen zu sein in einem Gefängnis, dessen Mauern man sah, war ein Gewinn.

»Ihr habt keine Wünsche zu haben«, sagte eine Stimme von der Tür her.

Joss drehte sich um. Unter dem Türsturz stand Thomas Krebs, der Baumeister der Fuggersiedlung.

»Was wollt Ihr hier?«, entfuhr es Joss.

»Euch helfen. Auf jetzt. Die Zeit drängt.«

»Was …?«

Krebs schwieg, und Joss stemmte sich hoch. Dabei fiel ihm auf, dass der Pikenier seine Waffe nicht gegen ihn richtete. Anscheinend galt er nicht als gefährlich.

Krebs schien seinen Blick gedeutet zu haben. »Er bewacht Euch nicht. Er hält nur den Kienspan«, erläuterte er sachlich. »Ihr dürft jetzt dieses Verlies verlassen …«

»Haben da nicht Anton Fugger und sein sauberer Buchhalter ein Wort mitzureden?«

Krebs schien zu überlegen, was er darauf antworten und wie weit er Joss in das, was geschehen würde, einweihen sollte, entschied sich dann offenbar für eine gewisse Wahrhaftigkeit. »Ich komme auf Anordnung Anton Fuggers. Und wenn Ihr Euer Weib und die Kinder wiedersehen wollt, dann solltet Ihr Euch an mich halten.«

Das hatte gesessen. Eva, Els und Barthlen ins Spiel zu bringen war ein kluger Zug von Krebs gewesen.

»Was ist mit ihnen?«, fragte Joss sofort.

»Kommt. Ich erzähle es Euch, während wir nach oben gehen.«

Joss fiel der Aufstieg schwer. Auch, weil sich in seinem Kopf die Sorgen stapelten. Eva und die Kinder. Was war mit ihnen geschehen? Seine Glieder fühlten sich an, als würde er in Schuhen aus Blei laufen. Er kam nur langsam vorwärts, musste sich immer wieder ausruhen. Er zählte die Keller, die sie hochstiegen. An vier, fünf, sechs Abzweigungen kamen sie vorüber, die alle gerade so große Zugänge bildeten, dass ein erwachsener Mann darin aufrecht stehen konnte. Das gesamte Anwesen am Weinmarkt war ein einziger unterirdischer Keller. Der letzte Raum war allerdings großzügig ausgebaut, Joss hörte allein am Klang, den ihre Schritte verursachten, als sie an der Abzweigung vorübergingen, wie groß dieses Areal sein musste: Lagerraum für ein Vermögen.

Krebs war stumm geblieben, solange sie unter Tage waren. Erst als ein scharfer Lichtstrahl Joss' Gesicht traf und ihn zwang, seine Augen zu schließen, weil er die Helligkeit nicht ertrug, begann der Baumeister zu reden.

»Ich vertraue Euch, Neher.«

Ungläubig sah Joss auf. »Wollt Ihr mich auf den Arm nehmen?«

Der Baumeister seufzte. »Seit der Alte tot ist, stecken seine Getreuen die Reviere ab. Einfluss, Neher, Einfluss ist die Währung, mit der in Zukunft gezahlt werden wird. Dabei gibt es Auswüchse, die mein Herr bedauert.«

»Ach, und welchem Herrn dient Ihr? Matthäus Schwarz? Anton Fugger? Oder gar nur Euch selbst?«

Krebs musterte Joss mit einer Mischung aus Bedauern und Ärger. »Ich verstehe Euren Unmut. Man hat Euch unrecht getan.«

Erneut sah Joss ihn erstaunt an. »Ist irgendetwas geschehen?«, fragte er misstrauisch.

Verlegen blickte Thomas Krebs zu Boden. »Es sind weitere Bündel mit Holz verschwunden. Eure Frau hatte uns zugesagt, den Mann dingfest zu machen, der mit diesem Holz handelt.«

»Was? Seid Ihr denn von allen guten Geistern verlassen?«

»Sie ist jedoch verschwunden.«

Joss schluckte. »Verschwunden? Was heißt das?«

»Sie sollte uns zu einem Ort beim Kappeneck begleiten und dort in unserem Auftrag einem Käufer gestohlenes Holz übergeben. Leider ist sie nicht mehr aufgetaucht.«

Ungläubig schüttelte Joss den Kopf. Sie hatten Eva dazu überredet, eine Straftat zu begehen. Nie und nimmer hätte sie sich dazu bereit erklärt, wenn sie nicht irgendein Druckmittel gehabt hätten. Das einzige Druckmittel, das er kannte, mit dem man seine Frau zwingen konnte, waren die Kinder. Er drehte sich direkt zu Thomas Krebs um. »Was ist mit meinen Kindern?«, stieß er hervor.

Überrascht hob Krebs jetzt den Kopf. »Woher ...?«

»Spart Euch die Bemerkungen. Niemals hätte meine Frau eingewilligt, irgendetwas zu tun, was ihrer Überzeugung widerspricht. Außer es geht um unsere Kinder. Also, was ist mit ihnen?«

Der Baumeister zuckte mit den Schultern und deutete Joss an, er solle ihm weiter folgen. Dabei bemerkte Joss sehr wohl, wie Krebs dem Pikenier einen Wink gab und dieser daraufhin seinen Spieß absenkte.

Joss widerstand dem Impuls, um sich zu schlagen, sich einen Weg freizukämpfen und davonzulaufen. Bevor das geschah, musste er wissen, wo Eva und die Kinder waren. Er zügelte sein Temperament und schloss sich dem Baumeister an, der ganz ans Licht stieg und einen Hof überquerte.

Zwischen den Mauern des Fugger'schen Handelshauses lief das Leben weiter, als wäre nichts geschehen. Männer packten aus und verpackten, handelten und feilschten um Mengen und Preise. Man zahlte und schuldete, ließ anschreiben und beglich Schulden wie an jedem anderen Tag in diesem Jahr.

Joss musste sich auf die Lippen beißen, um nicht laut loszubrüllen.

»Hier hinauf«, befahl Krebs, als sie sich einer Tür genähert hatten. »Ich bleibe unten. Oben wird Euch ein Lakai erwarten und zu Anton Fugger führen.«

Joss zögerte kurz, doch dann überwand er seinen Widerwillen gegen dieses Handelshaus und dessen Regierer. Mit zusammengepressten Lippen stapfte er die Treppen hinauf.

Oben traf er tatsächlich auf einen Mann, der aussah, als könne er kaum bis drei zählen. Der musterte ihn von oben bis unten und verzog dann angeekelt die Mundwinkel. »Wünscht Ihr ...«

»Zu Anton Fugger, rasch. Wenn meiner Frau und den Kindern etwas geschehen ist, dann bring ich ihn eigenhändig um.«

Sofort erstarb das abfällige Grinsen des Lakaien und machte

einem Ausdruck des Entsetzens Platz. »Ihr werdet doch nicht …«, setzte er an, aber Joss schob ihn einfach zur Seite.

»Geradeaus, wenn ich nicht falschliege?«, sagte er und ging los.

Der Diener sprang hinter ihm her. »Das dürft Ihr nicht. Ich muss Euch ankündigen, …«, rief er mit weinerlicher Stimme.

»Ich kündige mich selbst an«, antwortete Joss und hämmerte mit der Hand gegen die Tür vor ihm. Ohne auf einen Zuruf zu warten, drückte er die Klinke und trat ein.

Anton Fugger stand an einem Schreibpult und diktierte einem Mann Zahlen und Namen, die er einem Brief entnahm. Als die Tür aufsprang, sah er kurz hoch, und ein Lächeln huschte über sein Gesicht.

Der Raum war nicht allzu üppig eingerichtet: ein Pult, ein Stuhl, zwei Schränke und ein Tisch, der voller Papiere lag. Alles wirkte hier am Weinmarkt moderner und dennoch nüchterner als in der Goldenen Schreibstube am Rindermarkt.

»Ah, mein Holzvater«, begrüßte er Joss.

»Noch vor ein paar Stunden habe ich ganz etwas anderes gehört«, antwortete Joss bitter. »Was hat Euren plötzlichen Sinneswandel verursacht? Ein schlechtes Gewissen?«

Das Lächeln auf dem Gesicht Anton Fuggers blieb, aber sein Körper teilte etwas anderes mit. Er spannte sich an.

»Wollt Ihr mir helfen oder weiter im Gefängnis verrotten?«, fragte er wie beiläufig, während er seinem Schreiber die Liste weiterreichte. »Ich habe einen Fehler begangen. Aber noch ist es Zeit, ihn wiedergutzumachen.«

»Hoffentlich«, murmelte Joss. »In Eurem Interesse, sonst …«

Er ließ offen, was er sagen wollte, doch die gerunzelte Stirn Anton Fuggers zeigte, dass er verstanden hatte.

53. Kapitel

AUGSBURG, APRIL 1526

Els war schlagartig wach, wusste aber zuerst nicht, wo sie war. Es war finster. Sie lag in einem Bett, so viel konnte sie ertasten. Neben ihr wärmte sie eine in ein Tuch eingewickelte Bettflasche aus Metall. Erschrocken strich sie an der Haut ihrer Hüfte und der Schenkel entlang. Sie war nackt bis auf ihr Hemd. Jemand musste sie entkleidet haben. Ihre Gedanken waren lose Fäden, die sich verknoteten und zusammenzogen, statt sich zu entwirren. Bruchstückhaft lösten sich die Erinnerungen aus diesem Geflecht: die Kälte, die Suche, der Jude Aaron, das warme Getränk, das Bett …

Und dann tauchte dieses merkwürdige Lächeln im Gesicht Aarons auf, das sie beunruhigt hatte. Was hatte er vor? Els setzte sich auf.

»Barthlen?«, flüsterte sie in die Dunkelheit hinein und lauschte. Doch sie konnte ihren Bruder nicht atmen hören. »Barthlen!«, wiederholte sie. Wieder erhielt sie keine Antwort.

Was war mit ihm?

Els schwang die Beine aus dem Bett. Sie stellte fest, dass sie zwischen den Beinen feucht war. Erschrocken tastete sie danach. Die Flüssigkeit hatte ihr Hemd durchnässt und klebte an den Beinen. Was um alles in der Welt war das?

»Barthlen!«, flüsterte sie jetzt schon etwas lauter und drängender. Was hatte der Jude mit ihr gemacht, während sie … Els erschrak, weil sie sich erinnerte: Sie hatte etwas heißen Würzwein getrunken und war davon müde geworden. War es absichtlich so gewesen? Hatte er sie einschläfern wollen? Daher vielleicht dieser Gesichtsausdruck.

Sie musste auf den Topf, und sie musste weg von hier, am besten mit Barthlen. Wo war er nur? Wieder flüsterte sie in die Dunkelheit hinein: »Barthlen!«

Keine Antwort. Entschlossen stand sie auf und tappte mit den Zehen auf den Boden. Der war eisig. Aber das durfte sie jetzt nicht kümmern.

Sie war offenbar allein in einem kleinen Raum. Am Fußende ihres Bettes entdeckte sie Kleidung. Nur Schuhe fehlten. Als sie die Tür fand, war diese unverschlossen. Ein Stein fiel ihr vom Herzen. Langsam trat sie auf den Flur.

Sie fühlte sich, als müsse sie sich durch eine Höhle tasten. Alles war ruhig, alles war finster, nur kleinste Geräusche, die sie meist selbst verursachte, drangen an ihr Ohr. Sie schlüpfte durch Türen, die sie nur anhand der Klinken als solche erkannte. Sie huschte über Steinfliesen und Holzbohlen, über Lehmböden und Kieselpflaster. Hinter jeder Tür wurde es kälter, mit jedem Schritt fühlte sie ihre Beine weniger.

Els hatte keine Ahnung, wohin sie sich bewegte. Erst ein unbestimmtes Leuchten entschied für sie die Richtung. Das Licht fiel aus einer Fensteröffnung oberhalb eines Tors, das sich erst abzeichnete, als sie direkt davorstand. Es war das Eingangstor zu Aarons Haus. Das Licht kam von einer Kerze, die im Oberlicht stand und wohl die ganze Nacht vor sich hin glimmen sollte. Hatte der Jude nicht davon gesprochen, dass er ein Zeichen setzen musste, wenn er in der Stadt weilte?

Sie konnte nicht bleiben. Es graute sie.

Els, der die Kälte mehr und mehr in die Knochen kroch, hob mit zitternden Fingern leise den Riegel. Sie hatte ein schlechtes Gewissen, weil sie Barthlen zurückließ. Andererseits hatte er als Junge weniger von dem Juden zu befürchten als sie. Sie musste jemanden finden, der ihr helfen konnte, der sie unterbringen und schützen würde – und da fiel ihr nur ein Name ein: Jonathan. Ganz gleich, ob sein Vater und Lehrmeister sie zum Teufel schicken würde oder nicht. Sie vertraute ihm.

Nachdem der Riegel die Sperre gelöst hatte, zog sie daran, und das Tor öffnete sich einen Spalt weit. Els schlüpfte hinaus und begann zu rennen.

Weit kam sie nicht. Die einzige Verbindung zwischen der Unterstadt der Handwerker und der Jakobervorstadt war das Sträffingertor. Und das wurde nachts als innerstädtisches Tor geschlossen.

Sie stand eine ganze Zeit nur da und beobachtete die Wächter, die sich langweilten und nur ab und an aus ihrem geheizten Wachlokal heraustraten und sich umsahen. Sie hatte das Gefühl anzufrieren und war bereits so weit, wieder umzukehren und sich ihrem Schicksal zu ergeben, als gegen das Mannloch geklopft wurde.

Els wich noch einen weiteren Schritt in die Dunkelheit zurück.

Einer der Wachsoldaten kam aus dem Wachraum, eine Laterne in der Hand, rief etwas, das Els nicht verstand, und öffnete dann das Mannloch. Ein weiterer Scharwächter stieg hindurch – und der Mann ließ das Tor hinter sich zufallen. Die beiden scherzten, lachten, und der Neuankömmling wurde in die Wachstube mitgenommen.

Els sah ihre Gelegenheit gekommen. Das Tor war nicht verriegelt worden. Womöglich wollte der Scharwächter aus der Vorstadt wieder dorthin zurück und sich nur kurz aufwärmen.

Els rannte, als gelte es ihr Leben. Sie spurtete aus ihrem Versteck auf das Mannloch zu. Wenn sie richtig gehört hatte, dann war der Riegel nicht eingeschnappt.

Els packte die Tür. Das schwere Holz war kalt wie Eis. Sie zwängte sich durch die Öffnung und stand erneut in völliger Dunkelheit.

Natürlich war der Torturm nachts nicht beleuchtet. Warum auch? Niemand hielt sich im Zwischenraum zwischen äußerem und innerem Tor auf.

Mit einem Krachen fiel die Tür hinter ihr ins Schloss und hüllte sie in eine abgrundtiefe Schwärze. Vorsichtig tastete Els sich vorwärts. Sie spürte jeden Stein, jeden Kiesel, jede Bodenunebenheit unter ihren bloßen Füßen, die sich allmählich wie erfroren anfühlten. Schließlich hatte sie das andere Ende der Straße erreicht. Noch immer kämpfte sie mit dem Gedanken, Barthlen alleingelassen zu haben, doch die Furcht davor, dem Juden erneut in die Hände zu fallen, ließ ihr einen Schauder über den Rücken laufen.

Sie versprach sich im Stillen, Hilfe zu holen und zurückzukehren, um auch Barthlen zu befreien, während sie nach dem Mannloch suchte. In erster Linie ging es jetzt um sie. Sie fand die Toröffnung und wunderte sich, warum auch diese unverschlossen war. Die einzige Antwort, die sie darauf fand, war die Tatsache, dass es sich um ein innerstädtisches Tor handelte, das nicht mehr so streng bewacht werden musste. Nur noch dieser eine Schlupf stand zwischen ihr und dem Ort, an dem sie Jonathan vermutete.

Mittlerweile schlotterte sie so stark in der Kälte, dass sie befürchten musste, die Wächter könnten sie hören.

Mut ist etwas, von dem man nicht weiß, ob man ihn aufbringt, außer man steht vor einer Aufgabe, die solchen erfordert, und bewältigt sie. Els zog an der Tür. Sie schwang auf, und sie stürzte durch den schmalen Spalt nach draußen.

Ob die Scharwächter sie entdeckten oder nicht, ob das Mannloch hörbar zuschlug oder nicht, ob man sich wunderte, wer sich dort nachts herumtrieb, und ob sie womöglich glaubten, die durch die Luft reitende Hexe des Tors habe sich wieder eingefunden, um Attila erneut zu vertreiben, das alles interessierte sie nicht mehr. Sobald sie das Mannloch hinter sich hatte, rannte sie wie von Teufeln gejagt die Straße hinunter. Dabei achtete sie darauf, im dunkelsten Schatten der Häuser zu bleiben.

Sie musste am Saumarkt vorbei in Richtung der Stadtmauer. Wenn sie diese Nacht überleben wollte, dann brauchte sie einen Ort, an dem sie sich aufhalten und wärmen konnte. Die Tore zur Fuggersiedlung waren noch geschlossen. Aber der Verschlag war offen – und sie wusste, dass dort eine Decke lag.

Els hastete auf die Stadtmauer zu. Kurz vor der kleinen Hütte hielt sie inne. In der eisigen Luft fror zwar ihr Körper ein, nicht aber ihr Geist. Sie musste darauf achten, Marx nicht in die Hände zu fallen. Sollte er sich dort aufhalten, weil er seinen gestohlenen Vorrat an Guajak holte, wäre sie verloren.

Also verhielt sie den Schritt und lauschte. Sie horchte auf die Schritte der Scharwächter auf dem Wehrgang, auf ein mögliches Rumoren in dem Unterstand, auf ein Atmen, Husten oder ähnliche verräterische Geräusche, aber es war still. Beängstigend still. Letztendlich musste sie sich entscheiden. Sie brauchte die Decke. Und zwar rasch.

Schließlich lief sie, ohne zu zögern, auf den Verschlag zu, öffnete das Gatter und suchte im Dunkeln nach dem wärmenden Tuch. Sie wünschte sich, damals, als sie mit Jonathan die Decke dort verstaut hatte, auch eine Kerze sowie einen Feuerstein mit Zunder und Schwamm hinterlegt zu haben, doch das wäre zu teuer gewesen.

Sie tastete sich im Dunkeln vorwärts, stieß gegen ein Bündel und schimpfte leise. Marx hatte offenbar seinen Vorrat aufgestockt.

Eben wollte sie sich an dem Bündel vorbeiarbeiten, als ein Geräusch sie innehalten ließ. Etwas raschelte direkt vor ihr.

Els stand wie erstarrt – und plötzlich griff eine Hand nach ihr und umklammerte sie eisern. Ihr Herzschlag setzte für einen Augenblick aus.

»Wer ist da?«, fragte sie keuchend und hörte selbst die Panik in ihrer Stimme.

Sie versuchte, sich zu wehren, sich loszureißen, aber die Hand hielt sie fest, als wäre sie angekettet.

»Wer …?«, brachte sie nur heraus, und Gänsehaut überzog ihren Nacken, bevor ihre Knie nachgaben.

Eva streckte sich und wollte die dünne Decke noch nicht vom Körper streifen, die sie zudeckte. Außerdem wollte sie Els nicht wecken.

Der Nachhall eines merkwürdigen Traumes klang noch in ihrem Ohr, als würde jemand nach Barthlen rufen und dieser nicht mehr antworten. Dann kamen die Erinnerungen an den Abend, wie sie zuerst gehofft hatte, die Kinder wären zu Aaron gelaufen, und sie dann endlos lange vor dem Tor gestanden und dagegengehämmert hatte, bis Aaron schließlich geöffnet und ihr versichert hatte, dass die Kinder bei ihm seien. Wie erleichtert war sie gewesen!

Sie starrte noch eine ganze Weile in die Dunkelheit und horchte auf die Geräusche des Hauses. Erleichterung war kein Ausdruck für das, was Eva verspürt hatte, als sie die Kinder gefunden hatte. Sie hatte geahnt, wohin sie sich begeben würden. Aaron hatte ihr mit einem Finger den Mund verschlossen.

»No, die Kinder sind müde. Schlafen alle. Man muss sie nicht wecken.«

Eva hatte den Juden umarmt und gedrückt, doch der war erschrocken zurückgezuckt.

»Ihr vergeht Euch«, hatte er gemurmelt.

Er hatte sie zu den Betten der Kinder geführt. Sie hatte ihnen die Alltagskleidung ausgezogen und sie zugedeckt. Dem Juden hatte sie einen Kuss auf die Wange gegeben.

»Von all den sogenannten Christen, die mir in dieser Stadt begegnet sind, seid Ihr der einzig wahre, Aaron«, hatte sie ihn gelobt.

»Lasst das nit den Rat hören. No, ich wärm mich ungern am eigenen Feuer«, hatte Aaron ihre Dankbarkeit erneut abgewehrt, diesmal aber mit einem Lächeln auf den Lippen.

Der Jude hatte ihr neben Els' Zimmer ein Bett gegeben und sich dafür entschuldigt, dass der Raum fensterlos war. Eva hatte das nicht gestört. Sie hatte noch den Atemzügen ihrer Tochter und denen von Barthlen gelauscht und war dann beruhigt nach nebenan gegangen, hatte sich niedergelegt, in ihre Decke gehüllt und war eingeschlafen.

Mit einem Ruck fuhr sie hoch. Sie brauchte Licht. Plötzlich lag die Finsternis wie eine Last auf ihr.

»Els!«, rief sie in die Dunkelheit hinein. »Barthlen!« Sie tappte zur Tür. Die war zugefallen, was sie etwas beunruhigte. So konnte sie niemanden hören. Sie öffnete und ging in den Nebenraum. Dort stand die Tür auf, aber sie hörte auch dort nichts.

»Els? Barthlen?«, rief sie, noch zögerlich und leise.

Nichts rührte sich, und schon packte sie eine Furcht, die sie sonst nicht kannte. Sie hatte die Kinder doch gefunden. Sie hatte die beiden gesehen. Sie hatte Els zugedeckt und ihr eine metallene Bettflasche mit heißem Wasser unter die Decke geschoben, die Aaron hergerichtet hatte. Sie hatte Barthlen über das Gesicht gestrichen.

Eva stolperte auf den Gang hinaus, dabei stieß sie sich an einer Kommode.

»Licht!«, schrie sie und stolperte weiter. Sie ertastete eine Tür, riss sie auf und schrie auf.

Unmittelbar vor ihr erschien die Gestalt Aarons, der eine Laterne in der Hand hielt. Diese beschien den mageren Schädel des Juden von unten, und die Schatten ließen ihn wirken, als wäre er eben von den Toten auferstanden.

»Was ist?«, fragte er ruhig. »No, was kann ich für Euch tun?«

»Jesus, Aaron. Müsst Ihr mich so erschrecken?«

»Ich sehe nit anders aus als vor ein paar Stunden«, sagte er ruhig.

»Wo ist Els?«, herrschte sie ihn an.

Aaron blickte verständnislos zurück und deutete mit einer Kinnbewegung in das Zimmer. »No, wo wird sie sein? Hinter Euch!«

Eva drehte sich um. Beide liefen sie zum Schlafraum der Kinder. Ein Lichtstrahl leuchtete die finstere Kammer aus. Zwei Betten standen darin. Zwei zerwühlte Laken waren zu sehen, aber keine Menschenseele.

»Aber … Was ist das?«, sagte Aaron wie zu sich selbst. »Ihr habt sie doch zugedeckt.«

Eva betrat den Raum. Hinter ihr kam Aaron und hob die Laterne, damit sie das Zimmer ganz ausleuchten konnte. Aber mehr als die zwei zerwühlten Laken war nicht auszumachen. Eva trat an das Bett, auf dem Els gelegen hatte. Sie legte ihre Hand auf das Bett. Es war nass. Sie zog ihre Hand zurück und begutachtete sie. »Kein Blut«, sagte sie matt, aber auch etwas erleichtert. Dann hielt sie die Hand an die Nase. »Kein Urin.« Sie schlug das Laken zurück. Zum Vorschein kam die Bettflasche. Ein Behälter aus Metall, dessen Verschluss offen im Bett lag. Offenbar hatte Els den Bettwärmer im Schlaf umgestoßen, und das Wasser war ausgelaufen. Hoffentlich hatte sie sich nicht verbrüht.

»Wo sind Els und Barthlen hin?«, fragte sie sich, fragte sie Aaron.

Der zuckte nur mit den Schultern. »Ich dachte, sie wären hier. Hab ich falsch gedacht«, murmelte er.

»Sind sie irgendwo im Haus? Auf dem Abtritt vielleicht?« Eva suchte nach der Kleidung ihrer Kinder. Aber auch die war verschwunden. Nur Els' Schuhe standen noch unberührt neben dem Bett.

»Wo sind sie nur hin?«, fragte sie Aaron, erkannte aber in seinem ratlosen Blick dieselbe Unkenntnis und Unruhe, die sie gepackt hatte.

Er winkte ihr, und sie gingen zur Haustür. Diese stand einen Spalt weit offen. Ein kalter Schwall Luft zog von draußen an ihre Beine. Der Jude trat auf den Hof hinaus. Auch das Tor war unverschlossen. Aaron drückte es zu und legte den Riegel wieder vor.

»Was macht Ihr da?«, fragte Eva. »Meine Kinder. Sie können nicht zurück, wenn das Tor verschlossen ist.«

»Aber sie können klopfen«, entgegnete er missmutig. »Sie haben sich aus dem Staub gemacht«, stellte er fest.

»Aber wohin um alles in der Welt wollen sie denn? Um diese Zeit … und zu wem?« Eva blickte hoch zum Himmel, der eisig und klar über ihnen stand und ein Feuerwerk an Sternen erstrahlen ließ. Die Milchstraße lag wie ein funkelnder Schal über der Stadt. Die Schönheit behütete das Elend unter ihr.

»No, bin ich Hellseher?«, fragte Aaron und setzte doch hinzu: »Zu Joss?«

Eva schüttelte energisch den Kopf, wollte ihm aber nicht sagen, warum das nicht sein konnte. Sie musste nachdenken. Und dazu brauchte sie warme Kleidung, denn ihre Zähne klapperten, die nackten Füße schmerzten auf dem gefrorenen Boden, und sie schlotterte in ihrem dünnen Hemd. Sie konnte keinen klaren Gedanken mehr fassen.

Aaron führte sie zurück ins Haus. Allein hätte sie vermutlich keinen Schritt mehr tun können.

»No, überlegt mal, wo könnten sie sein?«, fragte er, während er sie auf die Bank am Küchentisch schob und das Feuer aufstocherte. »Gibt es einen Freund oder einen andren, den Ihr kennt?«

Langsam schüttelte Eva den Kopf. In der Fuggerei saßen sie zwar aufeinander wie die Heringe in ihren Fässern, aber sie kannte kaum einen Menschen. Zudem gingen die allermeisten Männer ihren Geschäften außerhalb der Siedlung nach. Es waren überwiegend Tagelöhner, die sich draußen Arbeit suchten. Nur die Frauen blieben im Haus. Die Fuggerei hatte zwar den Vorteil, dass die Leute sicher waren, dass sie bei fleißiger Arbeit dort wohnen durften, dass sie frei blieben und nicht gezwungen waren zu betteln. Aber niemand von ihnen war bereit, mehr mit den anderen zu reden als unbedingt notwendig. Und mit ihnen als Holzeltern schon gar nicht. Viele Siedlungsbewohner scheuten die Kranken, scheuten Joss und sie noch immer, scheuten ihre Geschichte. Eva kannte nur eine Handvoll, wenn sie ehrlich war. Ihre engsten Kontakte waren die Hutter Babette und Sibylla. Aber Erstere war tot, und Letztere hatte sie seit Langem nicht mehr gesehen. Eva glaubte nicht, dass die Kinder in die Siedlung geflüchtet waren. Schließlich war diese so früh am Morgen noch verschlossen – und sie vertrauten dort niemandem, außer vielleicht Franz Gelder. Nur zu ihm konnten sie gegangen sein. Außerhalb der Fuggersiedlung hatte sie nur den Juden Aaron.

Sie legte ihr Gesicht in die Hände. Sie hatte ihre Kinder wiedergefunden und erneut verloren. Warum nur war Els aufgebrochen und mit Barthlen weggelaufen?

»Helft mir, Aaron«, sagte sie. »Ich muss sie suchen. Weit können sie nicht sein. Die Tore haben noch geschlossen. Sie sind also innerhalb der Mauern.«

Sie drehte sich um und lief ins Haus, um sich anzukleiden.

Sie konnte ihre Gedanken gar nicht von den bloßen Füßen ihrer Tochter weglenken. Ohne Schuhe, ohne Fußlappen in der eisigen Kälte dort draußen. Nur Barthlen hatte sich offenbar ganz angekleidet. Warum hatte ihr Mädchen sich so nachlässig angezogen? Was war passiert?

Aaron wartete am Tor auf sie.

»No, Neherin, ich kann Euch nit helfen. Jude bleibt Jude. Man sieht uns ungern tagsüber. Man sieht uns noch weniger gern nachts. Wenn man mich nachts draußen antrifft, dann häng ich am Morgen am Galgen. Und ein Hals ohne Strick ist mir lieber, Frau.«

Eva konnte Aaron durchaus verstehen, obwohl ihr seine Worte einen Stich ins Herz gaben. Allein würde sie kaum alle Orte aufsuchen können, die ihr einfielen.

»Ich muss gehen«, sagte sie niedergeschlagen. »Ich muss sie suchen. Jetzt.«

Er stimmte ihr zu, gab ihr noch eine Decke mit, die sie um ihren Oberkörper wickelte, und zuletzt reichte er ihr die Laterne.

»Man kann nicht erkennen, ob das Licht jiddisch oder christlich ist. Nehmt das Licht. Ihr könnt es mir wiederbringen, wenn die Zeiten besser sind – oder behaltet es einfach.«

Sie nickte ihm bitter lächelnd zu und drehte sich um.

Der Jude hob den Riegel, und Eva schlüpfte mit abgedeckter Laterne hinaus in die dunkle Stadt.

Während sie ziellos vor sich hin lief, überlegte sie krampfhaft, wohin sich die beiden Kinder gewandt haben könnten.

Plötzlich fiel ihr ein Name ein, der ihr vorher nicht in den Sinn gekommen war: Jonathan.

54. Kapitel

AUGSBURG, APRIL 1526

Els? Bist du es?«

Die Stimme klang vertraut, und in Els' Gedankenwelt, die eben in Furcht und Panik explodiert war, schlich sich ein weicher Ton.

»Els? Jetzt sag schon was.«

»Jonathan«, krächzte sie. »Bist … du das?«

»Gott sei Dank«, sagte die Stimme. »Ich dachte schon, du wärst auf und davon. Ich hab dich gesucht, solange es noch hell war.«

Da Jonathan als Bäckerlehrling nachts mit seiner Arbeit begann, streifte er meist schon nachmittags, nach dem Verkauf vor der Moritzkirche, in der Stadt umher. So hatten sie sich kennenlernen können.

»Ich … alles so … bitte hilf mir …«, stotterte Els. Sie fror entsetzlich.

»Unsere Decke«, sagte Jonathan. »Hier, nimm sie und wickle dich darin ein. Du bist ja … eiskalt und …«

Weiter kam er nicht, denn Els fing an zu weinen. Sie spürte Jonathans Nähe und drückte sich an ihn, während er ihr die Decke um die Schultern legte.

Dann sah sie ein kleines Licht. Der Bäckerlehrling hatte eine Laterne bei sich. Er leuchtete an Els herunter.

»Bist du ins Wasser gefallen?«, fragte er.

Els verstand nicht. Wasser? Sie war besudelt mit Blut. Els genierte sich davor, ihr Hemd zu begutachten, während Jonathan zusah, aber es war so eng, dass er sich nicht umdrehen konnte.

»Schau wenigstens weg«, sagte sie.

Sie hob ihr Hemd und betrachtete ihre Beine. Es war zwar alles feucht, aber nicht rot. Hatte sie sich das alles nur eingebildet?« Als sie ihr Hemd fallen ließ, bemerkte sie, dass Jonathan keineswegs weg-, sondern zugesehen hatte. »Warum hast du nicht …«, sagte sie vorwurfsvoll und stieß ihn leicht in die Seite.

»Pst!«, unterbrach er sie leise und lauschte in die Dunkelheit hinaus. »Da kommt wer.«

Beide drückten sich in die Ecke des Schuppens. Jonathan verdunkelte die Laterne. Nahe aneinandergeschmiegt und sich gegenseitig wärmend horchten sie auf die Schritte, die sich draußen dem Schuppen näherten. Es war ein merkwürdiges Geräusch. Ein Schritt, *tock*, ein Schritt, *tock*, unterbrochen nur von einem regelmäßigen Stöhnen.

»Marx!«, wisperte Els erschrocken.

Jonathan hatte seinen Arm um sie geschlungen und zog sie eng an sich. Wenn ihre Füße nicht Eisklumpen gewesen wären, hätte sie sich warm und geborgen gefühlt. Dass seine Hand auf ihrer Brust lag, nahm sie wahr, aber es störte sie nicht. Er hob die Decke an, und sie versteckten sich ganz unter dem Wollstoff. Sie hatte ein kleines Loch, durch das Els nun spähte.

Die Schritte kamen näher, das Stöhnen war deutlicher zu hören. Das Gatter wurde geöffnet, und gegen den nächtlichen Sternenhimmel war die Gestalt des ehemaligen Scharwächters als dunkle Silhouette zu erkennen. In der Hand hielt er eine Laterne, mit der er den Schuppen ausleuchtete.

»Was ist das, verflucht?«, stieß er hervor. »Wer wirft denn Wolldecken hier rein?« Er zerrte an dem Tuch, und es gab Jonathan und Els frei. Marx war augenscheinlich so verblüfft, dass es ihm im ersten Augenblick die Sprache verschlug.

Stumm starrten Els und Jonathan den ehemaligen Scharwächter an.

»Was habt ihr hier zu suchen?«, keuchte Marx endlich. »Klaut ihr Holz? Maul auf, sonst …«

Jonathan fand als Erster die Sprache wieder. Els hörte, wie er nach Luft schnappte und dann herausplatzte: »Der Einzige, der was gestohlen hat und hier versteckt, seid doch Ihr selbst!«

»Was? Was behauptest du da, Schlingel?« Els hörte Marx an, wie überrascht er war. »Das werden wir ja sehen. Ich sperre euch ein und hole die Scharwache. Wäre doch gelacht!«, sagte er und humpelte rückwärts.

»Raus!«, befahl Jonathan. Er zog Els hinter sich her und versuchte, an Marx vorbeizukommen, aber er war zu massig. Er versperrte ihnen den Fluchtweg.

»Ihr bleibt hier!«, zischte er. Er hätte beinahe gewonnen, weil er Jonathan zurückstieß und der sich erst fangen musste, bevor er sich gegen das Gatter des Verschlags lehnen konnte. Doch Marx selbst verlor den Halt seiner Krücke, stürzte rückwärts und schlug mit dem Schädel gegen die Stadtmauer.

Mit einem Druck der Schulter konnte Jonathan die fast schon verschlossene Gattertür öffnen. Marx lag auf der Seite. Die Lampe war beinahe erloschen. Nur eine kleine Flamme züngelte auf seiner Schaube. Offenbar war etwas Öl aus der Laterne darübergelaufen. Er rührte sich nicht.

Jonathan zog Els aus dem Schuppen. Davor lag ein Bündel Guajakholz, das der ehemalige Scharwächter hierher transportiert hatte und im Schuppen verstecken wollte. Jonathan und Els wussten, dass drinnen noch ein weiteres Bündel lag.

Viel erstaunlicher war jedoch die aufrecht stehende Krücke. Zuerst sah Els nur, dass sie nicht umgefallen, sondern stehen geblieben war. Dann erst erkannte sie, dass sie gehalten wurde. Und erst als Jonathan die Verdunkelung von seiner Laterne nahm, erkannte er, wer dort stand.

»Barthlen? Was machst du denn hier?«

»Dein Bruder?«, fragte Jonathan. Er hatte sich schon bereitgemacht, sich gegen die Krücke zu verteidigen.

»Ich bin dir gefolgt, Els«, sagte Barthlen. »Warum hast du mich nicht mitgenommen?«

Zuerst brachte Els kein Wort heraus. Dann kniete sie sich hin und öffnete die Arme. Barthlen warf die Krücke beiseite und drückte sich an sie.

»Niemals. Niemals wollte ich dich allein lassen. Ich dachte, du … du … du wärst weggelaufen … ich … ich habe dich nicht gesehen …« Sie wusste nicht, wie sie beschreiben sollte, was sie gedacht hatte. Barthlen würde es nicht verstehen. Noch nicht. »Ich dachte, du wärst davongelaufen, und ich wollte dich suchen.«

Offenbar genügte dem Jungen diese Ausrede.

Marx, der sich an der Mauer heftig den Kopf angeschlagen hatte und an ihr entlang nach unten gerutscht war, stöhnte und fluchte. Die Flamme auf seinem Ärmel war ein wenig größer geworden. »Pack!«, zischte er. »Her mit meiner Krücke! Sonst könnt ihr was erleben!« Er kroch nach vorn, um das Gehholz zu erwischen oder das Bein eines der Jugendlichen. Dabei trat er mit dem Fuß nach

Jonathan und traf ihn am Schienbein. Jonathan knickte ein und stolperte. Dabei rutschte ihm die Laterne aus der Hand.

»Die gehört meinem Vater!«, rief Jonathan noch, dann fiel sie auf Marx hinunter. Das heiße Öl, mit dem sie betrieben wurde, ergoss sich auf den Mann. Sofort fing es Feuer und breitete sich rasch auf Marx' Kleidung aus.

»Seid ihr wahnsinnig?«, schrie er und versuchte im Liegen, die Flammen auszuschlagen. Doch damit verteilte er das Öl nur noch weiter über die Schaube. Immer mehr Kleidungsstücke gerieten in Brand.

Wie erstarrt sahen die Jugendlichen zu, wie er sich unter Schmerzensschreien die Schaube vom Leib riss, wie er gegen die Haare schlug, die kurz und heftig aufloderten und verglühten, wie um die wollene Hose Flammen züngelten.

Weder Jonathan noch Els oder Barthlen griffen ein.

»Weg hier!«, befahl Jonathan. Die drei begannen zu laufen und ließen den brennenden Mann allein zurück.

»Wohin?«, fragte Els atemlos, als sie außer Sichtweite waren. Das Herz klopfte ihr noch immer bis zum Hals. Sie zog die Decke, die sie aus dem Schuppen mitgenommen hatte, enger um sich.

Ein Glockenschlag begleitete ihre Frage. Obwohl es noch finster war, läutetet die Glocke am Perlachturm die Laudes ein.

»Das Tor zur Fuggerei wird geöffnet«, sagte Barthlen zitternd. »Ich weiß, dass Meister Gelder früh aufsteht. Er wird uns sicher helfen.«

Ohne weiter darüber nachzudenken, liefen sie am Ochsenlech entlang und umrundeten die Fuggersiedlung. Sie trafen auf Tagelöhner, die auf der Suche nach Arbeit in die Stadt strebten, auf Handwerker, die zum Markt eilten, auf Frauen, die für das wenige Geld, das sie am Vortag von ihren Männern erhalten hatten, Lebensmittel einkaufen wollten. So, dachte sich Els, floss das Geld wieder ab, das die Bewohner verdienten. Kaum jemandem gelang es, für den Gulden im Jahr zu sparen. Die spärlichen Einnahmen wurden sofort wieder verbraucht.

Als sie auf dem Saumarkt standen, wagten sie sich nicht sofort durch das offene Tor in die Fuggerei hinein.

»Du bist dir sicher, dass uns der Alte aufnimmt?«, fragte Jonathan.

»Ziemlich sicher«, antwortete Barthlen für Els. »Er ist ein Guter.«

Els dachte sich wieder, wie reif ihr kleiner Bruder schon wirkte und dass er so klein auch nicht mehr war.

Sie warteten dennoch ab, bis auch der Letzte die kleine Stadt in der Stadt verlassen hatte, und erst, als sie es in der Kälte nicht mehr aushielten, liefen sie durch das offene Tor in die Finstere Gasse.

Vor dem Haus des Schmieds hielten sie kurz inne, bevor Barthlen vortrat und gegen die Tür klopfte. Ein Brummen antwortete ihnen – und dann öffnete sich die Tür.

Aber nicht der Schmied stand vor ihnen, sondern ein Mann, den sie gut kannten.

Els griff nach Jonathans Hand und wollte ihn beiseiteziehen, doch der Mann in der Tür hatte einen raschen Schritt auf sie zu gemacht und hielt sie fest.

Barthlen trat einen Schritt zurück und drückte sich an seine Schwester.

Alle drei zitterten nicht nur vor Kälte. Schließlich begann vom Turm bei St. Peter die Feuerglocke zu läuten und rief die Männer auf die Straße.

»Wen haben wir denn da?«, sagte der Mann und horchte auf die Sturmglocke. »Das trifft sich ja gut.«

❦

Ihr erster Gedanke, für den sich ihre Beine offenbar längst entschieden hatten, war der Schuppen.

Eva musste nur warten, bis der Glockenschlag auf dem Perlach die Wächter am Sträffingertor dazu anhielt, den Durchgang zu öffnen. Sie hoffte, Els noch anzutreffen, bevor das Mädchen in die Jakobervorstadt entwich, aber das Tor war bereits geöffnet, als sie es erreichte. Sie musste die beiden Kinder nur knapp verfehlt haben, wenn sie unterwegs zum Schuppen waren. Sie schlüpfte hindurch, ohne angehalten zu werden, aber dann brach die Hölle los.

Die Feuerglocke läutete in den Morgen hinein, und plötzlich sprangen alle Türen auf, und die Männer standen mit Kübeln auf der Straße. Eine merkwürdige Ruhe trat ein, denn alle lauschten auf den Ruf des Türmers, der über die Stadt hinweg die Wasserkübel zum Kappeneck schickte.

Eva erschrak, denn dorthin war ja auch sie unterwegs. Im Gegensatz zu den Männern wollte sie aber nur zum Schuppen unter der Mauer.

Sie rannte. Dabei stieß sie den einen oder anderen Löschkübel mit Wasser um und fing sich wüste Beschimpfungen ein, doch sie achtete nicht darauf. All ihre Gedanken waren auf die Kinder gerichtet. Sie musste sie dort finden!

Eva roch den Brandherd, bevor sie ihn sehen konnte. Als sie um die Ecke bog, bot sich ihr ein merkwürdiger Anblick. Auf dem Boden lag deutlich erkennbar ein Mann. Seine Kleidung schwelte, und man konnte nicht erkennen, ob er noch lebte oder nicht. Er war klatschnass. Neben ihm kniete ein weiterer Mann. Er versuchte, den Verletzten zu wecken, indem er ihm Ohrfeigen verpasste. Als Eva näher kam, fiel ihr die Krücke auf, die etwas abseits auf der Straße lag. Die Szenerie wurde von zwei Laternen beleuchtet, die vom Wehrgang herabgehalten wurden. Zwei Scharwächter standen dort oben und beobachteten das Geschehen. Vermutlich hatten sie dem Türmer Signal gegeben.

»Was ist mit ihm?«, rief sie den Mann an, der neben Marx kniete.

Der drehte sich überrascht zu ihr um.

Eva stutzte und hielt kurz inne. Es war der Theriakhändler, Doktor Lubricus. »Was … was tut Ihr da?«

Anscheinend wollte oder konnte er diese Frage nicht beantworten. Er packte eilig das Bündel, das neben dem ehemaligen Scharwächter lag, und rannte davon.

Doch er hatte nicht mit der Feuermeldung gerechnet.

»Haltet ihn!«, rief Eva den heranstürzenden Männern mit ihren Wasserkübeln zu. »Haltet ihn!«

Die Männer, die sahen, dass sie bei dem Feuer nichts weiter ausrichten konnten, ließen die Kübel fahren und packten den Kerl, der sich wehrte wie der Teufel.

Eva kniete sich neben Marx. Durch irgendeinen Umstand hatte seine Schaube Feuer gefangen. Seine Hände waren mit Blasen übersät, das Hemd verbrannt, das Gesicht ebenfalls, Bart- und Haupthaare fehlten. So hätte sie ihn nicht wiedererkannt, wenn ihm nicht das Bein gefehlt und die Krücke etwas abseits gelegen hätte.

»Was ist passiert?«, fragte sie.

Marx stöhnte nur und versuchte, sich aufzurichten.

Auch die Hose am Oberschenkel war verbrannt und hatte die Haut dort verkohlt. Eva wusste nicht, ob man solche Wunden überleben konnte. Der Mann tat ihr leid, auch wenn er seit drei Jahren gegen sie gearbeitet und ihr und ihrem Mann überall Steine in den Weg gelegt hatte. Ein solches Los hatte selbst er nicht verdient.

»Marx. Hört Ihr mich? Was ist …«, wiederholte Eva.

Plötzlich schlug er die Augen auf. Ein Auge leuchtete weiß, offenbar war der Augapfel zu heiß geworden.

»Verflucht!«, keuchte er flüsternd. »Verflucht sei deine Brut! Verflucht.« Er hustete röchelnd, und eine schwarze Atemwolke löste sich aus seinem Rachen. »Sie hat mich … hat mich … angezündet!«, stieß er hervor.

Ungläubig sah Eva auf diesen Mann hinunter, für den sie ein Unglück gewesen war. »Ihr seid ein schlechter Mensch, Marx Kölin«, sagte sie und stand auf.

Der ehemalige Scharwächter versuchte ein Grinsen, aber die Schmerzen ließen es nicht zu. Schließlich verdrehte er die Augen, und sein Kopf, den er leicht gehoben hatte, fiel wieder gegen das Mauerwerk.

Mittlerweile waren die Männer herangekommen, die in der Unterstadt zum Löschen bereitstanden.

»Was hat hier gebrannt?«, fragte einer, den Eva als einen der Zunftoberen der Weber erkannte, den Sohn des verbannten Weberpredigers Jörg Preinig.

Eva deutete auf Marx. »Seine Kleidung. Offenbar ist er gestürzt und hat sich das Öl der Laterne auf Hose und Schaube gegossen.«

Der Weber besah sich alles genau und schien zu demselben Ergebnis zu kommen. Dass hier zwei Laternen zerbrochen dalagen, schien ihn nicht weiter zu stören. »Wer ist der Mann?«, fragte er Eva.

»Marx Köllin. Der neue Holzvater aus der Fuggersiedlung.«

Preinig nickte nur. Dann rief er vier Männer heran und befahl ihnen, Marx in die Fuggerei zum Holzhaus zu seiner Frau zu bringen.

»Er braucht seine Krücke«, sagte Eva und deutete auf die Gehhilfe.

Mit ausgestrecktem Finger zeigte Preinig auf die Krücke, wandte sich aber sofort wieder Eva zu. »Was hat er gesagt? Ihr habt doch noch mit ihm gesprochen.«

Hinter Eva wehrte sich der Theriakhändler gegen seine Festnahme. Er habe nichts getan, schrie er. Man solle ihn freilassen. Eva streifte den um sich schlagenden Mann mit einem kurzen Blick.

»Er hat gesagt, er wollte Guajakholz verkaufen«, log sie.

Der Weber sah Eva an, als habe sie mit ihm in fremden Zungen gesprochen. »Was wollte er verkaufen?«

Eva deutete auf das Holzbündel, das Lubricus davongetragen hatte.

»Guajakholz. Ein Mittel gegen die Franzosenkrankheit. Es wird mit Gold aufgewogen.«

Wieder sah der Weber sie an, als wäre sie nicht ganz bei Sinnen.

»Sie lügt«, schrie Lubricus dazwischen. »Sie hat selbst damit gehandelt. Ich bin nur zufällig hier vorbeigekommen.«

»Und habt Euch ein Bündel geschnappt«, gab Eva wütend zurück. »Feigling!«

Mittlerweile umstanden mindestens zwei Dutzend Männer den

Ort. Man hatte die Gattertür des Schuppens ausgehängt und Marx daraufgelegt. Vier Mann trugen ihn in Richtung der Fuggersiedlung.

»Das soll Guajakholz sein?«, fragte der Weber. »Wollt Ihr mich auf den Arm nehmen?«

Eva war unentschlossen, was sie antworten sollte. Der Quacksalber stand kurz davor, freigelassen zu werden, und die Stimmung kippte. Noch zwei oder drei solche Sätze, und die Männer würden ihn laufen lassen und sie selbst festhalten.

Doch da trat ein Mann in die Mitte der Gruppe. Sein Aufzug passte nicht in diese Vorstadt. Selbst im Zwielicht der beginnenden Morgendämmerung war zu erkennen, wie edel und kostbar er gekleidet war. Seine Schaube war aus Nerz gefertigt, das Innenfutter aus glänzender roter Seide. Er trug eine Kopfbedeckung, in die Goldfäden eingewirkt waren, die im ersten Licht des Tages blitzten. Die Füße steckten in ledernen Schuhen, die durch rote Trippen vor Schmutz geschützt wurden. Der Bart reichte ihm bis auf die Brust und sah aus, als hätte man dessen Ende unten abgeschnitten.

»Die Frau hat recht«, sagte er.

Eva erkannte ihn sofort. Die Weber, die um sie herumstanden, murrten, während er sie beiseiteschob.

»Ihr habt Ihnen gesagt, dass Ihr in meinem Namen gehandelt habt?«, fragte der Mann Eva.

»Nein, Herr«, antwortete sie, senkte den Kopf und ging in die Knie.

»Es ist der Fugger«, sagte einer der Männer leise.

Der Name ging wie ein Lauffeuer durch die Gruppe. Von Mund zu Mund wurde er weitergetragen, ehrfürchtig geflüstert. Die Männer nahmen ihre Mützen ab.

»Ihr seid …«, fragte Preinig, der auch diese Aussage in Zweifel zog, obwohl er mit dem Kaufmann zu tun haben musste.

»Anton Fugger«, sagte der Mann nur, ohne den Weber weiter zu beachten. »Ihr kennt mich, Preinig!«

Der Weber zuckte zusammen, als sein Name genannt wurde.

Fugger reichte Eva die Hand und führte sie aus dem Kreis der Umstehenden.

»Herr«, sagte sie. »Im Schuppen liegt noch mehr …«

»Ich weiß«, unterbrach sie der Fugger. »Ich war eben auf dem Weg in die Siedlung meines Oheims.«

Er deutete nach oben. Dort stand einer der Waffenknechte, denen Eva beim Bezug der Fuggerei begegnet war. Es war der Kerl, dessen wallende Mähne ihr damals aufgefallen war, weil er sie vergebens unter einen Helm zu zwängen versucht hatte. Er hatte sie zum Holzhaus geführt. Offenbar hatte er den Schuppen beobachtet.

»Ihr habt Eure Sache gut gemacht«, fuhr Anton Fugger fort.

»Was tut Ihr hier unten in der Vorstadt, Herr, wenn die Frage erlaubt ist?« Eva verstand noch immer nicht, was das alles zu bedeuten hatte.

»Ihr werdet es sehen. Zuvor aber …« Er wandte sich an die Männer, die Lubricus festhielten. »Folgt uns. Nehmt ihn mit.« An den Quacksalber gewandt, fügte er hinzu: »Es wäre besser, Ihr würdet reden.«

Er ließ Eva den Vortritt und geleitete sie in Richtung Saumarkt zum Eingang der Fuggerei.

55. Kapitel

AUGSBURG, SONNTAG, APRIL 1526

Jonathan hatte Els in den Arm genommen, weil sie nicht mehr aufhören konnte zu zittern. Der Mann hatte sie in die Wohnung des Schmieds gezogen, und er war ihr mit Barthlen gefolgt.

Von der Küche aus legte Gelder Holz nach, während sich Thomas Krebs den Jugendlichen gegenübersetzte. Wortlos sah er sie nacheinander an. Dann schnupperte er. »Habt ihr Feuer gelegt?«, fragte er. Seine Stimme klang sanft und nicht anklagend.

Els schüttelte den Kopf.

»Es war ein Unfall«, sagte Jonathan und zog sie an sich.

Krebs' Miene verfinsterte sich. »Feuer ist kein Spaß. Wer ein Feuer nicht meldet, das außer Kontrolle geraten ist, der kann …«

»Wir hätten Marx helfen müssen«, brach es aus Els heraus, und dann begann sie hemmungslos zu schluchzen. »Wir haben ihn einfach liegen lassen.«

»Womit hätten wir denn das Feuer …?«, setzte Barthlen an und rutschte unruhig auf seinem Sitz hin und her.

»Sprecht ihr von Marx Köllin?«

Jonathan und Els nickten.

»Er … er hat sich verbrannt. Mit Lampenöl«, sagte Els niedergeschlagen. »Wir haben nur zugesehen und sind dann weggelaufen.«

Barthlen räusperte sich und setzte sich gerade auf. »Er hat es verdient. Er hat etwas in den Schornstein gehängt. Ich hab es gesehen. Er ist ein böser Mann. Aber Aennlin hat …«

Der Baumeister wurde hellhörig. »Etwas in den Kamin gehängt?«

»Eine kleine Flasche. Aber sie haben uns aus dem Haus geworfen, bevor …«

Mit ungestümer Heftigkeit wurde die Tür aufgerissen.

Els, die den Mann, der hereinkam, nur durch einen Tränenschleier sehen konnte, hörte Barthlen schreien: »Vater! Vater!«

Sofort ließ Jonathan Els los und rutschte auf die andere Seite der Eckbank.

»Vater?« Els wischte sich über die Augen und verschaffte sich so klare Sicht. »Wo warst du?«

Joss sah von seiner Tochter zu dem jungen Mann in der Ecke, der ihn nicht anzusehen wagte. Dann ging sein Blick wieder zurück. Els' Zittern verstärkte sich.

»Du darfst sie ruhig wärmen, Kerl«, sagte er. »Aber anständig!«

Jonathan sah erstaunt hoch und traf auf einen Blick, der freundlich und streng zugleich war.

»Allerdings unter einer Bedingung …!«, fuhr Joss fort und hob die Augenbrauen.

»Vater!«, versuchte Els, ihn zu unterbrechen, doch Joss wischte den Einwurf mit einer Handbewegung beiseite.

»… du nennst mir sofort deinen Namen!«

Der junge Bäckerlehrling nickte. »Jonathan … Jonathan … Wolf. Der Sohn vom Bäcker Wolf«, stotterte er.

»Der also …«, bemerkte Joss, und sein Blick verfinsterte sich. »Zu dir komme ich später.«

Jonathan zuckte zusammen und wagte nicht, sich zu rühren. Er blieb in der äußersten Ecke sitzen, als hätte Els die Krätze bekommen.

»Jetzt wärm sie endlich, du Stoffel!«, fuhr Joss ihn an.

»Euer Sohn sagt, er habe Marx Köllin dabei beobachtet, wie er eine kleine Flasche in den Rauchfang in der Küche des Holzhauses gehängt hat«, sagte Krebs.

Barthlen, von dem Ausbruch des Vaters ebenfalls etwas eingeschüchtert, nickte heftig. »Bevor sie dich abgeholt haben, Vater.«

Joss schnaubte. »Womöglich das Gift. Weiß Anton Fugger davon?«

Krebs schüttelte den Kopf. »Und wie ist es in den Sud gekommen?«, fragte er.

Barthlen streckte sich. »Aennlin hat …«, begann er.

»Wo ist eure Mutter?«, fiel ihm Joss ins Wort, erntete aber nur große Augen.

Els schüttelte den Kopf, und Barthlen presste eingeschnappt die Lippen aufeinander, weil ihm niemand zuhörte.

Joss verstand nicht recht, warum sie ihm nicht sagen wollten, wo Eva sich aufhielt.

Er sah Barthlen an. Schließlich beugte er sich zu ihm hinunter und flüsterte: »Sagst du es mir leise ins Ohr?«

Zuerst schüttelte sein Sohn den Kopf, aber dann winkte er ihn heran. Er hauchte mehr, als dass er sprach. »Aaron«, hauchte er. »Ich habe nachts mit ihr gesprochen.«

Jetzt verstand Joss endlich, und mit einem Mal bewunderte er Barthlen und Els. Sie wollten dem Juden nicht schaden, weil er ihnen geholfen hatte. Doch dann sah er in Els' nasse Augen und fragte sich, ob nicht noch etwas anderes dahinterstand. Aber dafür war jetzt keine Zeit. Später würde er sie befragen – oder seine Frau bitten, mit ihr zu reden. Er bedachte Jonathan, der sich hinter seiner Tochter duckte, mit einem weiteren strengen Blick. »Ihr bleibt hier und wartet. Ich hole eure Mutter.«

Barthlen wollte das nicht zulassen. Er rutschte sofort von der Bank und klammerte sich an Joss' Beine. »Bleib, Vater, bleib!«, rief er weinerlich.

Die Tür öffnete sich, und der Schmied betrat die Stube, nachdem er wohl in der Küche Holz nachgelegt hatte. Er nickte den Kindern zu. Sie erkannten ihn sofort, den Mann mit nur einer Hand.

Er trat zu Joss und Krebs und flüsterte ihnen etwas zu. Els verstand nur ein einziges Wort. Aber das genügte, um aus dem Schlottern, das sie immer noch gepackt hielt, ein kreischendes Heulen zu machen.

Die drei Männer drehten sich zu dem Mädchen um, das sein Gesicht an Jonathans Brust drückte. Der hielt seine Liebste fest, ließ aber Joss und dessen Hände nicht aus den Augen.

»Marx hat uns am Schuppen beim Kappeneck erwischt«, versuchte Jonathan zu erklären.

Joss horchte auf, und sein Gesichtsausdruck allein hätte ausgereicht, den Jungen in die Flucht zu schlagen. Jonathan klammerte sich an Els.

»Erwischt? Wobei?« Joss' Augen funkelten.

Doch diesmal blieb der Bäckerlehrling gelassen. »Els wollte die Decke für sich und ihren Bruder holen, die dort versteckt war.«

»Eine Decke im Schuppen am Kappeneck? Wozu versteckt ihr eine Decke im Schuppen?«

Franz Gelder legte ihm die Hand auf den Arm. »Wir helfen einander in dieser Siedlung. Sie haben die Decke von mir. Sollen sie sich vielleicht erkälten?«

Joss fuhr herum. Verblüfft betrachtete er den kräftigen Schmied. »Von Euch? Wie kommt Ihr dazu …«

»Auf Bitten Eurer Frau. Und wenn ich recht sehe, kommt sie eben …« Er deutete aus dem Fenster.

Eine Prozession von Menschen zog durch die Finstere Gasse. Allen voran vier Scharwächter, die einen Mann auf einem Türblatt trugen, begleitet von drei Lampenträgern. Das Stöhnen des Mannes war bis in die Stube hinein zu vernehmen. Dahinter folgten Anton Fugger und Eva.

»Mutter!«, rief Barthlen, ließ Joss los und rannte wie der Blitz aus dem Haus.

Die Prozession schwenkte bereits in Richtung Holzhaus ein, als Barthlen aus Gelders Haus stürmte und auf Eva zurannte.

»Mutter!«, schrie er aus Leibeskräften.

Sie erschrak und drehte sich um. Aber da hatte sich Barthlen bereits gegen sie geworfen und sich in ihrem Rock festgeklammert.

»Wo kommst du denn her, Kind?«, fragte Eva verwundert und sah sich um.

Barthlen ließ sie sofort los, stampfte mit dem Fuß auf und sagte trotzig: »Ich bin kein Kind mehr!« Doch dann drückte er sich wieder an Eva.

Auch Els kam jetzt aus dem Haus und winkte ihr zu.

»Els!«, rief Eva erleichtert, und dann fuhr ihre Hand an den Mund, als sie Joss hinter ihrer Tochter auf die Straße treten sah.

»In der Stube wird es eng werden«, sagte Anton Fugger hinter ihr, der alles mit einer gewissen Zufriedenheit beobachtet hatte.

Eva sah, wie er dem Baumeister ein Zeichen gab und dieser die kleine Gruppe von Menschen, die aus dem Haus des Schmieds traten, zu sich rief. Mit einem Blick hatte sie auch erfasst, dass Joss dem Jungen, der Els im Arm hielt, die Hand auf die Schulter gelegt hatte.

Der war sichtlich unglücklich darüber, aber Joss grinste zu ihr herüber und hob die Augenbrauen. Sie drohte ihm spielerisch mit dem Finger, damit er Jonathan in Ruhe ließ, und er nickte ihr zu, klopfte dem Burschen aber zweimal kräftig auf die Schulter. Der zuckte unter der Geste zusammen und hätte sich wohl in dem Moment am liebsten unsichtbar gemacht.

Inzwischen waren sie vor dem Holzhaus angekommen. Der Pikenier, der vorausgegangen war, klopfte mit dem Schaft der Pike gegen die Tür.

Aennlin öffnete, und Eva sah, wie sie totenbleich wurde. Ihre Hand fuhr an den Mund, um einen Schrei zu unterdrücken. Tränen traten ihr in die Augen.

Sie wurde von den Webern, denen der Verletzte auf der ausgehängten Tür langsam zu schwer wurde, ins Haus hineingedrängt.

»Räumt die Stube aus«, rief Anton Fugger nach vorn.

Durch die beiden Fenster sahen sie, wie Marx auf den Tisch gelegt wurde. Dann packten die vier Männer an, und im Nu waren alle Gegenstände aus der Stube in den Schlafraum getragen.

Schon wollten alle ins Haus eilen, doch Anton Fugger gebot ihnen Einhalt. »Wir haben nicht alle in der Stube Platz. Öffnet die Fenster. Sollen Marx und seine Frau von drinnen zuhören, meinetwegen auch die Magd. Wir bleiben hier draußen.« Er schickte nur den Pikenier ins Haus, damit sich niemand unbemerkt wegstehlen konnte.

Eva drehte sich nach Joss um, der sich durch die Gruppe hindurchgearbeitet hatte und jetzt hinter ihr stand. Er legte einen Arm um sie.

»Joss Neher, ich klage Euch an wegen des Handels mit Guajakholz«, begann Anton Fugger.

Eva sah, wie ihr Mann zusammenzuckte.

»Ich habe niemals mit dem Holz gehandelt. Die Bündel sind mir untergeschoben worden.«

Stille breitete sich aus – und in diese Stille hinein sagte Barthlen laut und deutlich: »Ich habe Marx gesehen, wie er Bündel in unseren Keller gelegt hat. Ich habe auch Aennlin gesehen, wie sie das Gift in den Sud getan hat. Ich habe ihn gesehen, wie er das Fläschchen in den Kamin gehängt hat. Und ich habe Marx gesehen, wie er das Predigerhaus angezündet hat.«

Ein Schweigen trat ein, als er ausgeredet hatte, dann ging plötzlich ein Raunen durch die Gasse. Barthlen hatte laut gesprochen, beinahe geschrien.

Eva fasste sich als Erste. Sie ging neben ihrem Sohn in die Hocke und hielt ihn an beiden Schultern fest. »Warum hast du das nicht früher gesagt?« Sie wusste nicht, ob sie stolz sein sollte oder ängstlich. Wenn das alles stimmte, dann war er immer unmittelbar in Gefahr gewesen. Und niemand hatte es bemerkt.

»Ich wollte ja, aber es hat niemand zugehört«, rechtfertigte sich Barthlen.

Anton Fugger übernahm das Wort. »Du weißt, mein Kind …«

»Barthlen«, unterbrach ihn der Junge. »Ich heiße Barthlen. Und ich bin kein Kind mehr.«

Beinahe hätte sich Anton Fugger dazu hinreißen lassen, laut zu werden, und sich die Unterbrechung verbeten, doch dann gewann offenbar in ihm die Erkenntnis Oberhand, einen Sohn Eva Nehers vor sich zu haben. Er lächelte gequält und zuckte kurz mit den Schultern.

»Du weißt, Barthlen, dass eine solche Anschuldigung schwere Folgen für den Beschuldigten haben kann?«

»Ich hab gesehen, was ich gesehen habe«, erwiderte Barthlen bestimmt und stampfte mit dem Fuß auf. »Ich bin alt genug, das zu wissen.«

Aennlin, dachte Eva. Manches an dem Verhalten der Magd war ihr merkwürdig vorgekommen, aber sie hatte sie nie wirklich verdächtigt. Schließlich hatten sie das Mädchen aus den Klauen Pater Finns befreit und daher geglaubt, sie hätten damit so etwas wie eine besondere Beziehung zu ihr aufgebaut. Dabei hatte sie die ganze Zeit mit Marx, ihrem Vater, zusammengearbeitet. Eva war getroffen von so viel Falschheit und ungerechtfertigtem Vertrauen.

Durch das offene Fenster hörten sie den ehemaligen Scharwächter stöhnen. Vielleicht vernahm er die Anschuldigungen, konnte aber nichts mehr dazu sagen.

Plötzlich verstummte das Stöhnen abrupt. Alle sahen sich an. Kurz darauf hörten sie ein Plumpsen, als wäre ein schwerer Körper zu Boden gestürzt.

Joss und Eva sahen sich an. Eva rannte an Anton Fugger vorbei ins Haus, dicht gefolgt von Joss.

Marx, der auf dem Boden lag, rührte sich nicht mehr. Ein Speichelfaden lief ihm aus dem Mund. Seine Augen waren weit aufgerissen, hielten aber noch den Blick. Er sah Eva an, die sich über ihn beugte, brachte aber keinen Laut mehr über die Lippen.

Neben ihm lag Aennlin. Ein kleines Fläschchen war aus ihrer Hand geglitten und über den Boden gerollt. Mit der Fußspitze stieß Eva das Fläschchen vor Joss' Beine, und er hob es auf. Auch Aennlin hatte die Augen weit geöffnet, als wolle sie noch einen letzten Blick auf diese Welt werfen.

Eva stieß einen Schrei aus, der auch Doktor Lubricus ins Innere holte. Als er die beiden sah, war ihm offenbar sofort klar, was geschehen war. Er schnupperte.

»Schierling«, sagte er. »Sie hat sich und den Alten umgebracht.«

Eva kniete neben der jungen Frau. Auch sie hatte noch Leben in ihren Augen.

»Sie war eine fleißige und hilfsbereite Person«, flüsterte Eva und hoffte, Aennlin würde sie noch hören.

»Ihr Vater hat sie verdorben«, sagte eine Stimme von der Tür her. Dort stand Anton Fugger.

»Das wisst Ihr?«, fragte Eva.

Der Fugger nickte und strich sich mit der Hand über seinen Bart. »Vermutlich wollte sie sich und ihrem Vater das Rad ersparen. Man hätte sie beide hingerichtet.«

Eva stand auf und blickte sich um. »Marie? Wo ist Marie Köllin?«

Der Pikenier, der vor der Tür gestanden hatte, war zu ihnen in die Stube getreten.

»Habt Ihr jemanden gesehen, der den Raum verlassen hat?«, fragte der Fugger.

Der Mann schüttelte den Kopf. »Nein, niemand. Hier waren nur er … und sie.« Er deutete auf Marx und Aennlin.

»Vielleicht ist sie oben bei den Kranken«, sagte Eva.

»Seht nach«, befahl der Fugger dem Pikenier von draußen.

Der Mann ging hinauf und kehrte nach kurzer Zeit zurück. »Dort ist sie auch nicht, Herr.«

Eva lief in die Küche und sah sich um. »Es fehlt das Brot für die Woche. Es hängen auch keine Räucherwürste in der Esse«, rief sie in die Stube hinüber.

»Sie ist weggelaufen«, sagte Joss.

»Aber warum denn?« Eva konnte sich nicht erklären, warum Marie verschwunden war.

Lubricus tauchte auf der Türschwelle auf. »Sie war es, die mich zu dem Schuppen bestellt hat, nicht Marx. Sie wusste immer, wo ich zu finden war. Von ihr habe ich etliche Bündel Guajakholz erhalten. Ich dachte immer, sie arbeite mit ihrem Mann zusammen, aber das war wohl nicht so.«

Evas Verblüffung wuchs. Marie hatte offenbar selbst einen Handel unterhalten, schon bevor sie im Holzhaus eingezogen war. Nachdenklich blickte Eva dem Quacksalber in die Augen. Er war nur ein kleines Licht, jemand, der für einen kurzen Vorteil alles gegeben hätte. Aber mehr traute sie ihm nicht zu. Sie nickte ihm zu und deutete dem Pikenier an, er solle ihn wieder nach draußen schaffen. Dort erwartete ihn Anton Fugger mit gerunzelter Stirn.

»Marie Köllin hat sich aus dem Staub gemacht«, sagte Joss. »Sollen wir jemanden hinter ihr herschicken?«

Anton Fugger sah sich um und blickte allenthalben in Augen, die keinerlei Verurteilung verlangten. Es war Strafe genug, aus dem Haus fliehen zu müssen. Wohin Marie sich auch wenden sollte, sie würde immer eine Fremde sein. Er holte tief Luft.

»Dann bleibt mir eigentlich nur, eine Bitte auszusprechen. Wollt Ihr, Joss und Eva Neher, die Aufgabe der Holzeltern wieder übernehmen? Ich habe es schon einmal gesagt: Wer das Haus so liebevoll pflegt, kann kein schlechter Mensch sein.«

Evas Rücken überlief ein Rieseln. Sollten sie einwilligen oder wie Marie davonlaufen? Sie blickte in die Runde. Joss wartete auf ihre Entscheidung, Barthlen und Franz Gelder nickten. Kurz dachte sie darüber nach, mit ihrer Familie nach Südamerika zu gehen. Sie hatte mit Joss darüber gesprochen, nachdem sie auf dem Markt so übel zugerichtet worden war. In Neu-Augsburg würden sie sicherlich Arbeit finden. Joss als Zimmerer ohnehin, und sie könnten ganz von vorn anfangen. Niemand würde ihre Vergangenheit kennen. Aber dann traf ihr Blick auf den von Els. Das Mädchen sah sie mit großen Augen an. Hinter ihr stand Jonathan und hatte beide Hände auf ihre Hüften gelegt. Leicht lehnte sich ihre Tochter an den jungen Mann.

Den Ausschlag gaben dann aber nicht die gerunzelte Stirn Anton Fuggers oder das ängstliche Gesicht des Doktors, sondern eine Frau, die – Eva wusste nicht, wie lange schon – bei den Menschen stand, die sich um sie geschart hatten. Sie hatte ihre Kapuze tief in ihr Gesicht gezogen, sodass Eva eigentlich nur ein dunkles Loch sehen konnte. Doch eine blonde Strähne hatte sich aus der Kapuze gestohlen und spielte um ihren Hals. Sibylla. Sie nickte langsam, und Eva atmete durch.

Konrad Rehlinger hatte einen Guajakhandel beginnen wollen und vermutlich abgelehnt, mit Raymund Fugger zusammenzuarbeiten. Aber es gab noch viele weitere Mittel, die aus der Neuen Welt in die Alte verschifft wurden. Joss und Eva kannten sich mit der Zubereitung von Salben und Pudern aus. Warum sollten sie ihr Wissen nicht Sibylla und ihrem Mann zur Verfügung stellen? Natürlich nicht unbedingt für Guajakholz, auch nicht sofort, aber in einer absehbaren Zukunft. Bis dahin würden sie sich einen Namen machen und weitere Rezepturen kennenlernen. Vielleicht fanden sie ja ein anderes Mittel, das besser wirkte. Die Zeit versprach Heilung.

Eva nickte Sibylla zu, die ihre Hand zum Gruß hob, sich dann umdrehte und davonging.

»Wir nehmen an«, sagte Eva leise. »Auch wenn das Guajakholz keinerlei Wirkung zeigt.«

»Überlasst das bitte Doktor Occo«, sagte Anton Fugger etwas pikiert. »Nun denn. Dann haben wir wieder Holzeltern. Ich würde vorschlagen, Ihr schafft die Toten aus dem Haus und macht Euch an die Arbeit.«

Eva wollte an ihm vorbei ins Haus gehen, als er sie am Arm zurückhielt. »Wir kümmern uns um die Leichen«, sagte er streng. »Es sind Selbstmörder. Wir werden sie nicht in geweihter Erde begraben lassen. Pater Finn weiß, was diesbezüglich zu tun ist.«

Eva schluckte kurz. »Ihr braucht Euch keine Sorgen zu machen.«

Sie verschwieg ihm, dass ihre Zeit in der Fuggerei ohnehin bemessen sein würde. Der neue Glaube zog sie stärker an als der verknöcherte alte. Und die Aussicht auf eine Verbindung zu Konrad Rehlinger machte Eva euphorisch.

Doch das war Zukunftsmusik. Und im Augenblick wollte sie nichts anderes, als in der Gegenwart und ohne Angst leben.

ENDE

Nachwort

Im Jahr 1521 stellte Jakob Fugger eine Urkunde aus, die das Areal auf dem Kappenzipfel der Jakobervorstadt in Augsburg zu einer Stiftung umwidmete. Zu seinen Lebzeiten fanden dort unverschuldet in Armut geratene Bürger der Stadt in über vierzig, nach seinem Tod über fünfzig Häusern Zuflucht. Um diese Stiftung, die bereits einige Jahrzehnte nach dem Tod Jakobs des Reichen »Fuggerei« genannt wurde, ranken sich eine ganze Reihe von Mythen, die zu bestärken die heimische Tourismusindustrie nicht müde wird.

Mythen beherrschen die Welt und versuchen, dem Unbedarften eine Wahrheit einzureden, die so nicht zutrifft. Auch der allenthalben verbreitete Hinweis, die Fuggerei sei die älteste Sozialsiedlung der Welt, gehört in diese Kategorie.

Die Beginenhöfe in Belgien sind, seit der rein religiöse Charakter dieser Siedlungen im 13. Jahrhundert aufgegeben wurde und sie zu karitativen Zwecken umgewidmet wurden, älter und größer als die Fuggerei. Doch auch in Augsburg gibt es ältere soziale Einrichtungen, beispielsweise die sogenannte Antonspfründe. Allerdings stimmt es, dass die Fuggerei eine der am längsten bewohnten Siedlungen dieser Art ohne eine Nutzungsänderung darstellt.

Auch wenn der Rheinische Gulden immer wieder mit seinen heutigen 0,88 Cent als geringer Wohnzins hingestellt wird, war er dies zu Fuggers Zeiten nicht. Als Vergleich wird gern der Verdienst von Handwerksmeistern wie Maurern herangezogen, die 1525 angeblich sieben Gulden Lohn die Woche bekommen haben sollen. Im Jahresdurchschnitt war dies sicherlich nicht der Fall – in Schlechtwetter- und Winterzeiten verdienten ganze Handwerkergruppen gar nichts. Die Gesellen erhielten demgegenüber noch weniger, und unverschuldet in Armut geratene Menschen hatten meist überhaupt kein Einkommen. Oft genug war das Erbetteln der täglichen Nahrung die letzte und einzige Möglichkeit, um den Lebensunterhalt zu bestreiten. Der Zugang zu den Wohnungen in der Fuggerei war aber Bettlern ausdrücklich verwehrt. Deshalb war dies für die Bewohner keine Option. Sie mussten sich als Tagelöhner, Wäscherinnen, Hilfskräfte etc. verdingen. Dabei einen Rheinischen Goldgulden im Jahr zurückzulegen war unendlich schwer und kostete viel Mühe. Schließlich musste von einem kargen Tageslohn auch noch der tägliche Unterhalt für eine mehrköpfige Familie bestritten werden.

Jakob Fugger hatte verfügt, dass die Bewohner der Siedlung nach seinem Tod jeden Tag durch die halbe Stadt nach St. Anna laufen mussten, um für sein Seelenheil zu beten. Dabei blieb es bis zur Fertigstellung der Markuskirche in der Fuggerei selbst im Jahr 1582. Für die Augsburger Bürger war dieser Zug ein Spektakel. Sie standen am Straßenrand, lachten die Armen aus und spendeten Jakob dem Reichen Beifall für seine Wohltätigkeit. Das machte das Los der Fuggereibewohner nicht eben leichter.

Werfen wir einen Blick auf den Zweck dieser Stiftung. Natürlich unterstützte sie die Armen der Stadt, allerdings auf kaufmännische Art und Weise – mit Gabe und Gegengabe also. Das Gebet war die Leistung, die den Kaufmann Jakob Fugger, der sich seiner nicht immer lauteren Methoden und damit der Verfehlungen gegen den christlichen Glauben durchaus bewusst war, aus dem Purgatorium retten sollte. Jedes Gebet verkürzte die Zeit im Fegefeuer. Ein gerechter Deal also.

Das ist die Welt, in die mein Roman eingebettet ist.

Die Hauptfiguren hat es in dieser Form nie gegeben. Sie entspringen meiner Fantasie. Nicht aber ihr Schicksal.

Mehr als hundert Jahre nach der Zeit, in welcher der Roman spielt, traf den Urgroßvater von Wolfgang Amadé Mozart das gleiche Schicksal wie Joss und Eva Neher. Er begrub 1677 als Maurermeister einen Henkersknecht, also einen Ehrlosen, und wurde geächtet und aus der Stadtgemeinschaft ausgeschlossen. Als Baumeister gelang es ihm, sich in der Fuggerei zu etablieren. Dort fand er ein Auffangnetz, wie es Eva und Joss, meine Hauptfiguren, ebenfalls erleben. Allerdings erfuhren sie auch, was eine kleine Gemeinschaft umtreibt, wie Intrigen und Neid das Leben der Menschen auf engem Raum bestimmen.

Hinzu kommt, dass in dieser Umbruchzeit um den Tod Jakob Fuggers ein neuer Glaube seine Fühler ausstreckte und seine Anhänger um sich scharte. Für die Fuggereibewohner, die katholisch sein *mussten*, eine zusätzliche Erschwernis.

Ich habe in meinem Roman die Geschichte des sogenannten »Holzhauses« in den Mittelpunkt gerückt. Auch hier muss zwischen Mythos und Realität unterschieden werden.

Womöglich wollte Jakob Fugger den Menschen wirklich helfen, als er seinen Baumeister beauftragte, umgehend ein Kranken- und ein Siechenhaus zu bauen. Das Haus Nr. 1 wurde bereits zu Baubeginn der Siedlung 1520 als Haus für erkrankte Diener der Fugger eingerichtet.

Seit der Entdeckung Amerikas suchte eine schreckliche Seuche die Menschen der Alten Welt heim: die Syphilis oder Franzosenkrankheit. Bis zur Entdeckung des Guajakholzes galt sie als unheilbar. Die bis dahin gängige Behandlung mit Quecksilbersalben führte häufig zu schweren Vergiftungen, sodass viele Syphilitiker ganz auf eine Behandlung verzichteten.

Angeblich soll der königliche Berichterstatter für Westindien, Gonzalo Fernández de Oviedo y Valdez (1478–1557), das Guajakholz im 16. Jahrhundert nach Europa eingeführt haben. Er schrieb ein entscheidendes Werk mit dem Titel *Summario de la natural y General de las Indias* (1526) über das *Palo santo (Lignum vitae, Lignum sanctum)*. Er behauptete, durch eine Behandlung mit Guajak von der Syphilis genesen zu sein. Diese Nachricht wurde in Europa mit großer Hoffnung und Erleichterung aufgenommen. Zu Zeiten der Renaissance glaubten die Menschen, nur ein Heilmittel aus der Neuen Welt könne wirksame Hilfe gegen die furchtbare Seuche bringen. Die Erkrankung hatte ja denselben Weg über den Ozean genommen. Zudem schwärmten viele Ärzte geradezu vom neuen Holzheilmittel gegen die Syphilis und priesen die Wunderdroge.

Ab 1523 wurden die Häuser Nr. 40, 41 und 42 in den Steuerbüchern als »Platerhaus« geführt (die Begriffe »Blattern« oder »Pocken« wurden wegen ähnlicher Symptome auf die Syphilis übertragen). In ihnen wurden Behandlungen von Syphiliskranken mit Guajak durchgeführt, die sogenannte Holzkur. Diesen Holzhäusern standen die Holzeltern vor, die sich um die sowohl männlichen als auch weiblichen Kranken kümmerten. Die Anweisungen erteilte ein Arzt, der für die medizinische Behandlung sorgte.

Dennoch war die Sterbeziffer hoch. Neben der medizinischen Kur galt auch eine sittliche Bereitschaft als notwendig für den Erfolg. Die Kranken mussten beichten und dem unsittlichen Lebenswandel entsagen. Niemand, der als gesund entlassen worden war, wurde erneut aufgenommen, wenn die Krankheit wieder ausbrach (was, medizinisch gesehen, den üblichen Verlauf darstellte). Man ging davon aus, dass sich die Patienten nicht an die in der Beichte abgeforderte Sittlichkeit gehalten hatten.

Dahinter steht jedoch noch eine andere Wahrheit. Der Import des Guajakholzes aus Südamerika war unvorstellbar kostspielig. Das sehr dichte und aromatisch riechende Holz, auch Pockholz genannt, wurde mit Gold aufgewogen und stellte ein nicht unbedeutendes Handelsgut dar. Was lag also näher, als das Guajak vor Ort einzusetzen, Erfolge zu präsentieren und diese zu verbreiten, Therapien zu entwickeln und fortzuentwickeln und mit dem Gold zusätzlichen Gewinn zu erwirtschaften? Und das, obwohl recht rasch klar wurde, dass das Holz zwar gut roch, aber im Grunde wertlos und unwirksam war.

Der Bedarf stieg, und die Importeure verdienten viel Geld. Auf dem Gebiet des heutigen Deutschland vergrößerte die Bankiersfamilie der Fugger durch den Handel mit Guajak ihr Vermögen, denn Kaiser Karl V. hatte ihnen 1530 das Privileg zum Handel mit dem *Lignum sanctum* (heiliges Holz) erteilt.

Anwendung fand das Holz als Salbe oder Tee und als Räucherwerk. Dafür musste es fein geraspelt und gemahlen werden – bei dem sehr harten und schweren Material eine mühselige Aufgabe. Joss führt in meinem Roman diese Tätigkeit aus, um Frau und Kindern ein Auskommen zu gewährleisten.

Eine kleine Spekulation habe ich mir in diesem Roman erlaubt. In meiner Beschäftigung mit Jakob Fugger konnte ich mir niemals erklären, wie dieser skrupellose Geschäftsmann auf die Idee kommen konnte, eine Armenstiftung zu errichten. Meine Vermutung ist vielmehr – obwohl hierfür keinerlei Beweise vorliegen –, dass seine junge Frau Sibylla den Anstoß zum Bau der Fuggerei gegeben hat. Wie sonst hätte der von der Augsburger Oberschicht scheel angesehene Webersprössling Jakob Fugger mit der Witwe eines Welser-Bürgermeisters über den Ankauf von Liegenschaften handelseinig werden können? Vermutlich hätte ihn Anna Straußin nicht einmal empfangen. Da aber Sibylla Fugger aus dem wohlhabenden und ratsfähigen Hause Artzt sehr wohl über beste Kontakte verfügte, habe ich diesen Gedanken im Roman anklingen lassen. Sie ist in diesem Roman (und für mich auch sonst) die eigentliche Initiatorin der Fuggerei.

Da sie sich bald nach Jakob Fuggers Tod nach lutherischem Ritus mit Konrad Rehlinger (der ihr wohl schon zu Fuggers Lebzeiten den Hof gemacht hatte) verheiratete und damit aus der Fugger'schen Verwaltung ausschied, wurden alle Beziehungen und Hinweise dieser Art getilgt. In meinem Roman habe ich sie als heimliche Besucherin eingeführt, die ihr Werk inkognito weiterbetreut.

Man sprach zunächst von »der armen Leuth Wohnungen«, wenn es um die »fuggerischen Häuser am Kappenzipfel« ging. Der Name Fuggerei taucht angeblich bereits seit 1531, in den Rechnungsbüchern aber erst 1548 auf. Zu vermuten ist jedoch, dass der Volksmund und damit die Bewohner viel früher aus den umständlichen Bezeichnungen der Siedlung den Namen Fuggerei destillierten, auch, um die durchaus lobenswerte Tat des Kaufmanns zu würdigen.

Am 30. Dezember 1525, um 4.00 Uhr früh, starb Jakob Fugger der Reiche. Seine beiden Neffen Raymund und Anton Fugger übernahmen die Verantwortung für die Fuggerei, wobei sich Anton als der Geschäftstüchtigere und Weitsichtigere entpuppte. Die Fuggerei wird bis heute nach den Prinzipien des alten Patriarchen Jakob Fugger betrieben.

Peter Dempf
Im April 2020

Quellenangaben

Die Zitate zu den drei Teilen stammen aus:

Josef Weidenbacher, *Die Fuggerei in Augsburg. Die erste deutsche Kleinhausstiftung. Ein Beitrag zur Geschichte des deutschen Kleinhauses*, Augsburg 1926.

1 *Stifftsbrieff [und Testament] von Herrn Jakob Függer seligen uber die Capell zu S. Anna und Heuseren im Cappenzipffel, Des datum 23. Augusti im 1521 Jar.*
Auszugsweise Abschrift. F. A. A. 5. 1. 1. S. 1., S. 109ff.

2 *Wie sich diejenigen verhalten sollen, die man zur Holzkur aufnimmt.* (ca. 1525)
Abschrift. F. A. A. 5. 2. 15. S. 1., S. 112f.

3 Ebenda, S. 109ff.

Glossar

Abbundzeichen	Geschlagenes Zimmererzeichen
Batzen	Silbermünze zu ca. 4 Kreuzern, entspricht einem 15-tel Gulden
Brechhaus	Krankeneinrichtung; der Begriff stammt von der Tatsache, dass sich die Bewohner oft ein Zubrot durch das Brechen von Flachs verdienten.
Brünne	Körperpanzerung, Brustharnisch
Calicut	Stadt im Südwesten Indiens, heute Kozhikode
Dengel	Schneidkante des Sensenblattes
Ehrbarkeit	Das Zeichen, dass ein Geselle auf Wanderschaft war, wurde als Stoffstreifen am Revers mit einer Nadel befestigt, der die Schachtzugehörigkeit (s. Schacht) anzeigte.
Fallklappe	Klappe, die ein Bodenloch verschließt und mit einem Gegengewicht zum leichteren Öffnen und Schließen gehalten wird
Fatschenpuppe	Puppe, die eng gewickelt wird wie früher Kleinkinder
Franzosenkrankheit	Syphilis. Benannt nach den Söldnern, die sie zwischen 1494 und 1498 nach Mitteleuropa eingeschleppt haben sollen. Die erste Epidemie brach im Jahr 1494 in Europa aus.
Franzosenpocken	Ein anderer Name für die Syphilis
Guajakholz	Das sehr harte und schwere Holz der neun bis zwölf Meter hohen Bäume der Gattungen *Guaiacum officinale* und *Guaiacum sanctum*

Gugel	Kopfbedeckung (eine Art Mütze)
Hexenlöcher	Gefängnis in Augsburg
Holzauge	In den Schießscharten der Stadtmauer wurden in Abdeckbretter bewegliche Holzkugeln mit Löchern eingearbeitet, sogenannte Holzaugen.
Hübschlerin	Prostituierte
Huckauf	Geist, der sich dem Menschen in den Nacken setzt und Angstzustände auslöst
Incubus	Alb, Nachtgeist
India	Bezeichnung der durch Kolumbus entdeckten Länder, aber auch des echten Indien
Lingua sacra	Heilige Sprache der Bibel
Neu-Augsburg	Venezuela, heutiges Coro
Neu Indien	Amerika
Pochwerk	Mit Wasserkraft betriebenes Hammerwerk
Purgatorium	Fegefeuer
Radstösser	Prellstein, Radabweiser, meist an Hauskanten, um ein Abfahren der Hausecke durch Fuhrwerkräder zu verhindern
Rheinischer Gulden	Leitwährung in Süddeutschland, heute ca. 142 Euro wert (nur geschätzter Wert, da der Verbrauchswert für das 16. Jahrhundert erheblich größer gewesen sein dürfte)
Rocken	Meist stabförmiges Gerät, an dem beim Spinnen die noch unversponnenen Fasern befestigt sind
Sackpfeife	Auch: Dudelsack. Ein Instrument mit kräftigem Klang, damals hochgeschätzt
Sankt-Gallus-Tag	16. Oktober. Gerichtstag, an dem unliebsame Subjekte aus der Stadt verwiesen wurden
Schabbes	Jiddisches Wort für Sabbat

SCHACHT	Zugehörigkeitsgruppe. Jeder Zimmerer gehörte einer Gruppe an (zum Beispiel den Vogtländer Zimmerern).
SCHALMEI	Eine Art Flöte. Schilfrohr, das man so schneidet und bindet, dass ein schmaler ovaler Spalt entsteht, durch den die Luft gepresst und zum Vibrieren gebracht wird
SCHARWACHE	Stadtwache auf der Mauer
SCHAUBE	Eine Art Mantel
SCHIESSLUKE	Öffnung einer Schießscharte für Kanonen in einer Stadtmauer
SCHLUPF	Durchstieg, kleinere Türöffnung (im Verhältnis zu anderen)
SCHNATTER	Mundwerk
SEICHRINNE	Pissoirrinne im Männerklo
SPENGLER	Handwerker, der Metall verarbeitet
STENZEL	Wanderstab der Zimmerergesellen auf der Walz
TRIPPE(N)	Holzschuhe, die unter den Lederschuhen befestigt wurden, damit diese auf den Straßen nicht feucht und schmutzig wurden
WEHE	(Hier:) Schneewehe, eine vom Wind aufgehäufte Menge feiner Körner
WIRTEL	Beschwerung an der Spindel als Schwungmasse, meist aus Stein oder Blei
ZINKE	Geheimes Erkennungszeichen aus Kreide o. Ä. (bis heute von Bettlern oder Dieben verwendet)

Dank

Zuletzt möchte ich noch Danke sagen.

Romane schreiben sich nicht von selbst. Sie beruhen auf der Arbeit einer Vielzahl von Menschen. Ich kann leider nicht alle aufzählen. Dennoch möchte ich die für mich wichtigsten Menschen erwähnen:

Immer zu tiefstem Dank verpflichtet bin ich meiner Frau Ingrid, die mir Kritikerin und Diskussionspartnerin ist und die mich mit dem Brot des Schriftstellers versorgt, nämlich der Zeit, um ungestört zu arbeiten.

Der Arbeit meines Agenten Roman Hocke schulde ich großen Dank. Er rief wie immer das Projekt ins Leben und bietet mir jederzeit Unterstützung, um in Ruhe schreiben zu können.

Meine Lektorin Dr. Stefanie Heinen war immer zu Gesprächen bereit und trieb die Idee zu diesem Buch voran.

Mit viel Einfühlungsvermögen für die Geschichte, dem Herz für die verletzliche Seele des Schriftstellers und dem präzisen Verstand dafür, wie Romane funktionieren, hat meine Lektorin Dr. Ulrike Brandt-Schwarze dem Roman seinen Schliff gegeben und u. a. aus meinen süddeutsch angehauchten Sätzen ein in ganz Deutschland lesbares Werk gemacht und meine schiefen Zeitangaben in richtige Bahnen gelenkt. Dafür kann ich nicht genug danken. Diese Hilfe ist unschätzbar. Vielen lieben Dank.

Zuletzt vielen Dank allen, die durch ihre Hinweise, durch ihre Rücksichtnahme, ihre Geschichten, ihre Recherche und oft allein durch ihre Anwesenheit wissentlich und unwissentlich an der Entstehung dieses Buches ihren Anteil hatten. Ich bin diesbezüglich ein Schwamm, der alles aufsaugt und wiedergibt, wenn er am Schreibtisch sitzt. Euch allen verdanke ich die Geschichten zu der Geschichte.